POESIA EM LETRAS

DE
MÚSICA POPULAR BRASILEIRA

POESIA EM LETRAS

DE MÚSICA POPULAR BRASILEIRA

C.

JOSÉ ROBERTO
DE ALMEIDA PINTO

novembro 2022

AUTOR José Roberto de Almeida Pinto
COORDENAÇÃO EDITORIAL Renato Rezende

Tese apresentada em agosto de 2020 à Universidade Nova de Lisboa (UNL), Faculdade de Ciências Sociais e Humanas (FCSH), para cumprimento dos requisitos necessários à obtenção do grau de Doutor em Estudos Portugueses, Especialidade em Estudos de Literatura, sob a orientação do Professor Doutor Fernando Cabral Martins.

Dados Internacionais de Catalogação na Publicação (CIP)
Catalogação elaborada por Janaina Ramos – CRB-8/9166

P659

Pinto, José Roberto de Almeida

Poesia em letras de música popular brasileira / José Roberto de Almeida Pinto. – Rio de Janeiro: Circuito, 2022.
328 p.; 16 x 23,3 cm

ISBN 978-65-86974-47-8

1. Música popular brasileira. 2. Poesia. I. Pinto, José Roberto de Almeida. II. Título.

                                        CDD 784.0981

Índice para catálogo sistemático
I. Música popular brasileira

EDITORA CIRCUITO
Largo do Arouche 252, ap 901
República, 01219-010
São Paulo – SP
editoracircuito.com.br
/editoracircuito

Aos meus parceiros Marcelo Miranda, Gláucio Coelho, Robertynho Chavez, Felicidade Suzy (parceria em vários sentidos), Guilherme Coimbra, Chico Donghia e Rogério Herkenhoff.

Aos meus parceiros de vida Cida, Gê, Ana, Gina, Chico, Sérgio, Sílvia, Chicão, Titiz e Kico.

A Suzana Lins e Geraldo de Almeida Pinto, *em memória*.

SUMÁRIO

9 **Introdução**

13 **1. Formulação do problema e objetivo do estudo**
1.1. Formulação do problema
1.2. Objetivo do estudo

27 **2. Significado de "letra de música popular" e tratamento da letra na bibliografia sobre música popular brasileira (MPB)**
2.1. Significado de "letra de música popular"
    2.1.1. Delimitação das expressões "música popular", "canção" ou "cancioneiro popular"
    2.1.2. Critério para caracterização de "letra de música popular"
    2.1.3. Atenção à natureza da letra de música
2.2. Tratamento da letra na bibliografia sobre música popular brasileira (MPB)

49 **3. Uma noção de poesia**
3.1. Introdução: indícios da poesia
3.2. A materialização da poesia em obras específicas. O poema.
3.3. A sonoridade especial da poesia
3.4. A apresentação visual como parte integrante do texto
3.5. A linguagem figurada e conotativa
3.6. A subjetividade como sinal da poesia lírica
3.7. Criação de "universos imaginários"
3.8. Função de deleitar
3.9. O império da relatividade na apreciação da poesia entendida como qualidade poética

95 **4. Traços poéticos em letras de MPB – panorama histórico**
  4.1. Das origens na década de 1770 ao fim do século XIX
  4.2. Do início do século XX a letristas lançados na década de 1970

181 **5. Traços poéticos em letras de MPB – exemplos em obras de letristas selecionados**
  5.1. Domingos Caldas Barbosa
  5.2. Laurindo Rabelo
  5.3. Catulo da Paixão Cearense
  5.4. Orestes Barbosa
  5.5. Noel Rosa
  5.6. Vinicius de Moraes
  5.7. Chico Buarque de Hollanda
  5.8. Caetano Veloso
  5.9. Gilberto Gil
  5.10. Torquato Neto, Capinan e Tom Zé
  5.11. Aldir Blanc
  5.12. Paulo César Pinheiro
  5.13. Caetano Veloso/Gilberto Gil
  5.14. Chico Buarque/Gilberto Gil

261 **6. Conclusões**
  6.1. Existência de numerosas instâncias de poesia em letras de música popular brasileira
  6.2. Existência de poemas em letras de música popular brasileira
  6.3. Observações finais

303 **Agradecimentos**

305 **Referências bibliográficas**

321 **Índice de nomes**

Introdução

Este trabalho propõe-se a demonstrar que poesia e poemas se encontram em letras de música popular brasileira desde os seus primórdios, na década de 1770, com o início das apresentações do carioca Domingos Caldas Barbosa em Lisboa, até a produção de autores lançados na década de 1970, ou seja, ao longo dos mais de duzentos anos cobertos no período[1]. A adoção do termo final em textos de compositores que estrearam na década de 1970 não implica julgamento sobre as obras de letristas posteriormente revelados e visa apenas a estabelecer um limite temporal para o universo da pesquisa.

O trabalho pretende contribuir para o debate, recorrente no Brasil, sobre a conveniência ou não de se equiparar "letra de música" a "poesia" ou a "poema", assim como "letrista" a "poeta".

O debate tem origem em declarações, na virada das décadas 1960/70, nas quais os renomados intelectuais da área de literatura Augusto de Campos e Afrânio Coutinho designavam como "o maior poeta da geração jovem" ou "o maior poeta da nova geração", respectivamente, Caetano Veloso e Chico Buarque (Francisco Buarque de Hollanda)[2]. Transcorridas décadas, o debate permanece inconcluso: no final de 2019, o professor José Miguel Wisnik assinalava, a respeito da indagação "Letra de música é poesia?", tratar-se de "uma discussão já antiga, que ainda não chegou a um consenso".

O *primeiro* capítulo, dedicado à formulação do problema, busca evidenciar a importância e necessidade da comprovação pretendida pelo estudo, em função não só da falta de acordo quanto a tópicos essenciais do debate, mas também da carência de levantamento histórico de escopo ao mesmo tempo abrangente e especificamente direcionado a apontar

---

1. O trabalho respeita o Acordo Ortográfico da Língua Portuguesa, de 1990, e utiliza a variante empregada no Brasil nos casos em que o instrumento faculta dupla grafia. Nas citações que contenham termos grafados conforme regras anteriores à vigência do AOLP, atualiza a ortografia para adequá-la ao que estabelece o Acordo. Nas citações de autores portugueses, mantém a variante de uso em Portugal quando a dupla grafia é permitida (por exemplo, o vocábulo "ortónimo") e procede à atualização nos demais casos (por exemplo, "objetivo", "subjetivo", "direto").
2. As citações mencionadas nesta Introdução serão retomadas no primeiro capítulo, com indicação das fontes.

instâncias de investimento poético em letras de música popular brasileira. O capítulo registra os objetivos precisos a que se propõe o trabalho.

Subjaz à proposta a tese ou convicção de que a consideração ou não da presença da poesia na letra de música, ou a equiparação da letra a poema, não pode respaldar-se em assertivas genéricas e abstratas – das quais são exemplos as que acentuam a natureza distinta dos dois tipos de mensagem verbal, um ligado à melodia, o outro não –, mas depende do exame de cada letra em particular. Antonio Cicero, em artigo que se indicará adiante, já em 2006 havia salientado ser "preciso considerar cada caso individual".

No *segundo* capítulo, sugere-se conceito para a delimitação do sentido de "letra de música popular" e sua observância no desenvolvimento do tema, especialmente a distinção que permite fixar com relação às obras que são "poemas musicados". A distinção assume particular relevância para seleção dos textos que podem ser classificados como letras de música no século XIX. O mesmo capítulo consigna a riqueza da bibliografia sobre a música popular brasileira e, em seu âmbito, sobre o tratamento da letra de canção como expressão verbal.

A demonstração a que se dedica o trabalho pressupõe, naturalmente, a existência de critérios para a identificação da poesia, ou qualidade poética. Em face da inexistência de definição consensual, propõe-se, no *terceiro* capítulo, *uma* noção de *poesia* destinada a orientar a pesquisa, sem, naturalmente, qualquer presunção de que ela equivalha à elucidação do conceito, sempre esquivo e aberto a abordagens de ângulos muitas vezes discrepantes. Essa noção parte da existência de traços indicadores do fenômeno poético em mensagens verbais e do entendimento de que a identificação da poesia resulta da conjugação de traços, de acordo com parâmetro que destaca alguns dentre os demais. O capítulo inclui também ponderações sobre o significado de "poema" como obra em que se materializa, prioritariamente, mas não unicamente, a poesia.

A estrutura conceptual que inclui, no capítulo segundo, o sentido de "letra de música popular" e, no capítulo terceiro, os traços e parâmetro indicadores da poesia, assim como reflexões sobre o significado de "poema", conforma o enquadramento teórico necessário à verificação da ocorrência do fenômeno poético em letras da música popular brasileira desde a década de 1770.

Os capítulos seguintes contêm o cerne da tese. O quarto e quinto capítulos são devotados à demonstração, fundamentada na combinação de traços poéticos, tanto da incidência da poesia em trechos de letras de música popular brasileira, quanto da existência de letras que permitem completa equiparação a poemas. Cada um desses capítulos obedece a organização própria.

O *quarto* capítulo constitui um panorama amplo, em que os exemplos de investimento poético em letras de música popular são expostos essencialmente por ordem cronológica de divulgação da obra dos letristas[3]. Divide-se em duas partes, a primeira referente aos séculos XVIII e XIX, e a segunda do início do século XX até letristas lançados na década de 1970. A divisão entre as duas partes poderia ser feita, igualmente, por coincidência temporal quase exata, entre o período anterior e o posterior à instalação da indústria fonográfica no Brasil (1902). O capítulo não tem por objetivo escrever a história da poeticidade nas letras de música popular; seu objetivo, menos ambicioso, é o de exibir, em base puramente exemplificativa, copiosas instâncias da ocorrência da poesia ao longo da história, seja em trechos de letras de música, seja em letras correspondentes a poemas.

Reserva-se o *quinto* capítulo à exemplificação da presença do fenômeno poético em textos de letristas selecionados: Domingos Caldas Barbosa, Laurindo Rabelo, Catulo da Paixão Cearense, Orestes Barbosa, Noel Rosa, Vinicius de Moraes, Chico Buarque, Caetano Veloso, Gilberto Gil, outros letristas inovadores – Torquato Neto, Capinan e Tom Zé –, Aldir Blanc e Paulo César Pinheiro. Em conformidade com a proposta geral do trabalho, também no caso deste capítulo a finalidade reside somente na identificação de exemplos de poesia e poemas em letras dos autores, e não na análise do conjunto de suas obras como letristas.

O *sexto* e último capítulo apresenta conclusões pautadas no exame a que se procede nos capítulos anteriores. Ressalta que esse exame permite, com o apoio concreto da investigação de letras em sua individualidade, sustentar, com segurança, duas afirmações. Primeiro, atesta-se a existência de numerosos exemplos de poesia em segmentos de letras de música popular brasileira, independentemente de pertencerem ou não a textos qualificáveis como poemas. Segundo, atesta-se a existência de letras que, consideradas exclusivamente na condição de mensagem verbal, constituem poemas de inegável valor.

---

3   A expressão "investimento poético" pretende cobrir traços poéticos, sua conjugação na conformação de instâncias de poesia e a materialização desta em poemas.

1. Formulação do problema e objetivo do estudo

1.1. Formulação do problema

O início do debate sobre a equiparação entre poemas ou poesia e letras de música no Brasil remonta à avaliação expressa por Augusto de Campos em fins da década de 1960: "*Quanto a mim, creio, mesmo, que Caetano [Veloso] é o maior poeta da geração jovem*"[4]. Poucos anos mais tarde, seria a vez de Afrânio Coutinho afirmar que "*a meu ver, o maior poeta da nova geração é Chico Buarque de Hollanda. É preciso não esquecer que sua música veicula ou se associa a uma das mais altas e requintadas formas de poesia lírica*"[5]. Afim com o debate sobre a equiparação entre letra e poesia ou poema, soma-se a discussão sobre equivalência entre letrista e poeta. As opiniões de Campos e Coutinho, dois respeitados críticos literários – o primeiro, também poeta renomado –, têm sido citadas com frequência em estudos relativos a letras de música e ao debate sobre sua condição ou não de poesia ou poemas[6].

Esse debate, quer para aproximar, quer para contrastar, letra e poema, letra e poesia, letrista e poeta, tem atravessado décadas. Conheceu momentos significativos em meios de imprensa no

---

[4] Augusto de Campos, *Balanço da bossa e outras bossas*, p. 286 (a citação consta do artigo "Música popular de vanguarda", datado de "1969-1970" e incluído no livro).

[5] Afrânio Coutinho, "A literatura no Brasil", in jornal "Correio da Manhã", Anexo, 05/01/1972, *apud* Charles A. Perrone, *Letras e letras da música popular brasileira*, p. 39, e Anazildo Vasconcelos da Silva, *A poética de Chico Buarque: a expressão subjetiva como fundamento da significação*, p. IX (citação em epígrafe do livro).

[6] Por exemplo, Charles Perrone também menciona a afirmação de Augusto de Campos sobre Caetano Veloso em *Letras e letras da música popular brasileira*, p. 9; Claudeir Aparecido de Souza retoma a assertiva de Afrânio Coutinho em sua tese *Música e poesia nas canções de malandragem de Chico Buarque de Hollanda*, p. 35 (disponível na Internet: endereço eletrônico e data de acesso nas Referências bibliográficas); e Pedro Lyra reproduz tanto a opinião de Campos quanto a de Coutinho na abertura de seu livro *Poema e letra-de-música: um confronto entre duas formas de exploração poética da palavra*.

passado[7], mas ressurge constantemente e pode-se dizer que, em rigor, nunca saiu da pauta: por exemplo, desde 10 de outubro de 2019 circula em conhecida rede social longa postagem do professor, compositor e ensaísta José Miguel Wisnik, intitulada "Episódio completo – Letra de música é poesia?", que se inicia por sua observação de que "Essa é uma discussão já antiga, que ainda não chegou a um consenso"[8]. Ainda como exemplo recente, em novembro de 2019 o "Recanto das letras" publicou artigo com o título "Mas, afinal, letra de música é poesia? Poesia é letra de música?"[9]. Por vezes, como nesses casos, o debate é formulado com referência à "poesia" e, por vezes, ao "poema", como exemplificou o oferecimento de "oficina" na Estação das Letras, no Rio de Janeiro, que previa o exame do tema "semelhanças e diferenças entre o poema e a letra de música" em sua programação[10].

De um lado, registram-se análises que não hesitam em qualificar de "poesia" ou "poemas" as letras de música de autor como Chico Buarque: Anazildo Vasconcelos da Silva sustentou em livro que *"toda a poesia de Chico Buarque é a procura de significar a dimensão existencial do homem (...). Chico Buarque inscreve-se com sua poesia na ordem dos grandes poetas do nosso século (...). Os poemas de Chico Buarque são pequenas histórias em que se objetiva o EU lírico"*[11].

7   Charles Perrone refere-se a iniciativa de "Minas Gerais Suplemento Literário" em fins de 1979 (*Letras e letras da música popular brasileira*, p. 9), e Pedro Lyra a "polêmica travada com alguns letristas da música popular brasileira nas páginas do Jornal do Brasil (e que depois se espraiou para outros veículos, como O Globo, Rádio Nacional, CBN e TV-E) em 1995". In *Poema e letra-de-música: um confronto entre duas formas de exploração poética da palavra*, p. 17.

8   Wisnik, José Miguel. "Episódio completo – Letra de música é poesia?" Super Libris, SESC TV, 10/10/2019. Disponível na Internet (endereço eletrônico e data de acesso nas Referências bibliográficas).

9   *Recanto das letras*. "Mas, afinal, letra de música é poesia? Poesia é letra de música?", 04/11/2019 (data de reedição de artigo enviado por Erânio em 03/06/2018). Disponível na Internet (endereço eletrônico e data de acesso nas Referências bibliográficas).

10 A programação pode ser lida em <https://chpenhanews.wordpress.com/2014/07/31/oficinas-de-poesias-na-estacao-das-letras/> (acesso em 18/06/2020).

11 Anazildo Vasconcelos da Silva, *A poética de Chico Buarque: a expressão subjetiva como fundamento da significação*, pp. 17 e 18. O livro de Anazildo Silva contém estudo das letras compostas até então (1974) – e designadas como "poesia" ou "poemas" –, com base na avaliação de que "o princípio estruturador da obra poética de Chico Buarque" consistiria no "processo de objetivação do EU lírico no espaço poético construído como fundamento da significação" (p. 20). Explora "as etapas do processo" em capítulos que intitula "O espaço convergente", "O espaço diferençado", "O espaço de tensão" e

O ponto de vista oposto é simbolizado nas declarações, de caráter genérico, que prestou em 1996 o professor e poeta Bruno Tolentino, com grande repercussão, ao regressar ao Brasil após trinta anos de permanência no exterior:

"Se fizerem um show com todas as músicas de Noel Rosa, Tom Jobim ou Ary Barroso, eu vou e assisto dez vezes. Mas (...) não se trata de cultura e muito menos de alta cultura. Gosto da música popular brasileira e também da de outros países, mas a música popular não se confunde com a erudita. Então, como é que letra de música vai se confundir com poesia? (...) É preciso perguntar dia e noite: por que Chico, Caetano e Benjor no lugar de Bandeira, Adélia Prado e Ferreira Gullar?"[12].

Como a certa altura observou em artigo o poeta e crítico literário Nelson Ascher, o debate no Brasil sobre o tema não se esgota: *"Letra de música é poesia? Entra ano, sai ano, a discussão se repete idêntica, inclusive na ausência perpétua de um veredicto consensual. Pelo menos no Brasil"*[13]. Não deixa de ser notável que, anos depois, a ausência de consenso continue a ser apontada, conforme visto, por Wisnik.

O debate é alimentado por entrevistas a autores de letras, recolhidas em livro, como o de Paulo Vilara, *Palavras musicais*[14]. Dá margem a opiniões extremas, como as do compositor Tavinho Paes – *"muito pessoalmente, acho que o Braguinha* [João de Barro, notabilizado por marchas e sambas-canção nas décadas de 1930 e 40, coautor, por exemplo, de "Chiquita bacana" e "Carinhoso"], *como poeta, poderia ter uma cadeira na Academia Brasileira de Letras sem demagogias e sem precisar que um dos imortais viesse a falecer"*[15] – ou,

"O espaço mentado" (pp. 20-56).

12   Tolentino, Bruno. "Quero o país de volta". Entrevista à revista "Veja", em 20/03/1996. In *Jornal de poesia*, 26/12/2007. Disponível na Internet (endereço eletrônico e data de acesso nas Referências bibliográficas).

13   Nelson Ascher, "Letra de música é ou não é, enfim, poesia?", in "Folha de S. Paulo", 05/10/2002. Disponível na Internet (endereço eletrônico e data de acesso nas Referências bibliográficas).

14   Vilara (de Mattos), Paulo (César). *Palavras musicais: letras, processo de criação, visão de mundo de 4 compositores brasileiros* (por exemplo, pp. 86 e 120).

15   Tavinho Paes, "Letra de música é poesia?". Disponível na Internet (endereço eletrônico e data de acesso nas Referências bibliográficas). Paes é autor, em parceria com Arnaldo Brandão, da conhecida música "Totalmente demais", gravada por Caetano Veloso.

em sentido diametralmente contrário: *"negar que letra seja poesia (...) não é negar nada à letra, mas sim afirmar sua identidade. Pera não é maçã. Nem por isso deixam ambas de ser frutas, e frutas boas. Mas maçã é maçã, e pera é pera"*[16]. De modo menos agudo ou mais criativo, o letrista Fernando Brant pondera que *"letra de música não é poema, é diferente. Mas é parente"*[17].

Constitui convicção generalizada, ou vastamente difundida, entre os brasileiros a percepção de que o cancioneiro popular do país está pontilhado de versos poéticos, não só na obra de autores das últimas décadas, isto é, da bossa nova em diante, mas também de letristas de gerações anteriores[18]. À margem da discussão sobre a equivalência entre a letra de canção e a poesia ou o poema, há arraigada crença na população de que a música popular brasileira se distingue por seu investimento poético. Deriva possivelmente desse convencimento a tendência – exemplificada na asserção de Tavinho Paes – de se atribuir o "título" de poetas a diferentes compositores.

A acolhida que, já nos anos 70, a produção de letras de música popular brasileira recebia como textos dignos de tratamento em ambientes acadêmicos e literários não faria supor que essa orientação viesse a ser questionada e o debate sobre o tema se prolongasse, com emergência e atenção a pontos de vista discrepantes. Além das manifestações de Augusto de Campos, Afrânio Coutinho e Anazildo Vasconcelos da Silva, ainda na década de 1970 verificavam-se outros sinais da acolhida às letras de música em estudos literários, como,

---

16 Luís Dolhnikoff, "Por que letra de música não é poesia". Cronópios, 28/09/2007. Referência ao artigo disponível na Internet (endereço eletrônico nas Referências bibliográficas).

17 Resposta de Fernando Brant durante entrevista reproduzida no livro *Palavras musicais*, de Paulo Vilara, p. 86.

18 Por exemplo, Gilberto de Carvalho, em livro sobre Chico Buarque, faz digressão na qual convida o leitor a apreciar versos que cita de "grandes poetas". Os seis exemplos citados pertencem não só a Chico, Caetano, Sílvio César (estreantes da década de 1960) e Zé Ramalho (década de 1970), mas também a músicos oriundos de décadas anteriores – Cartola ("as rosas não falam/ simplesmente as rosas exalam/ o perfume que roubam de ti") e, segundo Carvalho, Nélson Cavaquinho e Guilherme de Brito ("tira o teu sorriso do caminho/ que eu quero passar com a minha dor"). In Carvalho, Gilberto. *Chico Buarque: análise poético-musical*, pp. 16/17. De acordo com informações de Jairo Severiano e Zuza Homem de Mello, embora "As rosas não falam" date de 1976, Cartola já participava de gravações desde 1940; e os versos de "A flor e o espinho", música de 1957 que tem também como compositor Alcides Caminha, são de autoria de Guilherme de Brito. In Severiano, Jairo; Mello, Zuza Homem de. *A canção no tempo: 85 anos de músicas brasileiras (vol. 1: 1901-1957)*, p. 40 e p. 330.

por exemplo, a inclusão, no *Manual de literatura* do professor José Maria de Souza Dantas, de três letras em seção sobre "interpretação de texto": "Conversa de botequim" (de Noel Rosa e Vadico), "A banda" (Chico Buarque) e "Lapinha" (Baden Powell e, como letrista, Paulo César Pinheiro); no caso de "A banda", o exercício sobre o texto refere-se ao autor como "poeta"[19]. A professora Norma Goldstein valeu-se de exemplos de letras de música em seu livro *Versos, sons, ritmos*: ao tratar da noção de ritmo, reproduziu versos de "A banda", texto designado como "poema"; e, ao tratar de "sistemas de metrificação", colhe exemplo de verso octossílabo em música de Noel Rosa, "A melhor do planeta"[20].

A denominação de letras de música como "poemas", assim como de certos letristas como "poetas", parecia estabelecida de modo inquestionável. No entanto, já em 1996 Bruno Tolentino desafiava esse entendimento e atiçava a polêmica com suas contundentes e genéricas declarações (*"por que Chico, Caetano e Benjor no lugar de Bandeira, Adélia Prado e Ferreira Gullar?"*).

No ano seguinte, o poeta Ferreira Gullar formulava comentários ponderados, em entrevista sobre o tema, em sua resposta a pergunta que deixava patente o caráter controverso que a questão então assumia ("qual a verdadeira diferença entre poesia e letra de música? (...) Qual seria essa diferença tão polêmica?"). Ferreira Gullar atém-se à diferença de "gêneros" entre letra de música e "poema", ambos passíveis de conter "poesia":

> *"(...) letra de música não é poema. Pode conter poesia, como o poema a contém ou não. Mas são gêneros específicos. Uma letra de música precisa da música. Você pode encontrar exceções, mas na grande maioria dos casos uma letra de música necessita da música para alcançar sua expressão cabal. (...) [O] poema tem uma linguagem própria que constitui uma elaboração específica e distinta da letra de música. É tão difícil fazer uma letra de música boa quanto um bom poema (...) Parece-me uma coisa escandalosa toda essa confusão. (...) A letra de música pode conter poesia, sem ser poema, isto é, sem ter a autonomia do poema"*[21].

19 Dantas, José Maria de Souza. *Manual de literatura* – Volume II, pp. 168-170 e pp. 177-180.
20 Goldstein, Norma. *Versos, sons, ritmos*, pp. 8-10 e p. 28.
21 Raulino, Elaine Nascimento. *Ferreira Gullar numa perspectiva foucaultiana: uma leitura*

Como se observa, a afirmação de Ferreira Gullar de que "letra de música não é poema" diz respeito à distinção de natureza dos textos, o primeiro deles ligado à música. Mas Gullar ressalva que, se na "grande maioria dos casos" a letra necessita da música, pode haver "exceções", o que sugere a eventualidade de letras serem lidas como poemas. Mais adiante na entrevista, Ferreira Gullar indica, primeiro, adotar uma concepção extraliterária de "poesia" ("a poesia está na janela, na paisagem, na música, em qualquer coisa. Poesia é um sentimento, uma emoção"), e, segundo, julgar que, como "gênero literário", a poesia se vincula apenas a "poema" ("o gênero literário chamado poesia, que existe no poema, somente se expressa através do poema")[22], assertiva que não parece inteiramente nítida, à vista da anterior afirmação de que a letra de música "pode conter poesia", a menos que "conter poesia" queira significar conter sentimento, emoção.

Assim, já quase na virada do milênio, o debate sobre a equiparação ou diferença entre letra de música e poesia ou poema merecia de Ferreira Gullar a qualificação de "confusão".

O desafio à possibilidade de equivalência entre letra de música e poema ressurge periodicamente. Em 2006, o poeta, filósofo, compositor e crítico literário Antonio Cicero registrou, em conhecido artigo, ter lido "recentemente um autor tentar provar a tese de que as letras de música não chegam a ser poemas" e dedicou-se a refutar, um por um, os argumentos, todos genéricos, suscitados para amparar aquela tese, a começar pela alegação de que "o poema tem uma estrutura autônoma, enquanto a letra é ancilar da partitura"; em sua refutação deste argumento, Antonio Cicero sublinha que "dizer que o poema tem uma estrutura autônoma é dizer que ele deve 'se segurar' sozinho na página; ora, há poemas que não se seguram e nada impede que haja letras que se segurem"[23].

Em outra passagem do artigo, Antonio Cicero acentua que "uma letra de música pode ser um bom – ou mesmo um grande – poema".

---

de Em alguma parte alguma, pp. 117/118. As mesmas declarações encontram-se em "Tiro de letra – Mistérios da criação literária", em <https://www.tirodeletra.com.br/musica/FerreiraGullar.htm> (acesso em 01/04/2020).

22 Raulino, Elaine Nascimento. *Ferreira Gullar numa perspectiva foucaultiana*, p. 118.
23 Cicero, Antonio. "Sobre as letras de canções". In Cicero, Antonio. *A poesia e a crítica: ensaios*, p. 92. Conforme consta do livro, o ensaio "Sobre as letras de canções" foi originalmente publicado como "Letra de música" in *Cultura Brasileira Contemporânea*, Rio de Janeiro, ano 1, n. 1, nov. 2006.

Recorda que "os poemas líricos da Grécia antiga e dos provençais eram letras de músicas. Perderam-se as músicas que os acompanhavam, de modo que só os conhecemos na forma escrita. Ora, muitos deles são considerados grandes poemas". Como ressaltou ainda Cicero no artigo, "isso quer dizer que não se pode fazer juízos aprioristicos, no que diz respeito a esse assunto. É preciso considerar cada caso individual"[24].

Não obstante, tal como já acontecera antes com Bruno Tolentino, outro professor universitário viria a manifestar-se contra o tratamento da letra de música como poema: Pedro Lyra, que, em 1995, já organizara uma antologia sobre a poesia da geração de 1960 na qual não se abrigava qualquer texto de letra de música[25].

Em 2010, Pedro Lyra publicou o mais extenso e aprofundado estudo sobre cotejo entre letra de música e poema, seu livro intitulado *Poema e letra-de-música: um confronto entre duas formas de exploração poética da palavra*, cuja elaboração, como desenvolvimento de ensaio anterior, teria sido motivada por sua participação, quinze anos antes, em debate no qual sustentou *"não considerar os letristas como poetas, até porque a maioria deles mesmos não se assumem como tais"*[26].

A tese de Pedro Lyra, contida no primeiro capítulo, de apenas duas páginas, sob o título "Proposição", mostra-se clara: *"São muitas as diferenças entre essas duas formas de exploração poética da palavra – e isso basta para desautorizar o tratamento da letra-de-música como poema"*[27]. O capítulo seguinte, que consiste na parte substantiva do estudo, presumivelmente destinada a atestar a "proposição", apresenta "as diferenças decisivas entre os 2 tipos de texto", por "confronto" em catorze campos[28]: quanto à estrutura, à criação, à enunciação, à temática, à substância, à expressão, à percepção, à atitude, à perspectiva, à autonomia, ao nível, ao destinatário, à recepção e ao consumo.

---

24 Cicero, Antonio. "Sobre as letras de canções". In Cicero, Antonio. *A poesia e a crítica: ensaios*, pp. 90/91.
25 Lyra, Pedro (org). *Sincretismo: a poesia da geração 60: introdução e antologia*. A não inclusão de letras na antologia poderia, teoricamente, explicar-se por outros motivos, mas, a julgar pela perspectiva exposta por Pedro Lyra no livro *Poema e letra-de-música: um confronto entre duas formas de exploração poética da palavra*, é praticamente certo que se tenha devido à convicção contrária ao tratamento da letra de música como poema.
26 Lyra, Pedro. *Poema e letra-de-música: um confronto entre duas formas de exploração poética da palavra*, p. 17.
27 Lyra, Pedro. *Poema e letra-de-música*, p. 26.
28 Lyra, Pedro. *Poema e letra-de-música*, p. 27.

Embora o próprio texto do livro contenha comentários que tendem a matizar a "proposição", esta é reiterada, de modo peremptório, ao longo do estudo, em trechos como "*basta, para sacramentar a diferença, pensar em algo fundamental para o poema: o ritmo. Inútil procurá-lo na letra: ficou na partitura*"; e "*só o poema pode ser recitado, porque só ele foi escrito com marcas rítmicas próprias para esse tipo particular de entoação. As letras-de-música não têm marcas próprias: as da canção que ela integra são da melodia*"[29].

Merece atenção outra afirmação categórica de Pedro Lyra, relacionada à conotação e ao uso da metáfora:

"*O poema está incessantemente renovando a linguagem e, com isso, criando a sua própria, através da projeção da palavra para um segundo plano semântico – o da conotação. (...) Composta para ser ouvida sem interrupção (ou seja, compreendida sem necessidade de meditação nenhuma), a letra-de-música precisa ser clara e, para tanto, se concede incorporar padrões corriqueiros e cristalizados da linguagem familiar, sem compromisso com a invenção.*

Esta é uma marca decisiva. A palavra poética por excelência não é a emotiva, mas a expressiva – aquela que, reportando-se aos seres por um nome diferente do que eles têm, transfiguram valorativamente sua natureza. É a metáfora, um tríplice processo de comparação implícita, transferência de atributos e condensação de sentido, soberana no poema e rara nas letras-de-música"[30].

Após observar que, "no cancioneiro popular brasileiro, todos identificam linhas de letras que são belos versos", Lyra cita cinco exemplos[31].

29 Lyra, Pedro. *Poema e letra-de-música*, p. 133 e pp. 102-103.
30 Lyra, Pedro. *Poema e letra-de-música*, p. 50.
31 Dois exemplos citados por Pedro Lyra são os mesmos versos de "As rosas não falam" e "A flor e o espinho" mencionados por Gilberto de Carvalho e reproduzidos em nota anterior. Os outros três exemplos são (1) o verso "*Tu pisavas nos astros distraída*", de Orestes Barbosa; (2) "*E [quero] abandono de flores se abrindo*", de Dolores Duran, neste caso levando em conta a intepretação da compositora e cantora; e (3) "*Maria/ o teu nome principia/ na palma da minha mão*", de Ary Barroso. Equivoca-se ao escrever "*nos astros*", e não "*os astros*", e ao atribuir a autoria de "A flor e o espinho" a Ismael Silva. Lyra, Pedro. *Poema e letra-de-música*, pp. 56/57. Aos cinco exemplos Pedro Lyra agrega um sexto, referido adiante, sobre o refrão de "Tarde em Itapuã", de Vinicius de Moraes, a propósito do qual sugere percuciente interpretação (op. cit., p. 126).

Reproduz comentário de José Ramos Tinhorão – para quem há "demais na música popular" os "momentos de faísca" por quem "não está alicerçado num conhecimento específico da arte de fazer poesia" –, mas procede à transcrição com o objetivo de frisar, em seguida, sua divergência quanto ao conteúdo: "*Só não concordo quando ele afirma que 'Isso tem demais na música popular'*"[32]. Em outras palavras, Pedro Lyra reconhece que possa haver "belos versos" em letras de música popular, discrepa de Tinhorão quanto à profusão de "momentos de faísca"[33] por parte de quem não dispõe de "conhecimento específico da arte de fazer poesia" e, sobretudo, nega a possibilidade de dispensar-se tratamento como poema à letra de música.

Conforme recorda o recente comentário de José Miguel Wisnik, ainda não alcançou consenso "a discussão antiga" sobre se "letra de música é poesia". É de se observar, nesse contexto, que os pontos de vista de Bruno Tolentino e Pedro Lyra continuam a ser lembrados: em artigo de 2017 de autor com formação em literatura, a posição de Tolentino é incensada ("o saudoso poeta Bruno Tolentino explica muito bem a enorme diferença que há entre poesia e letra de música"), apesar de se reproduzir, em seguida, opinião que, longe de explicar a diferença, já se inicia com assertiva tão sentenciosa quanto genérica: "Letra não é texto, é subtexto, até porque é esta a sua função"[34]. Também em 2017, outro artigo, com o habitual título "Letra de música é poesia?", refere-se ao livro de Pedro Lyra, *Poema e letra-de-música*, para ressaltar que "descreve ao longo de 222 páginas as diferenças entre as duas formas de manifestação artística em nada menos do que 14 campos estéticos"[35].

Portanto, por contraste com aqueles que, como Antonio Cicero, defendem que "uma letra de música pode ser um bom – ou mesmo

---

32 Lyra, Pedro. *Poema e letra-de-música*, p. 58.
33 Lyra observa que "todos nós já desempenhamos o papel de auditório, notadamente numa mesa de bar, para um tipo que recita sem cessar o belo 'achado' de alguém tocado uma vez na vida pelo mágico influxo das musas – belo e único instante". In *Poema e letra-de-música*, pp. 57/58.
34 Souto, Bernardo. "Poesia X Letra de música". In *Jornal Opção*, 22 de março de 2017. Disponível na Internet (endereço eletrônico e data de aceso nas Referências bibliográficas). Curiosamente, o autor do artigo, ao mesmo tempo em que endossa a opinião de Tolentino, anota que, "embora não aconteça com frequência, existem algumas letras de música que se sustêm como poemas de valor". Conforme assinala, é bacharel em "Letras/Crítica literária" e mestre em "Literatura e Cultura: Estudos comparados".
35 Huguenin, José. "Letra de música é poesia?", 05/12/2017. Disponível na Internet (endereço eletrônico e data de acesso nas Referências bibliográficas).

um grande – poema", ou que consideram poemas "A banda" (Norma Goldstein, José Maria de Souza Dantas) e outros textos de Chico Buarque (Anazildo Vasconcelos da Silva), ou que designam Caetano Veloso e Chico Buarque como "poetas" (Augusto de Campos e Afrânio Coutinho), posicionam-se aqueles que, como Bruno Tolentino, asseveram, de forma genérica, a impossibilidade de equiparação entre letra de música e poesia (*"a música popular não se confunde com a erudita. Então, como é que letra de música vai se confundir com poesia?"*) ou, como Pedro Lyra, procuram expor razões – em grande parte, abstratas, como se anotará adiante – para *"desautorizar o tratamento da letra-de-música como poema"*.

Permanece, assim, o questionamento com relação aos aspectos cruciais do debate: se a letra de música pode ser equiparada à poesia (resposta negativa de Tolentino, endossada por seguidores); se a letra de música pode ser tratada como poema (resposta negativa de Pedro Lyra, recordada por admiradores); se cabe designar os letristas como poetas (hipótese de que também se distancia Lyra).

Por vezes, a recusa à identificação entre letra de música e poema baseia-se apenas na evidente diferença de natureza entre ambas as formas de expressão verbal ("maçã é maçã, pera é pera"). Sem dúvida, como resume Antonio Cicero, "um poema é um objeto autotélico, isto é, ele tem o fim em si próprio", ao passo que "uma letra de música, por outro lado, é heterotélica, isto é, ela não tem o seu fim em si própria"; a letra "é uma parte" da canção[36].

Mas, quando se pergunta "letra de música é poema?", comenta Antonio Cicero, "o que se quer saber é se a letra, separada da música, constitui um poema escrito"; acrescenta a observação de que "a verdadeira pergunta parece ser (...) se uma letra de música é um bom poema"[37]. Como consignado, Cicero frisa ser preciso "considerar cada caso individual" e Ferreira Gullar lembra existirem "exceções" à regra de que a letra necessita da música (*"Você pode encontrar exceções, mas na grande maioria dos casos uma letra de música necessita da música para alcançar sua expressão cabal"*).

O problema, da perspectiva de quem entende que as letras de música popular brasileira contêm fartas instâncias de poesia e vários

---

36 Cicero, Antonio. "Sobre as letras de canções". In Cicero, Antonio. *A poesia e a crítica: ensaios*, p. 88 e p. 90.
37 Cicero, Antonio. "Sobre as letras de canções". In Cicero, Antonio. *A poesia e a crítica: ensaios*, pp. 88-89.

casos de textos que equivalem a bons poemas, consiste na inexistência de estudo especificamente voltado para comprovar esse entendimento com base no exame de letras de largo leque de autores e com amplo arco temporal. Há carência de um estudo com esse escopo, que permita respaldar, com evidências concretas e cunho abrangente, a improcedência de questionamentos sobre as abundantes manifestações de traços poéticos em letras de música, que se unem para investir as letras de poesia, e sobre a ocorrência de textos de canção que, separados da música, constituem autênticos poemas.

1.2. Objetivo do estudo

Este trabalho, como indicado na Introdução, propõe-se a demonstrar que poesia e poemas se encontram em letras de música popular brasileira desde os seus primórdios, na década de 1770, com o início das apresentações do carioca Domingos Caldas Barbosa em Lisboa, até a produção de autores lançados na década de 1970, ou seja, ao longo dos mais de duzentos anos cobertos no período.

A demonstração visa a comprovar a tese de que a análise individual das letras em seu mérito próprio – e não assertivas genéricas e abstratas, como as fundadas na natureza distinta do poema, autotélico, e da letra, heterotélica – é o único caminho hábil para responder adequadamente às indagações se "a letra de música é poesia" e se "a letra de música pode ser tratada como poema".

Para tanto, faz-se necessário esclarecer o que se compreende por "letra de música", "poesia" e "poema", questões que serão objeto de capítulos prévios (de números 2 e 3) àqueles devotados à identificação de investimento poético em amplo conjunto de letras (capítulos 4 e 5).

Na ausência de definição consensualmente aceita de "poesia", propõe-se, no Capítulo 3, *uma* noção que se reputa útil para nortear a pesquisa, sem que sua formulação implique qualquer ambição de desvelamento *do* conceito como tal, inerentemente aberto a distintas percepções e abordagens, ou qualquer pretensão de ascendência sobre outras perspectivas esposadas para delimitá-lo.

Como detalhado nas considerações expendidas naquele capítulo, postula-se a existência de traços que constituem sinais ou indícios da presença do fenômeno poético e subscreve-se a ideia de que a poesia se identifica pela conjugação de certos traços, entre os quais se destacam a sonoridade diversa da ditada pela exposição linear do pensamento e o privilégio à linguagem figurada e conotativa. Entende-se que a poesia se materializa precipuamente, mas não somente, no poema, categoria que deve atender a determinadas características.

Em suma, a poesia resulta da combinação de traços poéticos e materializa-se, por excelência, no poema. Desse modo, a identificação da poesia e poemas nas letras de música popular brasileira parte, antes de mais nada, da investigação dos traços poéticos que se encontram em sua base.

O objetivo do estudo não é o de escrever a história das letras de música popular brasileira, nem sua evolução do ponto de vista poético. Bem mais modesto, o objetivo é o de selecionar e apresentar, por meio de exame textual, *exemplos* tanto da presença de instâncias poéticas, quanto de letras equivalentes a poemas, na música popular brasileira[38].

Como, nos textos de letras de música, formados por versos, é, em geral, de imediato aparente a sonoridade afastada da que prevalece na exposição linear do pensamento, este trabalho realça, em particular, a linguagem figurada e conotativa na obra de expressiva quantidade de autores, ao longo do extenso período histórico abarcado pela pesquisa.

Nas conclusões, põem-se em relevo, entre os exemplos coligidos nos capítulos pertinentes do trabalho, numerosos casos em que a linguagem figurada e conotativa combina-se com manifestação inequívoca de sonoridade apartada da explanação racional do pensamento para compor-se, pela conjunção desses traços, a poesia no sentido que aqui se abraça.

Relacionam-se também nas conclusões, com fundamento nos critérios adotados para a identificação de poema, diversos exemplos de letras de música cujas características permitem classificação naquela categoria.

O estudo tem, então, por finalidades precisas, em primeiro lugar, apontar traços poéticos em versos e estrofes de múltiplas letras da

---

[38] Carlos Reis refere-se à abordagem "em nível textual" como aquela "em que se encontra comprometido prioritariamente (mas não exclusivamente) o próprio texto literário". In Reis, Carlos. *Técnicas de análise textual – Introdução à leitura crítica do texto literário*, p. 52. É nesse sentido que aqui se emprega a expressão "exame textual". Reis distingue o nível textual dos níveis "pré-textual" (em que menciona a história literária) e "subtextual" (em que cita a crítica psicanalítica e a sociologia da literatura). In op. cit., pp. 52-91

música popular brasileira, independentemente de serem ou não poemas os textos nos quais se inserem, de modo a permitir a investigação da presença da poesia nas letras, reconhecida como tal pela combinação de traços, e, assim, responder à pergunta "Letra de música é poesia?" com a anotação de que, indubitavelmente, ela está presente em vasta coleção de obras do cancioneiro popular brasileiro[39].

E, em segundo lugar, mediante o escrutínio de letras de canção em sua singularidade, avaliar sua possível condição de poemas e, dessa maneira, responder à outra indagação com a constatação de que se pode, sim, conferir tratamento como poema, com exemplos devidamente assinalados, a diferentes letras de música popular brasileira, escritas em variados períodos.

A fixação do termo final na produção de autores lançados até a década de 1970 teve por objetivo somente estabelecer um limite temporal, ainda que não rígido, para o universo da pesquisa, sem implicar qualquer juízo sobre as obras de letristas revelados ulteriormente. O limite temporal não é rígido na medida em que se estabelece a década de 1970 como termo final para a estreia dos letristas, mas não para a produção de suas obras. Uma vez satisfeita a exigência de lançamento do letrista até aquela década, o estudo pode abranger, e efetivamente abrange, letras de sua autoria divulgadas em época posterior, sem restrição temporal.

O trabalho não entra no mérito da questão da qualificação de "letristas" como "poetas": embora afim com o tema da existência de poesia e poemas em letras de música, é questão de índole diversa, em que estariam envolvidas indagações cujas respostas seriam arbitrárias, como o número mínimo exigível de letras equiparáveis a poemas, ou de estrofes e versos dotados de especial poeticidade, para classificar-se como poeta seu autor.

---

[39] Do mesmo modo que, conforme frisa Antonio Cicero, na pergunta *"Letra de música é poema?"*, o que se deseja saber "é se a letra, separada da música, constitui um poema escrito", quando se formula a questão *"Letra de música é poesia?"*, o que se indaga, em princípio – uma vez que não se pode supor que os dois termos sejam sinônimos –, é se há poesia em letra de música. No limite, a pergunta *"Letra de música é poesia?"* poderia ser entendida como indagação se a letra de música constituiria um "gênero" de poesia, tema que escaparia ao escopo deste trabalho.

2. Significado de "letra de música popular" e tratamento da letra na bibliografia sobre música popular brasileira (MPB)

2.1. Significado de "letra de música popular"

2.1.1. Delimitação das expressões "música popular", "canção" ou "cancioneiro popular"

As múltiplas ambiguidades de que se revestem, ao longo da história e em diferentes culturas, o termo "canção" e as expressões "canção popular" ou "música popular" são de tal ordem que levaram Jean Nicolas De Surmont a escrever um livro devotado principalmente a propor, com apoio em extensa investigação, a criação de "um léxico supradisciplinar, envolvendo um conjunto de arquiconceitos operatórios"[40] – a começar por "objeto-canção" –, uma "metalinguagem", que precisa "recorrer ao neologismo" para "responder às necessidades dos pesquisadores desejosos de abordar os objetos-canção de épocas e estilos diversos"[41].

O neologismo "objeto-canção" deriva sua utilidade da diferenciação que estabelece entre a canção "musical" e a "poética"; conforme o léxico que De Surmont propõe, o *"objeto-canção é composto da linha melódica e do texto. Assim, o sentido da canção somente como forma poética não constitui um objeto-canção, mas um poema"*[42]. Entre

---

40 De Surmont, Jean Nicolas. *Vers une théorie des objets-chansons*, p. 58. As citações em língua estrangeira foram traduzidas pelo autor do presente trabalho.
41 De Surmont, Jean Nicolas. *Vers une théorie*, p. 60.
42 A canção como poema é designação com mais de um sentido, pois se aplicou a diferentes tipos de texto em épocas diversas. Como se sabe, a canção foi praticada por Luís de Camões em alguns de seus mais admiráveis poemas, como os que se iniciam pelos versos "Vinde cá, meu tão certo secretário" e "Junto dum seco, fero, estéril monte". Como ensina Massaud Moisés, "a canção, conforme a praticaram Dante, Petrarca,

os "objetos-canção", sugere a terminologia "canção assinada", em relação à qual *"a identidade do autor [da letra] e do compositor da música é conhecida e/ou identificável"*, e a *"canção de tradição oral"* para aqueles cujos autores são *"desconhecidos (anônimos)"*[43].

De Surmont anota que por "música popular" se entende tanto a música quanto a "canção popular"[44] e ressalta que o termo "popular" é possivelmente o mais ambíguo de todos. Pode significar "tradicional", "comercial" ou "emanado do povo"[45]; no passado, "canção popular" era equivalente a "canção folclórica"[46] e seu espectro semântico, na atualidade, cobre "canção de sucesso" e "canção de divertimento"[47]. Nesse aspecto, contudo, o estudioso não oferece uma proposta terminológica convincente: a divisão entre "canção assinada de texto" (*"chanson signée à texte"*) e "canção assinada popular" (*"chanson signée populaire"*) parece remeter a uma distinção valorativa, com acento no "traço semântico/comercial"[48].

Mesmo que não se incorpore a terminologia que o autor indica, o livro de De Surmont desperta a atenção para as imprecisões subjacentes ao uso das expressões "cancioneiro" ou "canção popular" e "música popular". Uma tentativa de definição mais próxima do conjunto de composições que se tem em vista enfeixar sob esses rótulos poderia ser:

obra composta por letra e melodia (ou música), de duração breve, cujos autores são conhecidos ou identificáveis, autossuficiente, divulgada de forma pública, com conteúdo laico e civil (não destinada a ofício religioso ou a simbologia nacional).

Camões e outros, distribui-se numa série de estrofes de número regular de versos (estâncias), culminando numa estrofe menor, chamada ofertório, (...) através do qual o poeta dedica o poema à bem-amada ou condensa a matéria das estâncias. Estas podem apresentar vinte versos no máximo ou sete no mínimo" (in Moisés, Massaud. *Dicionário de termos literários*, p. 70). A canção "Vinde cá, meu tão certo secretário" é composta de doze estrofes de vinte versos e a estrofe final (ofertório) de nove versos. Formam a canção "Junto dum seco, fero, estéril monte" oito estrofes de quinze versos e o ofertório de três versos (in Camões, Luís de. *Líricas*, pp. 66-71 e pp. 74-84). O "objeto-canção" está definido in De Surmont, op. cit., p. 154.

43 De Surmont, Jean Nicolas. *Vers une théorie des objets-chansons*, pp. 63 e 153.
44 *Ibidem*, p. 99.
45 *Ibidem*, p. 81.
46 *Ibidem*, p. 86.
47 *Ibidem*, p. 100.
48 *Ibidem*, pp. 100-101.

A "brevidade" é certamente noção fluida, mas tem as vantagens de corresponder, senão à totalidade, ao menos à vasta maioria das canções populares brasileiras (em geral, não mais que seis minutos) e de afastar, por si só, a ópera. A autoria conhecida ou identificável possibilita distinção com respeito à música folclórica: Ricardo Cravo Albin, por exemplo, refere-se, em seu livro MPB: *a história de um século*, à "música popular, ou seja, aquelas canções que têm autores definidos (já que a música folclórica se estriba na tradição do anonimato)"[49]. A autossuficiência permite abarcar composições que, mesmo retiradas de seu contexto original (cinema, peça de teatro ou novela de televisão), são passíveis de divulgação e apreensão com significado próprio: por exemplo, não é preciso o enquadramento na peça "Gota d'Água" para apreciar-se a música de Chico Buarque com título homônimo (*"Deixa em paz meu coração/ Que ele é um pote até aqui de mágoa/ E qualquer desatenção/ – Faça não/ Pode ser a gota d'água"*) ou sua música "Bem-querer", da mesma peça: *"E quando o seu bem-querer mentir/ Que não vai haver adeus jamais/ Há de responder com juras/ Juras, juras, juras imorais"*[50].

2.1.2. Critério para caracterização de "letra de música popular"

Para fins deste trabalho, considera-se como "letra de música popular" o texto verbal divulgado em conjunto com melodia ou elaborado para fundir-se com melodia preexistente, em ambos os casos destinado a formar, com a melodia, a canção popular no sentido acima definido, que configura, portanto, um gênero híbrido de arte.

É sabido que há várias formas possíveis no processo de criação de uma canção ou música popular, entre as quais a produção concomitante de melodia e texto, a musicalização de texto já escrito, muitas vezes com o propósito específico de tornar-se letra de música, ou sobreposição de letra a uma melodia inédita ou conhecida. Independentemente do processo criativo da canção, seu texto, uma vez

---

49 Albin, Ricardo Cravo. MPB: *a história de um século*, p. 120.
50 Buarque, Chico; Pontes, Paulo. *Gota d'água*, p. 41 e p. 69. Ambas as músicas citadas foram gravadas separadamente da peça: por exemplo, "Bem querer" no LP "Chico Buarque & Maria Bethânia ao vivo", de 1975 (LP 6349146, Philips); e "Gota d'água" tanto naquele LP quanto no CD "Chico Buarque ao vivo – Paris – Le Zenith", de 1990 (CD 10074, BMG Ariola Disco).

divulgado em conjunto com a melodia, apresenta-se como letra de música e assim é aqui entendido[51].

Excluem-se, em consequência, do tratamento como letras de música os textos originalmente divulgados apenas em sua condição de expressão verbal, entre os quais os poemas musicados *a posteriori*, de que há numerosos exemplos na canção popular do Brasil – entre outros, "José", de Carlos Drummond de Andrade; "Motivo", de Cecília Meireles; trecho de "Morte e vida severina", de João Cabral de Melo Neto.

Existem casos limítrofes, representados por textos que só atingiram notoriedade por terem sido posteriormente musicados. Apesar de se situarem em área fronteiriça, tampouco serão examinados como letras neste trabalho. Um dos casos é curioso: ao falecer o compositor Noel Rosa, em 1937, foram escritos versos em sua homenagem por autor então praticamente desconhecido, Sebastião Fonseca; catorze anos mais tarde, o texto foi musicado por Sílvio Caldas, e a canção ("Violões em funeral") alcançou grande difusão. O primeiro verso faz menção ao bairro do Rio de Janeiro a que pertencia, com orgulho, Noel Rosa: "*Vila Isabel veste luto/ pelas esquinas escuto/ violões em funeral/ choram bordões, choram primas/ soluçam todas as rimas/ numa saudade imortal*".

2.1.3. Atenção à natureza da letra de música

A letra de música é, como o próprio sintagma deixa claro, forma de expressão verbal feita para ser cantada, e não para ser lida ou declamada. O valor artístico da letra *enquanto tal* se vincula à sua conjugação com a música. É na junção de letra e música que se encontra um tipo híbrido de obra de arte, cuja fruição e cuja avaliação dependerão de ambos os componentes em sua simbiose. Uma letra pode ter imenso valor artístico por sua adequação à melodia, sem que nela avulte particular valor poético; pode não ter valor poético nenhum, nem se propor a tê-lo, e ser ótima letra por seu perfeito casamento com o espírito e o ritmo da música.

---

[51] Como assinala o professor Francisco Bosco no artigo "Por uma ontologia da canção: poema e letra": "*Letra de música é portanto – e necessariamente – letra para música, não importa em que ordem cronológica foram feitas uma e outra (se a letra, primeiro, ou se a melodia): pois, de uma perspectiva estrutural, letra e música são sempre contemporâneas*". In Revista Cult, 14/03/2010. Disponível na Internet (endereço eletrônico e data de acesso nas Referências bibliográficas).

Ainda mais importante, o valor poético de uma letra pode ser acentuado pelo valor da música, e vice-versa. A letra, em combinação com a melodia, frequentemente – ainda que não sempre – assume expressão e transmite emoção que são obscurecidas ou desaparecem na leitura em separado do texto. Augusto de Campos escreveu um "poema-prefácio" a livro de Torquato Neto que exprime esse "mistério": "*estou pensando/ no mistério das letras de música/ tão frágeis quando escritas/ tão fortes quando cantadas/ (...) a altura a intensidade a duração a posição/ da palavra no espaço musical/ a voz e o mood mudam tudo/ a palavra-canto/ é outra coisa*"[52]. Pedro Lyra ressalta os quatro primeiros versos de Augusto de Campos em epígrafe de seu livro *Poema e letra-de-música*[53].

Ao isolar-se, neste trabalho, a letra de música da melodia, com vistas a examinar seu investimento poético somente na condição de expressão verbal, tem-se perfeita consciência de que sua natureza é de outra ordem, como anota Francisco Bosco: "*a letra não foi feita para o papel (o que significa: para si mesma, o para si do poema), mas para a música*"[54]. Nesse mesmo sentido, já se registraram, no capítulo anterior, as observações de Antonio Cicero de que a letra de música é "heterotélica, isto é, ela não tem o seu fim em si própria"; a letra "é uma parte da canção"[55]. Em outro artigo, Bosco coloca a questão em termos absolutamente adequados:

"*(...) a totalidade da canção deve ser sempre o parâmetro de avaliação. E, entretanto, (...) a letra pode requerer para si, em alguns casos, a condição, a um tempo, de letra – isto é, de parte integrante da canção – e de poema, algo que brilha por si, põe-se de pé sozinho, independente do resto*"[56].

---

52 O texto de Augusto de Campos, do qual se extrai o fragmento citado, é reproduzido no livro *Torquato Neto: uma poética de estilhaços*, de Paulo Andrade. Conforme Andrade esclarece, o texto, intitulado "Como é, Torquato", foi escrito por Campos como um "poema-prefácio" à segunda edição do livro de Torquato Neto intitulado *Os últimos dias de paupéria*. In Andrade, Paulo. *Torquato Neto: uma poética de estilhaços*, p. 49.
53 Lyra, Pedro. *Poema e letra-de-música: um confronto entre duas formas de exploração poética da palavra*, p. 23.
54 Bosco, Francisco. "Por uma ontologia da canção: poema e letra".
55 Cicero, Antonio. "Sobre as letras de canções". In Cicero, Antonio. *A poesia e a crítica: ensaios*, p. 88 e p. 90.
56 Bosco, Francisco. "Letra de música é poesia?". In Bueno, André (org.). *Literatura e sociedade: narrativa, poesia, cinema, teatro e canção popular*, p. 62.

O presente trabalho pretende apresentar exemplos de presença da poesia e de poemas em letras de música popular brasileira, sem perder jamais de vista a natureza "heterotélica" da letra de música. Convém reter sempre, e se observará, o ensinamento de Charles Perrone:

> *"Uma letra pode ser um belo poema mesmo tendo sido destinada a ser cantada. Mas é, em primeiro lugar, um texto integrado a uma composição musical, e os julgamentos básicos devem ser calcados na audição para incluir a dimensão sonora no âmbito de análise. Mas, se independente da música, o texto de uma canção é literalmente rico, não há nenhuma razão para não se considerar seus méritos literários. (...) O que deve ser evitado é reduzir uma canção a um texto impresso e, a partir dele, emitir julgamentos literários negativos"*[57].

2.2. Tratamento da letra na bibliografia sobre música popular brasileira (MPB)

O reconhecimento da importância de letras de música para a literatura no Brasil já está de longa data estabelecido e tem gerado estudos aprofundados, desde os trabalhos inaugurais de Augusto de Campos, ainda na década de 1960, reunidos posteriormente em livro[58], e de Affonso Romano de Sant'Anna, entre as décadas de 60 e 70[59].

Há hoje rica bibliografia sobre a música popular brasileira. Para se ter uma medida de sua extensão, em levantamento de "trabalhos estritamente acadêmicos" sobre o tema até 2006 arrolam-se, já se excluindo aqueles limitados apenas a aspectos musicais, mais de cem artigos ou livros[60].

A produção e publicação de obras sobre a música popular brasileira têm tido incessante continuidade. Se tomar-se como exemplo a

---

57 Perrone, Charles A. *Letras e letras da música popular brasileira*, p. 14.
58 Campos, Augusto de. *Balanço da bossa e outras bossas*. A edição original, com o título de *Balanço da bossa*, data de 1968.
59 Sant'Anna, Affonso Romano de. *Música popular e moderna poesia brasileira*. O livro, cuja edição original data de 1978, inclui artigos da década de 1960, como "Tropicalismo! Tropicalismo! Abre as asas sobre nós!" (1968).
60 Santuza Cambraia Naves et al., "Levantamento e comentário crítico de estudos acadêmicos sobre música popular no Brasil". Disponível na Internet (endereço eletrônico e data de acesso nas Referências bibliográficas).

última década, será possível verificar que a cada ano se editaram ou reeditaram livros de referência para a matéria, como, entre outros:

- em 2010, *Histórias das minhas canções*, de Paulo César Pinheiro; *Poema e letra-de-música*, de Pedro Lyra; *Alguns aspectos da MPB*, de Euclides Amaral; *Eu, brasileiro, confesso minha culpa e meu pecado*, de Frederico Coelho (que inclui tratamento, no segundo capítulo, do "tropicalismo musical"); e a segunda edição de *História social da música popular brasileira*, de José Ramos Tinhorão[61];
- em 2011, *MPB: a história de um século*, de Ricardo Cravo Albin[62];
- em 2012, reedições de *O cancionista*, de Luiz Tatit, e de *Música popular: um tema em debate* (ed. revista e ampliada), de José Ramos Tinhorão; edição de *O Estado Novo da Portela*, de Guilherme Guaral, e de *Histórias de canções: Tom Jobim*, de Wagner Homem e Luiz Roberto Oliveira[63];
- em 2013, *Aldir Blanc: resposta ao tempo – Vida e letras*, de Luiz Fernando Vianna; *Histórias do samba*, de Marcos Alvito; *Música em 78 rotações*, de Camila Koshiba Gonçalves; e reedição de *Moreira da Silva: o último dos malandros*, de Alexandre Augusto Teixeira Gonçalves, e de *Pequena história da música popular: segundo seus gêneros*, de José Ramos Tinhorão[64];
- em 2014, *O voo das palavras cantadas*, de Carlos Rennó; *Música com Z*, de Zuza Homem de Mello; *A República cantada*, de André

---

[61] Pinheiro, Paulo César. *Histórias das minhas canções/Paulo César Pinheiro*. São Paulo: Leya, 2010. Lyra, Pedro. *Poema e letra-de-música: um confronto entre duas formas de exploração poética da palavra*. Curitiba: Editora CRV, 2010. Amaral, Euclides, *Alguns aspectos da MPB*. 2ª ed., Rio de Janeiro: Esteio Editora, 2010. Coelho, Frederico. *Eu, brasileiro, confesso minha culpa e meu pecado: cultura marginal no Brasil nas décadas de 1960 e 1970*. Rio de Janeiro: Civilização Brasileira, 2010. Tinhorão, José Ramos. *História social da música popular brasileira*. 2ª ed. São Paulo: Editora 34, 2010.

[62] Albin, Ricardo Cravo. *MPB: a história de um século*. 1ª ed. rev e ampl. Rio de Janeiro: FUNARTE: 2011.

[63] Tatit, Luiz, *O cancionista*. 2ª ed., 1ª reimpr. São Paulo: Editora da Universidade de São Paulo: 2012. Tinhorão, José Ramos. *Música popular: um tema em debate*. 4a. ed. São Paulo: Editora 34, 2012. Guaral, Guilherme. *O Estado Novo da Portela*. Jundiaí: Paco Editorial, 2012. Homem, Wagner; e Oliveira, Luiz Roberto. *Histórias de canções: Tom Jobim*. São Paulo: Leya, 2012.

[64] Vianna, Luiz Fernando. *Aldir Blanc: resposta ao tempo – Vida e letras*. Rio de Janeiro: Casa da palavra, 2013. Alvito, Marcos. *Histórias do samba*. São Paulo: Matrix, 2013. Gonçalves, Camila Koshiba. *Música em 78 rotações: discos a todos os preços na São Paulo dos anos 30*. São Paulo, Alameda, 2013. Gonçalves, Alexandre Augusto Teixeira. *Moreira da Silva: o último dos malandros*. 2ª ed. Rio de Janeiro: Sonora Editora, 2013. Tinhorão, José Ramos. *Pequena história da música popular: segundo seus gêneros*. 7ª ed. São Paulo: Editora 34, 2013.

Diniz e Diogo Cunha; *Sambistas e chorões*, de Lúcio Rangel; e *Os outubros de Taiguara*, de Janes Rocha[65];

• em 2015, os três volumes de *Quem foi que inventou o Brasil? – A música popular conta a história da República*, de Franklin Martins; o *Livro de letras/Vinicius de Moraes*, pesquisa de Beatriz Calderari de Miranda e José Castello; *Chico Buarque, sinal aberto!*, organização de Sylvia Cyntrão; *O enredo do meu samba*, de Marcelo de Mello; *Finas flores: mulheres letristas na canção brasileira*, de Jorge Marques; *Dicionário da história social do samba*, de Nei Lopes e Luiz Antonio Simas[66];

• em 2016, *Rita Lee: uma autobiografia*, de Rita Lee; *101 canções que tocaram o Brasil*, de Nelson Motta; *A vida louca da MPB*, de Ismael Caneppele; *Pra que serve uma canção como essa?*, de Adriana Calcanhotto[67];

• em 2017, *Belchior Apenas um rapaz latino-americano*, de Jotabê Medeiros; *Uma história do samba: volume I (As origens)*, de Lira Neto; *O Raul que me contaram*, de Tiago Bittencourt; *Copacabana: a trajetória do samba-canção (1929-1958)*, de Zuza Homem de Mello; e a "edição comemorativa de 20 anos" de *Verdade Tropical*, de Caetano Veloso[68];

---

[65] Rennó, Carlos. *O voo das palavras cantadas*. São Paulo: Dash Editora, 2014. Mello, Zuza Homem de. *Música com Z: artigos, reportagens e entrevistas*. São Paulo: Editora 34, 2014. Diniz, André; e Cunha, Diogo. *A República cantada: do choro ao funk, a história do Brasil através da música*. Rio de Janeiro: Zahar, 2014. Rangel, Lúcio. *Sambistas e chorões*. São Paulo: IMS, 2014. Rocha, Janes, *Os outubros de Taiguara: um artista contra a ditadura: música, censura e exílio*. São Paulo: Kuarup, 2014.

[66] Martins, Franklin. *Quem foi que inventou o Brasil? – A música popular conta a história da República*. Vol. I (de 1902 a 1964), vol. II (de 1964 a 1985) e vol. III (1985 a 2002). Rio de Janeiro: Nova Fronteira, 2015. Moraes, Vinicius de. *Livro de letras/Vinicius de Moraes: pesquisa [Beatriz Calderari de Miranda, José Castello]*. São Paulo: Companhia das Letras, 2015. Cyntrão, Sylvia (org.). *Chico Buarque, sinal aberto!* Rio de Janeiro: 7 Letras, 2015. Mello, Marcelo de. *O enredo do meu samba – A história de quinze sambas-enredo imortais*. Rio de Janeiro: Record, 2015. Marques, Jorge. *Finas flores: mulheres letristas na canção brasileira*. Rio de Janeiro: Oficina Raquel, 2015. Lopes, Nei; e Simas, Luiz Antonio. *Dicionário da história social do samba*. Rio de Janeiro: Civilização Brasileira, 2015 (primeira edição; 6ª ed., 2020).

[67] Lee, Rita. *Rita Lee: uma autobiografia*. São Paulo: Globo, 2016. Motta, Nelson. *101 canções que tocaram o Brasil*. Rio de Janeiro: Estação Brasil, 2016. Caneppele, Ismael. *A vida louca da MPB*. São Paulo: Leya, 2016. Calcanhotto, Adriana. *Pra que serve uma canção como essa?* Org. e pref. de Eucanaã Ferraz. Rio de Janeiro: Bazar do Tempo, 2016.

[68] Medeiros, Jotabê. *Belchior Apenas um rapaz latino-americano*. São Paulo: Todavia, 2017. Lira Neto. *Uma história do samba: volume I (As origens)*. São Paulo: Companhia das Letras, 2017. Bittencourt, Tiago. *O Raul que me contaram: a história do maluco beleza*

- em 2018, *Contos e letras*, de Paulo Sergio Valle; e *Canções*, de Carlos Rennó[69];
- em 2019, *A letra & a poesia na música popular brasileira*, de Euclides Amaral[70].

A par do exame de letras, a bibliografia estende-se vastamente a questões de ordem histórica, política, socioeconômica[71], cultural[72], semiótica[73] e biográfica[74]. Entre outras vertentes, envolve biografia dos autores; seu modo de composição; história da música popular brasileira e de certos movimentos que a marcaram singularmente; seu papel na resistência à ditadura implantada por duas décadas no país; seu vínculo com o desenvolvimento da indústria fonográfica; e sua internacionalização[75].

Não há, portanto, carência de estudos. A bibliografia em geral sobre a música popular brasileira e as análises dirigidas a letras de música cobrem obras relevantes de grandes letristas e contêm linhas de interpretação essenciais sobre múltiplos textos. Os trabalhos pautam-se em diferentes recortes – entre outros, por autores[76], por épocas[77], por gêneros musicais[78] e por temas[79].

---

revisitada por um programa de TV. São Paulo: Martin Claret, 2017. Mello, Zuza Homem de. *Copacabana: a trajetória do samba-canção (1929-1958)*. São Paulo: Editora 34/Edições Sesc São Paulo, 2017. Veloso, Caetano. *Verdade tropical*. 3ª ed. São Paulo, Companhia das Letras, 2017 ("Edição comemorativa de 20 anos" do livro, "publicado originalmente pela Companhia das Letras em 1997").

69 Valle, Paulo Sergio. *Contos e letras: uma passagem pelo tempo*. Rio de Janeiro: Litteris, 2018. Rennó, Carlos. *Canções*. São Paulo: Perspectiva, 2018.

70 Amaral, Euclides. *A letra & a poesia na música popular brasileira: semelhanças e diferenças*. Rio de Janeiro: E. Amaral da Silva, 2019.

71 Entre os livros de abordagem histórica incluem-se cinco indispensáveis – *Uma história da música popular brasileira: das origens à modernidade*, de Jairo Severiano (São Paulo: Editora 34, 2008); *Pequena história da música popular: segundo seus gêneros* e *História social da música popular brasileira*, ambos de José Ramos Tinhorão; *MPB: a alma do Brasil*, org. e pref. de Ricardo Cravo Albin (Rio de Janeiro: ICCA, 2009); e *MPB: a história de um século*, cujo autor é também Ricardo Cravo Albin – , além de vários outros de proveito, como *MPB – Caminhos da arte brasileira mais reconhecida no mundo*, de Roberto M. Moura (São Paulo: Irmãos Vitale, 1998). Os três volumes de *Quem foi que inventou o Brasil?*, de Franklin Martins, ocupam lugar de destaque das perspectivas histórica, política e socioeconômica, tanto pelos artigos introdutórios aos conjuntos de letras de canções de cada época – selecionadas por serem consideradas as canções "mais interessantes para o relato dos principais fatos e processos políticos do período" (op. cit., vol. *I*, p. 24) –, quanto pelos comentários às próprias letras.

72 O enfoque cultural sobressai, por exemplo, em *Eu, brasileiro, confesso minha culpa e meu pecado*, de Frederico Coelho.

Com justíssima causa, parte significativa dos estudos sobre letras de música – e, entre eles, vários extremamente esclarecedores – conjuga o tratamento de traços estritamente literários com características musicais e até de interpretação na gravação ou de ambientação na performance. Os abundantes exemplos encontram-se a cada passo. À guisa de amostragem, eis alguns deles, baseados em obras fundamentais na bibliografia:

73 O escritor mais citado em estudos semióticos ligados à música popular brasileira é o professor e compositor Luiz Tatit, autor de *Semiótica da canção* (3ª ed. São Paulo: Editora Escuta, 2007) e, em conjunto com Ivã Carlos Lopes, de *Elos de melodia e letra: análise semiótica de seis canções* (Cotia, SP: Ateliê Editorial, 2008). Tatit é formulador também de teoria que explora a possibilidade de vínculo entre a fala e a produção da canção popular. Em outro livro de sua autoria, *O cancionista* (2ª ed., 1ª reimpr. São Paulo: Editora da Universidade de São Paulo: 2012), trata do tema em capítulo introdutório, que inclui os seguintes trechos (pp. 11/12 e pp. 13/14): "*Tive, em 1974, uma espécie de insight ou susto quando, ouvindo Gilberto Gil interpretando gravações de Germano Matias, me ocorreu a possibilidade de toda e qualquer canção popular ter sua origem na fala. (...) E mais que pela fala explícita, passei a me interessar pela fala camuflada em tensões melódicas. (...) Criando tensões melódicas, o cancionista camufla habilmente as marcas da entoação. // A entoação despe o artista. Revela-o como simples falante. Rompe o efeito de magia. Nivela sua relação com o ouvinte. // As tensões melódicas fazem do artista um ser grandioso que se imortaliza no timbre. A amplificação da voz e sua equalização junto aos demais instrumentos reforçam sua dignidade e imprimem um tom de magia, necessário ao encanto que exerce no ouvinte (...)*".

74 Os estudos biográficos e obras autobiográficas abarcam desde compositores/letristas do século XIX, como o "padre-mestre" José Maurício Nunes Garcia (Cleofe Person de Mattos. *José Maurício Nunes Garcia: biografia*. Rio de Janeiro: Biblioteca Nacional, Dep. Nacional do Livro, 1996), até autores recentes, como Raul Seixas, Belchior e Taiguara (de que se ocupam, respectivamente, Tiago Bittencourt, Jotabê Medeiros e Janes Rocha nos livros já citados), e como Rita Lee, em sua mencionada autobiografia.

75 Obras imprescindíveis como referência, às quais se recorreu com constância na elaboração deste estudo, são *A canção no tempo: 85 anos de músicas brasileiras*, em dois volumes (Vol. 1: 1901-1957. São Paulo: Editora 34, 1997. Vol. 2: 1958-1985. São Paulo: Editora 34, 1998), de Jairo Severiano e Zuza Homem de Mello; o *Dicionário Houaiss ilustrado da música popular brasileira* (criação e supervisão geral de Ricardo Cravo Albin, Rio de Janeiro: Paracatu, 2006); a *Enciclopédia da música brasileira: popular, erudita e folclórica* (editor: Marcos Antônio Marcondes, 2ª ed. São Paulo: Art Editora/Publifolha, 1998); o *Panorama da música popular brasileira*, de Ary Vasconcelos, em dois volumes (vol. I e vol. II. São Paulo: Livraria Martins Editora, 1964); e o *Dicionário Cravo Albin da música popular brasileira*, este disponível para consulta por internet.

76 O recorte por autores inclui, além das biografias e autobiografias, duas modalidades básicas. A primeira consiste no exame de obras de letristas, de que há numerosos exemplos, alguns deles indicados a seguir. Os estudos sobre obras de letristas às vezes contêm transcrição de letras, como os casos de *Orestes Barbosa: 100 anos de Chão de Estrelas*, de autoria de Artur da Távola (Brasília: Câmara dos Deputados/Centro de Documentação e Informação/Coordenação de Publicações, 1993) e *A letra brasileira de Paulo César Pinheiro*:

* "*Efeito análogo busca o compositor-cantor* [Caetano Veloso] *em* Onde Andarás. *Neste caso, porém, o pastiche assume uma feição mais integral, já que todo o contexto é o de uma composição 'cafona' e o texto de Ferreira Gullar (talvez voluntariamente) insalvável, salvo 'o acaso / por mero descaso'. A letra tipo 'dor-de-cotovelo' se engasta em ritmos típicos de uma fase crepuscular de nossa música pré-bossa-nova (beguin, samba-canção) e em clichês orquestrais, especialmente preparados por Medaglia*" (Augusto de Campos)[80];

* "*Chamo a essa técnica de justaposição e ela ocorre tanto na construção da frase musical quanto no texto propriamente dito. (...) (d) Justaposição de estrofes-ritmos. (...) Veja-se 'Sugar Cane Fields Forever'. O título em inglês remetendo aos Beatles, mas o eixo da música é primitivo-folclórico, ao sabor afro-baiano. Em torno da voz selvagem do solista compõe-se o samba tradicional, a bossa nova, sons de iê-iê-iê, recitativos e efeitos de vanguarda*" (Affonso Romano de Sant'Anna)[81];

* "*A rápida realização de 'Palavra em Palavra' (tempo de 1:17) revela diferentes peculiaridades. A enunciação inicial de 'som' e 'mar' é feita de forma prolongada, sugerindo imensidão (...) As três próximas palavras são pronunciadas com acentos rítmicos por vozes superpostas implicando na fusão verbal conforme sua intonação específica*" (Charles Perrone)[82];

uma jornada musical, de Conceição Campos (Rio de Janeiro: Casa da Palavra, 2009). A outra modalidade reside em obras que reúnem, ou nas quais se inserem, depoimentos ou entrevistas de letristas, como, por exemplo, *Humberto Teixeira: voz e pensamento*, de Miguel Angelo de Azevedo, conhecido por Nirez (Fortaleza: Banco do Nordeste do Brasil, 2006; o volume recolhe "Depoimento do compositor para o Museu Cearense de Comunicação de Nirez"); *O som do Pasquim*, org. e pref. de Tárik de Souza (Rio de Janeiro: Desiderata, 2009); *Palavras musicais: letras, processos de criação, visão do mundo de 4 compositores brasileiros*, de Paulo Vilara (Belo Horizonte: [s/ed], 2006); e *Encontros/ Gilberto Gil*, org. Sergio Cohn (Rio de Janeiro: Beco do Azougue, 2007).

77 Por exemplo, *Doces modinhas para Iaiá, buliçosos lundus para Ioiô: poesia romântica e música popular no Brasil do século XIX*, de Jonas Alves da Silva Junior (São Paulo: Linear B; Faculdade de Filosofia, Letras e Ciências Humanas, 2008); *Panorama da música popular brasileira na Belle Époque*, de Ary Vasconcelos (Rio de Janeiro: Liv. Sant'Anna, 1977); *A era dos festivais: uma parábola*, de Zuza Homem de Mello (São Paulo: Editora 34, 2003); e *Da Bossa Nova à Tropicália*, de Santuza Cambraia Naves (Rio de Janeiro: Jorge Zahar Ed., 2001).

* "A melodia de interrogação ('a que será que se destina?') fixa-se como padrão motívico, e ressoa nas frases seguintes como se a pergunta, caindo como pedra num poço, tivesse feito com que sua onda entoativa ficasse ressoando na melodia da canção. (...) há um outro detalhe essencial: a última sílaba tônica de cada verso é não só elevada melodicamente na tensividade de um salto intervalar ascendente, mas alongada, estendida na duração vocálica, sutilmente valorizada em vibração" (José Miguel Wisnik, a propósito de "Cajuína", de Caetano Veloso, em sua gravação original)[83];

* "O início da canção ['Pra machucar meu coração', de Ary Barroso, cujo primeiro verso diz 'Tá fazendo um ano e meio, amor'], *em ascendência cromática, tem o objetivo de destacar o intervalo de semitons que instala a paixão melódica sobre a sílaba 'a...'* [da palavra 'ano']. *Sua emissão no agudo, mantendo uma duração tensa e expressiva, condensa todo o sentimento acumulado (talvez em 'um*

78 Entre outros trabalhos, a bossa nova motivou *Chega de saudade: a história e as histórias da Bossa Nova*, de Ruy Castro (2ª ed. São Paulo: Companhia das Letras, 1990); o samba é objeto, entre os livros publicados somente na última década, dos já citados *Histórias do samba*, de Marcos Alvito, *Uma história do samba (As origens)*, de Lira Neto, *Dicionário da história social do samba*, de Nei Lopes e Luiz Antonio Simas, e *O enredo do meu samba*, de Marcelo de Mello; o choro é matéria do *Almanaque do choro: a história do chorinho, o que ouvir, o que ler, onde curtir*, de André Diniz (Rio de Janeiro: Zahar, 2003) e, parcialmente, de *Sambistas e chorões*, de Lúcio Rangel, já mencionado. O samba-canção inspira o livro *Copacabana: a trajetória do samba-canção (1929-1958)*, de Zuza Homem de Mello, igualmente já referido.

79 Os estudos com recortes temáticos envolvem, por exemplo, *Os estilos literários e letras de música popular brasileira*, de Nelson Antônio Dutra Rodrigues (São Paulo: Arte & Ciência, 2003); *Convergências: poesia concreta e tropicalismo*, de Lúcia Santaella (São Paulo: Nobel, 1986); *Tropicália, alegoria, alegria*, de Celso Favaretto (4ª ed. Cotia, SP: Ateliê Editorial 2007); *Da pauliceia à centopeia desvairada: as vanguardas e a* MPB, de Sylvia Cyntrão e Xico Chaves (Rio de Janeiro: Elo, 1999); *Que "tchan" é esse?: indústria e produção musical no Brasil dos anos 90*, de Mônica Neves Leme (São Paulo: Annablume, 2003). Alguns livros lançados na última década, já referidos, também se enquadram nesta categoria, como *Música em 78 rotações*, de Camila Koshiba Gonçalves, e, pelo recorte centrado no fato de serem autoras, *Finas flores – mulheres letristas na canção brasileira*, de Jorge Marques.

80 Augusto de Campos, *Balanço da bossa e outras bossas*, p. 168.

81 Affonso Romano de Sant'Anna, *Música popular e moderna poesia brasileira*, pp. 106 e 107 (a respeito de composição e gravação de Caetano Veloso).

82 Perrone, Charles A. *Letras e letras da música popular brasileira*, p. 109 (como nos exemplos anteriores, o comentário refere-se a composição e gravação de Caetano Veloso).

83 José Miguel Wisnik, "Cajuína Transcendental", in Wisnik, *Sem Receita – Ensaios e canções*, pp. 266-270.

ano e meio'), dando o primeiro sinal do elo afetivo. O segundo sinal vem pelo texto: 'amor', no final do segmento" (Luiz Tatit)[84].

É evidente que esse tipo de análise se mostra perfeitamente adequado ao propósito de comentar o valor da letra de música enquanto tal, que inclui não só considerações literárias, mas também, e especialmente, apreciação sobre o casamento da letra com a música, a qual pode reforçar o texto (como no exemplo de Perrone, relativo à enunciação inicial de 'som' e 'mar') ou com ele conformar um todo "integral" a serviço do propósito do autor ou autores (como no exemplo do pastiche para o qual chama atenção Augusto de Campos).

Em tendência explicável pela natureza mesclada da obra que reúne música e letra, assim como por sua apresentação performática, o estudo de letras de música tem sido prevalentemente e crescentemente assinalado por enfoque "intergêneros" ou interdisciplinar.

Essa orientação recebeu propositado estímulo no âmbito universitário, pela promoção, em 2000, 2006 e 2011, no Rio de Janeiro, de diferentes edições do "Encontro de Estudos da Palavra Cantada", dos quais resultaram livros com títulos assemelhados – *Ao encontro da palavra cantada – poesia, música e voz* (2001), *Palavra cantada: ensaios sobre poesia, música e voz* (2008) e *Palavra cantada: estudos transdisciplinares* (2014).

Já o primeiro livro, com os textos sobre o Encontro que teve lugar em 2000, realizado conjuntamente por unidades de Letras e de Música de duas diferentes Universidades, registrava que "*a abordagem multidisciplinar, implícita na parceria, afigurava-se como condição para apreender a interação entre as dimensões verbal, musical e vocal da palavra cantada, nos circuitos culturais onde se articulam seus processos de produção e recepção*". Ressalvava, contudo, que "*uma das principais dificuldades que entrava a abordagem da palavra poética cantada por parte de especialistas em Literatura é a carência de instrumental e base teórica musical*"[85]. No segundo, informava-se que a organização do Encontro de 2006 procurou "*encorajar análises e reflexões voltadas para uma compreensão integrada dos fenômenos da palavra cantada, observando a conjunção de seus fatores estéticos,*

---

84   Luiz Tatit, O cancionista, p. 89.
85   Matos, Cláudia Neiva de; Medeiros, Fernanda Teixeira de; Travassos, Elizabeth (org.). Ao encontro da palavra cantada – poesia, música e voz, pp. 7-8.

semânticos e histórico-culturais – *música, texto, voz e performance*"⁸⁶. No último, comenta-se que "*a semelhança dos títulos deixa patente a proposta reiterada e nuclear dos três eventos e livros: promover a reflexão sobre o universo estético e cultural relacionado à palavra cantada, associando perspectivas e instrumentos teóricos desenvolvidos em diversas áreas disciplinares, de modo a iluminar a interação entre suas dimensões verbal, musical e verboperformática*"⁸⁷.

A inclinação à análise "intersemiótica", "intergêneros" ou "transdisciplinar", ao mesmo tempo em que abre férteis horizontes de interpretação sobre o valor artístico das obras, bem como das letras em sua combinação com a melodia, parece reduzir a exemplos tópicos, mesmo que numerosos, o leque de investigações sobre o caráter estritamente literário das letras. Nesse contexto, ganham relevo as opiniões contrárias a tratar-se da letra de música de forma independente da melodia ou mesmo de sua interpretação. Por exemplo, Fernanda Teixeira de Medeiros, em artigo publicado em *Ao encontro da palavra cantada – poesia, música e voz*, sustenta, embora "*não tendo uma formação musical, assim como muitos daqueles que lidam com literatura*", a propósito da análise da canção: "*trata-se de objeto híbrido, cujo estudo, portanto, não se deve limitar ao foco no texto, subtraindo à canção elementos significadores encontrados na melodia e na interpretação*"; "*o estudo da canção coloca-se num terreno necessariamente multidisciplinar*"⁸⁸.

Porém não estão ausentes da bibliografia comentários predominantemente ou exclusivamente poético-literários sobre letras de música. Exemplo antigo, mas ainda válido, é o artigo em que Augusto de Campos traça paralelos entre o Concretismo e a "música popular de vanguarda", especialmente de Caetano Veloso e Gilberto Gil⁸⁹. É também o caso dos livros de Anazildo Vasconcelos da Silva, sobre *A*

---

86 Matos, Cláudia Neiva de; Medeiros, Fernanda Teixeira de; Travassos, Elizabeth (org.). *Palavra cantada: ensaios sobre poesia, música e voz*, p. 7.

87 Matos, Cláudia Neiva de; Medeiros, Fernanda Teixeira de; Oliveira, Leonardo Davino de (org.). *Palavra cantada: estudos transdisciplinares*, p. 11.

88 Medeiros, Fernanda Teixeira de. "'Pipoca moderna': uma lição – estudando canções e devolvendo a voz ao poema". In Cláudia Neiva de Matos et al. (org.), *Ao encontro da palavra cantada – poesia, música e voz*, pp. 128, 132 e 134.

89 Augusto de Campos, "Música popular de vanguarda". In *Balanço da bossa e outras bossas*, 283-292.

poética de Chico Buarque[90]; de José Maria de Souza Dantas, MPB – o canto e a canção, que, de resto, além de tratar de letras, estende considerações a poemas de autoria de um letrista, Mário Lago[91]; ou de Nelson Antônio Dutra Rodrigues, Os estilos literários e letras de música popular brasileira. Um exemplo notável de artigo devotado unicamente ao valor literário da letra é o de autoria de Romildo Sant'Anna sobre "Sampa", de Caetano Veloso ("Sampa, uma parada")[92]; outro reside na apreciação, com corte cultural, de Solange Ribeiro de Oliveira sobre a letra de "Malandro", de Chico Buarque[93].

Mais recentemente, publicaram-se algumas obras que têm por foco as letras de música desvinculadas de suas melodias. Quatro dessas obras dirigem-se, contudo, a aspectos históricos e políticos – A República cantada, de André Diniz e Diogo Cunha (de 2014), e a trilogia Quem foi que inventou o Brasil?, de Franklin Martins (de 2015).

Mas a elas soma-se um dos livros de maior importância entre os especificamente dedicados a tratamento de questões poético-literárias de letras de música – O voo das palavras cantadas, de Carlos Rennó (de 2014), que reúne seus penetrantes artigos sobre textos de diferentes letristas, com ênfase, mas não restritos, a aspectos ligados à exploração do significante e suporte fônico, em particular rimas.

A extensa bibliografia sobre letras de música inclui as múltiplas manifestações – em entrevistas ou artigos, como os que já foram previamente mencionados (por exemplo, "Letra de música é poesia?", de Francisco Bosco[94], e "Sobre as letras de canções", de Antonio Cicero[95]), assim como no livro de Pedro Lyra, Poema e letra-de-música[96] – sobre a questão da equiparação ou não entre letras e

---

[90] Silva, Anazildo Vasconcelos da. A poética de Chico Buarque: a expressão subjetiva como fundamento da significação, 1974.

[91] José Maria de Souza Dantas examina o "excelente livro inédito" de Mário Lago com título Deveres de casa. In Dantas, José Maria de Souza. MPB – o canto e a canção, pp. 95-98.

[92] Sant'Anna, Romildo. "Sampa, uma parada". In Carlos Daghlian (org.). Poesia e música, pp. 77-98.

[93] Oliveira, Solange Ribeiro de. Literatura e música – Modulações pós-coloniais, pp. 96-99.

[94] In Bueno, André (org.). Literatura e sociedade: narrativa, poesia, cinema, teatro e canção popular, pp. 56-65.

[95] Cicero, Antonio. "Sobre as letras de canções". In Cicero, Antonio. A poesia e a crítica: ensaios, pp. 84-94.

[96] Lyra, Pedro. Poema e letra-de-música: um confronto entre duas formas de exploração poética da palavra.

poesia ou poemas, debate para o qual o presente trabalho pretende contribuir. É tema que necessariamente implica o tratamento das letras de música apenas em sua condição de expressão verbal. O autor tampouco estaria habilitado, por falta de formação ou conhecimentos na área de música, a tratar de letras de perspectiva que envolvesse os dois componentes conjugados na canção.

Um aspecto de grande relevo a anotar na bibliografia reside na tendência à publicação de coletâneas de letras de música popular em livros, desacompanhadas de partituras musicais, o que equivale a dizer que são apresentadas, senão prioritariamente, pelo menos subsidiariamente, na qualidade de obras para serem lidas como textos literários. É esse o caso, entre outras, de coletâneas divulgadas nos últimos quinze a vinte anos de letras de Gilberto Gil, Caetano Veloso, Chico Buarque, Paulo César Pinheiro e Aldir Blanc[97]. Se semelhante tipo de publicação atesta o apreço pelas letras de música no Brasil, por outro lado admite a possibilidade de sua leitura, até pela disposição gráfica, como "poemas" ou textos assemelhados a poemas. O mesmo pode-se afirmar com relação às letras de música divulgadas, ao lado de poemas, na coletânea *Veneno antimonotonia*, organizada por Eucanaã Ferraz[98].

[97] *Gilberto Gil: todas as letras: incluindo letras comentadas pelo compositor*, org. de Carlos Rennó (São Paulo: Companhia das Letras, 2003); *Letra só: sobre as letras/Caetano Veloso*, sel. e org. de Eucanaã Ferraz (São Paulo: Companhia das Letras, 2003); Chico Buarque de Hollanda, *Tantas palavras* (São Paulo: Companhia das Letras, 2006. 4ª reimpr., 2017); Paulo César Pinheiro, *Histórias das minhas canções* (2010); e *Aldir Blanc: resposta ao tempo – Vida e letras*, de Luiz Fernando Vianna (2013). O livro *Tantas palavras* contém a indicação de que se trata de "edição revista e ampliada de *Chico Buarque: letra e música*". A coletânea *Chico Buarque, letra e música* – obra em dois volumes, em caixa, editada em São Paulo, igualmente pela Companhia das Letras, em 1989 – incluía muito maior número de letras, no primeiro volume (conforme se assinala na publicação, "todas as letras"), do que de partituras no segundo ("50 partituras selecionadas pelo próprio Chico Buarque"). Com *Tantas palavras*, passa-se a dispor de "todas as letras" até 2006. Também nos últimos anos, Tom Zé publicou *Tropicalista lenta luta* (São Paulo: Publifolha, 2003), que inclui parte dedicada a "Letras", e José Miguel Wisnik, nome de referência por seus conhecimentos tanto de literatura quanto de música, contemplou em seu livro *Sem receita – ensaios e canções* (São Paulo: Publifolha, 2004) letras de sua autoria ou de seus parceiros, em seção intitulada "Letras", pp. 386-430. Como já registrado, ainda no mesmo período foram ao prelo *Pra que é que serve uma canção como essa?*, de Adriana Calcanhotto (em 2016), *Contos e letras*, de Paulo Sergio Valle (2018) e *Canções*, de Carlos Rennó (2018).

[98] Ferraz, Eucanaã (org.). *Veneno antimonotonia – Os melhores poemas e canções contra o tédio*. Rio de Janeiro: Objetiva, 2005.

Em realidade, já havia precedentes de publicações em livro de letras de música sem acompanhamento de partituras, como, por exemplo, de autoria de Catulo da Paixão Cearense, Orestes Barbosa, Vinicius de Moraes e Paulo César Pinheiro[99].

Como indicado, o núcleo central deste trabalho propõe-se a demonstrar que poesia e poemas se encontram em letras de música popular brasileira desde os seus primórdios, na década de 1770, até a produção de autores lançados na década de 1970, ou seja, ao longo dos mais de duzentos anos abrangidos no período. A demonstração pressupõe, naturalmente, o estabelecimento do que se compreende por "poesia" e "poema" – tema de que se ocupará o próximo capítulo (Capítulo 3). Os capítulos subsequentes estarão voltados para a demonstração pretendida, a que se procederá mediante a exibição de numerosos exemplos extraídos de letras de música popular brasileira no amplo espaço de tempo coberto pelo estudo. O autor ressalva não ter exaurido, nas consultas para sua elaboração, a totalidade da bibliografia relativa às letras de música popular brasileira. Entende, contudo, haver sólidos motivos, com base na bibliografia consultada e nas informações bibliográficas levantadas em extensa pesquisa por meios eletrônicos, para apontar a inexistência de estudo com escopo análogo. Não se encontra estudo de tal natureza em nenhuma das

---

[99] Catulo da Paixão Cearense (1863-1946) publicou livros com suas letras de música, como *Modinhas* (seleção de Guimarães Martins, "de acordo e com uma Introdução do Autor"), Rio de Janeiro: Livraria Império, 1943. Orestes Barbosa (1893-1966) publicou o livro *Chão de estrelas: poesias escolhidas* (Rio de Janeiro: J. Ozon Editor, 1965), que privilegia, em sua maior parte, letras de "sambas e canções", como, de resto, dá a entender a referência, no título, à sua letra mais conhecida, "Chão de estrelas". A *Poesia completa e prosa*, de Vinicius de Moraes ("edição organizada por Afrânio Coutinho com assistência do autor", Rio de Janeiro: Editora Nova Aguilar, 1986), dedica uma seção a letras de música – "Cancioneiro", pp. 377-395 –, em sua maioria sem partituras, como a "Serenata do Adeus", com letra e música do próprio Vinicius, e a famosa "Garota de Ipanema", cuja música é de autoria de Tom Jobim. E Paulo César Pinheiro, em seu livro *Canto brasileiro: poemas e canções* (Rio de Janeiro: Cia. Brasileira de Artes Gráficas, 1977), incorpora várias letras de música, nas pp. 169-192. Sobre a obra de Vinicius de Moraes como letrista, vale acrescentar que o *Livro de letras*, pesquisa de Beatriz Calderari de Miranda e José Castello, lançado em 2015, é outro exemplo de coletânea que não apresenta partituras e se reveste de grande utilidade para consulta de textos; nessa coletânea estão presentes alguns textos que, da perspectiva adotada no presente trabalho, não constituiriam propriamente "letras", e sim "poemas musicados", pois foram publicados como poemas antes de sua musicalização (por exemplo, "Ausência", "Poema dos olhos da amada" e "Ária para assovio", respectivamente, nas pp. 157, 189 e 194).

obras consultadas, nem em informações sobre outros textos cujos títulos poderiam apontar para trabalho de gênero idêntico[100].

Torna-se, neste ponto, oportuno registrar que, apesar de ostentar título parecido com o do presente trabalho, dele se afasta muito, por seu intuito e conteúdo, o livro *A letra & a poesia na música popular brasileira: semelhanças e diferenças*, lançado recentemente (julho de 2019) pelo pesquisador Euclides Amaral[101]. Ambos coincidem no interesse pelo debate a respeito da equiparação entre poesia ou poema e letra de música – ou, para usar a expressão de Amaral, o "grande caldeirão da celeuma entre o que é letra de música e o que é poesia"[102].

Mas, enquanto o presente estudo dirige-se à análise textual de letras para apresentar exemplos de obras com investimento poético, o livro de Euclides Amaral, por um lado, visa a "tratar (...) do poeta-letrista da nossa música popular e que, através dela, consegue

---

100   Por exemplo, pôde-se atestar, por constar do livro *Ao encontro da palavra cantada*, que o artigo de Sérgio Bugalho, "O poema como letra de canção: da música da poesia à música dos músicos", versa sobre poemas musicados, portanto assunto distante deste trabalho. In Matos, Cláudia Neiva de et al. (org.) *Ao encontro da palavra cantada*, pp. 299-308. Através de fontes intermediárias esclareceu-se, em levantamento bibliográfico, tampouco haver semelhança entre o estudo da ordem que aqui se desenvolve e o conteúdo de outros textos cujos títulos poderiam sugerir exame parecido:

[1]   Santuza Cambraia Naves, *O violão azul: modernismo e música popular*, resumido na tese de Alfredo Werney Lima Torres, *A relação entre música e palavra: uma análise das canções de Chico Buarque e Tom Jobim*. Teresina: Universidade Estadual do Piauí, 2013. Disponível na Internet (endereço eletrônico e data de acesso nas Referências bibliográficas); e

[2]   Herom Vargas Silva, *Exercícios titânicos: criação estética e MPB sob o signo da relação*, objeto de resenha disponível em <http://www.ufrgs.br/infotec/teses92-96/html/pucsp94.htm>.

  Adverte-se que, em um caso específico, não se pôde aceder quer ao texto, quer a informação sobre seu conteúdo: Maria Elizabeth Lucas, "Música popular: a porta ou aporta na academia?" (1992); supõe-se, porém, ser improvável que esse texto cubra questões relacionadas à equiparação entre poema e letra de música, pois apurou-se que a autora é especializada em musicologia e etnomusicologia.

101   Na capa, a expressão "música popular brasileira" é abreviada para "MPB". O livro *A letra & a poesia na música popular brasileira: semelhanças e diferenças* constitui, em parte, ampliação de capítulo constante de obra anterior do mesmo autor, intitulado "Os letristas e a herança do provençal", in Amaral, Euclides, *Alguns aspectos da MPB* (2ª ed., 2010), pp. 229-256.

102   Amaral, Euclides. *A letra & a poesia na música popular brasileira*, p. 21. A qualificação é repetida na p. 185: "mexer e remexer no caldeirão que ferve a celeuma do que é letra de música e o que é poesia".

divulgar seu trabalho para um público mais amplo, muito mais do que o público restrito aos livros"[103] e, por outro, revela-se exposição de cunho, essencialmente, histórico sobre diferentes momentos e facetas da produção da canção brasileira e da projeção de letristas ou de "poetas-letristas".

Esse caráter predominantemente histórico, responsável pela reunião de informações que devem fazer do livro material de referência para certos temas[104], atravessa a quase totalidade do estudo de Amaral e evidencia-se não só nos capítulos que o indicam claramente – "Os primeiros letristas brasileiros", "Os poetas e os letristas chegam ao rádio", "Projetos que viabilizaram a presença do letrista para o grande público", "Os letristas chegam ao disco" e vários outros –, mas também em capítulos que sugeririam a possibilidade de tratamento de cariz menos histórico e mais voltado ao exame de textos, como "A letra e o poema só são possíveis por causa da língua", "Os compositores populares das escolas de samba e a poesia dos literatos" e "Tem poesia no samba"[105]. Talvez um título mais próximo do conteúdo do livro fosse, em lugar de *A letra & a poesia na MPB*, "Os letristas & os poetas na MPB", caso dele não constassem três capítulos: "Passando em revista o front das ideias nas influências mútuas", que explora a intertextualidade de letras de música popular brasileira

---

103   Amaral, Euclides. *A letra & a poesia na música popular brasileira*, p. 41.
104   Um exemplo consiste no levantamento, objeto das pp. 60-64, de livros de autoria de letristas ou "poetas-letristas", estes definidos como "aqueles que lidam com a palavra e não (também) com a harmonia e construção melódica" (p. 36). Outro exemplo é representado pela anotação, no capítulo "Considerações finais", de iniciativas, entre 1970 e 2000, que promoveram a edição de monografias sobre compositores populares e o tratamento de letras de música popular em livros didáticos e em coleção de grande editora (pp. 177-181).
105   O exame de textos de letras de música e o enfoque analítico não estão inteiramente apartados de *A letra & a poesia na música popular brasileira*, mas são esporádicos e ocupam papel bastante secundário em relação ao pendor do livro para o relato histórico. O capítulo "Por onde andará a poesia? Como está sendo veiculada?" contém uma proposta analítica de "quatro tendências" da poesia: "construtivista", "subjetivista", "poesia marginal/poesia vivencial" e "letristas" (pp. 27-34). No capítulo seguinte, "A letra ou o poema só são possíveis por causa da língua", encontra-se apenas um exemplo de paralelo entre a poesia trovadoresca portuguesa e a MPB: o eu lírico feminino, das "Cantigas de amigo", e a mesma "forma de versar" em textos de Chico Buarque (p.50); todo o restante são, em essência, observações históricas ou levantamento de dados. O capítulo em que há, efetivamente, extensa análise de letras – no caso, da perspectiva da intertextualidade, sobretudo com obras da literatura brasileira e estrangeira – é "Passando em revista o front das ideias nas influências mútuas" (pp. 151-162).

e obras literárias, e, especialmente, para os fins que aqui interessam, os capítulos "Pergunta Ardilosa" e "Concluindo", nos quais Euclides Amaral expressa opiniões sobre a relação entre letra de música e poesia, como as seguintes:

> "A letra de música não é poesia e nem a poesia é conto, já que são gêneros literários diferentes e com propostas diferentes na exposição da poética, que a todas une";

> "Uma letra deve ser analisada como 'letra', sabendo-se que está intrinsecamente ligada a uma melodia e que, na maioria das vezes, surgiu em decorrência da mesma";

> "A letra, com a sua poética peculiar, muitas das vezes não pode ser declamada por causa do ritmo para o qual surgiu, mas traz em si a unidade literária de uma obra poética, ainda que destinada à transmissão oral, tendo como suporte um contexto musical";

> "Isto não quer dizer que algumas delas não possam ser lidas como textos poéticos impressos e/ou declamadas"[106].

Essas opiniões demonstram a ampla faixa de convergência entre Amaral e autores citados anteriormente neste trabalho (por exemplo, Francisco Bosco, Antonio Cicero, Charles Perrone) no sentido de que a letra de música e a poesia ou poema são obras de natureza distinta, o que não impede que a letra de música possa assumir a condição de poema.

Tem-se, de qualquer modo, aqui presente que, como o propósito de uma letra de música não é o de constituir um poema, quando ela o faz, "se trata de um excesso", conforme comenta, de forma irretocável, o professor Francisco Bosco:

> "Uma letra de música pode ser, ao mesmo tempo, também um poema por uma espécie paradoxal de solidão suplementar, quando a letra, sem nunca deixar de ser-para-a-música, é igualmente para-si. Trata-se de um excesso, de um a-mais que entretanto não

---

[106] Amaral, Euclides. *A letra & a poesia na música popular brasileira*. As duas primeiras citações encontram-se, respectivamente, nas pp. 164 e 184; as duas últimas, na p. 183.

nos deve conduzir a uma hierarquização infundada: as letras-poemas não são melhores que as letras-letras, uma vez que o critério orientador do julgamento é a totalidade estética da canção"[107].

[107] Francisco Bosco, "Por uma ontologia da canção: poema e letra".

3. Uma noção de poesia

3.1. Introdução: indícios da poesia

É conhecida a impossibilidade de definição consensual de "poesia". Massaud Moisés observa haver conduzido "inevitavelmente a um beco sem saída" a pesquisa dos "incontáveis textos" que "ou buscavam conceituar lapidarmente a tendência da poesia, ou se preocupavam com apontar-lhe as características básicas". Adverte que "quando não ceticismo, a relatividade impera nesse território"[108]. Michel Collot ressalta que "a poesia é tanto mais difícil de definir quanto recobre uma prática muito diversificada, mais do que um gênero particular"[109].

A poesia, no sentido de qualidade poética, escapa a qualquer definição pautada na existência de características que, individualmente, sejam propriedades ao mesmo tempo dela exclusivas e distintivas.

A relatividade para a qual se deve sempre atentar ao buscar-se identificar a poesia é de diversa ordem.

Primeiro, nem mesmo a composição em versos – a única marca histórica e reiteradamente vinculada à poesia, a particularidade apontada em definições como própria ou exclusiva dela[110] – mostra-se critério suficiente para identificá-la.

Collot observa que "a forma versificada constituiu por muito tempo a maior característica da poesia; uma evolução recente, e de resto limitada a certas áreas culturais, tende a dissociá-la do verso"[111]. O aparecimento da forma versificada, acrescenta, encontrar-se-ia "na origem de todas as literaturas", vinculada intimamente "à tradição oral" e ligada "às necessidades da vocalização, da memorização e da comunicação"[112].

---

[108] Moisés, Massaud. *Dicionário de termos literários*, pp. 402-403.
[109] Collot, Michel. "Poésie". In *Dictionnaire des genres et notions littéraires*, p. 590.
[110] Por exemplo, no "Dicionário Houaiss", a primeira acepção de "poesia" define-se como "arte de compor ou escrever versos" (Houaiss, Antônio; e Villar, Mauro de Salles. *Dicionário Houaiss da língua portuguesa*. Rio de Janeiro: Objetiva, 2009). É absolutamente idêntica – "arte de compor ou escrever versos" – a primeira acepção constante de dicionário publicado em Portugal pela prestigiosa "Porto Editora" (*Dicionário ilustrado da língua portuguesa*. Porto: Porto Editora, 2015).
[111] Collot, Michel. "Poésie". In *Dictionnaire des genres*, p.590.
[112] Collot, Michel. "Poésie". In *Dictionnaire des genres*, p. 591.

Em realidade, o uso da versificação, se esteve presente na base "de todas as literaturas", não se circunscreveu apenas à esfera literária em qualquer dos sentidos que hoje se atribua à expressão: a versificação estendeu-se a obras de cunho religioso e mesmo litúrgico, ademais de ter sido longamente empregada, por exemplo, em textos didáticos e filosóficos[113]. Já Aristóteles, na *Poética*, havia frisado que não poderia ser chamado "poeta" quem compusesse em verso "um tratado de Medicina ou de Física"[114]. Além disso, se a obra em versos cingir-se a narrar ou expor algo, em linguagem totalmente denotativa, apenas a imprecisão poderá considerá-la poética, pois estará mais próxima da prosa trivial[115]. A versificação é um indício, talvez o mais claro, da poesia, mas necessita de associar-se a outros traços para revelar seu valor poético. Não é, em si, marca exclusiva nem definidora.

Segundo, como certos atributos associáveis à poesia encontram-se também em manifestações verbais de outra natureza, costuma-se enfatizar sua maior "quantidade" ou "concentração" na poesia do que nas obras em prosa ou no uso utilitário da linguagem. É a esse critério relativo de quantidade que habitualmente se recorre ao destacar-se, em particular, o estreito vínculo da poesia com a linguagem figurada e conotativa. Afrânio Coutinho, por exemplo, sustenta que, "se a linguagem figurada é comum à prosa literária e à língua de comunicação simples, é na poesia que ela é particularmente acentuada e variada a um alto grau"[116].

O julgamento pessoal do leitor ou crítico sobre a conjunção, prevalência e intensidade de fatores poéticos em cada instância

---

[113] Antonio Candido e José Aderaldo Castello fornecem exemplos datados ainda de fins do século XVIII – entre outros, anotam que "de assunto zoológico são *As aves*, de Sousa Caldas (composição anterior a 1790)", e "educacional e filosófico, *As artes* (1788), de Silva Alvarenga". In Candido, Antonio; Castello, José Aderaldo. *Presença da literatura brasileira. I – Das origens ao Romantismo*, p. 106.

[114] Aristóteles. *Poética*, 1447b (na tradução de Eudoro de Sousa, p. 69).

[115] Seria o caso, para dar um exemplo extremo, da seguinte "estrofe" em hexassílabos, com acentos sobretudo na 4ª e 6ª sílabas, e acento geralmente subsidiário na 2ª sílaba: "Eu levantei da cama/ Para escovar os dentes;/ Depois tomei meu banho,/ Vesti a roupa toda,/ Entrei no automóvel,/ Às sete e trinta e cinco,/ E então fui trabalhar".

[116] Agrega Coutinho o comentário de que "as figuras de linguagem são o meio pelo qual o poeta logra a maior concentração, intensidade e originalidade de ideias e sentimentos na expressão, e assim se tornam o mais poderoso instrumento poético". In Coutinho, Afrânio. *Notas de teoria literária*, p. 66.

particular pode ser visto como um terceiro e incontornável plano de relatividade, a pairar acima dos demais.

A poesia constitui, portanto, um conceito esquivo, uma arte resistente ou mesmo infensa a qualquer definição objetiva.

Adota-se neste trabalho *uma* noção de poesia, que orientará a pesquisa sobre a ocorrência do fenômeno poético em letras de música popular brasileira ao longo de mais de dois séculos. Naturalmente, a adoção de *uma* ideia de poesia não significa, minimamente, a pretensão de julgar-se que nela se encontra *a* definição, sempre elusiva, do conceito. Perfilha-se uma perspectiva com a plena consciência de que a poesia ou qualidade poética admite muitas outras percepções, pontos de vista ou "conceituações", cuja preferência possivelmente conduziria a pesquisa a resultados diferentes dos que se evidenciam neste estudo.

A noção de poesia que aqui se subscreve repousa, em primeiro lugar, em sua concepção como arte de expressão verbal. Em segundo, na avaliação de que, se inexistem características ao mesmo tempo exclusivas e distintivas da poesia, há, não obstante, traços que configuram sinais ou indícios da presença do fenômeno poético. É preciso, portanto, assinalar esses traços indicadores. E, por fim, baseia-se no entendimento de que a poesia se identifica pela *conjugação* de determinados traços, consoante parâmetro que põe em realce alguns dentre os demais.

Como parâmetro fundamental, considera-se neste trabalho ser a poesia a expressão verbal em que prevalecem dois traços, *simultaneamente*:

(i) uma sonoridade diversa da ditada pela exposição linear do pensamento – ou, menos frequentemente, a apresentação visual – constitui parte essencial da obra. A sonoridade da poesia habitualmente se assenta em elementos próprios (entre outros, rimas, paralelismos, recorrências, ritmo), sempre afastados do uso comum da língua e, na quase totalidade dos casos, aliados à composição em versos; e

(ii) privilegia-se a linguagem figurada e conotativa. No quadro do privilégio a esse tipo de linguagem, algumas figuras sinalizam com maior clareza o caráter poético de um texto, como as metáforas, os símiles e os procedimentos pelos quais se "suspende o princípio de não contradição que rege o enunciado lógico"[117]*, entre eles o paradoxo e o oxímoro.*

---

[117] Collot, Michel. "Poésie". In *Dictionnaire des genres*, p. 594.

Diferentes autores acrescentam a procedente observação de que, como fruto de evolução histórica, a poesia veio a restringir-se, de modo crescente, ao que era considerado, no passado, especificamente o seu "gênero lírico". Isso significa que, embora não se possa tomá-lo como predicado da poesia de modo genérico, um indicador fortemente sugestivo da ocorrência de poesia hoje se encontra no lirismo. Ou seja, na poesia

(iii) costuma fazer-se presente a "revelação do conteúdo de uma subjetividade", ou a representação de "um ponto de vista subjetivo", ou a "formulação discursiva de uma certa apreensão (predominantemente intuitiva e emocional) do mundo" que atribui "considerável margem de relevo à subjetividade do poeta"[118].

Duas marcas adicionais são partilhadas pela poesia com as obras literárias, ou mesmo artísticas, em geral.

A primeira é que "a mensagem literária *cria imaginariamente a sua própria realidade: um universo de ficção que não se identifica com a realidade empírica*"[119]. Vítor Manuel de Aguiar e Silva reproduz versos de um poema de Álvaro de Campos – "*Ao volante do Chevrolet pela estrada de Sintra/ ao luar e ao sonho, na estrada deserta,/ sozinho guio, guio quase devagar*" – para salientar não se poder concluir, de sua leitura, "que o poeta, na sua personalidade real, sabia guiar, que guiava devagar um Chevrolet e que ia sozinho para Sintra, pois tudo isto apenas é verdade na ficção criada pela linguagem poética, tudo isto é somente verdade em relação ao eu da poesia e não em relação ao autor considerado na sua pessoa física e social"[120]. O Grupo µ da Universidade de Liège observa que "a linguagem literária não tem referente ostensivo"[121], embora ressalve que "a função referencial da

---

[118] As expressões relativas à noção de lirismo, indicadas neste item de forma concisa, serão reproduzidas mais adiante na integralidade de seus contextos. A expressão "revelar o conteúdo de uma subjetividade" encontra-se em Vítor Manuel de Aguiar e Silva, *Teoria da literatura*, p. 228; a representação de "um ponto de vista subjetivo" é expressão empregada por Antonio Candido e José Aderaldo Castello (In *Presença da literatura brasileira. I – Das origens ao Romantismo*, p. 107); e a última parte, desde "formulação discursiva" até "subjetividade do poeta", pertence a Carlos Reis (In Reis, Carlos. *Técnicas de análise textual – Introdução à leitura crítica do texto literário*, p. 210 e p. 218).

[119] Matos, Maria Vitalina Leal de; e Borges, Vera da Cunha. *Introdução aos estudos literários*, pp. 297/298.

[120] Silva, Vítor Manuel de Aguiar e. *Teoria da literatura*, p. 42.

[121] Dubois, J. et al. ("Groupe µ; Centre d'études poétiques, Université de Liège"). *Retórica geral*, p. 41.

linguagem (...) não é, nem pode ser, aniquilada pelo poeta, que deixa sempre ao leitor o prazer de admirar no seu poema o que não é precisamente poético"[122]. De qualquer modo, o importante é assinalar que

(iv) a poesia participa, com as obras literárias em geral, da criação de "universos imaginários"[123].

A outra marca diz respeito à função ou finalidade. Embora a função da literatura seja tema que comporte enfoques diversos e haja variado ao longo da História – numa "dialética cuja tese e antítese são o dulce e o utile de Horácio", conforme resumem Wellek e Warren[124] –, subscreve-se aqui a opinião de que a poesia, como a literatura e mesmo as artes em geral, "é um fenômeno estético" e tem a "finalidade precisa de despertar no leitor o tipo especial de prazer, que é o sentimento estético"[125]. Ainda que possa "às vezes (...) servir de veículo de outros valores", o seu "valor e significado residem não neles, mas em outra parte, no seu aspecto estético-literário"[126]. Assim,

(v) a poesia tem a função de deleitar, de despertar prazer estético, mesmo que, eventualmente, sirva de instrumento a outros valores.

Esses cinco traços são indicadores cuja conjunção – em particular, a combinação dos dois primeiros, a sonoridade e a linguagem figurada – pode oferecer parâmetro para a classificação de determinada obra, ou fragmento de obra, como poesia[127]. Ao se propor, para fins deste trabalho, a adoção de parâmetro pautado na conjunção de

---

122 Dubois, J. et al. *Retórica geral*, p. 30.
123 A expressão é de Vítor Manuel de Aguiar e Silva, que, após transcrever passagem de *Os Maias*, de Eça de Queirós, e comentar que "não estamos perante factos realmente acontecidos e historicamente verídicos", ressalta: "Tudo isto, porém, é verdade no universo imaginário criado pela obra literária". Silva, Vítor Manuel de Aguiar e. *Teoria da literatura*, p. 42.
124 Wellek, René; e Warren, Austin. *Teoria da literatura*, p. 32. Os autores aludem a trechos, que se explicitarão adiante, da *Arte Poética*, de Quinto Horácio Flaco.
125 Coutinho, Afrânio. *Notas de teoria literária*, p. 8.
126 Coutinho, Afrânio. *Notas de teoria literária*, p. 8.
127 A combinação entre o subjetivismo lírico e a sonoridade distinta da exposição linear do pensamento também pode servir de parâmetro básico para identificação de conteúdo poético, desde que do texto não esteja de todo ausente a linguagem figurada, ou esta se faça presente em fragmento cuja qualidade poética se queira ressaltar. Do mesmo modo, pode servir de parâmetro essencial a conjunção do subjetivismo lírico com a linguagem figurada e conotativa, desde que a sonoridade do texto, tomado em seu conjunto, se diferencie da que prevalece na exposição racional do pensamento ou, caso se queira apontar o conteúdo poético de um fragmento, nele se observe aquele tipo de sonoridade.

certos traços para a identificação da poesia, evidentemente não se tem a pretensão de superar os múltiplos questionamentos que sua conceituação suscita.

3.2. A materialização da poesia em obras específicas. O poema.

Formulam-se, adiante, considerações sobre cada um dos cinco traços – ou, caso se queira, seis traços, pois um deles inclui a alternativa entre a sonoridade e a apresentação visual como parte essencial da obra – que, não individualmente, porém associados, servem de bússola para a identificação da qualidade poética de um texto.

Convém, neste ponto, registrar que a materialização da qualidade poética, ou poesia, em obras específicas tem lugar, por excelência, mas não unicamente, nos textos designados "*poemas*" – palavra que, como consigna Massaud Moisés, se vincula, "pela etimologia e por natureza, à poesia"[128]. Chega a haver, assim, certa tendência à tautologia na definição de "poema" em trabalhos especializados, como, por exemplo, "termo que designa uma composição poética em verso ou em prosa"[129]; ou, ainda, "considera-se poema toda composição literária de índole poética"[130].

O poema é uma forma de composição verbal julgada "completa" por seu autor[131] – qualquer que seja a extensão com que a tenha concebido ou divulgado – e constituída, da perspectiva que neste estudo se defende, pela supremacia da presença em conjunto

---

[128] Moisés, Massaud. *Dicionário de termos literários*, p. 400. Como se sabe, o vocábulo "poesia" é também utilizado para designar, como sinônimo de "poema", a obra concreta, específica. Mas será usado preferentemente aqui o termo "poema" nesse sentido.

[129] Moniz, António; e Paz, Olegário. *Dicionário breve de termos literários*, p. 168.

[130] Moisés, Massaud. *Dicionário de termos literários*, p. 400.

[131] Em princípio, é o próprio autor quem estabelece o texto, o que não exclui a hipótese de estabelecimento por terceiros. Carlos Reis menciona o exemplo da "edição crítica das poesias de Sá de Miranda levada a cabo por Carolina Michaëlis de Vasconcelos a partir dos textos, quase sempre diferentes, de cinco manuscritos e das edições até então impressas". Frisa "a grande dificuldade do trabalho" e, nesse sentido, reproduz comentário da própria C. Michaëlis de Vasconcelos (em sua "Introdução" a *Poesias de Francisco de Sá de Miranda*, Halle, Max Niemeyer, 1885, p. C), segundo o qual o poeta, "descontente com as suas produções até a última hora de sua vida, nunca se resolveu a publicá-las, nem deixou manuscrito algum, pronto para a impressão". In Reis, Carlos. *Técnicas de análise textual*, pp. 66/67.

de certos indicadores, entre os quais a sonoridade distinta da que se verifica na exposição normal do pensamento (ou a apresentação visual do texto) e o privilégio à linguagem figurada e conotativa.

Em conexão com essa ou outras noções de poema – a título exemplificativo, a de "composição literária de índole poética", já citada – têm cabimento duas questões. A primeira é a possibilidade de se considerarem como *totalidades* certos textos aptos a ser apreciados isoladamente, mas pertencentes a obra mais ampla[132].

A segunda consiste na indagação se, para autorizar a designação de poema, é preciso que os indicadores da existência de poesia ou qualidade poética estejam presentes ao longo de todo o texto, ou se basta a combinação dos indicadores de tal maneira que dote a obra de *índole poética em seu conjunto*, mas dispense a exigência de que sinais poéticos a atravessem em sua inteireza – por exemplo, dispense exigência de linguagem figurada e conotativa do início ao fim. Uma resposta pode residir em que as passagens "denotativas" se justificam plenamente quando, longe de preponderarem no texto, preparam ou compõem o ambiente para a emergência dos pontos altos em matéria de intensidade poética, igualmente avaliados pela presença e combinação dos mesmos traços indicadores. Resposta idêntica poderia aplicar-se a questionamento sobre a exigência ou não de que se revele, ao longo da totalidade do texto, a "sonoridade especial" da poesia, diversa da explanação racional do pensamento[133].

---

132 Por exemplo, parece plausível reputar-se o Canto IV do Inferno da *Divina Comédia*, de Dante Alighieri, referente ao primeiro Círculo do Inferno, um poema em si, com uma "inteireza própria" (o mesmo em relação ao Canto V, sobre o segundo Círculo, e outros Cantos), sem prejuízo de que o volume "Inferno" ou o conjunto *Divina Comédia* sejam também "totalidades". Do mesmo modo, diferentes partes do "Congresso no Polígono das secas", de João Cabral de Melo Neto, embora ligadas ao conjunto, comportariam apreciação como textos completos, a exemplo de "3. – *Nestes cemitérios gerais/ os mortos não variam nada. / – É como se morrendo/ nascessem de uma raça./ – Todos estes mortos parece/ que são irmãos, é o mesmo porte./ – Se não da mesma mãe,/ irmãos da mesma morte./ – E mais ainda: que irmãos gêmeos,/ do molde igual do mesmo ovário./ – Concebidos durante/ a mesma seca-parto./ – Todos filhos da morte-mãe,/ ou mãe-morte, que é mais exato./ – De qualquer forma, todos,/ gêmeos, e morti-natos*". In Melo Neto, João Cabral. *Morte e vida severina e outros poemas em voz alta*, p. 49.

133 Talvez o poema "Momento num café", de Manuel Bandeira, constitua um exemplo significativo. Os dois ou três primeiros versos, em linguagem praticamente prosaica, servem para ambientar um tema que será em seguida explorado, tanto no ritmo quanto nas imagens, em um "crescendo" poético até culminar com os dois versos lapidares de

A poesia também "pode surgir no âmbito de um romance ou de um conto"[134], ou seja, de uma obra em que predomina a prosa narrativa. Em outras palavras, a poesia não se materializa somente em poemas, mas também em textos de outra ordem, nos quais sobressaem e prevalecem marcas diferentes daquelas cuja conjunção é indicativa do conteúdo poético de uma composição verbal.

Quando os sinais poéticos – como a combinação do realce à sonoridade, à linguagem figurada e conotativa e à "representação de um ponto de vista subjetivo" – se manifestem de forma extensa em um texto grafado em prosa, poder-se-á considerar, de acordo com o grau, que a obra configura uma "prosa poética" ou um "poema em prosa".

Como indicado, a sonoridade da poesia, distinta do uso comum, alia-se, na quase totalidade dos casos, à composição em versos. E há definições de poema que restringem à "composição em verso" o seu significado[135]. Porém a sonoridade da poesia não se obtém apenas por versos. Pode haver poemas nos quais a combinação de traços indicativos da qualidade poética não inclua a apresentação em versos, e sim a "recorrência sonora" obtida em texto com a apresentação gráfica da prosa, em conjunção com outras marcas como a predominância da linguagem figurada.

A existência de "poemas em prosa" é dado adquirido no desenvolvimento da literatura a partir da segunda metade do século XIX, como categoria afirmada e reconhecida, conforme se assinalará adiante, tanto por escritores quanto por críticos, ou seja, pelo grupo cultural particularmente autorizado à proposição e avaliação de formas literárias. Contudo, o reconhecimento de um determinado texto

encerramento: "*Quando o enterro passou/ Os homens que se achavam no café/ Tiraram o chapéu maquinalmente/ Saudavam o morto distraídos/ Estavam todos voltados para a vida/ Absortos na vida/ Confiantes na vida. // Um no entanto se descobriu num gesto largo e demorado/ Olhando o esquife longamente/ Este sabia que a vida é uma agitação feroz e sem finalidade/ Que a vida é traição/ E saudava a matéria que passava/ Liberta para sempre da alma extinta*". Bandeira, Manuel. *Estrela da vida inteira*, p. 128. O poema "Momento num café" pertence ao livro *Estrela da manhã*, publicado em 1936.

134 Moisés, Massaud. *Dicionário de termos literários*, p. 400.
135 A exemplo da coincidência na definição que oferecem para o termo "poesia", em sua primeira acepção, como "arte de compor ou escrever versos", conforme referido em nota de rodapé anterior, o *Dicionário Houaiss da língua portuguesa*, editado no Brasil, e o *Dicionário ilustrado da língua portuguesa*, da Porto Editora de Portugal, convergem também em definir "poema", em sua primeira acepção, como "composição em verso".

como "poema em prosa" pode abrir margem ampla à interpretação individual – possivelmente mais ampla do que o reconhecimento como poema de uma obra composta em versos, ainda que, também neste caso, haja campo para controvérsias.

Entre as possíveis controvérsias, uma merece destaque: alguns autores afirmam que "existem poemas sem poesia"[136]. Essa afirmação só parece fazer sentido caso se limite o significado de poema a "composição em versos". Semelhante definição, contudo, não é sustentável. Mesmo que, por um lado, a vasta maioria dos poemas seja escrita em versos, aos quais costuma associar-se a sonoridade distinta da exposição linear do pensamento, por outro lado há exemplos de "poemas em prosa" e pode haver textos em versos com sonoridade prosaica.

Da perspectiva deste trabalho, a poesia ou qualidade poética depende de uma combinação de traços, em particular a conjugação da sonoridade diferente do discurso linear com a ênfase na linguagem figurada e conotativa. E, ainda do prisma aqui adotado, o poema é a obra em que, prioritariamente, embora não unicamente, a poesia se materializa. Deste ângulo, torna-se um contrassenso a assertiva de que existiriam poemas sem poesia[137]. Certamente há composições em verso ou prosa com maior ou menor densidade poética, mas, sem poesia, o texto deixa de qualificar-se como poema.

As letras de canções são obras em que, igualmente, se pode materializar, e frequentemente tem lugar, a poesia. Entre as instâncias da presença da poesia em letras de música, incluem-se as de textos que podem ser considerados poemas, por sustentarem a combinação de linguagem figurada e sonoridade rítmica à leitura (ou declamação/audição), ou seja, isolados da melodia.

Como é sabido, verificou-se na História, em diferentes momentos, a incorporação ao patrimônio cultural como poesia de textos que constituíam letras de música, em particular na Grécia Antiga e no Trovadorismo provençal e galaico-português. Perderam-se as notações musicais da vastíssima maioria das composições.

---

136 Entre tais autores inclui-se Massaud Moisés, *Dicionário de termos literários*, p. 400.
137 Em outra obra, Moisés observa que em uma "fôrma poética", como um soneto, pode "coagular-se" a prosa (in Moisés, Massaud. *A análise literária*, p. 47). Mas, neste caso, não afirma a inexistência de poesia em um "poema", e sim em uma "fôrma poética". Efetivamente, pode não ocorrer em uma "fôrma poética" a conjunção de marcas, inclusive a linguagem figurada, indicativa da presença da poesia.

Na Grécia Antiga, a música era "essencial", como anota Giuliana Ragusa, à chamada "poesia mélica"[138], que remonta à era arcaica (c. 800-480 a.C.) e inclui autores como Safo, Anacreonte e Píndaro. Ocorreu "a perda da música inerente à natureza da mélica" por ocasião da organização da obra dos autores gregos arcaicos e clássicos pelos compiladores da Biblioteca de Alexandria, que também passaram a designá-la como "lírica"[139]. Na tragédia grega, que se desenvolve em Atenas no século V a.C., a música patenteia-se sobretudo, ainda que não exclusivamente, nas intervenções do coro – execução das "odes corais", qualificadas por Baldry de "longos sistemas cantados"[140]. Também no caso das tragédias, praticamente não se conhecem as músicas a que se ligavam os textos. Jacqueline de Romilly lamenta: "A paixão do coro era contida, dominada, transformada em obra de arte. Para nós, que não dispomos senão das palavras – e, ainda, incorretamente pronunciadas! –, toda esta arte se perdeu"[141].

A poesia trovadoresca provençal desenvolve-se "nos séculos XII e XIII" na França meridional e com ela "começa a poesia europeia moderna". É "a primeira poesia escrita em língua novilatina"[142],

---

138 Ragusa, Giuliana (org. e trad.). *Lira grega: antologia de poesia arcaica*, p. 14, nota de rodapé n° 4. Conforme Ragusa, "o gênero de poesia mélica é, basicamente, o das composições destinadas à *performance* cantada em coro ou solo, com acompanhamento da lira – no caso da modalidade coral, junto a outros instrumentos" (op. cit., p. 12)

139 Ragusa, Giuliana, *Lira grega: antologia de poesia arcaica*, pp. 12, 18 e 30. O termo *lírica* expõe o vínculo de origem entre poesia e música: nas palavras de Scott Brewster, "na Grécia antiga, lírica era um termo genérico específico, referente a uma 'canção' cantada com o acompanhamento de uma lira". In Brewster, Scott. *Lyric*, p. 16 ["In ancient Greece, lyric was a specific generic term, referring to a 'song' sung to the accompaniment of a lyre"].

140 Baldry, H.C. *Le théâtre tragique des grecs*, p. 91.

141 Romilly, Jacqueline de. *La tragédie grecque*, p. 31. No livro *Documents of Ancient Greek Music*, de 2001, os organizadores, Egert Pöhlmann e Martin L. West, assinalam, na Introdução (p. 6), que se contavam, até aquela data, sessenta e um "fragmentos autênticos de música" grega antiga. Não se apresentam fragmentos da era arcaica. Os mais remotos datam da era clássica. Há dois fragmentos da tragédia *Orestes*, de Eurípedes – o primeiro do século V a.C. –, e um fragmento da tragédia *Ifigênia em Áulis*, também de Eurípedes.

142 As citações, marcadas por aspas, pautam-se na "Introdução" de Irene Freire Nunes e Fernando Cabral Martins ao livro *Os trovadores provençais*, p. 7. Nunes e Martins anotam que "o conjunto da lírica trovadoresca inclui mais de duas mil e quinhentas composições de cerca de trezentos e cinquenta poetas, alguns anónimos", e "os poemas vêm a integrar cerca de noventa e cinco cancioneiros, compilados principalmente nos séculos XIII e XIV" (op. cit., p. 7).

no caso, a língua occitana (ou *langue d'oc*). Em sua "Introdução" ao livro *Os trovadores provençais*, frisam Nunes e Martins que "os trovadores compõem poesia destinada a ser cantada, e, portanto, a ser escutada"[143]. Augusto de Campos registra, quanto à poesia provençal, "toda feita para ser cantada!", que "em alguns cancioneiros, os textos vêm acompanhados de notação musical – uma notação incompleta, mas suficiente para identificar a linha melódica de 10% das canções"[144].

O trovadorismo provençal expandiu sua projeção em várias direções do continente europeu e "é a partir de sua influência que se desenvolve a poesia em português, ou galaico-português"[145], a qual se estende por "arco temporal de 150 anos", na expressão de Graça Videira Lopes[146], entre finais do séc. XII e meados do séc. XIV. Com a descoberta de "cancioneiros" no séc. XIX, coletaram-se as "cerca de 1.680 cantigas sobreviventes"[147]. Como ressalta Manuel Pedro Ferreira, "os poemas galego-portugueses eram letras de canção". Acrescenta que "não há registro de uma cantiga medieval que não fosse cantada"[148]. Porém são muito escassos os exemplos de que se dispõe da música integrante da poesia trovadoresca galaico-portuguesa, ou "ibérica". Ferreira observa que "sobrevivem

---

[143] Nunes, Irene Freire; e Martins, Fernando Cabral. *Os trovadores provençais*, "Introdução", p. 8. Os autores notam que o jogral ("músico e cantor que toca e canta a poesia trovadoresca"), "embora possa guiar-se por uma cópia, canta de memória, o que explica, por exemplo, as numerosas flutuações da ordem das estrofes nos cancioneiros" (op. cit., p. 8 e p. 10).

[144] Campos, Augusto de. "Noigrandes: afugentar o tédio" (entrevista a Rodrigo Naves. "Folhetim", *Folha de S. Paulo*, 27 de março de 1983). In Campos, Augusto de. *Mais provençais*, p. 143.

[145] Nunes, Irene Freire; e Martins, Fernando Cabral. *Os trovadores provençais*, "Introdução", p. 7.

[146] Lopes, Graça Videira. "Poesia galego-portuguesa, o grande oceano por achar". In *Cantigas de trovadores – De amigo, de amor, de maldizer*, p. 11.

[147] Comenta Graça Videira Lopes que "só em inícios do século XIX (...) a notável poesia dos trovadores acorda de seu sono de séculos", graças à descoberta de "alguns cancioneiros, no caso, o Cancioneiro da Ajuda (rico manuscrito iluminado mas inacabado)" e, "um pouco mais tarde, o hoje chamado Cancioneiro da Biblioteca Nacional e o Cancioneiro da Vaticana, estes dois últimos cópias renascentistas e feitas em Itália de um grande manuscrito medieval hoje perdido" ("Poesia galego-portuguesa, o grande oceano por achar". In *Cantigas de trovadores – De amigo, de amor, de maldizer*, p. 16).

[148] Ferreira, Manuel Pedro. "Quem diz cantares...". In *Cantigas de trovadores – De amigo, de amor, de maldizer*, p. 20.

melodias em apenas dois pergaminhos"[149]. Estes somam, no máximo, treze melodias[150].

É, portanto, quase inexistente no caso da Grécia Antiga, reduzido no caso do trovadorismo provençal e ínfimo no caso do trovadorismo galaico-português o número disponível das notações musicais vinculadas aos textos.

Um exemplo exatamente do mesmo gênero situa-se, como se anotará adiante, no início da história da música popular brasileira: as melodias originais das composições de Domingos Caldas Barbosa (modinhas e lundus) são desconhecidas, ao passo que as letras dessas músicas, reunidas nos dois volumes de *Viola de Lereno*, integraram-se à literatura brasileira como componentes de livro de poemas.

3.3. A sonoridade especial da poesia

A sonoridade especialmente tratada é parte integrante da poesia, apresentem ou não os poemas versificação regular. Em lugar da cadência ditada pela exposição linear do pensamento, de acordo com as regras da lógica e da sintaxe, típica da linguagem em prosa de comunicação objetiva ou, mais precisamente, da linguagem "em seu papel utilitário"[151], a poesia instaura uma sonoridade que advém

---

[149] Ferreira, Manuel Pedro. "Martin Codax: a história que a música conta". In *Medievalista Online*, 24/2018, p. 1. Disponível na Internet (endereço eletrônico e data de acesso nas Referências bibliográficas).

[150] Anotam-se, a seguir, informações baseadas em ensinamentos de Manuel Pedro Ferreira sobre os dois pergaminhos. O primeiro é o "Pergaminho Vindel", nome dado "à folha volante ou bifólio central de um caderno, encontrada pelo livreiro madrileno Pedro Vindel em 1913", no qual "se copiaram as cantigas de Martin Codax (lê-se: Codaz)", inclusive "a mais famosa", "Ondas do mar de Vigo" (Ferreira, Manuel Pedro. "Quem diz cantares...". In *Cantigas de trovadores – De amigo, de amor, de maldizer*, p. 21). Trata-se de "seis melodias, atribuídas a Martin Codax"; o "manuscrito contém as cantigas d'amigo" desse autor (Ferreira, Manuel Pedro, "Martin Codax: a história que a música conta", p. 3 e p. 1.). O segundo documento consiste no "Pergaminho Sharrer", que constitui "um fragmento de Cancioneiro, descoberto pelo acadêmico Harvey Sharrer na Torre do Tombo em 1990" ("Quem diz cantares...". In *Cantigas de trovadores – De amigo, de amor, de maldizer*, p. 22). Nele "se encontram, em estado fragmentário, sete cantigas d'amor de D. Dinis" ("Martin Codax: a história que a música conta", p. 1). O autor do presente trabalho deve também a Manuel Pedro Ferreira alerta para atenção ao fato de haver notações musicais de alguns textos literários da Grécia Antiga.

[151] Dubois, J. et al. *Retórica geral*, p. 42.

de outros fatores, isolados ou conjugados, como a "a ruptura na continuidade do discurso"[152], o ritmo – esteja ou não ligado quer à isonomia métrica, quer à disposição formal em versos –, a rima, as repetições, os paralelismos, "as alternâncias e recorrências"[153].

A sonoridade aparece comumente como a face mais visível da "projeção do princípio de equivalência do plano da seleção das palavras para o plano de sua sequência na frase"[154], que Jakobson distinguia como essência "de todos os procedimentos poéticos"[155]. Segundo Merquior, "em poesia, onde essa projeção de um a outro plano da construção do discurso obtém seu máximo rendimento, o sentido das frases se encarna no som das palavras"[156]. Acrescenta que "as palavras refletem-se mutuamente; e antes mesmo de haver, no poema, a imitação de uma situação qualquer, realiza-se como que uma *mimese interna*, que não é senão o sistema das correspondências entre os vários elementos do significante"[157].

Na versificação regular, em que "a equivalência supera claramente a diferença"[158], a sonoridade naturalmente assume papel de especial destaque. Um comentário que também recorda o

---

[152] Collot, Michel. "Poésie". In *Dictionnaire des genres*, p. 592.

[153] Collot, Michel. "Poésie". In *Dictionnaire des genres*, p. 592.

[154] Assim resume Merquior o princípio formulado por Roman Jakobson em "Linguística e poética". Merquior, José Guilherme. *A astúcia da mímese: ensaios sobre lírica*, pp. 20-21. Eis a passagem pertinente de Jakobson sobre o tema: "devemos recordar os dois modos básicos de arranjo utilizados no comportamento verbal: *seleção* e *combinação*. Se 'criança' for o tema da mensagem, o que fala seleciona, entre os nomes existentes, mais ou menos semelhantes, palavras como criança, guri(a), garoto(a), menino(a), todos eles equivalentes entre si, em certo aspecto, e então, para comentar o tema, ele pode escolher um dos verbos semanticamente cognatos – dorme, cochila, cabeceia, dormita. Ambas as palavras escolhidas se combinam na cadeia verbal. A seleção é feita em base de equivalência, semelhança e dessemelhança, sinonímia e antonímia, ao passo que a combinação, a construção da sequência, se baseia na contiguidade. *A função poética projeta o princípio da equivalência do eixo da seleção sobre o eixo da combinação. A equivalência é promovida à condição de recurso constitutivo da sequência*" (grifos no original). Jakobson, Roman, "Linguística e poética". In Jakobson, Roman. *Linguística e comunicação*, pp. 165-166.

[155] Dubois, J. et al. *Retórica geral*, p. 29.

[156] Merquior, José Guilherme. *A astúcia da mímese*, p. 36.

[157] Merquior, José Guilherme. *A astúcia da mímese*, p. 36 (grifo no original). No título do livro, o vocábulo "mímese" aparece grafado com acento; em certas partes, sem acento. Ambas as grafias são contempladas no Vocabulário Ortográfico da Língua Portuguesa da Academia Brasileira de Letras.

[158] Collot, Michel. "Poésie". In *Dictionnaire des genres*, p. 592.

entendimento de Jakobson se mostra ilustrativo nesse particular. Após resumir o "princípio de equivalência", o comentário acentua que sua manifestação "mais patente" consiste na reiteração regular de "unidades *fônicas*":

> *"Enquanto na linguagem comum, com função referencial, a equivalência regula somente a seleção das unidades na reserva paradigmática, obedecendo o arranjo sintagmático apenas a um princípio de contiguidade entre os temas escolhidos, na linguagem poética a lei de similaridade impõe-se além disso à sequência. Ainda uma vez, a reiteração regular de unidades fônicas equivalentes não é senão a mais patente manifestação do princípio de equivalência"*[159].

A sonoridade que advém de "correspondências entre os vários elementos do significante" presta também contribuição à conformação do significado do texto, como acontece, por exemplo, com a rima: "pela rima, as palavras são chamadas umas às outras, para sua conexão ou para seu contraste"[160].

Uma das dimensões cruciais da sonoridade manifesta-se no ritmo, presente seja nos poemas compostos com versos metrificados, seja nos escritos com versos livres, seja nos "poemas em prosa".

A vasta maioria dos poemas é escrita em versos, cuja essência assenta no estabelecimento de uma interrupção na linearidade do discurso por uma pausa da qual resulta entonação diferente da que ocorreria no caso de sua continuidade em prosa.

A exemplo do que ocorre com o termo "poesia" e vários outros na teoria da literatura, "numerosas noções de ritmo têm sido aventadas, mas todas tendem a falhar por imprecisão ou parcialidade"[161]. Alguns conceitos de ritmo, mesmo úteis, parecem parciais por trair influência implícita da ideia de regularidade na alternância de sílabas tônicas e átonas: "o ritmo consiste na sucessão organizada de sons fortes e fracos (sílabas tônicas e átonas) que, mantendo entre si determinados intervalos, é fonte de prazer auditivo"[162].

---

159 Dubois, J. et al. *Retórica geral*, p. 29 (grifo no original).
160 Wellek, René; Warren, Austin. *Teoria da literatura*, p. 194.
161 Moisés, Massaud. *Dicionário de termos literários*, p. 446.
162 Moniz, António; e Paz, Olegário. *Dicionário breve de termos literários*, p. 191.

Após apresentar uma série de definições de ritmo, Massaud Moisés esposa o conceito que reproduz de René Waltz como o "mais apto a fornecer uma ideia completa", mesmo admitindo que possa ser "vago" e "discutível": "sucessão modulada de sons verbais eufônicos, escolhidos e organizados de molde a oferecer aos ouvidos e ao espírito o deleite de uma sensação musical acomodada ao sentido das palavras"[163]. Um aspecto discutível certamente seria o da eufonia: Wellek e Warren fazem ressalva à aplicação do uso do termo "eufonia" à poesia, criticado por "não inteiramente suficiente", pois, conforme argumentam, seria também preciso "mencionar a 'cacofonia'" em certos poetas que "procuram produzir efeitos sonoros expressivos, deliberadamente ásperos"[164].

O próprio Moisés oferece definição passível de ser adotada com maior proveito: "na verdade, o ritmo poético se constituiria da sucessão de unidades melódico-semânticas, movendo-se na linha do tempo, numa continuidade que gera a expectativa na sensibilidade e na inteligência"[165].

Essa definição coaduna-se com a conceituação hábil de "verso" que se encontra em António Moniz e Olegário Paz: "cadeia de sons ou grupos fónicos que formam a unidade rítmica de um poema"[166].

A definição de ritmo de Moisés – que poderia ser condensada, sem prejuízo relevante ao conteúdo, em sua parte inicial (o ritmo poético como "sucessão de unidades melódico-semânticas, movendo-se na linha do tempo") – apresenta, entre outros, dois méritos. Primeiro, cobre tanto "o ritmo gerado pelos metros padronizados", que se desenvolvem "consoante uma cadência regular", quanto "aqueles dos versos livres", que "obedecem a uma acentuação irregular"[167].

Segundo, chama a atenção para o fato de que a "melodia" responsável pelo ritmo é indissociável da significação do texto ("unidades melódico-semânticas"). É de se notar que vínculo idêntico está presente em Waltz: "sensação musical acomodada ao sentido das palavras".

Como se evidencia em comentário de Moisés, o segundo ponto torna-se nítido e adquire especial relevância no exame, em poemas

---

163 Moisés, Massaud. *Dicionário de termos literários*, p. 446.
164 Wellek, René; Warren, Austin. *Teoria da literatura*, p. 193.
165 Moisés, Massaud. *Dicionário de termos literários*, p. 448.
166 Moniz, António; e Paz, Olegário. *Dicionário breve de termos literários*, p. 221.
167 Moisés, Massaud. *Dicionário de termos literários*, p. 449.

de versificação regular, da relação entre metro e ritmo: o ritmo poético não se desvincula da "sequência de sentido" e dos "polos emotivos inerentes a cada poema". No mesmo diapasão, Wellek e Warren sublinham, em observação referente aos versos de modo amplo: "Nenhum verso pode ser 'musical' se não se tiver uma ideia geral do seu significado ou pelo menos do seu tom emocional"[168].

O comentário de Moisés sobre a relação entre metro e ritmo merece transcrição:

> *"[N]ão parece que haja relação de causa e efeito entre o metro e o ritmo: o primeiro não condiciona o segundo, muito embora coopere para instaurá-lo. Do contrário, para cada espécie de metro teríamos um ritmo único, o que não é verdade: o simples cotejo entre dois sonetos decassílabos de um Camões, um Bocage, um Antero, mostra cabalmente que as discrepâncias rítmicas ultrapassam a uniformidade métrica, porquanto também se fundamentam na sequência de sentido e nos polos emotivos inerentes a cada poema"*[169].

Um exemplo da importância do significado para a conformação do ritmo pode obter-se da comparação entre dois trechos poéticos com ritmos completamente diferentes, apesar de escritos, ambos, com a mesma métrica e as mesmas sílabas fortes – em versos eneassílabos com acentos na 3ª, 6ª e 9ª sílabas ("anapésticos"):

> *"Ó guerreiros da Taba sagrada,*
> *Ó guerreiros da Tribo Tupi,*
> *Falam Deuses nos cantos do Piaga,*
> *Ó guerreiros, meus cantos ouvi"*
> *(Fragmento de "O canto do Piaga", de Gonçalves Dias*[170]*)*

> *"Eu não tinha esse rosto de hoje*
> *assim calmo, assim triste, assim magro"*
> *(Fragmento de "Retrato", de Cecília Meireles*[171]*)*

---

168   Wellek, René; Warren, Austin. *Teoria da literatura*, p. 192.
169   Moisés, Massaud. *Dicionário de termos literários*, p. 448.
170   O "Canto do Piaga" integra os *Primeiros cantos*, de 1846. In Dias, Gonçalves. *Poesia completa e prosa escolhida*, p. 106.
171   "Retrato" faz parte do livro *Viagem*, de 1939. In Meireles, Cecília. *Obra poética*, p. 84.

A repetição no número de pés ou sílabas em poemas de versificação regular significa um tipo de recorrência sonora ao qual muitas vezes se soma a recorrência derivada da organização estrófica de um texto ou de seu esquema de rimas. Observa Collot que há um "jogo complexo de equivalências", no qual "as diferenças são integradas num sistema de alternâncias, que rege, por exemplo, a sucessão de sílabas acentuadas e não acentuadas, (...) e aquela dos diferentes metros no seio de uma estrofe". Em consequência, "alternâncias e recorrências sobrepõem à sucessão linear do discurso, característica da prosa, uma organização circular"[172].

O poema em versos livres, já explorado no século XIX, difundiu-se vastamente no século XX e afirmou-se como forma que assumiram alguns dos mais expressivos textos da lírica universal[173]. O verso livre representa, nas palavras de Carlos Reis, a "adoção de uma faculdade técnico-formal que, antes de mais nada, permite plena adequação do ritmo à eventual fluidez dos estados de espírito que a poesia veicula"[174]. Ao tratarem do ritmo do verso livre, Wellek e Warren salientam a "'melodia', isto é, a sequência de tons que, em determinado versilibrismo, pode ser a única característica que o diferencie da prosa"[175]. Michel Collot tece interessante consideração

---

[172] Collot, Michel. "Poésie". In *Dictionnaire des genres*, p. 592.
[173] Jacques Jouet salienta que, "para realizar-se verdadeiramente, a subversão radical da regularidade métrica deve passar por toda uma série de manifestações de irreverência" e cita, em primeiro lugar, a "contestação" de Victor Hugo à "rigidez do alexandrino" (Jouet, Jacques. "Vers libre". In *Dictionnaire des genres*, p. 936). Collot refere-se à "revolução" que "transtornou a linguagem poética no Ocidente a partir de meados do século XIX" e abriu caminho para "a prática do verso livre, que atingia o princípio fundador do verso: a recorrência de um número igual de sílabas ou de pés" (Collot, Michel. "Poésie". In *Dictionnaire des genres*, p. 597). Beckson e Ganz notam que, não obstante tenha entrado em voga particularmente no século XX, o verso livre "foi empregado no século XIX por poetas franceses que tentavam libertar-se da regularidade métrica do alexandrino e por poetas ingleses e norte-americanos que buscavam maior liberdade na estrutura do verso" (Beckson, Karl; e Ganz, Arthur. *Literary terms: a dictionary*, p. 84).
[174] Reis, Carlos. *Técnicas de análise textual*, pp. 146-147. Em outro livro, Reis retoma a observação: "Na sequência sobretudo da revolução da linguagem poética (como lhe chama Julia Kristeva) operada na poesia europeia da segunda metade do século XIX, o versilibrismo representa a adoção de uma faculdade técnico-formal que permite adequar o ritmo à fluidez dos sentidos representados". In Reis, Carlos. *O conhecimento da literatura – Introdução aos estudos literários*, p. 331.
[175] Wellek, René; Warren, Austin. *Teoria da literatura*, p. 207. Os autores emendam com uma afirmação sujeita a polêmica, na medida em que dificilmente seria válida no caso do versilibrismo dotado de intensa figuração metafórica: "Se não soubéssemos, pelo

sobre o emprego da repetição em poemas compostos com versos livres, que consistiria em "fenômeno comparável" ao das recorrências presentes na versificação regular: "é notável que, no momento mesmo em que rompe com os metros tradicionais, a poesia ocidental recorra de bom grado ao paralelismo e à repetição"[176].

Afirmou-se, anteriormente, que a sonoridade da poesia costuma assentar-se em *elementos próprios, entre os quais o ritmo*, na quase totalidade dos casos aliados à composição em versos. Eventualmente se poderia discutir se o termo "ritmo" é legitimamente aplicável a textos muito curtos – por exemplo, de somente um ou dois versos – ou se deveria reservar-se a poemas com número maior de versos e mais longa "sucessão de unidades melódico-semânticas".

Chame-se ou não de "ritmo", parece inegável a sonoridade poética existente em textos curtíssimos, como nos poemas seguintes:

"Que importa a paisagem, a Glória, a baía, a linha do horizonte?
- O que eu vejo é o beco."
("Poema do beco", de Manuel Bandeira[177]*)*

"Corrupta com requintes me deixa o teu amor"
(De Ana Cristina Cesar[178]*)*

A sonoridade poética, diversa da cadência ditada pela exposição linear do pensamento, é perceptível com facilidade em trechos pouco extensos, como versos, estrofes ou sequências de reduzido número de versos. Já a percepção da sonoridade poética em poemas, se não forem muito curtos, depende de reconhecer-se, ao longo do texto, um *encadeamento* pelo qual a "sucessão das unidades melódico-semânticas" forme, no todo, um conjunto sonoro e significativo integrado; em outras palavras, depende da percepção da sonoridade advinda do encadeamento rítmico entre as partes que o compõem.

---

contexto, ou pela disposição tipográfica que nos serve de sinal, que uma passagem de verso livre é poesia, poderíamos tê-la como prosa, desta não a distinguindo efetivamente. Pode, porém, ser lida como verso, e, como tal, lê-la-emos por forma diferente, isto é, com outra entoação". *Teoria da literatura*, pp. 207-208.

176 Collot, Michel. "Poésie". In *Dictionnaire des genres*, p. 592.
177 Bandeira, Manuel. *Estrela da vida inteira*, p. 121. O "Poema do beco" foi originalmente incluído no livro *Estrela da manhã*.
178 Cesar, Ana Cristina. *Poética*, p, 266.

Como anotado, a vasta maioria dos poemas é escrita em versos, metrificados ou não. Não é de surpreender, assim, que a primeira definição de poesia consagrada em dicionários de uso corrente constitua, como já registrado, "arte de compor ou escrever versos"[179] ou, na mesma trilha, "arte de escrever em verso"[180] e "arte de fazer versos"[181]. Contudo, não é sustentável a identificação entre "poesia" e "verso": "o verso não deve ser tomado como recurso exclusivo e caracterizador da poesia; do contrário, sempre que estivéssemos perante um texto em verso, teríamos poesia, e vice-versa, a poesia sempre se expressaria em versos"[182].

Mesmo que seja muito mais comum sua ocorrência em textos em versos, a sonoridade poética pode ancorar-se em ritmo que não dependa da composição versificada.

Desafio evidente à identidade entre poesia e verso, o poema em prosa constitui, segundo Massaud Moisés, "uma dualidade, na qual o primeiro termo diz respeito à matéria (poesia) e o segundo à forma (a disposição graficamente tradicional da prosa)"[183]. No poema em prosa, acentua Moisés, "o ritmo segue uma modulação mais atenta à sonoridade que à sintaxe"[184]. Agrega o significativo comentário de que "quando (...) o escritor busca criar na prosa o ritmo poético, dizemos que se trata de prosa poética ou poema em prosa: nesse caso, (...) sabemos que a natureza da prosa se transformou substancialmente, uma vez que a *recorrência sonora* não faz parte de sua essência" (grifo adicionado)[185].

---

[179] Conforme se indicou em nota anterior, o *Dicionário Houaiss da língua portuguesa*, editado no Brasil, e o *Dicionário ilustrado da língua portuguesa*, da Porto Editora, de Portugal, coincidem em definir a "poesia", em sua primeira acepção, como "arte de compor ou escrever versos".

[180] Ferreira, Aurélio Buarque de Holanda. *Novo dicionário da língua portuguesa*. 1ª ed., 9ª impr. Rio de Janeiro: Editora Nova Fronteira, 1975.

[181] *Dicionário integral da língua portuguesa*. 1ª ed. Lisboa: Texto Editores, 2009.

[182] Moisés, Massaud. *Dicionário de termos literários*, p. 404.

[183] Moisés, Massaud. *Dicionário de termos literários*, p. 421 (verbete "Prosa"). O "poema em prosa", tal como se lê no prefácio do livro que Baudelaire, conforme interpretação usual, a ele dedica, *Le spleen de Paris*, de 1869 – embora o autor utilize a expressão "prosa poética" –, tem motivação semelhante à do verso livre: "Quem de nós, em seus dias de ambição, não sonhou com o milagre de uma prosa poética (...) suficientemente flexível e contrastante para adaptar-se aos movimentos líricos da alma, às ondulações do sonho, aos sobressaltos da consciência? (In Baudelaire, Charles. *Oeuvres complètes de Baudelaire*, p. 281). Na expressão de Jacques Jouet, o *"poema em prosa"* é "aliado em 'modernidade'" do verso livre (Jouet, Jacques. "Vers libre". In *Dictionnaire des genres*, p. 936. Grifos no original).

[184] Moisés, Massaud. *Dicionário de termos literários*, p. 421 (verbete "Prosa").

[185] Moisés, Massaud. *Dicionário de termos literários*, p. 450 (verbete "Ritmo").

3.4. A apresentação visual como parte integrante do texto

Os poemas nos quais o componente visual, quer espacialmente na página, quer por "imagem gráfica"[186], constitui parte integrante do texto são certamente pouco numerosos no conjunto da literatura, mas, em determinados casos, de grande relevância e influência. Exemplo de citação obrigatória é o inaugural "Um lance de dados jamais abolirá o acaso", de Mallarmé, de 1897[187]: Em agudo comentário, Collot realça que Mallarmé e outros autores introduzem "no coração do poema o branco, até então acantonado nas margens"; o branco, em lugar de seu papel tradicional de "moldura da unidade visual da estrofe e do poema", passa a "sublinhar a irregularidade, a descontinuidade, até mesmo a dispersão"[188].

Não só a distribuição espacial, mas também a imagem gráfica, são componentes de poemas do Concretismo brasileiro[189] e, sob sua influência, de raros casos de letras de música popular, como "Batmakumba", de que se tratará adiante[190]. Aguiar e Silva, ao ocupar-se do "plano da visualidade" em textos poéticos, nota, entre outros pontos, que "a mancha tipográfica (...) pode aparecer com a configuração de um dado ser ou de um dado objeto, pode apresentar tipos diversos, pode estar opticamente dominada por maiúsculas, pode conter elementos cromáticos e pictóricos"[191]. Conforme assinala Augusto de Campos com relação a Cummings, sua "principal área de atrito com a crítica" residiu "no seu uso não ortodoxo da tipografia", com "as famosas ou famigeradas fragmentações de palavras"[192]. Em suma, há autores e poemas que se notabilizam por poesia escrita

---

186 Expressão utilizada por Carlos Reis, in *O conhecimento da literatura*, p. 331.
187 In Mallarmé, Stéphane. *Mallarmé*, pp. 149-173, e separata com o texto em francês de "Um lance de dados" ("Un coup de dés jamais n'abolira le hasard").
188 Collot, Michel. "Poésie". In *Dictionnaire des genres*, p. 597.
189 Os dois aspectos aparecem com nitidez nos textos reunidos em *Concretismo*, Lima: Centro de Estudios Brasileños, 1978.
190 Tanto a letra quanto a melodia de "Batmakumba" foram feitas em parceria por Gilberto Gil e Caetano Veloso. Outro caso de letra de música com procedimentos concretistas é "Cidade do Salvador", de Gilberto Gil. A propósito da composição de ambas as letras, veja-se Gil, Gilberto. *Gilberto Gil: todas as letras: incluindo letras comentadas pelo compositor* (org. Carlos Rennó), p. 106 e 166.
191 Silva, Vítor Manuel de Aguiar e. *Teoria da literatura*, p. 61.
192 Campos, Augusto de. "e. e. cummings, sempre jovem". In Cummings, E. E. *Poem(a)s*. Trad. de Augusto de Campos, p. 13.

"tanto para os olhos quanto para os ouvidos"[193] ou, em vários casos, mais claramente "para os olhos".

3.5. A linguagem figurada e conotativa

Outro sinal da ocorrência da poesia revela-se no privilégio à linguagem figurada e conotativa. A sua combinação com a sonoridade distinta da exposição linear do pensamento e marcada por "alternâncias e recorrências" (ou, menos frequentemente, a combinação com a apresentação visual), oferece parâmetro para a qualificação de uma obra como poética.

Michel Collot enfatiza que "a poesia é por excelência uma linguagem figurada"[194] e o Grupo μ nota que "*não há poesia sem figuras*", uma vez que "se entenda 'figuras' num sentido suficientemente amplo: toda mensagem literária é necessariamente ritmada, rimada, assonante, graduada, cruzada, oposta, etc."[195].

Quando aqui se menciona a "linguagem figurada", pretende-se abarcar qualquer das categorias tradicionalmente designadas como "figuras de linguagem" ou "figuras de estilo", isto é, as "figuras de palavras", as "de construção" ou "sintaxe", as "de pensamento" e "os tropos"[196], ainda que se reconheça a particular relevância de certas figuras para a conformação do caráter poético de um texto[197].

---

[193] Wellek, René; Warren, Austin. *Teoria da literatura*, p. 175.
[194] Collot, Michel. "Poésie". In *Dictionnaire des genres*, p. 594. A expressão "alternâncias e recorrências" encontra-se também nesse artigo de Collot (p. 592), como antes assinalado.
[195] Dubois, J. et al. ("Groupe μ; Centre d'études poétiques, Université de Liège"). *Retórica geral*, p. 41 (grifo no original). É de se presumir que a expressão "mensagem literária" tenha sido usada nessa passagem como intercambiável com "mensagem poética", conforme ressalva constante do mesmo livro: "para simplificar as coisas, reduziremos a literatura à poesia, no sentido moderno da palavra". In *Retórica geral*, p. 23.
[196] Moniz, António; e Paz, Olegário. *Dicionário breve de termos literários*, verbete "Figuras de estilo ou de retórica", p. 94. O "tropo" define-se como espécie de linguagem figurada que "consiste na translação de sentido de uma palavra ou expressão, de modo que passa a ser empregada em sentido diverso do que lhe é próprio" (Massaud Moisés, *Dicionário de termos literários*, p. 502). Na explicação de António Moniz e Olegário Paz, o tropo é "termo que na retórica greco-latina designava a substituição de uma palavra/expressão por outra (*inmutatio verborum*) com objetivos literários (*ornatus*) em razão da semelhança do significado", exemplificada pela metáfora, alegoria e outras figuras, "ou da contiguidade (metonímia, sinédoque)". *Dicionário breve de termos literários*, p. 217.
[197] O Grupo μ divide as figuras em quatro "domínios", com proposta de terminologia:

Moniz e Paz fornecem exemplos das figuras de estilo nas quatro categorias tradicionais. Resumem-se a seguir suas observações por julgar-se que, em exposição sobre a linguagem figurada, é necessária referência, ainda que breve, aos tipos de figura para fins de clareza, e não por qualquer pendor ou tendência à valorização de classificações retóricas.

Quanto a (i) *figuras de palavras*, Moniz e Paz indicam que a elas são reservados "recursos do tipo fonológico e rítmico" e mencionam, entre outros, "as liberdades métricas (sinalefa, hiato e diérese), a aliteração, a onomatopeia, a harmonia imitativa". No que respeita a (ii) *figuras de construção*, assinalam "a omissão de palavras (elipse, zeugma, assíndeto)", "a repetição" (citam, entre os exemplos, a anáfora, a enumeração, o paralelismo, o polissíndeto e a reiteração) e "a inversão (anástrofe, hipérbato, sínquise)". A propósito de (iii) *figuras de pensamento*, observam que elas envolvem "a oposição (antítese, quiasmo, oxímoro, paradoxo)", a "alteração de sentido (ironia, eufemismo, hipérbole, sarcasmo)" e o "valor afetivo da comunicação" (os exemplos incluem a apóstrofe, a exclamação e a "interrogação retórica"). Por fim, com relação aos (iv) *tropos*, afirmam que estes contemplam, entre outros, "a comparação, a metáfora, a imagem, a alegoria, o símbolo, a sinédoque, a metonímia, a hipálage"[198].

---

(1) "metaplasmos", domínio "das figuras que agem sobre o aspecto sonoro ou gráfico das palavras e das unidades de ordem inferior à palavra"; (2) "metataxes", domínio "das figuras que agem sobre a estrutura da frase"; (3) "metassememas", categoria que "abrange em geral o que se chama tradicionalmente de 'tropos', isto é, especialmente a metáfora, figura central de qualquer retórica" (a propósito dos "metassememas", o Grupo agrega que "o estudo das 'mudanças de sentido', como se poderia dizer, numa aproximação inicial, coloca de frente o problema da significação"); e (4) "metalogismos", domínio "das antigas 'figuras de pensamento', que modificam o valor lógico da frase e, por conseguinte, não são mais submetidas a restrições linguísticas". Dubois, J. et. al. *Retórica geral*. Para definição de metaplasmos, p. 51 e p. 72; de metataxes, p. 51 e p. 96; de metassememas, p. 131; e de metalogismos, p. 52.

[198] Conforme se observa, a lista não abarca, explicitamente, outros recursos poéticos, como a rima, a assonância e a paronomásia, eventualmente classificáveis no âmbito da "harmonia imitativa" a que se referem Moniz e Paz ao tratarem das "figuras de palavras"; o anacoluto e o pleonasmo, como figuras de construção (Evanildo Bechara classifica-os entre as "figuras de sintaxe". In *Moderna gramática portuguesa*, pp. 594-595); o registro de tipos de figuras de construção por repetição ou "reiteração" que são de amplo uso e sonoridade poética, tais como a epífora ou epístrofe ("repetição da mesma palavra ou expressão no final de dois ou mais versos ou de duas ou mais frases seguidas"), a epanadiplose ("repetição da mesma palavra no início e no fim de um verso ou frase" ou "repetição de uma palavra no início de um segmento métrico

A sonoridade e a linguagem figurada são referidas neste trabalho na condição de aspectos diferenciados apenas com o objetivo de chamar a atenção para a importância individual de cada um desses traços como indicadores da poesia, mas tem-se presente que ambos se superpõem e se entrelaçam. Há figuras que advêm da exploração da camada fônica e, assim, certos aspectos da sonoridade (entre outros, aliteração, anáfora, paralelismo) são classificáveis no âmbito da "linguagem figurada", como "figuras de palavras" ou "figuras de construção"[199].

É possivelmente consensual a avaliação de estudiosos sobre a centralidade da metáfora como figura poética, quer entendida em seu sentido estrito, quer no sentido lato de representação das figuras pautadas na analogia: "como a figura mais poética do discurso 'impróprio' (figurado) é considerada desde sempre a *metáfora*, isto é, a transferência de significado de uma zona para outra que lhe é estranha desde o início"[200]; "a despeito de haver poemas menos metafóricos que outros, a tendência é para privilegiar a metáfora como a expressão mais adequada à poesia"[201]; "a imagem e a metáfora (...) são os mais centralmente poéticos de todos os recursos estilísticos"[202]; "é conhecido

---

(verso) ou sintático e no fim do seguinte") e a epanástrofe ou anadiplose (que ocorre "quando a palavra final de um sintagma, frase ou verso se repete no início do sintagma, frase ou verso seguinte com a intenção clara de reforçar o seu significado"); a antífrase, como figura de pensamento por alteração de sentido, ou, ainda, a sinestesia, a perífrase e a prosopopeia ou personificação, arroladas entre as figuras de pensamento em outras obras de referência, como a de Luiz Ricardo Leitão, *Gramática crítica – o culto e o coloquial no português brasileiro*, pp. 320/321 (as definições dos três tipos de figuras de repetição citadas são transcritas de Moniz e Paz, *Dicionário breve de termos literários*, p. 94, salvo a segunda definição de "epanadiplose", extraída do *Dicionário de termos literários* de Massaud Moisés, p. 179).

199 Como visto, a aliteração é inserida entre as "figuras de palavras" por António Moniz e Olegário Paz; a anáfora e o paralelismo são classificados entre as "figuras de construção". In *Dicionário breve de termos literários*, p. 94.
200 Kayser, Wolfgang. *Análise e interpretação da obra literária (Introdução à ciência da literatura)*, p. 120.
201 Moisés, Massaud. *Dicionário de termos literários*, p. 333.
202 Wellek, René; Warren, Austin. *Teoria da literatura*, p. 190. Othon M. Garcia opina ser "infrutífera" a tentativa de Wellek e Warren de diferençar *imagem* de *metáfora*: "vários autores – como Herbert Read, C. Day Lewis, Wellek, Warren e outros – têm tentado estabelecer diferença entre imagem, por um lado, e metáfora e símile, por outro, tentativa, ao que nos parece, infrutífera, pois, na realidade, a distinção é antes psicológica do que propriamente formal. Paul Reverdy, citado por H. Read [*Collected essays in literary criticism*], diz que a imagem é 'pura criação mental'" (in Garcia, Othon M. *Comunicação*

o papel capital desempenhado desde sempre na poesia pelas figuras de analogia (comparação, metáfora, alegoria, etc.), que aproximam "'realidades' às vezes muito 'afastadas'"[203]. Observe-se que o Grupo µ qualifica a metáfora como "figura central de qualquer retórica"[204].

Não obstante o relevo que conferem à metáfora, Wellek e Warren ressaltam também a importância da metonímia e chegam a lembrar que essas duas figuras podem ser vistas como "caracterizadoras de dois tipos poéticos". Iniciam por afirmar que "podemos dividir os tropos poéticos da maneira mais relevante: em figuras de contiguidade e figuras de semelhança". Recordam, em seguida, que "as figuras de contiguidade tradicionais são a metonímia e a sinédoque" e, adiante, sustentam "a noção de que a metonímia e a metáfora podem ser as estruturas caracterizadoras de dois tipos poéticos – a poesia de associação pela contiguidade, de movimento dentro de um só mundo discursivo, e a poesia de associação pela comparação, conjugando uma pluralidade de mundos"[205].

Na medida em que a poesia não se submete a prescrições lógicas e muitas vezes "opera transgressão do sentido comum", o seu afastamento em relação à linguagem usual faz sobressaírem, igualmente, "as figuras que associam termos em geral considerados como contrários e as que estabelecem semelhanças entre coisas diferentes"[206]. Na

---

em prosa moderna: aprenda a escrever, aprendendo a pensar, p. 88). Wellek e Warren tratam da "imagística" como "um tópico que pertence tanto à psicologia como ao estudos literários" e dão ênfase a duas acepções de "imagem". Na primeira, as imagens são "representantes residuais de sensações". Essa acepção está explicitamente pautada na psicologia: "em psicologia, a palavra 'imagem' significa uma reprodução mental, uma recordação de uma passada experiência sensorial ou perceptual, não necessariamente visual". A segunda acepção vincula-se à área "da analogia e da comparação" e, nessa linha, Wellek e Warren parecem encampar o conselho que atribuem a outro autor, Middleton Murry, no sentido de empregar-se o termo "imagem" para abranger "o 'símil' e a 'metáfora' ligados à 'classificação formal' da retórica". Agregam, entretanto, ressalva de Murry de que "devemos excluir resolutamente dos nossos espíritos a sugestão de que a imagem é unicamente ou sequer predominantemente visual" ("pode ser visual, auditiva ou inteiramente psicológica"). In *Teoria da literatura*, pp. 230-232.

203 Collot, Michel. "Poésie". In *Dictionnaire des genres*, p. 594. Collot tributa a Reverdy a fórmula segundo a qual as figuras de analogia aproximam realidades às vezes muito afastadas: "les figures d'analogie (comparaison, métaphore, allégorie, etc.), qui rapprochent des 'realités' parfois très 'éloignées' selon la formule de Reverdy".
204 Dubois, J. et al., *Retórica geral*, p. 131.
205 Wellek, René; Warren, Austin. *Teoria da literatura*, pp. 240-241.
206 Collot, Michel. "Poésie". In *Dictionnaire des genres*, p. 594.

poesia, "as alianças de palavras e oxímoros suspendem o princípio de não contradição que rege o enunciado lógico"[207].

A poesia, como acentua Massaud Moisés, é "por natureza conotativa"[208]. A conotação, observa Collot, "agrega ao sentido denotado pelo dicionário traços de significação flutuantes"[209]. Moisés registra, em primeiro lugar, que a conotação "designa os vários sentidos que um signo linguístico adquire no contato com outros signos dentro de um texto: por contiguidade, o sentido primitivo ou literal (denotativo) se altera e se amplifica, tornando-se plural ou multívoco". Mas adiciona que na conotação se desvelam ainda significados extratextuais: "Ao mesmo tempo, por associação mental, encadeiam-se imagens ou alusões que remetem para significados fora do texto, sem contar a carga de subjetividade naturalmente presente no ato de assinalar os múltiplos sentidos das palavras"[210].

Estende Moisés considerações sobre a diferença entre a poesia e a prosa literária no que tange à "função e alcance" da conotação:

> "Literariamente, pode-se distinguir a poesia da prosa tomando-se por base a função e o alcance da conotação (ou conotações): a poesia é por natureza conotativa, ao passo que a prosa narrativa típica (não poética) promove uma conciliação entre o processo conotativo e o denotativo. Enquanto num texto poético cada palavra pode assumir mais de um sentido, num texto prosístico o vocábulo isolado tende para a denotação, e só adquire matiz conotativo quando se leva em conta o conjunto da obra onde se inscreve"[211].

Em outras passagens do mesmo livro[212], Moisés atribui ao termo "metáfora" significado equivalente ao da conotação: "a poesia exprime-se por metáforas tomadas no sentido genérico (...), isto é, significantes carregados de mais de um sentido, ou conotação". A poesia "é linguagem conotativa por excelência". Moisés pondera que "a prosa também se vale da metáfora", mas os usos que dela fazem a poesia e a prosa literária seriam diversos.

---

207 Collot, Michel. "Poésie". In *Dictionnaire des genres*, p. 594.
208 Moisés, Massaud. *Dicionário de termos literários*, p. 96.
209 Collot, Michel. "Poésie". In *Dictionnaire des genres*, p. 594.
210 Moisés, Massaud. *Dicionário de termos literários*, pp. 95-96.
211 Moisés, Massaud. *Dicionário de termos literários*, p. 96.
212 Moisés, Massaud. *Dicionário de termos literários*, p. 405 e p. 420.

Além de afirmar que na poesia "a metáfora se oferece" ao leitor "de modo direto e imediato", destaca que "num texto poético, a conotação de cada frase ou segmento decerto depende do conteúdo, mas antes disso apresenta uma carga própria, que prontamente estimula a sensibilidade e a inteligência do leitor"[213]. Já o emprego da "metáfora" no caso da prosa obedeceria a processo diferente: "a metáfora ainda preside a linguagem da prosa, mas, contrariamente à poesia, as suas cargas semânticas, ou conotativas, se oferecem de modo indireto e mediato, isto é, quando a obra (conto, novela, romance) chega ao epílogo". Entende Massaud Moisés que, na prosa, "à primeira vista, a denotação impera; terminada a história, a conotação se manifesta em toda a sua plenitude". Conclui que a prosa é formada de "linguagem denotativo-conotativa", em contraste com a linguagem da poesia, "que é predominantemente conotativa".

Independentemente de se subscreverem ou não todas as assertivas de Massaud Moisés sobre a questão, o importante é realçar que, ademais de privilegiar a linguagem figurada, a poesia distingue-se pela prevalência da conotação, e não da denotação. Há certamente um íntimo nexo entre as duas facetas: a conotação ou "aquisição" de "vários sentidos" além do "denotado pelo dicionário" decorre, em grande parte, da linguagem figurada, quer por processo metafórico, quer por outros procedimentos (paralelismos, antíteses, etc.) que ampliam "o sentido primitivo ou literal" de um signo "no contato com outros signos dentro de um texto".

Importa também reter a observação de que a conotação de "cada frase ou segmento" de poesia "apresenta uma carga própria". O mesmo pode-se dizer dos demais traços presentes em um texto poético, entre os quais a sua sonoridade e a sua linguagem figurada. Em outras palavras, a poeticidade, ou qualidade poética[214], não se encontra somente

---

213 Moisés, Massaud. *Dicionário de termos literários*. Até este ponto, as citações foram extraídas da p. 405; dele em diante, encontram-se na p. 420.

214 O termo poeticidade com o significado de qualidade poética é empregado em diferentes obras, como no artigo de Collot ("poeticité"), na tradução portuguesa do livro de Wellek e Warren ("poeticidade"; em versão do original em inglês, "poeticality") e como verbete do *Dicionário de usos do português do Brasil*, de Francisco S. Borba. Vejam-se, respectivamente, (a) Collot, Michel. "Poésie". In *Dictionnaire des genres*, p. 592; (b) Wellek, René; Warren, Austin. *Teoria da literatura*, p. 306; e (c) Borba, Francisco S. *Dicionário de usos do português do Brasil*. São Paulo: Editora Ática, 2002, p. 1224. O vocábulo "poeticality" consta da edição norte-americana do livro de Wellek e Warren, *Theory of literature*. Nova York: Harcout, Brace and Company, 1949, p. 256.Disponível

no conjunto do poema, mas também pode verificar-se em seus diferentes segmentos ou frases – estrofes ou versos. Instâncias de especial investimento poético evidenciam-se com frequência em partes de um texto tomadas de modo isolado do todo.

Dificilmente se poderia exagerar a relevância da identificação da poesia com a linguagem figurada e conotativa. Como salienta o Grupo μ, "quanto ao escritor, é pouco dizer que utiliza a figura: vive dela". O Grupo frisa que, "no sentido generalizado" que foi dado ao termo em sua obra, as figuras "se constituem na única maneira de desviar a linguagem de seu papel utilitário, que é a primeira condição para a sua metamorfose em poesia"[215]. No presente trabalho, enfatiza-se igualmente o papel da sonoridade como item considerado à parte das figuras de estilo, ainda que os dois aspectos se interpenetrem.

3.6. A subjetividade como sinal da poesia lírica

A subjetividade, "a expressão do 'eu'" ou manifestação de um "ponto de vista subjetivo", é um traço que aqui não se considera atributo da poesia de modo geral, mas se revela um indicador sugestivo da poesia na medida em que esta, modernamente, se equipara, em grande parte, ao que constituía outrora apenas o seu "gênero lírico".

Como anotam diferentes estudiosos, a evolução histórica conduziu crescentemente à equivalência entre a poesia e o lirismo em função da afirmação da prosa, em lugar de tradicionais gêneros poéticos, na narrativa e no teatro.

Se o traço da "expressão do 'eu'" ou subjetividade é neste trabalho considerado um indício da poesia somente no sentido específico de sua equiparação ao lirismo, vale registrar que, pelo menos para um autor de grande respeitabilidade, Massaud Moisés, a "expressão do 'eu'" constitui componente da poesia como tal, sem qualquer qualificação restritiva: "a poesia será entendida como a expressão do 'eu' por meio de metáforas, enquanto a prosa consistirá na expressão do 'não-eu' por meio de metáforas. Tal conceito prefere, à distinção formal (versos, poema, etc.), a distinção essencial"[216].

---

em <https://archive.org/details/theoryofliteratu00inwell>, acesso em 11/02/2020.
215 Dubois, J. et al. *Retórica geral*, p. 42.
216 Moisés, Massaud. *A análise literária*, p. 47. Na opinião de Moisés, "[M]ais ainda: a

Portanto, em seu entendimento, na "expressão do 'eu'" reside a própria essência distintiva da poesia – afirmação que reitera ao longo do tratamento do tema: "sabemos que a poesia se identifica como a expressão do 'eu' por meio de linguagem conotativa ou de metáforas polivalentes"[217]. Em coerência com a perspectiva que adota, observa que a poesia épica, "existente há milênios, transformou-se, no curso dos séculos, em novela e, depois, em romance, precisamente porque participa ao mesmo tempo da poesia e da prosa", com o objetivo de salientar, em seguida, que "quando o poeta épico lança mão da narrativa para compor peripécias de ordem bélica ou histórica, em vez de criar poesia, está elaborando prosa versificada"[218].

A identificação da poesia em si própria, da poesia em termos genéricos, com a subjetividade, com a "expressão do 'eu'", assim como o entendimento de que nessa identificação se funda a "distinção essencial" da poesia em relação à prosa, constitui formulação pouco usual, cuja adoção tenderia, em última instância, a excluir da categoria de poesia obras historicamente consideradas como tal, ou passíveis de ser assim consideradas em função da combinação de certos traços, especialmente a sonoridade diversa da exposição racional do pensamento em conjunção com a prevalência de linguagem figurada e conotativa.

metáfora poética é polivalente por natureza, não assim a da prosa, que tende à univalência". Lembra que, "as mais das vezes, existem fôrmas especiais para que a poesia se manifeste" (exemplifica, entre outras, com o soneto, a elegia, a canção) e acrescenta o seguinte comentário: "Nada impede, porém, que numa fôrma poética se coagule a prosa, e vice-versa. Ou seja, um soneto pode ser composto com o máximo de rigor formal, segundo as regras que o tornam uma forma fixa, sem conter poesia. E um conto, novela ou romance podem veicular poesia sem perder o caráter prosístico. Daí a existência de fôrmas mistas, como o poema em prosa, contos e romances líricos" (Moisés, Massaud. *A análise literária*, pp. 47/48). É de se observar que o uso do adjetivo "líricos" não deixa de indicar sinonímia entre a poesia lírica e a "poesia" entendida como "expressão do 'eu'", a poesia sem qualificativos, tal como postulada por Moisés.

[217] Moisés, Massaud. *A análise literária*, pp. 48/49.
[218] De acordo com Moisés, "na análise de um poema épico há que tomar em conta essas 'quedas' prosaicas, 1) porque constituem um dos seus mais típicos ingredientes, e 2) porque a discriminação de tais 'quedas' prepara o terreno para o julgamento crítico, ou seja, considera-se criticamente mau ou inferior o poema épico em que as 'baixas' narrativas prevalecem sobre as 'subidas' líricas" (Moisés, Massaud. *A análise literária*, p. 52). Mais uma vez, parece claro, pelo emprego do adjetivo "líricas", que a poesia em geral, sem qualificações, entendida como "expressão do 'eu'", apresenta significado equivalente ao de poesia lírica.

Por outro lado, os mais diferentes autores, não obstante nuances em suas perspectivas, coincidem em realçar o predomínio da subjetividade ou de "um ponto de vista subjetivo" como característica por excelência da poesia *lírica*.

São muitos os autores que acentuam a associação da poesia lírica com a subjetividade. Carlos Reis, por exemplo, ao destacar as "propriedades regularmente ilustradas em textos do modo lírico, embora não exclusivamente neles", sublinha que "os textos líricos representam uma atitude marcadamente subjetiva"[219]. Jean-Michel Maulpoix observa que, "como a lírica é o lugar onde o artista toma a palavra, ela outorga a preponderância aos afetos, explora e apodera-se das realidades subjetivas efêmeras"[220].

Neste ponto, duas observações de caráter geral impõem-se. A primeira, a que já se aludiu, diz respeito à evolução histórica no sentido do direcionamento crescente da poesia à modalidade lírica. A segunda consiste em que se podem eventualmente distinguir variadas formas de caracterização, ou mesmo graus de intensidade, do subjetivismo que se exprime no gênero lírico da poesia.

Quanto à evolução histórica, pode-se partir da observação de Collot de que a "poesia" caracterizada pela versificação "praticamente se confunde com a literatura desde o início"[221], tendo abarcado tanto os "gêneros líricos" quanto os "gêneros narrativos" e "dramáticos" (ou, na expressão de Wellek e Warren, os "gêneros tradicionais" da "arte literária", isto é, "lírico, épico e dramático"[222]):

> "*[A poesia] acolheu, ao longo de muito tempo, uma grande diversidade de gêneros, que podem ser classificados, conforme a tradição aristotélica, em três categorias fundamentais, definidas pelos modos de enunciação diferentes: gêneros líricos, como a ode ou a elegia, em que o poeta é geralmente o único a falar; gêneros narrativos, como a epopeia, em que a voz do narrador se alterna com a dos heróis; e gêneros dramáticos, como a tragédia ou a comédia, em que a palavra é inteiramente delegada aos diversos personagens*"[223].

---

219 Reis, Carlos. *O conhecimento da literatura – Introdução aos estudos literários*, p. 314.
220 Maulpoix, Jean-Michel. "Lyrisme". In *Dictionnaire des genres*, p. 461.
221 Collot, Michel. "Poésie". In *Dictionnaire des genres*, p. 591.
222 Wellek, René; Warren, Austin. *Teoria da literatura*, p. 27.
223 Collot, Michel. "Poésie". In *Dictionnaire des genres*, p. 591.

A paulatina e crescente predominância da prosa quer na narrativa, quer no teatro, leva, naturalmente, à associação moderna entre o gênero lírico – utilizada a expressão com o significado de um dos "gêneros tradicionais" – e a "poesia" em geral. Sem desconsideração por outros exemplos no caminho de prevalência da prosa nos gêneros narrativo e dramático, constituíram marcos relevantes, como se depreende de exposições sobre o tema em obras de referência, no caso da narrativa o *Decameron* de Boccaccio (séc. XIV) e o *Dom Quixote* de Cervantes (séc. XVII), e, no caso do teatro, as comédias de Molière (séc. XVII)[224].

A questão é resumida adequadamente no comentário de Collot no sentido de que

> *"à medida que se desenvolvem as literaturas escritas, assiste-se à emergência de numerosos gêneros em prosa e a uma especialização crescente da poesia, que se limita cada vez mais aos gêneros líricos"*[225].

Na mesma linha, José Guilherme Merquior assinala:

> *"É sabido que a lírica era, a princípio, apenas um gênero da poesia; porém, com o declínio do grande poema narrativo e do verso dramático, lírica e poesia acabaram por confundir-se"*[226].

Um apontamento lateral parece oportuno: como se repara, o termo "gêneros" é empregado por autores diversos não só com o sentido das categorias mais vastas dos "gêneros tradicionais", entre os quais o gênero lírico, mas também com o sentido mais restrito de espécies pertencentes a cada um dos gêneros tradicionais ("gêneros líricos, como a ode ou a elegia"). Carlos Reis sugere distinguir três níveis: (1) os "modos do discurso" ou "modos fundacionais da literatura", isto é, o modo lírico, o modo narrativo e o modo dramático; (2) os gêneros literários, que são "entidades historicamente localizadas" de cada modo do discurso – por exemplo, a écloga, a elegia, a ode, como gêneros do modo lírico; e (3) os subgêneros, a exemplo da écloga pastoril ou da ode anacreôntica[227].

---

[224] Exposições esclarecedoras encontram-se, no que tange à narrativa, em Vítor Manuel de Aguiar e Silva, *Teoria da literatura*, pp. 247-261, e, no que respeita ao teatro, em Carlos Reis, *O conhecimento da literatura*, pp. 255-257.
[225] Collot, Michel. "Poésie". In *Dictionnaire des genres*, p. 591.
[226] Merquior, José Guilherme. *A astúcia da mímese*, p. 17.
[227] Reis, Carlos. *O conhecimento da literatura – Introdução aos estudos literários*, especialmente

Quanto às formas de caracterização do subjetivismo na poesia lírica, apresentam-se, a seguir, três perspectivas que, a despeito de larga faixa de superposição, sugerem a multiplicidade de enfoques possíveis a propósito da "expressão do 'eu'" no lirismo.

Na *primeira* perspectiva, a ênfase na subjetividade da poesia lírica significa também a ênfase na "revelação íntima", nos "estados de alma", na "emoção", na "revelação e aprofundamento do eu", no "desabafo íntimo", no "estado de espírito" ou "nos estados de ânimo", na "confissão".

Não há dúvida de que tais formas de manifestação da subjetividade se vinculam estreitamente à poesia lírica. Sobre elas lançam o foco numerosos autores.

A lista pode começar pelo próprio Massaud Moisés, que, se considera dever "a poesia" ser "entendida como a expressão do 'eu' por meio de metáforas", também registra que "a lírica se conceitua como a poesia do 'eu', poesia da confissão ou poesia da emoção"[228]. Desse modo, para o estudioso, independentemente de que a manifestação da subjetividade, do "eu", seja característica da "poesia" em geral, ela é igualmente apontada como inerente à poesia lírica, com o acréscimo de que nesta sobressaem a "emoção" e a "confissão".

Do mesmo modo, Merquior sustenta, em definição que propõe de "poema", que sua mensagem consiste na "imitação de estados de ânimo"; logo a seguir, observa ser a "imitação de estados de ânimo" o objeto da "lírica"[229].

Merquior procura inscrever a "imitação de estados de ânimo" da "lírica" ou "poema" na tradição de Aristóteles, que, na *Poética*,

---

pp. 238-241 (sobre modos do discurso); p. 246 e pp. 254-255 (sobre gêneros literários); e pp. 263-264 (a respeito de subgêneros). Reis ensina que a distribuição entre os modos lírico, narrativo e dramático, "reconhecendo a predominância de uma certa dinâmica de representação modal, não deve, no entanto, ser encarada como rigidamente exclusiva (...) [A] condição modal não anula a possibilidade de interferências ou contaminações, quase sempre insuficientes, contudo, para porem em causa uma tendência marcante, de feição lírica, narrativa ou dramática". Indica, não obstante, a existência de "casos híbridos ou de transição" (pp. 241-242). Ensina, ainda, que "diferentemente dos modos, os gêneros literários são por natureza instáveis e transitórios, sujeitos como se encontram ao devir da História, da Cultura e dos valores que as penetram e vivificam (...) [Os] gêneros literários são entidades mutáveis, não raro com limites algo difusos, tanto no plano diacrônico, como no plano sincrônico" (pp. 247-249).

228 Moisés, Massaud. *Dicionário de termos literários*, p. 309.
229 Merquior, José Guilherme. *A astúcia da mímese*, p. 27 e p. 28.

definiu a poesia como imitação[230]. O vínculo entre a "imitação de estados de ânimo" e Aristóteles enfrenta, todavia, grave obstáculo: o filósofo grego tratou da poesia como imitação de homens em "ação"[231] e cingiu-se, na *Poética*, à epopeia e à tragédia. Não se ocupou da lírica senão como "ornamento" da tragédia, no trecho em que alude à "melopeia" a cargo do coro – ou seja, o lirismo coral, que envolvia o canto[232]. Ciente da dificuldade, Merquior busca apoio em tese segundo a qual "a essência do lírico é ação, porém não no seu aspecto dinâmico: o núcleo do lírico é o momento de *stasis*, de uma pausa ou de uma atitude que prepara e contém os atos, sem deflagrá-los"[233].

Em linha assemelhada, Wolfgang Kayser alude ao "desabafo íntimo" e ao "estado de espírito": "no lírico fundem-se o mundo e o eu, penetram-se, e isto na agitação de um estado de espírito que, na verdade, é o desabafo íntimo. A alma impregna a objetividade e esta interioriza-se. *A passagem de toda objetividade à interioridade*, nesta momentânea excitação, é a essência do lírico"[234].

No mesmo diapasão, Vítor Manuel de Aguiar e Silva salienta, na lírica, a "revelação e aprofundamento do eu", a "revelação íntima" e a

---

230 Aristóteles. *Poética*, 1447a e 1447b (na tradução de Eudoro de Sousa, pp. 68-69). Aristóteles escreve, por exemplo, que "se alguém fizer obra de imitação, ainda que misture versos de todas as espécies, (...) nem por isso se lhe deve recusar o nome de 'poeta'" (*Poética*, 1447b).

231 Na perspectiva de Aristóteles, "é poeta pela imitação e porque imita ações". *Poética*, 1451b (na tradução de Eudoro de Sousa, p. 79). A ideia permeia outras partes da obra, como "os imitadores imitam homens que praticam alguma ação". *Poética*, 1448a (na tradução de Sousa, p. 70).

232 A afirmação explícita de Aristóteles da "melopeia" como "ornamento da tragédia" encontra-se na parte 1450b da *Poética* (na tradução de Eudoro de Sousa, p. 76). Conforme comenta Scott Brewster, "na *Poética* de Aristóteles, a *melopeia* (canto ["song"]) é o elemento lírico da tragédia". Brewster, Scott. *Lyric*, p. 16. Jacqueline de Romilly, em seu livro sobre a tragédia grega, registra que o papel do coro "era lírico e comportava evoluções (...). Em geral, ele cantava e dançava". Romilly, Jacqueline de. *La tragédie grecque*, p. 24. Brewster salienta que "na prática lírica posterior, o elemento musical da lírica tornou-se mais vestigial" e que "apesar da conexão etimológica da lírica com a lira, o vínculo entre a poesia e a música tornou-se basicamente metafórico para a crítica literária desde que o desenvolvimento da imprensa mudou fundamentalmente o relacionamento entre música e poesia". In *Lyric*, respectivamente, p. 16 e p. 13.

233 Merquior, José Guilherme. *A astúcia da mímese*, p. 20. Não parece útil percorrer esse tortuoso caminho de interpretação: mais valeria reter a ideia de que a manifestação de "estados de ânimo" – não necessariamente sua imitação, e menos imitação que se procure vincular a Aristóteles – constituiria característica da poesia no sentido moderno, herdeira da poesia lírica.

234 Kayser, Wolfgang. *Análise e interpretação da obra literária*, p. 374 (grifo no original).

absorção do mundo exterior pela "interioridade do poeta". Frisa que

> "a lírica enraíza-se na revelação e no aprofundamento do próprio eu, na imposição do ritmo, da tonalidade, das dimensões, enfim, desse mesmo eu, a toda a realidade. (...) O mundo exterior, os seres e as coisas não constituem um domínio absolutamente estranho ao poeta lírico (...). O mundo exterior, todavia, não significa para o lírico uma objetividade válida enquanto tal, pois representa um elemento da criação lírica somente enquanto absorvido pela interioridade do poeta, enquanto transmudado em revelação íntima"[235].

Aguiar e Silva estende-se em considerações sobre a medida em que a narrativa e a descrição são passíveis de participar da estrutura do poema lírico. Comenta que a presença da narrativa se justifica desde que sirva para revelar "o conteúdo de uma subjetividade":

> "O dado narrativo, que pode fazer parte da estrutura de um poema lírico, tem como função única evocar uma situação íntima, revelar o conteúdo de uma subjetividade"[236].

A descrição só é "liricamente válida quando transcende um puro inventário de seres e de coisas" e é utilizada "como suporte do universo simbólico do poema"[237]:

> "Na obra de Fernando Pessoa ortónimo, por exemplo, abundam poemas que se iniciam com a breve fixação descritiva de um aspecto da realidade exterior (...) e se desenvolvem em um surto de puro lirismo, de comovida reflexão, através de uma sutil notação e análise de vivências e estados de alma"[238].

Adverte que um poema lírico pode ser "totalmente composto de elementos descritivos", desde que, em lugar de uma "linguagem direta posta ao serviço da descrição do mundo exterior", suscite um "estado de alma", desnude "uma feição da interioridade do lírico".

---

235 Silva, Vítor Manuel de Aguiar e. *Teoria da literatura*, pp. 227-228.
236 Silva, Vítor Manuel de Aguiar e. *Teoria da literatura*, p. 228.
237 Silva, Vítor Manuel de Aguiar e. *Teoria da literatura*, p. 229.
238 Silva, Vítor Manuel de Aguiar e. *Teoria da literatura*, p. 229.

Exemplifica com o poema "Las ascuas de un crepúsculo morado" de Antonio Machado[239].

Outras perspectivas sobre o papel da subjetividade na poesia lírica, sem deixarem de poder acomodar todos os tipos de manifestação referidos, realçam menos a "revelação íntima", o "desabafo íntimo", a "confissão", o "cri du coeur", e mencionam aspectos também merecedores de atenção.

A *segunda* perspectiva selecionada consiste na definição de poesia lírica adotada por Antonio Candido e José Aderaldo Castello. Os autores referem-se ao lirismo, "entendendo-se por lírica a poesia que representa um ponto de vista subjetivo – seja manifestando estados de alma, seja descrevendo fatos ou celebrando feitos que o poeta encara de um ângulo de vibração pessoal, como se a experiência descrita filtrasse através do seu próprio Eu"[240].

A poesia representa "um ponto de vista subjetivo". Essa expressão envolve, na definição de Candido e Castello, a manifestação de "estados de alma", mas tem a vantagem de não circunscrever-se à área da intimidade, da "confissão", e de estender-se à descrição de "fatos" ou celebração de "feitos" interpretados de "um ângulo de vibração pessoal". A diferença entre a representação de um "ponto de vista subjetivo" e, por seu turno, a "revelação e aprofundamento do eu" ou o "desabafo íntimo" parece ser mais significativa do que mera nuance. Também é expressiva a diferença entre a possibilidade de uma narrativa lírica que "celebra feitos" encarados de "um ângulo de vibração pessoal" e a exigência, postulada por Aguiar e Silva, de que o "dado narrativo", em um poema lírico, sirva apenas para "revelar o conteúdo de uma subjetividade".

A *terceira* perspectiva encontra-se no entendimento de Carlos Reis de que "o gênero lírico" se afirma "fundamentalmente como formulação discursiva de uma certa apreensão (predominantemente intuitiva e emocional) do mundo"[241]. Reis refere-se ao "fator intuitivo e emocional que (...) comanda a apreensão do universo" em passagem

---

239 Silva, Vítor Manuel de Aguiar e. *Teoria da literatura*, pp. 229-230. O poema de Machado é transcrito por Aguiar e Silva: "*Las ascuas de un crepúsculo morado/ Detrás del negro cipresal humean./ En la glorieta en sombra está la fuente/ Con su alado y desnudo Amor de piedra/ Que suena mudo. En la marmórea taza/ Reposa el agua muerta*".
240 Candido, Antonio; e Castello, José Aderaldo. *Presença da literatura brasileira. I – Das origens ao Romantismo*, p. 107.
241 Reis, Carlos. *Técnicas de análise textual*, p. 210.

na qual também frisa a "considerável margem de relevo que na criação lírica cabe à subjetividade do poeta"[242].

Agrega-se, assim, o realce à apreensão intuitiva, juntamente com a emocional, do sujeito emissor do texto lírico. A apreensão intuitiva da realidade certamente está na base de "pontos de vista subjetivos" que são veiculados na criação poética.

Adotada uma concepção de lirismo que englobe todas essas perspectivas, torna-se evidente ser ampla a gama de possibilidades e gradações com que se pode plasmar nos textos líricos a subjetividade, quer como revelação íntima, quer como expressão de um ponto de vista subjetivo, quer como formulação de apreensão não só emocional, mas também intuitiva, do mundo.

Além da manifestação de um estado de alma ou de um "cri du coeur" individual, há também campo para abrangente espectro de tipos de emoção, "vibração pessoal" ou "interiorização" dos dados objetivos. A apreensão "predominantemente emocional e intuitiva do mundo" comporta diferentes matizes. A própria "emoção" traduz-se em textos de diversas tonalidades, que enfatizam desde o arrebatamento amoroso à revolta diante de situações sociopolíticas, passando pela solidariedade com terceiros e pela louvação ou crítica a quaisquer aspectos da vida tal como percebidos pelo sujeito emissor.

A poesia poderá, assim, adquirir feição mais emocional ou mais intuitiva, mais sentimental ou mais filosófica, mais séria ou mais despojada, com a manifestação de variados graus de envolvimento do sujeito emissor com o tema de que trata: seja por transbordamento de estado de espírito, ou "sentimento pessoal autocentrado"; seja por identificação ou afinidade; seja por aversão ou questionamento; seja por distanciamento crítico, inclusive mediante tratamento irônico ou satírico.

Acresce que, como anota Carlos Reis em outra obra, a subjetividade não exige ser o poema lírico necessariamente escrito com o verbo na primeira pessoa:

"(...) os textos líricos evidenciam uma tendência marcadamente subjetiva. Traduz-se essa tendência, em primeira instância, na insistente presença de um eu que, em muitos textos líricos, se expressa através da enunciação da primeira pessoa verbal. (...) Note-se, entretanto, que a subjetividade não é expurgada do texto lírico

[242] Reis, Carlos. *Técnicas de análise textual*, p. 218.

> *quando esse eu (...) não se encontra formulado (porque não tem que o ser forçosamente) através de uma primeira pessoa gramatical. Ele deve ser encarado sobretudo numa dimensão existencial, dimensão que envolve uma relação pessoal com o mundo e com os outros, tendendo não só para o conhecimento disso que lhe é exterior, mas também, em última instância, para o autoconhecimento que esse sujeito normalmente persegue*"[243].

Ademais, não se deve perder nunca de vista que a emoção suscitada pela poesia lírica pode ser "verdadeira ou simulada", conforme ressalta Roman Jakobson. Na conhecida fórmula de Jakobson, a linguagem comporta diferentes funções e "a lírica, orientada para a primeira pessoa, está intimamente vinculada à função emotiva"[244]. O linguista russo, ao ensinar que "a chamada função *emotiva* ou 'expressiva', centrada no *remetente* [de uma mensagem verbal], visa a uma expressão direta da atitude de quem fala em relação àquilo de que está falando", registra que ela "tende a suscitar a impressão de certa emoção, verdadeira ou simulada"[245].

Naturalmente, nos textos em primeira pessoa, "o eu lírico não deve ser confundido com o eu biográfico"[246]; "o sujeito lírico, quando diz 'eu', se distingue, por exemplo, do sujeito da autobiografia. O pronome pessoal 'eu', diferentemente do nome próprio, não faz senão designar a instância da enunciação"[247].

Uma vez considerado, por um lado, o vasto leque de formas pelas quais se pode manifestar a subjetividade na poesia lírica – inclusive vários níveis de envolvimento do sujeito emissor, identificação de subjetividade mesmo em textos não escritos em primeira pessoa, presença de emoção "verdadeira ou simulada", entre outras – e tendo presente, por outro lado, a "especialização crescente da poesia, que se limita cada vez mais aos gêneros líricos"[248] (segundo Merquior, "lírica e poesia terminaram por confundir-se" e "no exame da literatura

---

243 Reis, Carlos. *O conhecimento da literatura*, pp. 318-319 (grifos no original).
244 Jakobson, Roman, "Linguística e poética". In Jakobson, Roman. *Linguística e comunicação*, p. 165.
245 Jakobson, Roman, "Linguística e poética". In Jakobson, Roman. *Linguística e comunicação*, p. 157.
246 Samuel, Rogel (org.). Diversos autores. *Manual de teoria literária*, p. 75.
247 Collot, Michel. "Poésie". In *Dictionnaire des genres*, p. 596.
248 Comentário de Michel Collot, já antes referido. In "Poésie", *Dictionnaire des genres*, p. 591.

moderna, um termo pode ser praticamente empregado pelo outro"[249]), parece legítimo concluir-se que a subjetividade, a "expressão do 'eu' ou de um "ponto de vista subjetivo", constitui um indicador fortemente sugestivo da ocorrência da poesia.

No entanto, a subjetividade não pode ser elevada à condição de característica necessária para a identificação da poesia em geral.

Há textos que trazem outras marcas poéticas – como a sonoridade diferente da exposição linear ou racional do pensamento, em conjunção com a linguagem figurada –, mas nos quais não se projeta ou mesmo sequer transparece a subjetividade.

Os exemplos acham-se tanto em obras de passado mais remoto, entre elas narrativas épicas, como em textos recentes. A epopeia d'*Os Lusíadas* oferece diferentes instâncias em que sobressai a poesia sem que sobressaia a subjetividade, como é o caso da estrofe 21 do Canto Primeiro, com a mescla de sonoridade, de exploração de universo imaginário (a reunião de divindades no "maravilhoso pagão" do "Consílio dos deuses", para decisão "sobre as cousas futuras do Oriente") e de linguagem figurada, como a usada nos últimos quatro versos para significar Norte, Sul, Leste e Oeste:

> *Deixam dos sete céus o regimento,*
> *Que do poder mais alto lhe foi dado,*
> *Alto poder, que só c'o pensamento*
> *Governa o Céu, a Terra e o Mar irado.*
> *Ali se acharam juntos, num momento,*
> *Os que habitam o Arcturo congelado*
> *E os que o Austro tem, e as partes onde*
> *A Aurora nasce e o claro Sol se esconde*[250].

A poesia sem projeção de subjetividade perpassa também textos modernos, como o *Auto do frade*, de João Cabral de Melo Neto[251], e os

---

249 Merquior, José Guilherme. *A astúcia da mímese*, p. 17.
250 Camões, Luís de. *Os Lusíadas*, p. 66. Na estrofe anterior, explicita-se o objetivo do consílio dos Deuses: "Se ajuntam em consílio glorioso,/ Sobre as cousas futuras do Oriente". No "Vocabulário", ao final do volume, sobre "Palavras e construções desusadas, nomes históricos, geográficos e mitológicos", lê-se que Arcturo é "estrela da Ursa Maior. Camões usa a palavra como sinônimo de *Norte*"; e que Austro é "vento do sul, um dos quatro principais. Também significa *Sul*".
251 Melo Neto, João Cabral de. *Auto do frade: poema para vozes*.

"romances" integrantes do *Romanceiro da Inconfidência*, obra-prima de Cecília Meireles, que incluem versos como

> *Visitas. Sermões de exéquias.*
> *Os estudantes que partem.*
> *Os doutores que regressam.*
> *(Em redor das grandes luzes,*
> *há sempre sombras perversas.*
> *Sinistros corvos espreitam*
> *pelas douradas janelas.)*
> *E há mocidade! E há prestígio.*
> *E as ideias*[252].

O Concretismo brasileiro, em cujas obras o componente visual é parte integrante do texto, não se distingue, de modo genérico, por realce à "expressão do 'eu'", à subjetividade, talvez justamente por privilegiar a objetividade da imagem e buscar transmitir mensagem concisa e impactante, e não o aprofundamento da emoção individual. Eventualmente um exemplo modelar seja o caso do famoso poema "Luxo" de Augusto de Campos, em que a palavra "lixo" é escrita em letras maiúsculas e cada letra é graficamente composta, em singular apresentação visual, pela repetição da paronomástica palavra "luxo"[253].

A subjetividade desaparece totalmente numa composição de imaginário cômico como "A origem do mênstruo", de Bernardo Guimarães, que inclui, no entanto, os indicadores poéticos da linguagem figurada e da sonoridade distinta da que prevalece no uso habitual da língua[254].

Existem obras de narração ou descrição, com assinaláveis traços poéticos de sonoridade e linguagem figurada, que parecem primar pelo

---

[252] Fragmento do "Romance XXI ou Das Ideias". In Meireles, Cecília. *Romanceiro da Inconfidência*, p. 66.

[253] Campos, Augusto de. "Luxo". In Moriconi, Italo (org.). *Os cem melhores poemas do século*, p. 261. O poema também figura no livro *Concretismo* (editado em Lima), p. 37. Ocasionalmente se pode notar a projeção da subjetividade em poemas concretos, como o texto que se inicia por "beba coca cola", de Décio Pignatari, constante da mesma coleção *Concretismo*, p. 35.

[254] Essencialmente chulo, o texto contém incontestes marcas poéticas, como na estrofe "Ó Adônis! ó Júpiter potentes! / E tu, Mavorte invito! / E tu, Aquiles! Acudi de pronto/ da minha dor ao grito". Disponível na Internet (endereço eletrônico e data de acesso nas Referências bibliográficas).

desejo do sujeito emissor de esconder-se ou apagar-se. Esta característica é perceptível em um poeta parnasiano como Raimundo Correia. Sirvam de exemplos, no caso da narração, o seu soneto "Cavalgada"[255] e, no caso da descrição, outro soneto de sua autoria, "Anoitecer"[256].

É evidente que haverá sempre margem de discricionariedade na avaliação de leitor ou crítico sobre a eventual prevalência do subjetivismo em textos dos quais ele parecerá ausente aos olhos de outros leitores. A exemplo do entendimento de Vítor Manuel de Aguiar e Silva sobre "Las ascuas de un crepúsculo morado", de Antonio Machado, como um poema que "desnuda uma feição da interioridade do lírico" apesar de "totalmente composto de elementos descritivos", seria possível interpretar o "Anoitecer" de Raimundo Correia não como um exemplo de poema sem projeção da subjetividade, e sim, ao contrário, como um texto que revela uma "feição da interioridade do lírico".

A margem de discricionariedade poderia levar, em última instância, à interpretação, por exemplo, de que, no texto "Luxo" de Augusto de Campos, a presença do sujeito emissor não é ostensiva, mas é preponderante, ao transmitir uma visão de mundo própria e representativa, senão premonitória, de toda uma era de linguagem concisa e de apelo visual. Comentário semelhante, com acento na originalidade do apelo visual, poderia ser feito em relação a obra anterior e ainda mais notória, "Um lance de dados jamais abolirá o acaso", de Mallarmé[257].

De qualquer modo, as noções que parecem dignas de se reter são, essencialmente, duas: (a) a subjetividade não pode ser erigida em característica da poesia em geral; e (b) não obstante, como ela se vincula à poesia lírica e como, por evolução histórica, "lírica e poesia acabaram por confundir-se", a subjetividade representa um

---

255 A título demonstrativo, eis os tercetos de "Cavalgada": "E o bosque estala, move-se, estremece.../ Da cavalgada o estrépito que aumenta/ Perde-se após no centro da montanha...// E o silêncio outra vez soturno desce,/ E límpida, sem mácula, alvacenta/ A lua a estrada solitária banha." In Bandeira, Manuel (org. e pref.). *Antologia dos poetas brasileiros da fase parnasiana*, p. 143.

256 O soneto "Anoitecer" inicia-se pelas quadras "Esbraseia o Ocidente na agonia/ O sol... Aves em bandos destacados,/ Por céus de oiro e de púrpura raiados/ Fogem... Fecha-se a pálpebra do dia...// Delineiam-se, além, da serrania/ Os vértices de chama aureolados,/ E em tudo em torno esbatem derramados/ Uns tons suaves de melancolia...". In Bandeira, Manuel (org. e pref.). *Antologia dos poetas brasileiros da fase parnasiana*, p. 142.

257 In Mallarmé, Stéphane. *Mallarmé*, pp. 149-173. O poema "Um lance de dados" ("Un coup de dés jamais n'abolira le hasard"), como registrado, data de 1897.

indicador vigorosamente sugestivo da ocorrência da poesia, quando combinada com outros traços (sonoridade, linguagem figurada).

3.7. Criação de "universos imaginários"

A criação de "universos imaginários" é o primeiro de outros dois traços que a poesia divide com a generalidade das obras literárias.

Como anteriormente destacado, "a mensagem literária *cria imaginariamente a sua própria realidade*: um universo de ficção que não se identifica com a realidade empírica"[258]. A propósito, as mesmas autoras da observação, Maria Vitalina Leal de Matos e Vera da Cunha Borges, acrescentam, com pertinência, que

> "*a linguagem verbal (...), porque é simbólica, tem a capacidade de referir não apenas o real concreto, efetivo, mas também o possível, o imaginário e até o impossível. (...) A linguagem verbal tem portanto uma imensa capacidade de ficcionalizar.*
>
> *Falar de ficcionalidade não equivale a falar de falsidade, mentira ou mistificação. Equivale, sim, a apontar para o mundo do imaginário, nas suas variadíssimas formas: sonho, mito, lenda, criação, anseio, medo, desejo, esperança. (...) É um mundo de existência simbólica*"[259].

Aguiar e Silva refere-se ao "universo imaginário criado pela obra literária", com exemplos de trechos tanto de romance (*Os maias*, de Eça de Queirós) quanto de poema ("*Ao volante do Chevrolet pela estrada de Sintra*", de Álvaro de Campos), para frisar que tudo o que neles se afirma é verdade apenas no "universo imaginário", na "ficção criada pela linguagem poética"[260].

Em comentário de idêntico sentido, Wellek e Warren recordam que a "poesia (centrada no que corresponde à antiga 'poesia lírica')", a "ficção (romance, conto, épica)" e o "drama (quer em prosa, quer

---

[258] Matos, Maria Vitalina Leal de; Borges, Vera da Cunha. *Introdução aos estudos literários*, pp. 297/8.

[259] Matos, Maria Vitalina Leal de; Borges, Vera da Cunha. *Introdução aos estudos literários*, pp. 299/300 (grifos no original).

[260] Silva, Vítor Manuel de Aguiar e. *Teoria da literatura*, p. 42.

em verso)" pertencem à "literatura imaginativa"²⁶¹ e que "as afirmações contidas num romance, num poema ou num drama não representam a verdade literal"²⁶². Ao contrário, "o cerne da arte literária encontrar-se-á, obviamente, nos gêneros tradicionais: lírico, épico, dramático. Em todos eles existe (...) um relacionar com um mundo de ficção, de imaginação"²⁶³.

O Grupo μ traduz a mesma ideia com explicação que sublinha a irrelevância da existência de referente na vida real: "a linguagem literária não tem referente ostensivo, ou, mais precisamente, a existência de um referente é sem pertinência para qualificá-la"; "a linguagem poética é não referencial; só é referencial na medida em que não é poética"; "a arte, como se sabe há muito tempo e como se esquece periodicamente, situa-se por si própria além da distinção entre o verdadeiro e o falso: que a coisa nomeada exista ou não, é sem pertinência para o escritor"; a linguagem literária encontra "em si própria a autojustificação"²⁶⁴.

O Grupo ressalva que "a função referencial da linguagem (...) não é, nem pode ser, aniquilada pelo poeta, que deixa sempre ao leitor o prazer de admirar no seu poema o que não é precisamente poético"²⁶⁵. Ressalva assemelhada formula também Aguiar e Silva. Após assinalar que "no discurso literário, com efeito, não atua uma função referencial idêntica à que se verifica na linguagem comum (ou na linguagem técnica e científica)", agrega que, no entanto, "também não se encontra nele obliterada a função referencial existente no sistema linguístico sobre o qual se constitui o sistema semiótico conotativo da literatura"²⁶⁶.

De qualquer modo, sobressai o entendimento de que, como assevera o Grupo μ, "a linguagem do escritor não pode senão *criar ilusão*, isto é, produzir ela própria o seu objeto"²⁶⁷, e, como comenta Aguiar e Silva, as afirmações de um romance ou de um poema são verdadeiras "no universo imaginário criado pela obra literária".

---

261 Wellek, René; Warren, Austin. *Teoria da literatura*, p. 283.
262 Wellek, René; Warren, Austin. *Teoria da literatura*, p. 27.
263 Wellek, René; Warren, Austin. *Teoria da literatura*, p. 27.
264 Dubois, J. et al. *Retórica geral*, respectivamente, p. 41, p. 30, p. 31 e p. 42.
265 Dubois, J. et al. *Retórica geral*, p. 30.
266 Silva, Vítor Manuel de Aguiar e. *Teoria da literatura*, p. 44.
267 Dubois, J. et al. *Retórica geral*, p. 30 (grifo no original).

3.8. Função de deleitar

A poesia divide também com a literatura em geral a função de deleitar.

Em capítulo dedicado à "função da literatura", Wellek e Warren assinalam que "a história da Estética quase se pode resumidamente descrever como sendo uma dialética cuja tese e antítese são o *dulce* e *utile* de Horácio: a poesia é doce e útil"[268]. Aludem, dessa forma, aos trechos da *Arte poética* que – não obstante variações, no original e em traduções, de terminologia, quer menos importantes ("doce", "dar deleite", "que agrade", "prazer"), quer mais relevantes ("útil", "que instrua", "causar instrução", "coisas úteis") – se referem ao binômio cuja junção é aconselhada por Horácio: "*Quem sabe pois tecer ação, que instrua, / e juntamente agrade, esse é que leva / O voto universal; esses poemas / Enriquecem livreiros, passam mares / E dão ao seu autor imortal nome*"[269].

Wellek e Warren endossam a fórmula de Horácio traduzida como "prazer e utilidade", mas atribuem aos dois termos significados muito particulares em seu emprego ligado à função da literatura. Primeiro, ressalvam que "útil" é "qualquer coisa que merece se lhe dedique atenção séria"[270]. A seguir sustentam que, "quando uma obra literária exerce com êxito a sua função, os dois fatores referidos – prazer e utilidade – devem não só coexistir, mas fundir-se". Adicionam, contudo, os significados específicos que conferem aos dois termos nesse contexto: "o prazer da literatura não é apenas uma preferência de entre uma lista de prazeres possíveis, mas sim (...) um prazer numa superior esfera de atividade, isto é, na contemplação não aquisitiva"; e a utilidade é "uma seriedade aprazível, isto é, não a seriedade de um dever que tem de ser cumprido ou de uma lição que tem de ser aprendida, mas uma seriedade estética, uma seriedade de percepção"[271].

---

[268] Wellek, René; Warren, Austin. *Teoria da literatura*, p. 32.
[269] Horácio Flaco, Quinto. *Arte poética* (tradução e comentários de Cândido Lusitano). No original, aparecem juntos os dois termos da fórmula "dulce" e "utile" no final do primeiro verso do trecho transcrito: "*Omne tulit punctum, qui miscuit utile dulci / lectorem delectando pariterque monendo*" (In *Arte poética*, versos 343-344, pp. 166 e 167). Na outra passagem do livro comumente reproduzida ao se tratar da "fórmula de Horácio", empregam-se expressões que se traduzem, na edição utilizada, tanto por "causar instrução" quanto por "coisas úteis": "*Ou causar instrução, ou dar deleite, / Ou unir coisas úteis a jucundas, / O poeta pretende*". (No original, "*Aut prodesse volunt aut delectare poetae / aut simul et iucunda et ideonea dicere vitae*"). In *Arte poética*, versos 333-334, pp 162 e 163.
[270] Wellek, René; Warren, Austin. *Teoria da literatura*, p. 33.
[271] Wellek, René; Warren, Austin. *Teoria da literatura*, pp. 33/4.

Salvo o entendimento do *utile* nessa acepção muito restrita, em lugar de outras, como "instruir", será sempre preferível circunscrever a função da literatura, e nela a da poesia, ao segundo termo da fórmula, o *dulce*, ou *delectare*.

A propósito, merecem endosso os ensinamentos de Afrânio Coutinho. Além de destacar, como já se indicou, que a literatura é "um fenômeno estético", cuja "finalidade precisa" consiste em "despertar no leitor o tipo especial de prazer, que é o sentimento estético"[272], Coutinho formula observações que colocam em adequada perspectiva o caráter secundário da veiculação de "outros valores" que não o de deleitar:

> *"A literatura (...) é uma arte, a arte da palavra. Não visa a informar, ensinar, doutrinar, pregar, documentar. Acidentalmente, secundariamente, ela pode fazer isso, pode conter história, filosofia, ciência, religião. O literário ou o estético inclui precisamente o social, o histórico, o religioso, etc., porém transformando esse material em estético"*[273].

Assim, como referido, comenta Coutinho que "às vezes ela [a literatura] pode servir de veículo de outros valores". Porém "o seu valor e significado residem não neles, mas em outra parte, no seu aspecto estético-literário"[274].

A propaganda, a doutrinação, o proselitismo não são funções da literatura. Certamente faz parte da obra de diferentes escritores o objetivo de persuadir o leitor ou ouvinte "a agir de acordo com os ideais propostos"[275]. Semelhante objetivo não tem qualquer valor estético em si; poderá servir de inspiração para que o autor produza uma obra de literatura, capaz de causar deleite. Mas é esta a função que compete à obra literária – deleitar –, e não o objetivo de influenciar o comportamento alheio, ainda que tal desejo possa ser o responsável por sua elaboração.

---

[272] Coutinho, Afrânio. *Notas de teoria literária*, p. 8.
[273] Coutinho, Afrânio. *Notas de teoria literária*, p. 8.
[274] Coutinho, Afrânio. *Notas de teoria literária*, p. 8.
[275] Matos, Maria Vitalina Leal de; Borges, Vera da Cunha. *Introdução aos estudos literários*, p. 44.

3.9. O império da relatividade na apreciação da poesia entendida como qualidade poética

Neste trabalho, assinala-se a inexistência de características que, individualmente, sejam atributos ao mesmo tempo exclusivos e distintivos da poesia como mensagem verbal.

Considera-se, não obstante, que certos traços constituem sinais ou indícios cuja combinação em uma obra oferece parâmetro para a identificação da ocorrência da poesia, ou qualidade poética.

Esses traços são, de forma resumida: (1) a sonoridade, em geral associada ao verso, distinta da ditada pela exposição linear do pensamento ou, menos frequentemente, o fato de que a apresentação visual faz parte essencial da obra; (2) o privilégio à linguagem figurada e conotativa; (3) a "revelação do conteúdo de uma subjetividade" ou a representação de "um ponto de vista subjetivo", indicador que, embora não se aplique à poesia de modo genérico, é fortemente sugestivo da ocorrência de conteúdo poético em função da "especialização crescente da poesia, que se limita cada vez mais aos gêneros líricos"[276]; (4) a criação de "universos imaginários"; e (5) a função de deleitar, de despertar prazer estético, mesmo que, eventualmente, o texto sirva de instrumento a outros valores.

O parâmetro fundamental para a identificação da poesia, segundo o ponto de vista que aqui se defende, consiste na conjunção dos dois primeiros traços – a ocorrência da sonoridade diferenciada do uso comum (ou, menos amiúde, a apresentação visual) simultaneamente à presença da linguagem figurada e conotativa.

A discricionariedade do leitor ou crítico na apreciação do fenômeno poético pode não só incidir sobre a avaliação da existência, extensão e combinação, em determinada obra, dos traços assinalados, mas também – e mais amplamente – traduzir-se em perspectivas diferentes, e entre si diferenciadas, no que respeita à própria conceituação de poesia, assim como de poema no sentido de sua materialização em obra específica.

Dois exemplos ilustram a última observação. Como visto, é na "expressão do 'eu'" que se firma, para Massaud Moisés, a característica distintiva da poesia: "a poesia será entendida como a expressão

---

[276] Comentário de Michel Collot, já antes referido. In "Poésie", *Dictionnaire des genres*, p. 591.

do 'eu' por meio de metáforas, enquanto a prosa consistirá na expressão do 'não-eu' por meio de metáforas"[277].

De sua parte, José Guilherme Merquior inclui, em definição de "poema", a finalidade de transmissão "de um conhecimento especial acerca de aspectos da existência considerados de interesse permanente para a humanidade" e, em outro trecho com igual sentido, sustenta que "a criação lírica" tem como "fim" a "iluminação de aspectos universais da vida humana"[278].

Merquior registra que tal fim "não concerne especificamente ao lírico"[279], mas ressalta-o como um dos "elementos operantes no processo de criação lírica"[280]. É essa finalidade que chega a motivar o título do livro que devota a "ensaios sobre lírica", *A astúcia da mímese*: "A arte é uma forma de alcançar o universal pela representação do singular. Na literatura, uma espécie de *astúcia da mímese* extrai, da riqueza concreta das figurações do imaginário, significações persuasivamente verdadeiras e universais"[281].

O requisito de ter como finalidade "a iluminação de aspectos universais da vida humana" ou aspectos "de interesse permanente para a humanidade" parece excessivo para a definição de poema ou como característica da literatura em geral. Julga-se preferível não incluí-lo entre os sinais ou indícios cuja conjunção serve de parâmetro para a identificação da poesia, ou qualidade poética, de um texto.

A propósito dos traços arrolados neste trabalho como indícios da ocorrência da poesia há, igualmente, margem para juízo estritamente pessoal. Ao longo do trabalho já se acentuou a possibilidade de interpretações diversas com relação aos três primeiros traços acima

---

277 Moisés, Massaud. *A análise literária*, p. 47.
278 Merquior, José Guilherme. *A astúcia da mímese*, respectivamente, p. 27 e p. 35. Eis a definição de "poema" de Merquior (op. cit., p. 27): "Poema é uma espécie de mensagem verbal fortemente regida, quanto ao funcionamento da linguagem, pela projeção do princípio de equivalência do plano da seleção das palavras para o plano de sua sequência na frase. Esta mensagem consiste na imitação de estados de ânimo (*stasis*), e tem por finalidade a transmissão indireta (...) de um conhecimento especial acerca de aspectos da existência considerados de interesse permanente para a humanidade".
279 Na visão de Merquior, "a obtenção de um conhecimento especial sobre aspectos 'universais' da vida humana (considerados de interesse constante para o espírito) mediante a figuração de seres singulares é comum a todos os gêneros literários: é o *modus operandi* da literatura em geral". In *A astúcia da mímese*, p. 26.
280 Merquior, José Guilherme. *A astúcia da mímese*, p. 35.
281 Merquior, José Guilherme. *A astúcia da mímese*, p. 35 (grifo no original).

referidos, que são os mais intimamente ligados à poesia, uma vez que os dois últimos – criação de "universos imaginários" e a "função de deleitar" – são indicadores do conjunto de obras da literatura e mesmo das artes em geral.

A sonoridade, indício da poesia, pode também permear a prosa literária. Neste caso, segundo sua intensidade ou quantidade, combinada com a presença ou não de outras características (revelação de subjetividade, linguagem figurada), pode deixar em aberto a interpretação sobre inserção do texto na categoria de prosa ou poema em prosa.

O privilégio à linguagem figurada é sinal da poesia na medida em que sua presença se diferencie, pela extensão, concentração ou variedade, de manifestações verbais de outra natureza. Como anota Afrânio Coutinho, "a linguagem figurada é comum à prosa literária e à língua de comunicação simples", mas na poesia "é particularmente acentuada e variada a um alto grau"[282].

A presença da subjetividade na obra poderá depender de avaliação sobre até que ponto o "eu" se reflete em mensagem verbal afastada da área da "confissão", da "revelação" ou "desabafo" íntimo, e dedicada ao tratamento de tema "objetivo". Conforme se procurou atestar com exemplos, há poemas em que dificilmente poderia registrar-se unanimidade de opiniões quanto à presença ou amplitude do subjetivismo no texto.

Em suma, ao encerrar-se a exposição dos traços, assim como do parâmetro, que se sugerem para a identificação da poesia, julga-se conveniente retomar e frisar a advertência apresentada no início – a de que "a relatividade impera nesse território"[283]. É de se acrescentar que a relatividade está inscrita na própria realidade, seja da linguagem em seus múltiplos usos, seja da riqueza de formas de criação literária que muitas vezes se entrelaçam e sempre se renovam ao longo da história. Parece inescapável que se pague o preço de grau maior ou menor de imprecisão, ou de espaço para julgamento pessoal, na busca de refletir uma realidade de contornos, por natureza, pouco nítidos.

---

[282] Como antes anotado, Coutinho comenta que "as figuras de linguagem são o meio pelo qual o poeta logra a maior concentração, intensidade e originalidade de ideias e sentimentos na expressão, e assim se tornam o mais poderoso instrumento poético". In Coutinho, Afrânio. *Notas de teoria literária*, p. 66.

[283] Moisés, Massaud. *Dicionário de termos literários*, pp. 402-403.

4. Traços poéticos em letras de MPB – panorama histórico

4.1. Das origens na década de 1770 ao fim do século XIX

Os historiadores de música popular brasileira coincidem em fixar seu marco inicial na obra de Domingos Caldas Barbosa. Jairo Severiano abre livro sobre o tema com uma frase inequívoca: "O primeiro nome a entrar para a história de nossa música popular é o do poeta, compositor e cantor Domingos Caldas Barbosa, no final do século XVIII"[284]. José Ramos Tinhorão – após observar que "por oposição à música folclórica (de autor desconhecido, transmitida oralmente de geração a geração), a música popular (...) constitui uma criação contemporânea do aparecimento das cidades com um certo grau de diversificação social" – assinala, de modo igualmente claro: "No que se referia ao processo de formação da cultura popular urbana, o primeiro compositor historicamente reconhecido como tal só veio a despontar (...) na pessoa de um mulato tocador de viola: o carioca Domingos Caldas Barbosa, estilizador e divulgador da *modinha*"[285].

Caldas Barbosa (c.1740-1800) obtém fama em Lisboa, onde, "de batina e se acompanhando de uma viola de arame, (...) entra em cena na década de 1770 cantando suas modinhas e lundus para a corte de D. Maria I"[286]. Publicou-se em Lisboa em 1798 o livro *Viola de Lereno*,

---

[284] Jairo Severiano, *Uma história da música popular brasileira: das origens à modernidade*, p. 13.
[285] José Ramos Tinhorão, *Pequena história da música popular: segundo seus gêneros*, pp. 9 e 11. De acordo com Tinhorão, "as informações sobre as origens da modinha – considerada até hoje como o primeiro gênero de canção popular brasileira – resumem-se a umas poucas citações de autores estrangeiros e literatos portugueses que tomaram conhecimento do novo gênero em Lisboa pela segunda metade do século XIX. (...) [T]anto na vida de estudante quanto na de militar, ou ainda na de boêmia, todos os contatos de Domingos Caldas Barbosa terão sido com mestiços, negros, pândegos em geral e tocadores de viola, e nunca mestres de música eruditos (...) [S]e a partir de 1775 Caldas Barbosa já aparece cantando suas modinhas em Lisboa, tais canções só podiam constituir autêntica música popular da colônia" (op. cit., pp 15 e 19-20).
[286] Severiano, Jairo. *Uma história da música popular brasileira*, p. 14. Segundo Tinhorão, "o tipo de canção denominada lundu – que era também o nome de uma dança derivada das rodas de batuque dos negros africanos – constitui (...) um dos maiores desafios para os

que reúne letras de música de sua autoria; em 1826 seria editado, também em Lisboa, o segundo volume do livro[287].

Com Domingos Caldas Barbosa inaugura-se uma vertente de letras de música que se manterá presente, de forma constante, ao longo da história do cancioneiro popular brasileiro, a letra cuja ênfase se encontra na transmissão de sentimento pessoal "autocentrado" – entendido como aquele em que sobressai o estado de espírito do sujeito emissor – e, do ponto de vista temático, preponderantemente de sentimento de amor e atração por alguém, mais do que sentimento de outro tipo (existencial, religioso, de amizade, de amor familiar, amor à terra natal, etc.). Ou seja, o lirismo de amor.

Nas palavras no próprio poeta,

Destinou-me a Natureza
Para ser seu Orador;
Deu-me por primeiro tema
A doce União de Amor.[288]

Dominante na temática da *Viola de Lereno*, o lirismo de amor é cantado por Domingos Caldas Barbosa na forma musical que se classifica como "modinha". Embora, nos títulos dos textos do livro, o termo "modinha" apareça apenas uma vez, ao passo que outras designações, sobretudo "cantigas", sejam utilizadas com frequência, não há dúvida de que o próprio poeta classificava de modinhas as suas composições musicais de cunho amoroso:

Diga-me, como passou;
Conte-me, teve saudades?
(...)
Cantou algumas Modinhas?
E que Modinhas cantou?
Lembrou-lhe alguma das minhas?

---

estudiosos da história da música popular brasileira" (in Tinhorão, José Ramos. *Pequena história da música popular*, p. 57).

287 As citações de Domingos Caldas Barbosa apresentadas neste trabalho baseiam-se na edição de *Viola de Lereno* publicada pela editora Civilização Brasileira e pelo Instituto Nacional do Livro, de 1980, que reúne os dois volumes da obra (Introdução, estabelecimento do texto e notas de Suetônio Soares Valença; prefácio de Francisco de Assis Barbosa).

288 Barbosa, Domingos Caldas. *Viola de Lereno*, p. 48 ("À doce união de amor").

Não; não;
Nem de mim mais se lembrou.[289]

A questão das formas musicais, em conjugação seja com o lirismo de amor, seja com outros tipos de letra, é assunto que transcende o objeto deste estudo, concentrado na expressão verbal das canções. Cabe, contudo, anotar que o lirismo de amor se associou praticamente durante todo o século XIX a composições também designadas como "modinhas", mas, segundo especialistas, o termo aplicou-se, durante décadas, a partir da chegada da Corte de Dom João VI ao Brasil, em 1808, a um tipo de música camerística, distinta da de Caldas Barbosa, e, já nos decênios finais do século, a composições de ainda outra feição, decorrente da modificação do ritmo da modinha e de seu acompanhamento, com a troca do piano pelo violão, renovação de que resultaria uma "caracterização bem mais brasileira e popular"[290].

O lirismo de amor aparecerá vinculado, após a modinha, às mais diferentes formas musicais, entre as quais a valsa, o samba, o fox brasileiro, o samba-canção, a bossa nova e o roque.

O lirismo amoroso de Caldas Barbosa revela traços típicos do arcadismo a que seu nome se vincula em livros de referência[291]: a devoção a uma musa idealizada e distante, pela qual o poeta suspira; o ambiente artificial do pastor poeta, que invoca ninfas e é submetido a grilhões por Amor; a "desgraça" de não ser correspondido pela "Pastora" – "cruel", "ingrata", "desdenhosa"[292]:

Verdes campos, fonte fria,
Fundo vale, altos rochedos
De quem amantes segredos
Lereno aflito confia
(...)
Se algum dia conhecêsseis
A minha linda Pastora

---

289 Barbosa, Domingos Caldas. *Viola de Lereno*, p. 45 ("Recado").
290 Severiano, Jairo. *Uma história da música popular brasileira*, p.50.
291 Por exemplo, Ayala, Walmir (org.). *Antologia dos poetas brasileiros – Fase colonial*, pp. 140-150.
292 A qualificação de "cruel" aparece, por exemplo, em "Despedida para sempre" (*Viola de Lereno*, p. 335) e "Mal sem remédio" (p. 350); de "ingrata" em "Choro eu, e a ingrata brinca" (p. 322); de "desdenhosa" em "Teima" (p. 300).

Da minha saudade agora
Talvez vos compadecêsseis.[293]

Tenho, por maior desgraça,
Uma alma dada à ternura;
Serei infeliz amando,
Choro a minha desventura.[294]

O arcadismo de Caldas Barbosa é, no entanto, uma característica que se mescla a outras, mais atraentes.

Alguns textos parecem distanciar-se da codificação árcade para revelar sentimento de amor de modo individualizado e natural. Em "E então", por exemplo, a declaração de amor traduz-se em linguagem simples e ingênua, sem artificialismos passíveis de comprometer sua credibilidade, para o que contribui não só o uso da redondilha menor, mas também o coloquialismo da pergunta "então?":

Se a outrem voltada
Tu fazes carinhos,
Ciúmes daninhos
Ferindo-me estão:

Mais triste me sinto
Do que se presume;
Já tenho ciúme;
Eu amo; e então?

---

[293] Barbosa, Domingos Caldas. *Viola de Lereno*, pp. 206 e 207 (letra/poema "Retrato da minha linda pastora").

[294] Barbosa, Domingos Caldas. *Viola de Lereno*, p.163 ("Choro a minha desventura"). O texto completo da letra/poema diz: "Do meu triste amargo pranto/ Quem razão saber procura, / Saiba, que sou desgraçado/ Choro a minha desventura // Desgraçado desde o berço/ Serei té a sepultura;/ Pois assim o quis meu Fado/ Choro, etc. // A minha alma desgraçada,/ Em vão socorros procura;/ Ninguém pode socorrer-me,/ Choro, etc.// Tenho, por maior desgraça,/ Uma alma dada à ternura;/ Serei infeliz amando, Choro, etc.// Não posso esperar favor/ Da adorada formosura;/ Devo amar sem ser amado,/ Choro, etc.// A que me jurou amar,/ Por força há de ser perjura;/ Assim o quer o meu Fado,/ Choro, etc.// Não posso lisonjear-me/ De esperar uma figura;/ Negam-me até a esperança,/ Choro, etc.// A torrente do meu pranto/ Tem uma horrível mistura;/ Entre saudades, e zelos,/ Choro, etc.// Deve durar meu tormento,/ Enquanto a vida me dura;/ Saibam que onde quer que eu viva/ Choro, etc.".

Então?[295]

Outra característica que se encontra em vários textos de Domingos Caldas Barbosa consiste, por contraste com a atitude árcade, no tratamento pouco distante de suas "musas" ou mesmo nada idealizado do amor. Em "Inda sou teu", a reiteração do amor à "cruel" amada, expressa no jogo de antíteses, não esconde um diálogo mais próximo e informal com ela ("fazer contas"):

Vamos, cruel, fazer contas
De teu amor, e do meu;
Eu pagando, não és minha;
Tu devendo, inda sou teu.[296]

Esse afastamento em relação ao tributo idílico à amada conhece ainda gradações mais intensas, desde texto em que a devoção ao amor é comparada, algo jocosamente, à entrada em uma tropa ou regimento –

Sou soldado, sentei Praça
Na gentil Tropa de Amor,
Jurei as suas Bandeiras
Nunca serei Desertor
(...)
De Cupido os Regimentos
Não têm Zabumba, ou Tambor (...)[297] –

até o ponto em que o poeta rejeita a fiel submissão amorosa para afirmar que o amor "é um contrato" e que responderá ao que a amada fizer com ação equivalente:

Se gostares dos mais homens
Gostarei das mais mulheres;
Hei de seguir o teu gosto,
Farei o que tu fizeres.

295 Barbosa, Domingos Caldas. *Viola de Lereno*, p. 159 ("E então").
296 Barbosa, Domingos Caldas. *Viola de Lereno*, p. 86 ("Inda sou teu")
297 Barbosa, Domingos Caldas. *Viola de Lereno*, p. 75 ("Soldado de amor").

(...)
Este amor é um contrato,
Quero enquanto tu me queres;
Se me deixas também deixo,
Farei o que tu fizeres.[298]

Daqui é um passo para letras em que o amor e o objeto de desejo sejam convertidos em temas marcados já não pela "desgraça", mas pela graça:

Se é um crime o ser amante
Bem criminoso sou eu;
Mas é tão gostoso o crime,
Que eu gosto bem de ser réu.[299]

Quem quiser ter seu descanso
Quem sossego quiser ter,
Na densa mata do mundo
Fuja do bicho mulher.[300]

Talvez se possa entrever em textos como esses a insinuação de outra vertente de letras que se afirmaria na música popular brasileira e que, em seu conjunto, se poderia chamar de "divertida" – textos irônicos, satíricos, cômicos, maliciosos ou simplesmente alegres, destinados a causar hilaridade ou casar-se com música própria a animada dança. Essa vertente vinculou-se a diferentes gêneros musicais ao longo da história, entre os quais o lundu, o maxixe, o samba, a marchinha e o

---

[298] Barbosa, Domingos Caldas. *Viola de Lereno*, p. 175 ("Assim como fai fai"). Eis o texto completo: "*Hei de amar-te se me amares, / Querer-te se me quiseres, / Deixar-te-ei se me deixares/ Farei o que tu fizeres. // [Estribilho] Farei farei... que hei de fazer?/ Farei o que tu fizeres. // Se gostares dos mais homens/ Gostarei das mais mulheres;/ Hei de seguir o teu gosto,/ Farei o que tu fizeres// [Estribilho]// Se ternura não mostrares/ Mais ternura não esperes,/ Serei cruel se tu fores,/ Farei o que tu fizeres.// [Estribilho]// Se os meus prazeres tu fazes/ Eu farei os teus prazeres,/ Se te enfadas, eu me enfado,/ Farei o que tu fizeres.// [Estribilho]// Este amor é um contrato,/ Quero enquanto tu me queres;/ Se me deixas também deixo,/ Farei o que tu fizeres.// [Estribilho]// Mas, menina, eu serei firme/ Se tu firme ser souberes,/ Seguirei sempre os teus passos,/ Farei o que tu fizeres.// [Estribilho].*"

[299] Barbosa, Domingos Caldas. *Viola de Lereno*, p. 112 ("Crime gostoso!).

[300] Barbosa, Domingos Caldas. *Viola de Lereno*, p. 395 ("O bicho mulher").

roque brasileiro[301]. Mas, ainda que ocasionalmente, não está ausente da modinha, como é o caso de "Crime gostoso", "Bicho mulher" e outras letras de *Viola de Lereno*[302].

E, sem dúvida, pode-se vincular a Domingos Caldas Barbosa a antecipação do tratamento, em letras de música, de aspectos da realidade e costumes do Brasil. Trata-se de temática que seria mais tarde explorada, em combinação ou não com a vertente "divertida", em numerosas letras do cancioneiro do país. A temática relativa ao Brasil está quase sempre, mas não exclusivamente, ligada na *Viola de Lereno* a composições definidas como lundum, palavra que aparece pela primeira vez somente no segundo volume do livro, com o "Lundum de cantigas vagas", pleno de brasilidade e originalidade por sua linguagem de origem africana ("*Xarapim, eu bem estava / Alegre nest'aleluia*"). Contudo, é em uma modinha – designada como "cantigas" e intitulada "A ternura brasileira" – que se encontra a identificação de Caldas Barbosa com o que percebe como traço distintivo do Brasil: "*Uma alma singela, e rude/ Sempre foi mais verdadeira, / A minha por isso é própria/ Da ternura brasileira*"[303].

O lirismo de amor de inspiração árcade, veiculado em modinhas, impera nas letras de música da primeira metade do século XIX. O romantismo ainda não se consolidara no Brasil até meados do século, embora tivesse conhecido seu marco inicial com a publicação, em

---

301 Mônica Neves Leme, em *Que "tchan" é esse?: indústria e produção musical no Brasil dos anos 90*, adotou a designação de "vertente maliciosa" para indicar conjunto de composições musicais em essência equivalente, ou muito semelhante, ao que aqui se nomeia "vertente divertida" de letras de música. Explica Mônica Leme que "adotaremos o termo 'vertente maliciosa' para definir músicas que articulam fórmulas 'literárias' cômicas, satíricas e maliciosas, associadas a gêneros musicais populares (lundu, maxixe, xote, samba, etc.)". In Leme, Mônica Neves. *Que "tchan" é esse?: indústria e produção musical no Brasil dos anos 90*, p. 28.

302 Se a "vertente" divertida faz-se esporadicamente presente na modinha, por outro lado aparece, excepcionalmente, em lundu de Caldas Barbosa texto de lirismo amoroso, como em "Lundum": "*Eu era da Natureza/ Ela o Amor me vendeu;/ Foi para dar-te um escravo/ Aqui está que todo é teu*" (*Viola de Lereno*, p. 267). Em comentário que se aplica à produção ao longo do período imperial do Brasil, Mário de Andrade observa: "O fato é que Modinha e Lundum andaram muitíssimo baralhados". In Andrade, Mário de. *Modinhas imperiais*, Nota I, p. 12.

303 Barbosa, Domingos Caldas. *Viola de Lereno*, pp. 238-240 ("Lundum de cantigas vagas") e pp. 298-299 ("A ternura brasileira"). No próximo capítulo do presente estudo, que reúne seções dedicadas ao exame da presença de traços poéticos, poesias e poemas em obras de letristas selecionados, a primeira seção ocupa-se de letras de Domingos Caldas Barbosa.

1836, em Paris, por Domingos José Gonçalves de Magalhães, tanto de seu livro *Suspiros poéticos e saudades*, quanto do "Ensaio sobre a história da literatura no Brasil", considerado o primeiro manifesto romântico brasileiro. Sublinha Antonio Candido que "apesar do manifesto de 1836, só dez anos depois surgem obras que podem de fato ser consideradas românticas"[304], em provável alusão à edição em 1846 dos *Primeiros cantos*, de Gonçalves Dias, "da perspectiva de hoje, o primeiro poeta romântico de valor"[305].

Devotadas, em sua quase totalidade, ao lirismo de amor, as letras desse período atêm-se estritamente à codificação árcade para expressá-lo e, nesse sentido, retrocedem às convenções das quais Domingos Caldas Barbosa já procurara libertar-se em diversos textos[306]. Do ponto de vista formal, obedecem, também na quase totalidade, a padronização estrófica e métrica. As letras são escritas predominantemente em quadras e, mais raramente, em oitavas ou sextilhas. Muitas contêm refrão, geralmente sob a forma de recorrência do mesmo verso ou parte de verso no final de estrofes. Quanto à metrificação, o padrão mais usual consiste na uniformidade em versos de sete sílabas, ou em mescla de sete e quatro sílabas ou, ainda, na isometria em versos de quatro sílabas; raramente, há letras com mistura de versos com seis e quatro sílabas, ou com uniformidade de versos de cinco sílabas ou, por fim, com mistura de versos de sete e cinco sílabas[307].

---

304 Candido, Antonio. *Iniciación a la literatura brasileña (Resumen para principiantes)*. México: Universidad Nacional Autónoma de México, 2005, p. 43.

305 Candido, Antonio. *Iniciación a la literatura brasileña*, p. 45.

306 Uma excelente amostragem da produção do período é reunida na *Coleção de modinhas brasileiras: com acompanhamento de piano*, disponível na "Biblioteca Digital Hispánica", dependente da "Biblioteca Nacional de España", e provavelmente publicada em 1842 (lê-se uma dedicatória datada desse ano no exemplar da BDH, que consigna, na ficha do livro, o ano de 1842 seguido de ponto de interrogação). Disponível na Internet (endereço eletrônico e data de acesso nas Referências bibliográficas).

307 Na *Coleção de modinhas brasileiras: com acompanhamento de piano*, há 34 textos em quadras, 5 em sextilhas e 4 em oitavas; nela identificam-se 15 letras em versos de sete sílabas, 14 com mescla de versos de sete e quatro sílabas, 10 com versos de quatro sílabas, 2 com mescla de versos de seis e quatro sílabas, 1 com versos de cinco sílabas e 1 com mescla de versos de sete e cinco sílabas. Não se levam em conta três casos no levantamento estrófico e métrico, referentes à musicalização de partes de poemas designados pelos versos "Cupido tirando/ dos ombros a aljava", de Tomás Antônio Gonzaga (*Marília de Dirceu*, Parte I, Lira XXVIII), em redondilha menor; "Eu amo as flores", de Gonçalves de Magalhães (*Suspiros poéticos e saudades*, "A Flor suspiro"), em quadrissílabos, que são dispostos como eneassílabos na *Coleção de modinhas*; e

Pode servir de exemplo de letra típica do período a da "Modinha" do Padre-Mestre José Maurício Nunes Garcia (1767-1830), composta em quadras, com mescla de versos setissílabos e quadrissílabos, bem como repetição do mesmo verso no final das estrofes em redondilha maior. Nesse verso, que atua como "refrão", o eu lírico formula apelo à "mentira virtuosa" de sua amada ("mente, ingrata, por piedade"). Cleofe Person de Mattos, em sua biografia de José Maurício Nunes Garcia, chama atenção para "o suspirar arcádico do padre-mestre"[308]:

Marília, se não me amas
Não me digas a verdade
Finge amor, tem compaixão,
Mente, ingrata, por piedade.
Doce mentira
Sabe agradar
Um desengano
Pode matar.
Dize que longe de mim
Sentes penosa saudade
Dá-me esta doce ilusão
Mente, ingrata, por piedade.[309]

"Triste a noite me acha" (sic), do padre português Teodoro de Almeida, pois em seu livro *O feliz independente do mundo e da fortuna* figuram os versos, em decassílabos, "Triste a noite me achava, triste o dia / Triste a lua, que nova principia". Somente no caso de Magalhães se estabelece na Coleção a autoria do poema musicalizado. Os três poemas encontram-se em: (a) Gonzaga, Tomás Antônio, *Marília de Dirceu*, pp. 85/86; (b) Gonçalves de Magalhães, Domingos José. *Suspiros poéticos e saudades*, pp. 289/290; e (c) Almeida, Teodoro de. *O feliz independente do mundo e da fortuna ou Arte de viver contente em quaisquer trabalhos da vida*, Tomo I, Livro I, nº 17. Disponível na Biblioteca Nacional Digital da BNP-Biblioteca Nacional de Portugal (endereço eletrônico e data de acesso nas Referências bibliográficas).

308 Mattos, Cleofe Person de. *José Maurício Nunes Garcia: biografia*, p. 53. Disponível na Biblioteca Nacional Digital da Biblioteca Nacional do Brasil – oficialmente, Fundação Biblioteca Nacional (endereço eletrônico e data de acesso nas Referências bibliográficas).

309 Esta modinha faz parte da *Coleção de modinhas brasileiras: com acompanhamento de piano* (pp. 54/55) sob a indicação "por Pe. Me. José Maurício Nunes Garcia". Figura também na coletânea *Trovador – Coleção de modinhas, recitativos, árias, lundus, etc*, Vol. IV, de 1876, na qual, após o título "Marília, se não me amas", consta anotação que torna ainda mais explícita a atribuição da autoria de letra e música: "Poesia e música do falecido padre-mestre José Maurício Nunes Garcia". In *Trovador – Coleção de modinhas, recitativos, árias, lundus, etc.*, Vol. IV, p. 15 (disponível na internet: endereço eletrônico e data de acesso nas Referências bibliográficas). Cleofe Person de Mattos, em seu livro

Em outra modinha cuja melodia foi composta pelo padre-mestre, a letra, de autoria de seu filho, o Doutor José Maurício Nunes Garcia Junior (1808-1884), apresenta, nos dois primeiros versos, um *enjambement* pelo qual a amplitude da submissão expressa no verso inicial ("Beijo a mão que me condena") é, no verso seguinte, aparentemente restringida – na medida em que se delimita o tipo de condenação –, mas, na realidade, substituída pela sujeição a uma condenação tão ou mais ampla (à desgraça permanente):

> *Beijo a mão que me condena*
> *A ser sempre desgraçado*
> *Obedeço ao meu destino*
> *Respeito o poder do fado.*[310]

A modinha "Cruel saudade", composição de Cândido Inácio da Silva (1800-1838), surpreende pela modernidade do vocabulário – "consumidora", "motora":

> *Cruel saudade*
> *Consumidora*

---

[310] *José Maurício Nunes Garcia: biografia* (pp. 52/53), demonstra que "Marília, se não me amas" foi divulgada pela Imprensa de Música de Pierre Laforge em 1840, portanto dez anos após a morte do compositor. Mattos recorda o "esclarecimento" da edição do *Trovador, Vol. IV*, sobre a autoria da música e da letra pelo Padre Nunes Garcia, embora registre, quanto à letra, um depoimento de Joaquim Manuel de Macedo que sugeriria a hipótese de autoria do Marquês de Maricá, Mariano José Pereira da Fonseca [1773-1848]. Porém as anotações constantes da *Coleção de modinhas*, provavelmente de 1842, e do vol. IV do *Trovador*, de 1876, são sugestivas de autoria da letra pelo próprio Pe. Nunes Garcia. Diferentes fontes atestam a autoria da letra pelo doutor José Maurício Nunes Garcia Junior, entre as quais: (i) Figueiredo, Carlos Alberto. Verbete sobre o Padre José Maurício Nunes Garcia. In *Dicionário Biográfico Caravelas* (disponível na Internet: endereços eletrônicos e data de acesso nas Referências bibliográficas); e (ii) *Trovador – Coleção de modinhas, recitativos, árias, lundus, etc., Vol. III*, p. 81, na qual a modinha é encabeçada pelo título "Beijo a mão que me condena" e pelo registro "Poesia do dr. J.M. Nunes Garcia e música do snr. R.S.P.M.", abreviatura de Reverendo Senhor Padre-Mestre, ou seja, o Padre José Maurício Nunes Garcia, pai do letrista (disponível na Internet: endereço eletrônico e data de acesso nas Referências bibliográficas). De acordo com Cleofe Person de Mattos, no livro *José Maurício Nunes Garcia: biografia* (p. 52), a modinha "Beijo a mão que me condena" foi divulgada em 1837. Essa modinha é composta de apenas duas quadras, conforme publicada em *Trovador, Vol. III*: a primeira, que se inicia por "Beijo a mão que me condena", e a segunda, em quadrissílabos: *"Que eu ame tanto/ Sem ser amado, / Sou infeliz/ Sou desgraçado".*

> Tu és motora
> Da minha dor.[311]

E "Quando as glórias que gozei", famosa modinha também composta por Cândido Inácio, exibe hipérbato cujo mérito, muito mais do que simples ensejo à rima, consiste em destacar o valor dos "doces momentos" vividos no passado:

> Os que já tive
> Doces momentos
> São hoje a causa
> Dos meus tormentos.[312]

Ao qualificar Cândido Inácio da Silva como "o maior autor de modinhas" de sua geração, Jairo Severiano aponta, ao mesmo tempo, sua condição de "letrista"; em outras fontes, é referido como "poeta"[313].

311 In *Coleção de modinhas brasileiras: com acompanhamento de piano*, pp. 86/87. O texto completo da letra diz: "Cruel saudade/ consumidora/ tu és motora / da minha dor. // Se te gerou/ no coração/ terna paixão/ que inspira amor/ Ah, não aumentes/ No peito meu/ O fogo teu/ abrasador. // Voa e não tardes/ Volta a meus lares, / Vem aos pesares/ Juntar a dor. // Já que seu peito/ Respira engano, / Fuja-se ao dano/ De um tal horror". A título de curiosidade, anote-se a existência de uma "Modinha", datada de 1817, do compositor português Manoel J. Vidigal, que também se inicia pela expressão "Cruel saudade": "Cruel saudade/ de meus amores/ que dissabores/ me faz viver/ Antes me fora/ melhor morrer". A partitura dessa modinha, com a respectiva letra, está impressa como pertencente à *Revista da Figueira*. Não há indicação, na impressão da partitura, do número ou data daquela revista de Figueira da Foz, cuja publicação se iniciou em 1903 e se teria encerrado em 1917 (a modinha de Manoel J. Vidigal aparece como número II de uma seção de "Música portuguesa", provavelmente editada sob a forma de separata; o número I é outra "Modinha", no caso de J. Pereira da Costa, com data de 1816).
312 A partitura, com letra, de "Quando as glórias que gozei" está disponível na Biblioteca Nacional Digital da Biblioteca Nacional do Brasil (endereço eletrônico e data de acesso nas Referências bibliográficas). A composição foi também publicada na *Coleção de modinhas brasileiras: com acompanhamento de piano*, pp. 90/91, e na coletânea *Modinhas imperiais*, organizada por Mário de Andrade, pp. 24/25.
313 Severiano, Jairo. *Uma história da música popular brasileira*, p. 18; e MPB CIFRANTIGA entrada Cândido Inácio da Silva (disponível na Internet: endereço eletrônico e data de acesso nas Referências bibliográficas). Sabe-se que os textos de certas composições de Cândido Inácio foram escritos por terceiros: em "A hora que te não vejo" consta a anotação "Poesia de Magalhaens" (*Coleção de modinhas brasileiras: com acompanhamento de piano*, p. 14); a letra do lundu "Lá no Largo da Sé" teve como autor Manuel de Araújo Porto-Alegre, como registra Paulo M. Kühl em seu artigo "A música e suas histórias na obra de Araújo Porto-Alegre" (In Porto-Alegre, Manuel de Araújo. *Araújo*

As letras de várias modinhas de Gabriel Fernandes da Trindade (c. 1799/1800-1854) apresentam características poéticas admiráveis e peculiares, que, por sua especificidade, autorizam especular se não seriam assinadas pelo mesmo letrista. Uma conjectura por certo discutível, mas não carente de sentido, é a de que possa ter cabido basicamente ao próprio Gabriel Fernandes a elaboração das letras de suas canções. Em favor dessa possibilidade milita, sobretudo, a constatação de propriedades análogas em letras diversas[314].

Salta aos olhos em modinhas de Trindade o uso de adjetivação invulgar ou o emprego de verbos de modo incomum – afastamento

---

Porto-Alegre: Singular & Plural, p. 173). Em muitas composições, porém, entre elas "Cruel saudade" e "Quando as glórias que gozei", figura apenas o nome de Cândido Inácio da Silva como autor. Nestes casos, não é descabido supor que Cândido Inácio possa ter sido não só o autor da melodia, mas também do texto, tendo presente a qualificação de letrista que lhe é conferida por Jairo Severiano. A hipótese de ser ora somente autor da melodia, ora autor de melodia e letra, não constituiria algo inédito ou estranho: como visto, o Padre-Mestre José Maurício Nunes Garcia foi autor de letra e música em "Modinha" e apenas da melodia em "Beijo a mão que me condena". E seu filho, Doutor José Maurício Nunes Garcia Junior, aparece como autor da letra em "Beijo a mão que me condena" e como autor da melodia no lundu "Fora o regresso", com letra de Porto-Alegre, conforme registro na Biblioteca Nacional do Brasil (endereço eletrônico <http://bndigital.bn.gov.br/acervodigital>, código de identificação "mas481979"). Os papéis de músico e letrista não eram necessariamente estanques.

314 Identificadas e editadas pelo professor Marcelo Campos Hazan em volume recente, com base em partituras publicadas no séc. XIX, todas as canções de Gabriel Fernandes da Trindade, salvo uma, registram apenas o seu nome como autor das obras (as partituras estão reproduzidas em *Gabriel Fernandes da Trindade – Obra completa*, coordenação de Paulo Castagna, pp. 168-244). A impressão das partituras da época não obedecia a padrão no que respeita à indicação de autoria: o fato de constar apenas um nome na partitura não significa, de modo algum, que fosse o autor de letra e música; para sustentar-se essa hipótese, é preciso que se somem outros indícios ou informações (como, no caso de Cândido Inácio da Silva, a informação de que era também letrista). No caso de Trindade, o principal indício de que seria autor, senão de todas, pelo menos de várias letras de suas canções consiste nas características peculiares que as aproximam. Outro indício é o de que Gabriel Fernandes da Trindade foi comprovadamente autor de texto: Hazan, no livro citado, assinala haver Trindade composto para teatro um "engraçado dueto em música" (op. cit., p. 32). E, por fim, diante da identificação de apenas um letrista ("Poesia do Conselheiro Português Joaquim Antônio Magalhães", modinha "Erva mimosa do campo", livro citado, p. 44 e pp. 185/6) em mais de vinte obras – ou, no máximo, de dois letristas, caso se considerassem as obras desaparecidas (o outro seria Francisco de Paula Brito, autor da perdida "O canário mensageiro", conforme o mesmo livro, p. 44) –, cabe a suspeita de autoria da letra pelo próprio músico em suas restantes composições, ou em boa parte delas, pois, se assim não ocorresse, seria de se perguntar por que somente em uma ou duas obras o autor do texto foi explicitado.

em relação à aplicação habitual que dota de especial vitalidade as expressões utilizadas:

> *Josina ingrata*
> *por ser tirana*
> *a mim tornou-se*
> *víbora insana.*[315]

A curiosa qualificação de "víbora insana" para a mulher amada, em "Tive amor, fui desditoso", encontra correspondência em "Ocália dize por que quebraste", modinha na qual a musa "é monstro, é fera/ não é humana". A adjetivação invulgar está presente em outros textos, como no verso que dá título a uma das canções – "Adorei uma alma impura" – e baseia o refinado oxímoro da existência "morta" de sua amada em "Já não existe a minha amante":

> *Qual bela rosa*
> *que a foice corta*
> *a minha amada*
> *existe morta.*

Se, em "Vai terno suspiro meu", a ideia de que o suspiro, pousado no seio da amada, deva "espreitar" alguma "ação" já é uso insólito do verbo (*"nesse lugar deleitoso/ espreita a mais leve ação/ indaga atento por quem/ suspira seu coração"*), ainda mais significativo se mostra o emprego, também no imperativo, do verbo "refrigerar" em "Do regaço da amizade":

> *Tu ó céus que dás valor*
> *a terna doce amizade*
> *refrigera em nossos peitos*
> *a viva dor da saudade.*[316]

---

315   Segunda quadra da modinha "Tive amor, fui desditoso". Todas as citações são pautadas em *Gabriel Fernandes da Trindade – Obra completa*, coord. de Paulo Castagna, pp. 63-71 (seção "Letras e atualizações"). A *Coleção de modinhas brasileiras: com acompanhamento de piano*, com data provável de 1842, acolhe, de Gabriel Fernandes da Trindade, as modinhas "Se o pranto apreciares", "Quando não posso avistar-te", "Meu destino é imudável", "Meu coração vivia isento" e "Do regaço da amizade", além do lundu "Graças aos céus de vadios".

316   Está grafado "dais valor" no original da letra e em sua atualização. In *Gabriel Fernandes*

Em diferentes textos das canções de Gabriel Fernandes da Trindade encontra-se também a inclinação pelo uso de recursos expressivos advindos da exploração do significante, como as aliterações de "ó Como é fero o fado meu" ("Por que ó morte cruel") e, na mesma posição de final de estrofes, "sem ter no peito/ pensões de amor" e "sente aflição/ prêmios de amor" ("Meu coração vivia isento"). Nessa linha, um exemplo particularmente interessante é o da rima "verter/ te não ver", reforçada ainda pelo uso intercalado de "verás", em "Se o pranto apreciares":

Se o pranto apreciares
que eu por ti chego a verter
verás que sinto em minha alma
o pesar de te não ver.

Sobressaem, ainda, nas modinhas de Trindade a vigorosa imagem visual, cinematográfica, dos versos "vai terno suspiro meu/ ligeiro cortando ar" e a metáfora, mesclada com sinestesia (calor, cegueira), em "Meu coração vivia isento":

Meu coração
vivia isento
do fogo lento
do cego amor.[317]

Conforme anotado, o lirismo de amor alia-se em grande parte do século XIX às modinhas; é ao lirismo amoroso que elas se consagram praticamente em sua integralidade. Mário de Andrade, no prefácio à coletânea *Modinhas imperiais*, qualifica a modinha como "um

---

da Trindade – Obra completa, coordenação de Paulo Castagna, p. 64. A íntegra de "Do regaço da amizade" contém oito versos: "*Do regaço da amizade/ parte o bem que idolatramos/ nossos votos de ternura/ a seus dias consagramos. / Tu ó céus que dás valor/ a terna doce amizade/ refrigera em nossos peitos/ a viva dor da saudade.*"

[317] A letra de "Meu coração vivia isento" (in *Gabriel Fernandes da Trindade – Obra completa*, coord. de Paulo Castagna, pp. 66-67) é inteiramente estruturada em quadrissílabos: "*Meu coração/ vivia isento/ do fogo lento/ do cego amor. / A sono solto/ sempre dormia/ e não sabia/ o que era amor. // Nunca arrastei/ ferros insanos/ nem os enganos/ senti de amor. / Passava os dias/ tão satisfeito/ sem ter no peito/ pensões de amor. // Eis que de Jélia/ vi o semblante/ no mesmo instante/ feriu-me amor. / Agora sente/ meu coração/ sente aflição/ prêmios de amor.*"

quase ininterrupto suspiro de amor"[318]. Na observação de Antonio Candido, as "letras de modinha" representaram "gênero que manteve longamente reminiscências das suas raízes arcádias"[319]. Por sua vez, Andrade formula comentário que, de certa forma, tende a equiparar os textos de modinhas de cariz árcade e romântico: "Textos seguindo pacientemente o gosto das épocas, ora arcadianos, pastoreando Lílias, Marílias e Márcias, ora românticos, suspirando por fadas, belas, ingratas, anjos e até 'modernos cupidinhos' e mil outras delicadezas. É a constância burguesa de chorar ou sorrir pra agradar os outros"[320].

Como um dos traços fundamentais do movimento romântico no Brasil é apontada a sua "aliança com a música"[321] ou "a invasão (...) da poesia pela música"[322]. Mas nem todas as formas pelas quais se concretizou semelhante aliança significaram aumento da produção de *letras de música popular brasileira* tal como aqui entendidas.

Entre as formas da aliança ou "invasão da poesia pela música", encontra-se "o emprego sistemático dos procedimentos métricos mais melodiosos" na elaboração de poemas[323]. Esse emprego certamente facilitou, por seu turno, outro fator de união entre poesia e música na fase romântica: a propagação do "hábito de musicar poemas eruditos"[324], em desenvolvimento de prática já observável sob o arcadismo. E, como demonstram as coletâneas que reuniram na época "modinhas, lundus, canções, hinos, recitativos" e outras obras[325], verificou-se, igualmente, ampla produção de textos anônimos ligados a músicas[326].

318 Andrade, Mário de. *Modinhas imperiais*, p. 5.
319 Candido, Antonio. *Formação da literatura brasileira: momentos decisivos*. Vol. 2, p. 37.
320 Andrade, Mário de. *Modinhas imperiais*, p. 6.
321 Candido, Antonio. *Formação da literatura brasileira*, vol. 2, p. 37.
322 Candido, Antonio. *Iniciación a la literatura brasileña*, p. 44.
323 Candido, Antonio. *Iniciación a la literatura brasileña*, p. 44.
324 Candido, Antonio. *Iniciación a la literatura brasileña*, p. 44.
325 O estudioso Paulo Castagna destaca, entre as coletâneas impressas na segunda metade do século XIX, o *Trovador* (1876) e *A cantora brasileira* (1878). Castagna, Paulo. "A modinha e o lundu nos séculos XVIII e XIX". Apostila do curso *História da música brasileira*, Instituto de Artes da UNESP, p. 11 (disponível na Internet: endereço eletrônico e data de acesso nas Referências bibliográficas). A coletânea *Cantora brasileira – Nova coleção de hinos, canções e lundus*, de 1878, também se encontra disponível na Internet (endereço eletrônico e data de acesso nas Referências bibliográficas).
326 Entre vários exemplos, é anônima já a primeira modinha da coletânea *Trovador*, vol. III, intitulada "No meu rosto ninguém vê", p. 5, e é, do mesmo modo, anônima "Assim...

Nenhum desses aspectos da aliança entre o verso e a música – metrificação mais melodiosa de poemas, musicalização de poemas, composições sem identificação de autor – tem incidência sobre a produção de letras de música no romantismo, uma vez preservada a definição que se adota de "letra de música": em essência, texto de autoria conhecida ou identificável e não publicado antes da melodia com a qual forma canção[327].

A questão da diferenciação entre, de um lado, a produção de letras de música e, de outro, a musicalização de poemas de autores românticos convida a comentários adicionais. Consoante relato de José Ramos Tinhorão, um ponto de encontro no Rio de Janeiro, "desde meados do século XIX", dos "primeiros poetas e escritores românticos" constituía local em que Laurindo Rabelo "dava a nota popular, fazendo conhecer suas modinhas" e onde se estabelecia elo entre "os intelectuais cultores da modinha" e "instrumentistas das camadas populares". Os encontros tinham lugar em lojas do livreiro, tipógrafo e poeta Francisco de Paula Brito, instaladas a partir de 1831[328], e ocorreram até a sua morte, em 1861. Reuniam-se, entre outros, "Gonçalves de Magalhães, Joaquim Manuel de Macedo, José de Alencar, Gonçalves Dias, Casimiro de Abreu, Machado de Assis e Laurindo Rabelo, apelidado de *Lagartixa*"[329].

Das conversas derivou a criação de uma "instituição sem estatutos, a Sociedade Petalógica"[330]. Tinhorão cita informação de Mariza Lira segundo a qual "a Petalógica do Rossio Grande [hoje Praça Tiradentes] não era apenas o centro de literatos da escola de Machado de Assis, mas também de trovadores, seresteiros e poetas"[331].

Sim!...", da coleção *Cantora brasileira*, pp. 269/270. Mello Moraes Filho acolhe o texto da modinha "No meu rosto ninguém vê", também sem menção à autoria da letra, em seu livro *Serenatas e saraus, Vol. III – Hinos, modinhas diversas*, de 1902, p. 259; assinala apenas a autoria da música, por Santa Rosa, em reprodução da partitura, nas pp. 291/292. Graças ao projeto "Brasiliana USP", por meio da "Brasiliana Digital", o livro de Mello Moraes Filho está disponível na Internet (endereço eletrônico e data de acesso nas Referências bibliográficas).

327 Em outras palavras, as letras de música são textos publicados em conjunto com a melodia ou escritos para melodias previamente divulgadas.
328 Os estabelecimentos situavam-se na hoje chamada Praça Tiradentes, que no passado teve, entre outros, os nomes de Rossio Grande e Praça da Constituição.
329 Tinhorão, José Ramos. *Pequena história da música popular*, pp. 26-29.
330 Tinhorão, José Ramos. *Pequena história da música popular*, p. 26.
331 Citação por José Ramos Tinhorão de artigo de Mariza Lira, com o título "Serestas e

Em livro resultante de tese acadêmica, que se beneficia dos ensinamentos de Tinhorão, Jonas Alves da Silva Junior assevera que "apesar de já haver parcerias entre poetas e músicos antes do surgimento da *Sociedade Petalógica*, foi a partir do início desse núcleo que a produção se tornou constante e significativa"[332].

É preciso, contudo, distinguir com clareza, nas chamadas "parcerias entre poetas e músicos", as instâncias de produção de melodias para poemas preexistentes – isto é, a musicalização de poemas – da produção de letras de música.

Ao fazer-se a distinção, observa-se que, nas canções de lirismo de amor ou de outra categoria de manifestação de sentimento "autocentrado" (lirismo existencial, religioso, etc.), a participação dos poetas mais apreciados, ou mesmo mais conhecidos, do romantismo brasileiro na "coautoria" das composições ocorreu sobretudo de modo passivo, pela musicalização de seus poemas. Nesse gênero de canções, o romantismo notabilizou-se muito mais pela musicalização de poemas de autores conhecidos do que pelo envolvimento de tais autores, salvo o caso de Laurindo Rabelo, na produção de letras[333].

A musicalização de poemas não se inaugurou, mas foi largamente praticada, no romantismo. Antonio Candido assinala a existência de "continuidades" entre "o arcadismo e o romantismo", que "irmanavam os períodos por cima das fraturas estéticas e ideológicas", e ressalta que, entre as continuidades, "talvez a mais importante seja a poesia musicalizada"[334]. Mário de Andrade salienta que "desde os mestres da Escola Mineira até fins do Romantismo, todos os nossos poetas ilustres foram melodizados em Modinhas"[335]. Nota que os versos de Tomás Antônio Gonzaga "foram musicadíssimos em Portugal e no Brasil"[336] e registra que, "dos grandes nomes românticos,

---

seresteiros!". Como consigna Tinhorão, o artigo foi publicado na "seção 'Brasil sonoro', *Diário de Notícias*, 1/12/1957, Suplemento Literário, p. 7".

332 Silva Junior, Jonas Alves da. *Doces modinhas para Iaiá, buliçosos lundus para Ioiô: poesia romântica e música popular no Brasil do século XIX*, p. 52.
333 Nas *Poesias completas de Laurindo Rabelo*, reunidas por Antenor Nascentes, há uma seção sob o título de "Modinhas", que recolhe diferentes textos e algumas partituras. In Rabelo [grafado Rabêlo], Laurindo. *Poesias completas*, pp. 233-256.
334 Candido, Antonio. *Iniciación a la literatura brasileña*, p. 43.
335 Andrade, Mário de. *Modinhas imperiais*, p. 6.
336 Na coletânea que Mário de Andrade organizou de modinhas da época imperial, o texto da primeira, intitulada "Acaso são estes..." (*Modinhas imperiais*, pp. 19-20), é, como Andrade indica em nota, lira "do livro primeiro da 'Marília de Dirceu'". A mesma nota contém o

os mais aproveitados foram Gonçalves Dias, Álvares de Azevedo e Casimiro de Abreu"[337].

Em seu livro, Jonas Alves da Silva Junior apresenta quadro com ampla listagem de "poemas musicados" de autores românticos, que, embora possa suscitar reparos, é útil como material de referência; nele atesta-se, por exemplo, que também Castro Alves se inclui entre os "grandes nomes românticos" cujos poemas foram "mais aproveitados" para musicalização[338].

A generalização da prática da musicalização de poemas de importantes escritores românticos – quase todos, senão todos, textos de

comentário de que os versos de Gonzaga foram "musicadíssimos" (*Modinhas imperiais*, Nota I, p. 12). Andrade identifica "Acaso são estes" como "Lira VI", mas o poema aparece como "Lira V" na edição com prefácio de M. Rodrigues Lapa, de 1961 (Gonzaga, Tomás António. *Marília de Dirceu e mais poesias*, pp. 12-15), e na edição da Academia Brasileira de Letras, com texto estabelecido por Sergio Pachá, de 2001 (Gonzaga, Tomás Antônio, *Marília de Dirceu*, pp. 17-20). Conforme se mencionou anteriormente, na *Coleção de modinhas brasileiras: com acompanhamento de piano*, figura outro texto musicalizado de Gonzaga, "Cupido tirando/ dos ombros a aljava" (*Marília de Dirceu*, Parte I, Lira XXVIII, assim identificada em ambas as edições recém-mencionadas). A extensa musicalização de Gonzaga terá por certo contribuído para a circunstância, apontada por Antonio Candido, e já referida, de haverem as "letras de modinha" mantido "longamente reminiscências das suas raízes arcádias" (In *Formação da literatura brasileira*, vol. 2, p. 37).

[337] Andrade, Mário de. *Modinhas imperiais*, p. 6. Para facilidade de leitura, tomou-se a liberdade de acréscimo da vírgula, que não existe no original, após "dos grandes nomes românticos".

[338] O quadro lista 28 "poemas musicados" de Castro Alves, 18 de Gonçalves Dias, 8 de Casimiro de Abreu e 5 de Álvares de Azevedo, além de muitos outros autores, inclusive Laurindo Rabelo, com 28 textos (Silva Junior, Jonas Alves da. *Doces modinhas para Iaiá, buliçosos lundus para Ioiô*, pp. 60-63). O principal reparo ao quadro é o de que arrola, sob a mesma rubrica de "poema musicado", tanto o grande número de textos que, efetivamente, merecem essa designação, por constituírem poemas que vieram a ser "melodizados" posteriormente à sua divulgação, mas também os casos, em número muito mais acanhado, de textos que podem ser considerados propriamente letras de música, como, por exemplo, as letras de Laurindo Rabelo. Há, ainda, informações pontuais no quadro que se prestam a questionamento, como a atribuição, sem ressalva, a J. C. de Oliveira da autoria da música de "A casa branca da serra" (p. 62, letra de Guimarães Passos), já que, poucas páginas antes (p. 57), fora atribuída a Miguel Emídio Pestana, como, de resto, fazem respeitáveis estudiosos, a exemplo de: (a) Jairo Severiano, *Uma história da música popular brasileira*, p. 52; (b) José Ramos Tinhorão. *História social da música popular brasileira*, p. 159; (c) Júlia de Brito Mendes, *Canções populares do Brasil – Coleção escolhida das mais conhecidas e inspiradas modinhas brasileiras, acompanhadas das respectivas músicas*, de 1911 (disponível na Internet: endereço eletrônico e data de acesso nas Referências bibliográficas); e (d) o *Dicionário Cravo Albin da música popular brasileira*, verbete "Guimarães Passos", disponível no endereço <http://dicionariompb.com.br/guimaraes-passos/dados-artisticos> (acesso em 17/04/2020).

lirismo de amor ou outra forma de manifestação de sentimento autocentrado – contrasta com sua reduzida contribuição para a elaboração de letras de música popular.

Chama atenção, nessa linha, a inexistência de exemplos de letras de música atribuíveis aos "grandes nomes românticos" que tiveram sua obra poética extensamente melodizada – Gonçalves Dias (1823-1864), Álvares de Azevedo (1831-1852), Casimiro de Abreu (1839-1860) e Castro Alves (1847-1871)[339]. O caso de Gonçalves Dias mostra-se ilustrativo: há na Biblioteca Nacional do Brasil (Rio de Janeiro) cópia de uma correspondência que endereçou em 1850 ao músico espanhol José Amat, autor de melodias para vários de seus poemas, da qual se depreende que o poeta, ao mesmo tempo em que autorizava a musicalização, parecia não deixar margem a trabalho conjunto: "Aceite, Sr. Amat, o oferecimento dos dois volumes que hei publicado até hoje: aí poderá buscar o que lhe convier (...); deste modo arriscará menos o seu belo talento"[340].

Excetuadas as modinhas de Laurindo Rabelo, cujos textos foram coligidos em livro por Antenor Nascentes (e cuja parceria musical de João Luís de Almeida Cunha, o "Cunha dos Passarinhos", está também documentada), são relativamente escassos os casos em

[339] Não se encontra referência a qualquer texto divulgado em conjunto com melodia, ou pautado em melodia, em edições abrangentes, com autorizados estudos introdutórios, de Gonçalves Dias (*Poesia completa e prosa escolhida*. Rio de Janeiro: Editora José Aguilar, 1959; introduções de Manuel Bandeira e Antônio Houaiss), Álvares de Azevedo (*Obras completas de Álvares de Azevedo*, 2 tomos. 8ª ed. Org. e anot. por Homero Pires. São Paulo: Companhia Editora Nacional, 1942) e Casimiro de Abreu (*Obras de Casimiro de Abreu*. Apuração e revisão do texto, escorço biográfico, notas e índices por Sousa da Silveira. 2ª ed., melhorada. Rio de Janeiro: Ministério da Educação e Cultura, 1955). A edição de Gonçalves Dias relaciona "poesias musicadas" (p. 915). No caso da edição de Castro Alves (*Obra completa – Volume único*. 2ª ed. Rio de Janeiro: Cia. José Aguilar Editora, 1966), a introdução de Eugênio Gomes assinala que o autor de *Espumas flutuantes* "compôs poesias para música e teve várias outras convertidas em melodias populares" (p. 50). Mas o único exemplo explicitado no livro é o de um "recitativo" de natureza cômica – o da "Canção do Boêmio"; após o título, constam as indicações de que se tratava de "Recitativo da 'Meia Hora de Cinismo'", "Comédia de Costumes Acadêmicos", "Música de Emílio do Lago" (p. 174). Em nota, agrega-se que o recitativo, intercalado na peça *Meia hora de cinismo*, de França Junior, foi ouvido pela primeira vez a 21 de junho de 1868, no Teatro São José, e que, "no final, poeta e músico foram chamados à cena e vitoriados" (p. 677).

[340] Dias, Gonçalves. *Correspondência ativa de Antônio Gonçalves Dias. Anais da Biblioteca Nacional*. Vol. 84, p. 123. Disponível por Internet em endereço eletrônico da Biblioteca Nacional do Brasil (endereço e data de acesso nas Referências bibliográficas).

que as evidências históricas ou as fontes de informação confiáveis permitem sustentar que determinada obra dedicada à transmissão de sentimento pessoal por autor romântico de relevo não constitui poema musicado, e sim letra de música[341].

O hábito de musicalizar poemas de renomados autores foi tão difundido que, quando se trata de canção de lirismo de amor ou manifestação de sentimento, torna-se indispensável apurar se o texto não terá sido publicado previamente à melodia.

Em certas circunstâncias, também se revela proveitosa a reunião de elementos que indiquem a probabilidade de configurar o texto uma letra de música, e não um poema. É esse o caso, por exemplo, de textos de Domingos José Gonçalves de Magalhães que, de acordo com Tinhorão, foram publicados pelo músico Rafael Coelho Machado no *Ramalhete das Damas*, de 1842, com a anotação "Poesia do Dr. D.J.G.M., e música de R. Coelho". Tinhorão observa que "em várias canções assinadas pela dupla, a estrutura geral do poema indica a forma mais comum com que se apresentavam as modinhas e lundus cantados no tempo, ou seja, a que fazia acrescentar a uma quadra ou sexteto em versos de sete sílabas um estribilho com versos mais curtos, em geral de quatro sílabas". Dá como exemplos trechos de "O Dia Nupcial (O Cântico do Esposo)" e "Ninguém"[342]. Há, assim, base para o entendimento de que se está, efetivamente, perante letras de música e, eventualmente, até mesmo, como aventa Tinhorão, de uma parceria no sentido de "trabalho conjunto" de Gonçalves de Magalhães e Rafael Coelho[343].

341 Como antes mencionado, Antenor Nascentes reuniu, nas *Poesias completas de Laurindo Rabelo*, diferentes textos de modinhas e algumas partituras. Mello Moraes Filho, em seu livro *Artistas do meu tempo – Seguido de um estudo sobre Laurindo Rabelo*, deu testemunho pessoal da parceria entre Laurindo Rabelo e João Cunha, conforme citado por José Ramos Tinhorão em *Cultura popular: temas e questões*, pp. 76-80. Segundo Tinhorão, "a parceria [de Laurindo Rabelo] com o violonista João Cunha resultou em nada menos de quinze modinhas e lundus devidamente identificados" (*Cultura popular: temas e questões*, p. 76); comenta Tinhorão que João Cunha foi "autor de todas as músicas das modinhas e lundus de Laurindo Rabelo" (op. cit., p. 79).

342 Tinhorão, José Ramos. *História social da música popular brasileira*, pp. 140-142.

343 Eis o comentário de Tinhorão sobre o tema: "Ainda que não tenha sido encontrado qualquer documento ou declaração de contemporâneo que comprove a hipótese de trabalho conjunto, um exame das composições com indicação de autoria 'Poesia do Dr. D.J.G.M., e música de R. Coelho' inclina a pensar que a parceria ativa de fato existiu". In *História social da música popular brasileira*, pp. 140/141. A citação do *Ramalhete das Damas* inclui a vírgula após a abreviatura do nome de Gonçalves de Magalhães.

Por comparação com o amplo quadro de poemas musicalizados, é pouco expressivo o leque de textos de lirismo de amor ou sentimento que constituíram, sem margem a dúvida, letras de música de autoria de notáveis escritores românticos.

Essa circunstância certamente concorre para tornar restrito o universo de letras daquele gênero que merecem destaque por seu investimento poético durante o romantismo. Na realidade, observação assemelhada poderia aplicar-se ao período que ultrapassa o romantismo e se estende até o final do século XIX; embora Catulo da Paixão Cearense, o letrista de maior projeção da fase posterior ao movimento romântico, tenha começado a escrever letras de lirismo amoroso a partir de 1880, com "Ao luar", os textos de sua autoria que despertam particular interesse se situam já no século XX.

Mesmo que se trate de conjunto limitado, alguns letristas e textos de lirismo de amor e outros tipos de manifestação de sentimento pessoal autocentrado são, não obstante, especialmente dignos de nota na época do romantismo.

O poeta Laurindo Rabelo (1826-1864) foi o mais importante letrista de música popular brasileira do século XIX, autor de letras tanto de modinhas de lirismo de amor, quanto de lundus com textos de cunho "divertido". A ele será dedicada uma seção no capítulo seguinte deste trabalho.

As suas letras de modinha exibem variedade de recursos poéticos, como o quiasmo de *"num teu olhar perco a vida / ressuscito noutro olhar"* (em "De ti fiquei tão escravo") ou como a aliteração de encontros consonantais com "r", que chama a atenção, em três versos sucessivos, para as etapas efêmeras, com símile na rosa, do "amor da mulher" ("desabrocha", "idolatra", "menospreza", de "Ao trovador"):

O amor da mulher, como a rosa
Desabrocha, mas logo fenece;
A quem hoje a mulher idolatra,
Amanhã menospreza, aborrece.[344]

Uma das letras de Laurindo Rabelo que justifica transcrição é a de "Já não vive a minha flor", na qual se encontram a metáfora do

---

[344] De "Ao trovador". In *Poesias completas* de Laurindo Rabelo (coligidas e anotadas por Antenor Nascentes), seção de "Modinhas", p. 244.

"ramo seco"; a personificação de "jardins", que, conforme apóstrofe ou invocação, devem obedecer a uma ordem ("fechai-vos, jardins do mundo"); e as antíteses entre o ramo seco e a flor, entre "o tempo que tudo muda" e a dor "que não minora", entre o "deserto" e "os jardins do mundo". Na primeira estrofe, a "flor de meus dias", expressão que introduz a flor na condição de metáfora estruturadora do texto, admite a dubiedade de interpretação como referência quer à juventude, quer a algum amor perdido; a elucidação de que alude a amor perdido transparece apenas nos versos iniciais da segunda estrofe, isto é, na menção à passagem do tempo, que (embora não o faça) só poderia minorar a dor de amor, pois necessariamente agravaria a perda do "perfume" caso a "flor de meus dias" representasse a juventude:

JÁ NÃO VIVE A MINHA FLOR

Perdeu a flor de meus dias
Todo o perfume de amor,
Ramo seco pende d'alma,
Já não vive a minha flor!

O tempo, que tudo muda
Não minora a minha dor;
Já não tenho primavera,
Já não vive a minha flor.

Só encontro no deserto
Bafejo consolador;
Fechai-vos, jardins do mundo,
Já não vive a minha flor.[345]

Entre as letras de lirismo de amor romântico, merece referência a da modinha "Quem sabe?!...", escrita por Francisco Leite Bittencourt Sampaio, sergipano (1834-1895), para melodia de Carlos Gomes. A modinha data de 1859. Nesse ano, seus autores haviam travado amizade, por ocasião de viagem de Carlos Gomes a São Paulo, durante a qual se hospedou em "república" de estudantes da Academia de

---

[345] In *Poesias completas* de Laurindo Rabelo (coligidas e anotadas por Antenor Nascentes), seção de "Modinhas", pp. 248/249.

Direito do Largo de São Francisco, onde Bittencourt Sampaio terminava o curso[346].

A letra de Bittencourt Sampaio atrai pela simplicidade com que traduz a insegurança em relação ao amor longínquo: constrói-se o texto em pares de rimas que não só repercutem entre si a dúvida ("pensamento/juramento", "pensamento/tormento", "distante/constante"), mas também se agregam, pela semelhança de sons nasais (ante/anto/ente/ento), para reverberar a indagação do primeiro ao último verso.

O texto tem sido reproduzido de modo incompleto ou incorreto em diferentes fontes[347]. Por todas as razões, parece adequado reproduzir integralmente a letra, tal como figura no confiável livro de Sérgio Bittencourt-Sampaio, *Música em questão*[348]:

QUEM SABE?!...

Tão longe, de mim distante,
Onde irá teu pensamento...
Quisera saber agora
Se esqueceste o juramento.

Quem sabe se és constante
S'inda é meu teu pensamento...
Minh'alma toda devora
Da saudade agro tormento.

Vivendo de ti ausente,
Ai meu Deus, que amargo pranto!
Suspiros, angústia e dores
São as vozes do meu canto.

---

346 As informações fundamentam-se no artigo "Carlos Gomes e Bittencourt Sampaio. Encontro, amizade e colaboração", de Sérgio Bittencourt-Sampaio, publicado em seu livro *Música em questão*, pp. 79-106. Sérgio Bittencourt-Sampaio registra, no mesmo artigo, que Francisco Leite Bittencourt Sampaio e Carlos Gomes são também parceiros no "Hino Acadêmico", datado igualmente de 1859 (hino da Faculdade de Direito da Universidade de São Paulo/USP).

347 O texto publicado na coletânea *Cantora brasileira* (p. 251), por exemplo, padece de imperfeições, além de não indicar os autores da modinha. A omissão é, aliás, curiosa, já que na coleção se consigna a autoria de Bittencourt Sampaio na letra de "Bem-te-vi", com "música de Elias Lobo" (p. 95).

348 Bittencourt-Sampaio, Sérgio. *Música em questão*, pp. 87/88.

Quem sabe, pomba inocente,
Se também te corre o pranto.
Minh'alma cheia d'amores
Te entreguei já neste canto.

Alexandre José de Mello Moraes Filho (1843-1919) talvez seja menos lembrado na história da cultura brasileira como poeta e letrista do que como cronista de sua época e estudioso do folclore e da música popular – autor, entre muitos outros livros, de *Festas e tradições populares do Brasil* (1901), *Serenatas e saraus* (1901-1902) e *Artistas do meu tempo, seguidos de um estudo sobre Laurindo Rabelo* (1904).

Poeta romântico, eventualmente a sua obra em versos seja recordada sobretudo em função da musicalização, pelo ator e compositor de modinhas e lundus Xisto Bahia (1841-1894), de um de seus poemas, "A mulata". Xisto Bahia, originário da cidade de Salvador como Mello Moraes Filho, tornou "A mulata" texto de lundu, após sua publicação no livro de poemas *Cantos do Equador*, de 1881, e a música adquiriu popularidade[349].

Mas Mello Moraes Filho, além de poeta com texto musicado, foi também letrista: segundo Tinhorão, "chegou a ser, ao que tudo indica, um letrista de certa constância na produção de música popular, pois seu nome aparece ligado ainda a um dos mais prolíficos músicos compositores da segunda metade do século XIX, o tão pouco conhecido Januário da Silva Arvelos, com quem compôs a canção 'O filho pródigo'"[350]. E é justamente o texto de "O filho pródigo" que aqui se considera digno de menção entre as letras de manifestação de sentimento na segunda metade do século. A composição encontra-se na coleção *Trovador*, vol. III, de 1876[351].

---

[349] "A mulata" é uma das composições incluídas, em 1911, na coletânea de Júlia de Brito Mendes, *Canções populares do Brasil – Coleção escolhida das mais conhecidas e inspiradas modinhas brasileiras, acompanhadas das respectivas músicas*, pp. 184-187. A informação sobre a publicação do texto em *Cantos do Equador* previamente à musicalização foi extraída de *Cultura popular: temas e questões*, de José Ramos Tinhorão, p. 81. O livro *Cantos do Equador – Sertões e florestas, noturnos e fantasias, poemas da escravidão*, de 1881, está disponível na Internet (endereço eletrônico e data de acesso nas Referências bibliográficas). O poema "A mulata" ocupa as pp. 53-57.

[350] Tinhorão, José Ramos. *Cultura popular: temas e questões*, p. 82.

[351] A coleção assinala, ao reproduzir "O filho pródigo", a autoria de Mello Moraes Filho e música de J.S. Arvellos, que é, necessariamente, Januário da Silva Arvellos Filho (1836-c.1890-95), pois o pai, também músico, nasceu em 1790 e faleceu em c. 1844, ou

A letra de "O filho pródigo" não traduz lirismo de amor, mas sentimento entre existencial e religioso, de arrependimento, marcado pelos extremos românticos e pelas antíteses que os expressam já na estrofe introdutória do tema (ventura/sepultura; "que negros dias/ passei ao sol das orgias"):

Delinqui, manchei na vida
A flor de minha ventura,
E com a fronte abatida,
Busco a fria sepultura;
Ai! meu Deus, que negros dias,
Passei ao sol das orgias,
Ao lado dos lupanares!
Agora minh'alma aflita
Como a lua tão contrita
Vive só de seus pesares.[352]

O segundo volume da coleção *Trovador*, de 1876, recolhe letra de autoria de A.C.Q. Peçanha, em versos decassílabos, da modinha "Solidão"[353]. Os decassílabos servem bem à expressão de amargura que perpassa o texto, em alguns trechos com significativa mescla entre os planos concreto e abstrato ("sentar" em face de agonias; a sorte "coar" os dias):

[] seja, próximo ao ano de nascimento do letrista. "O filho pródigo" aparece na coletânea sob a classificação de "canção", e não de "modinha". In *Trovador – Coleção de modinhas, recitativos, árias, lundus, etc.*, Vol. III, pp. 84/85.

[352] À estrofe inicial transcrita seguem-se outras três décimas na composição de "O filho pródigo": "Ah, Senhor, por que tiraste/ O homem do frágil pó, / E depois o desprezaste/ Deixando-o no mundo só? / Sem mesmo ter um abrigo/ Senão a morte, o jazigo, / Nessa viagem de um dia.../ E depois, ó Deus eterno/ Talvez, quem sabe? o inferno/ Quando a fronte se resfria. // Ai, meu pai! Se tu souberas/ Os meus tormentos d'agora, / Lenitivo, oh sim, me deras/ À mágoa que me devora! / Se já não tenho inocência/ Sinto, sinto, muita ardência/ Me queimar o sangue, o peito:/ Ah! Eu devo no revés/ Banhar de pranto os teus pés/ Sem frases ao muito afeto. // Sim, perdão, perdão te peço. / Meu bom pai... Me arrependi;/ Se dele eu hoje careço/ De todo me não perdi. / Fui apesar um momento/ Desbotado ao desalento/ Dessas paixões de matar.../ Mas... não quero, pai, benigno/ Conheço, já não sou digno/ De em tua morada entrar".

[353] In *Trovador – Coleção de modinhas, recitativos, árias, lundus, etc.*, Vol. II, de 1876, pp. 60/61 (disponível na Internet: endereço eletrônico e data de acesso nas Referências bibliográficas). A letra é reproduzida, igualmente, na coleção *Lira do trovador – Coleção de modinhas, recitativos, lundus, canções, etc.* 1º e 2º vols, de 1896, pp. 19/20 (também disponível na Internet: endereço eletrônico e data de acesso nas Referências bibliográficas).

Sentado como em face de agonias
Tenho minh'alma a desfolhar lembranças;
Não sei que sorte vem coar meus dias
Por tantas dores e por tais provanças.[354]

Na virada do séc. XIX para o XX, obteve notoriedade uma modinha com texto do poeta parnasiano Guimarães Passos (1867-1909) e música de Miguel Emídio Pestana, "A casa branca da serra"[355]. Essa

[354] Tanto na coletânea *Trovador, Vol.* II, quanto na *Lira do trovador*, a seguinte anotação segue-se ao título do texto de Peçanha: "Para ser cantada com a música da modinha – Quando eu morrer ninguém chore a minha morte". Desse modo, o texto constitui, tipicamente, uma letra de música, escrita para casar-se com melodia preexistente. Embora o autor da música não esteja indicado, pode-se afirmar com segurança que é Januário da Silva Arvellos (Filho): há partitura de "Quando eu morrer ninguém chore a minha morte" na Biblioteca Nacional do Brasil, na qual consta a informação "Modinha posta em música por J. S. Arvellos" (disponível no endereço <http://bndigital.bn.gov.br/acervodigital>, código de identificação "mas178494", acesso em 19/04/2020). Assim, o texto de "Quando eu morrer ninguém chore a minha morte" pode ser considerado um poema musicado por Arvellos Filho; mas, uma vez já conhecida a música de Arvellos Filho, o texto de "Solidão", escrito por Peçanha para com ela combinar-se, deve ser necessariamente considerado letra de música. Como curiosidade, anote-se que o texto de "Quando eu morrer ninguém chore a minha morte" também está transcrito no segundo volume do *Trovador* (p. 22), sob o título "Quando eu morrer", sem indicação de quem o escreveu; há apenas algumas variantes entre esse texto e o que aparece na partitura de Arvellos Filho, existente na Biblioteca Nacional (por exemplo, na primeira estrofe, segundo verso, variação entre "Pois não quero ninguém junto ao meu leito" e "Esqueçam meu cadáver em seu leito").

[355] Natural de Alagoas e membro fundador da Academia Brasileira de Letras, Guimarães Passos é um dos autores com poemas reproduzidos por Manuel Bandeira na *Antologia dos poetas brasileiros da fase parnasiana*, pp. 243-247. "A casa branca da serra" integrou, já em 1911, a coletânea *Canções populares do Brasil – Coleção escolhida das mais conhecidas e inspiradas modinhas brasileiras, acompanhadas das respectivas músicas*, de Júlia de Brito Mendes, pp. 20-22 (disponível na Internet; endereço eletrônico e data de acesso nas Referências bibliográficas). Reproduz-se, a seguir, o texto completo da letra, tal como publicado nessa coletânea: "*Na casa branca da serra/ Que eu fitava horas inteiras, / Entre as esbeltas palmeiras/ Ficaste calma e feliz;/ Aí teu peito me deste/ Quando pisei tua terra, / Aí de mim te esqueceste/ Quando deixei meu país. // Nunca te visse eu, formosa, / Nunca contigo falasse! / Antes nunca te encontrasse / Na minha vida enganosa! / Por que não se abriu a terra? / Por que os céus não me puniram, / Quando meus olhos te viram/ Na casa branca da serra? // Olhaste-me um só momento, / E, desde esse triste instante, / Tu me ficaste constante/ Na vista e no pensamento;/ E, mesmo se não te via, / Eu passava horas inteiras, / Vendo-te a sombra erradia/ Entre as esbeltas palmeiras...// Falei-te uma vez e, calma, / Tu me escutaste, mas logo/ Abrasou-se tu'alma ao fogo/ Que lavrava na minh'alma. / Transfigurada e feliz, / "Sou tua!" tu me disseste.../ Depois de mim te esqueceste/ Quando deixei meu país. // Embora tudo!... Bendigo/ Essa ditosa lembrança,*

letra inclui a feliz imagem da "sombra erradia" entre palmeiras, que transmite perfeitamente a variação em visões ilusórias da mulher amada resultante não só das sombras de árvores múltiplas, mas também de suas mudanças de posição pela incidência do Sol conforme a hora do dia:

E, mesmo se não te via,
Eu passava horas inteiras,
Vendo-te a sombra erradia
Entre as esbeltas palmeiras...[356]

Ao longo do século XIX verificou-se o desenvolvimento de outra vertente de letras de música no Brasil, que aqui se designa como "vertente divertida" – composta, como anotado, por obras irônicas, satíricas, cômicas, maliciosas ou simplesmente alegres.

A par de textos dedicados à comicidade e frutos da imaginação, de que é exemplo o lundu "As rosas do cume", com letra de Laurindo

---

/ Que, sem me dar esperança, / Une-me ainda contigo.../ Bendigo a casa da serra, / Bendigo as horas fagueiras, / Bendigo aquelas palmeiras, / Querida, da tua terra!".

[356] Há fortes indícios que autorizam a consideração do texto de "A casa branca da serra" como letra de música, ainda que certas informações sobre o tema deem margem a indagações. Armindo Bião anota, a propósito de "A casa branca da serra", que "em 1890, Guimarães Passos compôs e cantou numa memorável noite de boemia" (in *Etnocenologia e a cena baiana: textos reunidos*, p. 213. Disponível na Internet: endereço eletrônico e data de acesso nas Referências bibliográficas). José Ramos Tinhorão reproduz, em *Pequena história da música popular* (p. 36), citação de Afonso Rui com informação sobre "A casa branca da serra" nos mesmos termos empregados por Bião, salvo a diferença na menção ao ano: "em 1880, Guimarães Passos compôs e cantou numa memorável noite de boêmia" (a afirmação de Afonso Rui encontrar-se-ia em *Boêmios e seresteiros do passado*, Salvador, Livraria Progresso Editora, 1954, p. 36). Entre as duas datas referidas nas citações, certamente a plausível seria 1890, já que Guimarães Passos nasceu em 1867. De qualquer modo, como o texto só foi publicado em livro de poemas, *Horas mortas*, em 1901, e não há notícia de edição em outro meio, a sua divulgação em conjunto com a melodia teria ocorrido mais de uma década antes – portanto, como letra de música. Diferentes fontes atribuem a melodia a Miguel Emídio Pestana (entre outras fontes, como referido em nota de rodapé anterior, Jairo Severiano, José Ramos Tinhorão e Júlia de Brito Mendes). É de se supor que a informação segundo a qual "Guimarães Passos compôs e cantou" diga respeito à composição da letra. Pestana, o autor da melodia, nasceu em cerca de 1845 e faleceu em cerca de 1885, no Rio de Janeiro, de acordo com o Dicionário Cravo Albin da Música popular brasileira (<http://dicionariompb.com.br/miguel-emidio-pestana/dados-artisticos>, acesso em 19/04/2020). Assim, se a melodia cantada por Guimarães Passos foi a composta por Pestana, pode ter sido divulgada em conjunto com a letra mais de cinco anos após sua elaboração.

Rabelo, não é incomum que a vertente divertida reflita também a realidade política, social e cultural pelo viés satírico ou irônico[357].

Diferentemente do que ocorre com textos de lirismo amoroso ou sentimentalmente autocentrado, nos casos de textos da "vertente divertida" que sejam apresentados, com autoria definida, como parte de algum tipo de canção (por exemplo, mediante qualificação de lundu), seria pouco razoável deixar de presumir que, em princípio, constituem de fato letras de música, pois dificilmente a publicação do texto precederia a divulgação da melodia com a qual se conjuga. Embora se tenha verificado, no romantismo, a publicação de poesias de caráter humorístico, satírico, "bestialógico" ou obsceno – com destaque para obras de Bernardo Guimarães – não se identificou qualquer episódio de texto desse gênero que houvesse recebido melodia após sua publicação como poema[358]. Pode-se supor, com

---

[357] José Ramos Tinhorão, em *História social da música popular brasileira* (p. 152) transcreve testemunho de Mello Moraes Filho sobre a execução por Laurindo Rabelo de composições de sua autoria que provocavam "aberta hilaridade"; Tinhorão presume que entre os "lundus hilariantes" se encontraria o "algo obsceno" lundu "As rosas do cume", cujo texto também é reproduzido na *História social* (pp. 152/153). Conforme o testemunho de Mello Moraes Filho, "em geral, depois de adiantada hora da noite (...), certo número de apreciadores apinhava-se ao redor de Laurindo, que, menestrel e bardo, a um dos ângulos da sala de jantar, cantava ao violão sentimentais modinhas e buliçosos lundus, que traziam em aberta hilaridade os mais sisudos e circunspectos circunstantes" (Melo [Mello] Moraes Filho, *Artistas do meu tempo, seguidos de um estudo sobre Laurindo Rabelo*, Rio de Janeiro, H. Garnier Livreiro-Editor, 1904, p. 170, *apud* Tinhorão, José Ramos. *História social da música popular brasileira*, p. 152). Além de constar da *História social*, o texto de "As rosas do cume" está reproduzido, igualmente, em outra obra de Tinhorão, *Cultura popular: temas e questões*, e, nesta, a letra é imediatamente seguida da observação, já citada em nota anterior, de que João Cunha foi "autor de todas as músicas das modinhas e lundus de Laurindo Rabelo" (p. 79). A letra explora, na totalidade das estrofes, duplo sentido criado com base no termo "cume"; por exemplo, a segunda quadra diz: "À tarde, quando o sol posto, / E o vento no cume adeja, / Vem travessa borboleta, / E as rosas do cume beija".

[358] Paulo Franchetti salienta não estar ainda "satisfatoriamente mapeada" a "vasta região" do "cancioneiro alegre" da época romântica, "melhor dizendo, da que se convencionou chamar de segunda geração romântica, porque a maior parte dos textos disponíveis para uma tal coletânea vem assinada por poetas nascidos por volta de 1830: Álvares de Azevedo, Bernardo Guimarães, José Bonifácio de Andrada e Silva, Laurindo Rabelo, Luís Gama, Bruno Seabra, Franco de Sá". O artigo confere especial atenção a Bernardo Guimarães: além de comentários sobre dois poemas de sua autoria que adentram "os limites do chulo e do obsceno" ("A origem do mênstruo" e "O elixir do pajé"), destaca-o como "o mestre incontestre do 'bestialógico' poético", em que se passa ao "domínio do nonsense, do absurdo, da livre associação". In Franchetti, Paulo. "O riso romântico

confiança, que os textos das canções na vertente "divertida" foram divulgados em conjunto com a melodia ou com base nela – isto é, conformam letras de música[359].

A letra de "Lá no Largo da Sé Velha", de autoria de Manuel de Araújo Porto-Alegre (1806-1879), cuja música é um "lundu brasileiro para canto e piano" de Cândido Inácio da Silva (1800-1838), constitui exemplo de texto da vertente divertida permeado de ironia social. A antífrase do estribilho

> *Bravo à especulação*
> *São progressos da nação*

dá o tom da ironia que perpassa o texto. Em estrofe dedicada a gastos com importação de gelo, a ironia é reforçada pela aliteração de "sorvete" com "sorver":

> *Água em pedra vem do norte,*
> *Pra sorvetes fabricar*
> *Que nos sorvem os cobrinhos*
> *Sem a gente refrescar.*[360]

– Notas sobre o cômico na poesia de Bernardo Guimarães e seus contemporâneos". In *Remate de Males*, 1987 (disponível na Internet: endereço eletrônico e data de acesso nas Referências bibliográficas).

359 No caso de Laurindo Rabelo e João Cunha (João Luís de Almeida Cunha), o depoimento de Mello Moraes Filho, recolhido por José Ramos Tinhorão, sobre o trabalho em parceria é inequívoco: em determinada oportunidade, Laurindo Rabelo viria a exclamar "Estamos casados, João!" (in Tinhorão, José Ramos. *Cultura popular: temas e questões*, p. 78). Comenta Tinhorão que se tratava da "declaração definitiva da consciência – pela primeira vez expressa historicamente – de estar formada uma dupla de compositores, através do casamento deliberado da letra com a música" (op. cit., também p. 78).

360 A partitura de "Lá no Largo da Sé", com a letra e a indicação "lundu brasileiro para canto e piano", é reproduzida por Paulo M. Kühl em seu artigo "A música e suas histórias na obra de Araújo Porto-Alegre" (in Porto-Alegre, Manuel de Araújo. *Araújo Porto-Alegre: Singular & Plural*, p. 173). Imediatamente antes da reprodução da partitura, Kühl observa que "talvez a atividade menos lembrada de Porto-Alegre seja a de autor de textos para música" e acrescenta que "Lá no Largo da Sé (...) é um caso bem interessante". Conforme anota o artigo, a partitura transcrita fora publicada no Rio de Janeiro pela "Imperial Imprensa de Música de Filippone e Tornaghi". A data de composição de "Lá no Largo da Sé" é estimada entre 1834 e 1837 por Jonas Alves da Silva Junior: "deve ter sido composta entre 1834, data das primeiras importações de gelo dos Estados Unidos para fabricação de sorvete ('água em pedra vem do norte'), e 1837, ano do retorno de Porto-Alegre ao Rio de Janeiro" (in *Doces modinhas pra Iaiá, buliçosos lundus pra Ioiô*, p. 43).

Na única composição de Gabriel Fernandes da Trindade (c. 1799/1800-1854) classificada como lundu, "Graças aos céus de vadios", presta-se homenagem ao chefe de polícia por determinar detenções: "Senhor chefe da polícia/ eis a nossa gratidão/ por mandares os vadios/ à casa da correção". Destaca-se na letra o *enjambement* entre o primeiro e o segundo versos, que estabelece e deixa temporariamente ativo o curioso, falso, sintagma "céus de vadios":

Graças aos céus de vadios
as ruas limpas estão
(...)[361]

Francisco de Paula Brito (1809-1861), autor da letra do conhecido lundu "A marrequinha de iaiá", assentada na pueril malícia do uso do termo "marrequinha" em duplo sentido, é também letrista de um lundu que, no veio satírico da corrente divertida, demonstra preocupação social. No "Século das luzes", os brasileiros, representados no símile do "boi de canga", estão boquiabertos, porém famintos e calados:

Já se alargam bem as ruas
A do Cano é a primeira;
Hoje tudo são progressos
Da famosa ladroeira.
(...)
Nacionais de boca aberta
Nada tendo que comer
Vivem como o boi de canga
Caladinho até morrer.[362]

---

[361] *Gabriel Fernandes da Trindade – Obra completa*, coordenação de Paulo Castagna, pp. 65/66 (seção "Letras e atualizações"). A habilidade em deixar em suspenso os "céus de vadios" autoriza supor que, pelos mesmos motivos antes apontados a propósito das letras de suas modinhas, Gabriel Fernandes da Trindade tenha sido igualmente o letrista de seu lundu. O conjunto da letra diz: "*Graças aos céus de vadios/ as ruas limpas estão/ deles a casa está cheia/ a casa da correção. / Já foi-se o tempo/ de mendigar/ fora vadios/ vão trabalhar. / Senhor chefe da polícia/ eis a nossa gratidão/ por mandares os vadios/ à casa da correção. / Já foi-se o tempo.../ Sede exato, pois, senhor/ em tal deliberação/ que muita gente merece/ a casa da correção/ Já foi-se o tempo...*".

[362] A letra de "O século das luzes", de Paula Brito, acompanhada da anotação "música de J.J. Goyano", encontra-se em *Cantora brasileira – Nova coleção de hinos, canções e*

Do mesmo modo, o letrista de lundus Eduardo Diniz Villas-Boas (?-1891) escreveu "Os beijos de frade", com música composta por Henrique Alves de Mesquita, que brinca, de modo quase infantil, com o duplo sentido da expressão – *"Dos beijos o gosto amável/ bem não posso descrever/ porque sendo eles de frades/ nunca os fui receber./ Posso dizer que são lindos/os beijos de frade flor"*[363] –, mas escreveu também, entre outras letras, "Capenga não forma" (música de R. Pagaw), em que trata, de modo sarcástico, de dois temas sérios ao mesmo tempo, a convocação para a Guerra do Paraguai e a deficiência física que dispensaria a incorporação ao contingente militar[364]. O divertido sarcasmo é possível porque se dirige, ao contrário, à atitude daqueles que, com saúde, não demonstram qualquer ânimo de participar do conflito.

A letra, em que se alternam estrofes de doze versos em pentassílabos com oitavas (ou duas quadras) de setissílabos, é repleta de ironia: a excelência na saúde não encontra correspondência na coragem, já que o "bem feito na forma" é "em pranto desfeito" ao partir para a guerra e desejaria ser defeituoso para escapar, "co'a perninha dos encantos", à luta armada; e o verbo "achar" não se vincula a um benefício de caminhar bem, e sim a seu inverso, a possibilidade de encontrar a morte:

---

lundus, 1878, pp. 122/123. A mesma coleção recolhe "A marrequinha de iaiá", de Paula Brito e "música de F.M. da Silva" (pp. 209/210). Em *Cultura popular: temas e questões* (pp. 75-76), José Ramos Tinhorão tece o seguinte comentário sobre "A marrequinha de iaiá": "o 'lundu para piano' de Paula Brito começava fazendo jogo de palavras a partir do título, onde o termo 'marrequinha' era visivelmente empregado com sentido duplo de uma parte do vestuário das moças (os folhos dobrados dos vestidos que, amarrados num laçarote, atrás, na altura das nádegas, serviam para alargar os quadris, acentuando ainda mais o delgado da cintura) e alguma outra particularidade anatômica sexualmente apetecível". Assinala que Paula Brito teve como parceiro "nada mais, nada menos, de que o músico Francisco Manuel da Silva, autor de um hino destinado a festas da Independência, cuja música se tornaria, mais tarde, a do Hino Nacional Brasileiro". Uma das estrofes do lundu diz: *"Se dançando à brasileira/ Quebra o corpo a iaiazinha/ Com ela brinca pulando/ Sua bela marrequinha"*.

363 A partitura, com a letra, de "Os beijos de frade" está disponível na Biblioteca Nacional Digital da Biblioteca Nacional do Brasil (endereço eletrônico e data de acesso nas Referências bibliográficas, pelo nome Villas-Boas, Eduardo Diniz). Pode ser também consultada em <https://painelsesc.sesc.com.br/partituras.nsf/viewLookupPartituras/C5FF079A0B5D150383257DCE004CD954/$FILE/HMesquita-Os_beijos_de_frade.pdf> (acesso em 19/06/2020). Na partitura exibida neste último endereço consta o ano de 1856 como data da composição. A informação sobre o ano de falecimento de Villas-Boas baseia-se em *Cultura popular – Temas e questões*, de José Ramos Tinhorão, p. 129.

364 A letra de "Capenga não forma" figura na coleção *Cantora brasileira*, de 1878, pp. 96-100.

> *Eu sou capenga, mas quantos*
> *Sê-lo hoje desejavam!*
> *Co'a perninha dos encantos*
> *Pra o Paraguai não marchavam!*
> *(...)*
> *O bom, o bem feito*
> *Na forma lá vai*
> *Em pranto desfeito*
> *Para o Paraguai:*
> *(...)*
> *Dos males que à gente vêm*
> *Ninguém se queixe ou da sorte;*
> *Talvez se eu pisasse bem*
> *Já tivesse achado a morte.*

O dramaturgo Artur Azevedo foi autor das letras de várias composições que integravam suas peças para teatro de revista. Como anota a *Enciclopédia da música brasileira*, o teatro de revista, "gênero de teatro musicado caracterizado por passar em revista os principais acontecimentos do ano, encenando-os numa sucessão de quadros em que os fatos são revividos com intenção de humor", surgiu no Rio de Janeiro em 1859, "firmou-se definitivamente a partir do início da década de 1880, com o aparecimento de Artur Azevedo", e tornou-se "veículo de popularização de canções"[365], papel que exerceu por várias décadas[366].

Uma das canções com letra de Artur Azevedo que se tornou famosa por meio do teatro de revista foi "As laranjas de Sabina", apresentada em 1890, pouco após o término do Império, na peça *A República*, de Artur e seu irmão Aluísio Azevedo. A letra recordava um episódio de manifestação brincalhona de estudantes da Escola de Medicina em protesto contra a proibição, pela polícia, de que vendedora de frutas exercesse seu ofício em frente à Escola. Franklin Martins assinala que a passeata dos estudantes transformou-se "em manifestação republicana,

---

[365] Marcondes, Marcos Antônio (editor). *Enciclopédia da música brasileira: popular, erudita e folclórica*, p. 767.
[366] Por exemplo, ainda na segunda metade da década de 1920 alcançavam êxito músicas com letras de Freire Júnior lançadas em peças de teatro musicado de sua autoria, como o maxixe "Café com leite", de revista homônima, e a modinha "Malandrinha", da burleta *A flor do lodo*.

em 25 de julho de 1889, quatro meses antes do fim da Monarquia"[367]. Um trecho da letra da música dizia: "*Sem banana macaco se arranja/ E bem passa monarca sem canja/ Mas estudante de medicina/ Nunca pode passar sem a laranja/ A laranja, a laranja de Sabina*"[368].

Encerra-se esta parte do trabalho com fragmentos de uma letra irônica de Artur Azevedo, "Pescador", que se constrói inteiramente sobre a metáfora do "pescador" e da "pesca", integrante da peça de teatro de revista O *homem*, de 1887[369]:

Nesta terra de interesses
Neste mundo enganador
Não há homem que não seja
Mais ou menos pescador (...)
Pescadores de águas turvas
Na política se vê
Há nas classes elevadas
Pescadores como o quê!
Mas há muitos que na pesca
Tenham só contrariação
Desejando um peixe fino
Só encontram com cação (...).

4.2. Do início do século XX a letristas lançados na década de 1970

A partir do início do século XX multiplica-se exponencialmente a produção de música popular brasileira, fenômeno a que não são estranhos a indústria fonográfica (1902), o rádio (1922) e a gravação elétrica (1927)[370], além de fatores de ordem estrutural mais ampla,

[367] Martins, Franklin. *Quem foi que inventou o Brasil? – A música popular conta a história da República*. Vol. I (de 1902 a 1964), p. 48.
[368] Martins, Franklin. *Quem foi que inventou o Brasil?* Vol. I, p. 49. A música de "As laranjas de Sabina", como aponta Franklin Martins, constitui composição de Francisco Carvalho.
[369] A música de "Pescador", um lundu, é de autoria de Xisto Bahia, o mesmo compositor que musicou, em outro lundu, o poema "A mulata", de Mello Moraes Filho. A revista O *homem* foi escrita por Artur Azevedo e Moreira Sampaio.
[370] De acordo com informações de Camila Koshiba Gonçalves, em seu livro *Música em 78 rotações: discos a todos os preços na São Paulo dos anos 30* (pp. 78-79), e de Jairo Severiano, em *Uma história da música popular brasileira* (pp. 58-59), a indústria fonográfica foi introduzida no Brasil em 1902, com o estabelecimento da Casa Edison, no Rio de

como os processos de urbanização e industrialização do país.

Com o risco que toda generalização comporta, talvez se possa dizer que, da perspectiva temática, as características distintivas das letras de canção popular desde o início do século XX, atributos salientes em comparação com a época anterior, constituam a proliferação de assuntos inspirados na realidade externa ao sujeito emissor; a incorporação de sua vivência pessoal; e a disseminação de dados sociais e culturais do Brasil.

Ainda nos primeiros anos do século, o palhaço de circo, cantor e compositor Eduardo das Neves dedicou canções a "fatos e personagens da vida brasileira"[371] – entre outras, as laudatórias "A conquista do ar", sobre a invenção do avião, e "Minas Gerais", sobre a aquisição de porta-aviões assim batizado.

Na década de 1910, Catulo da Paixão Cearense, o mais importante letrista do período, projetava na música popular o interesse à época despertado para a valorização de temas sertanejos, com as canções "Caboca di Caxangá" e "Luar do sertão"[372].

O advento, na mesma década, e ascensão do samba colocaram em pauta o quotidiano da vida urbana das camadas humildes da população, a voz do povo e do morro, oriunda dessas próprias camadas ou de

---

Janeiro, por Frederico Figner, e o período de gravação mecânica estendeu-se de 1902 a 1927 (Figner, conforme Severiano, nasceu na Boêmia, atual República Tcheca, e emigrou jovem para os Estados Unidos). Ambas as fontes registram que a gravação elétrica teve início no Brasil em 1927 por meio da empresa Odeon (Camila Gonçalves, p. 83; Jairo Severiano, p. 99). O livro de Jairo Severiano contém relato da primeira transmissão radiofônica no Brasil, a 7 de setembro de 1922, como parte da celebração do centenário da Independência do país, e dados sobre desdobramentos de exploração da radiofonia em anos imediatamente seguintes (op. cit., pp. 96-99). Franklin Martins assinala, com base em "levantamento realizado recentemente por Miguel Ângelo Azevedo (Nirez)": "em 1927 foram lançados 454 títulos, que em 1929 saltaram para 1.060. Ficaram em torno desse patamar até 1933, quando caíram para a marca de 768. Voltariam a crescer nos últimos anos da década de 1930, estabilizando-se daí em diante até 1945 em torno de mil títulos por ano". In Martins, Franklin. *Quem foi que inventou o Brasil?* Vol. I, p. 179.

371 Jairo Severiano, *Uma história da música popular brasileira*, p. 61.
372 Em ambos os casos, há referências à autoria musical de João Pernambuco, recusada por Catulo. Kleiton de Sousa Moraes, no artigo "Catullo Cearense ou a trajetória literária de um bardo ordinário", atribui inequivocamente a João Pernambuco a autoria da música de "Caboca di Caxangá" (artigo disponível na Internet: endereço eletrônico e data de acesso nas Referências bibliográficas). Jairo Severiano e Zuza Homem de Mello tecem comentários sobre a discussão em torno da autoria da música de "Luar de sertão" por João Pernambuco, em *A canção no tempo: 85 anos de músicas brasileiras.* Vol. 1: 1901-1957, pp. 38/39.

outras e expressa em linguagem simples, com suas agruras, alegrias e referências culturais[373].

O êxito de artistas como o baiano Dorival Caymmi, na década de 1930, e o pernambucano Luiz Gonzaga, na década de 40, deu repercussão nacional às letras que retratam as particularidades e tradições de regiões fora do eixo de gravação e divulgação da canção popular ("Você já foi à Bahia, nega?", de Caymmi, "A feira de Caruaru", de Onildo Almeida, interpretada por Gonzaga), assim como a sina ou sofrimento de seus povos – o retirante de "Asa branca" (Luiz Gonzaga e o letrista Humberto Teixeira) ou o pescador que não regressa de "É doce morrer no mar" (Caymmi e Jorge Amado).

Em suma, expande-se o leque de temas na canção popular, que passam a abarcar as religiões afro-brasileiras ("Canto do Obá", de Caymmi e Jorge Amado); a recorrente exaltação do próprio samba, do carnaval e do estilo de vida da "malandragem" ("Ora vejam só", de Sinhô, 1927; "Lenço no pescoço", de Wilson Batista, 1933; "Camisa listrada", de Assis Valente, 1938); e questões tão diversas quanto, a título exemplificativo, uma "Conversa de Botequim" (Noel Rosa e Vadico, 1935), "Copacabana" (Alberto Ribeiro e de João de Barro, mais conhecido como Braguinha [Carlos Alberto Ferreira Braga], 1946), "Balzaquiana" (Antônio Nássara e Wilson Batista, 1950), "Lata d'água"(Luís Antônio e Jota Júnior, 1952) e os "Legados de Dom João VI" (Candeia, Waldir 59 e Picolino, de 1957[374]).

As duas vertentes de letras herdadas do século XIX – a de transmissão de "sentimento pessoal autocentrado", com predominância do lirismo de amor, e a vertente aqui designada como "divertida" – conhecem substancial ampliação no século XX.

---

[373] As agruras são de diferente naipe: *"É noite escura / Iaiá acende a vela / Sete Coroas / Bam-bam-bam lá na favela / (...) Meia dúzia já matou"* ("Sete Coroas", de Sinhô); *"Patrão, o trem atrasou / Por isso estou chegando agora / (...) O senhor não tem razão / Pra me mandar embora"* ("O trem atrasou", de Paquito, Estanislau Silva e Artur Vilarinho). A alegria mais proclamada é a que advém do próprio samba, desde o primeiro que foi composto ("Pelo telefone"), e do carnaval: *"Ai, ai, ai / dança o samba com calor, meu amor / ai, ai, ai / pois quem dança / não tem dor nem calor"* ("Pelo telefone", de Donga, com parcerias disputadas); *"Eu sou o samba / a voz do morro sou eu mesmo, sim senhor (...) / sou natural do Rio de Janeiro / sou eu quem levo a alegria / para milhões de corações brasileiros"* ("A voz do morro", de Zé Kéti). Entre as referências culturais, encontram-se as religiões afro-brasileiras: *"Eu tenho um breve / que me deram na Bahia / Num candomblé / que se rezava noite e dia"* ("Burro de carga / carga de burro", de Sinhô).

[374] Samba-enredo de 1957 da escola de samba "Portela".

Se, no século anterior, grande parte dos textos de canções de lirismo de amor ou outras formas de manifestação de sentimento centrada no próprio sujeito emissor constituíam musicalização de poemas, com raros exemplos de letras de música propriamente ditas, portanto com modesto leque passível de oferecer instâncias de investimento poético, no século XX abundam as letras e letristas, em todas as décadas, dedicados à manifestação, "verdadeira ou simulada", das diversas formas de sentimento.

No início do século, o consagrado lirismo amoroso de Catulo da Paixão Cearense ainda se situa em plano alheio a qualquer conexão com a vida real e expresso em linguagem rebuscada, caudalosa e altissonante[375]. Aos poucos, a vertente de lirismo de amor da canção popular brasileira passou, em seus melhores textos, a apresentar linguagem mais natural e construção mais depurada no tom e nas imagens.

Passou também a dotar o tradicional lirismo amoroso de conteúdo mais voltado para o depoimento pessoal, inclusive com referenciais da vida quotidiana, do que para a abstração de inalcançáveis musas. O lirismo de amor passa a ser impregnado pelo meio ambiente da vivência pessoal: a "musa" de Noel Rosa em "Três Apitos" é funcionária de uma fábrica de tecidos; na "Suíte dos pescadores", de Dorival Caymmi, a companheira de quem vai à pesca reza para haver bom tempo (*"Adeus, adeus / pescador, não esqueça de mim / vou rezar pra ter bom tempo, meu nego / pra não ter tempo ruim"*); "Chão de Estrelas", de Orestes Barbosa, é ambientado em barracão do morro do Salgueiro; a "Prece ao vento"[376], interpretada por Caymmi, pede que o *"vento que na beira lá da praia / escutava o meu amor a cantar"* diga onde esse amor se escondeu.

---

[375] A título de exemplo, em "Fadário", de 1903, versos de Catulo sobre música de Anacleto de Medeiros ("Medrosa") diziam: *"Na lira adorentada / um ai lateja, / à flor dos lábios meus/ teu nome adeja!..."*. Em "O que tu és", de 1906, escreve Catulo, também sobre música de Anacleto de Medeiros ("Três estrelinhas"), versos como *"Tuas tranças cheiram mais que as rosas trescalantes/ de um rosal,/ que a madrugada vem do orvalho perolar!/ És uma flor/ da fonte à margem de cristal!/ És um poema divinal! Teu colo amarfinado/ é o El Dorado/ da ilusão! / Formou-te Deus num sonho de arroubada inspiração!"*. Jairo Severiano e Zuza Homem de Mello registram que as duas composições foram "sucessos" nos anos indicados, 1903 e 1906 (in *A canção no tempo*, vol.1: 1901-1957, p. 22 e p. 30). Os versos encontram-se no livro *Modinhas*, de Catulo [Catullo] da Paixão Cearense, de 1943, respectivamente nas pp. 121/2 e na p. 79.

[376] De Fernando Luiz, Gilvan Chaves e Alcyr Pires Vermelho.

Como visto, o século XIX não foi estranho à produção de letras voltadas para aspectos da realidade externa ao sujeito emissor; porém estas não só representaram número reduzido por comparação com a quantidade composta no século XX, mas também se destacaram, precipuamente, pelo tratamento irônico ou satírico dos temas de que se ocupavam – isto é, integraram sobretudo a vertente "divertida". Também neste caso, os textos de canções com outro tipo de abordagem fugiam à caracterização como letra de música, pois eram, basicamente, ou hinos de cunho cívico ou poemas musicalizados[377].

A vertente "divertida" experimentou, no século XX, crescimento extraordinário, sob o especial impulso, mas não a ele limitado, da elaboração de composições especificamente destinadas a animar a festa de carnaval. A vertente "divertida" primou nas marchinhas de carnaval e fez-se presente em outros gêneros, como o maxixe, herdado do século anterior, o samba, o samba de breque e mesmo o roque. Legou músicas memoráveis, cujos refrões ou letras são conhecidos por qualquer brasileiro – entre dezenas de outras, "O teu cabelo não nega", dos Irmãos Valença e Lamartine Babo, e "Chiquita Bacana", de João de Barro (Braguinha). O conteúdo de certos textos é notável pela afirmação do valor da cultura popular (por exemplo, o "Maxixe aristocrático", de José Nunes[378]), e a sátira ou galhofa de muitos outros reveste-se de grande interesse histórico, pois acompanhou passo a passo a evolução da política brasileira, conforme atesta a excepcional coletânea recentemente publicada por Franklin Martins, *Quem foi que inventou o Brasil? – A música popular conta a História da República*[379].

---

[377] Por exemplo, "A mulata", poema de Mello Moraes Filho musicado por Xisto Bahia; "O africano e o poeta", poema de Narcisa Amália, de seu livro *Nebulosas*, de 1872, musicado por João Gomes d'Araujo na forma de modinha. O livro *Nebulosas* conheceu nova edição recentemente, em 2017. "O africano e o poeta" está publicado nas pp. 130-132 dessa edição.

[378] A autoria do "Maxixe aristocrático" é indicada por José Ramos Tinhorão em *Pequena história da música popular: segundo seus gêneros*, p. 95. A música, como registra o *Dicionário Cravo Albin da Música Popular Brasileira* (disponível em <http://dicionariompb.com.br/maxixe/dados-artisticos>, acesso em 01/05/2020), foi apresentada na revista "Cá e lá", em 1904. A letra inicia-se com a quadra "*O maxixe aristocrático/ Ei-lo que desbancará/ Valsas, polcas e quadrilhas/ Quantas outras danças há*", e a última quadra, que precede o terceto de encerramento, prevê que até o Papa aderirá à dança: "*Pois o próprio Santo Padre/ Sabendo do gozo que tem/ Virá de Roma ao Brasil/ Dançar maxixe também*". O terceto final diz: "*Mexe, mexe, mexe e remexe/ De prazer vamos dançar! / Ah, sim, dançar!*"

[379] Por exemplo, o samba "Fala meu louro", de Sinhô (J.B. da Silva), de 1920, sarcástico

O século XX acrescenta a exploração constante de outras três vertentes, até então pouco significativas, de atitude do sujeito emissor em sua aproximação ou tratamento da realidade social e cultural: (a) a laudatória; (b) a solidária ou afetiva, ou seja, aquela em que fica evidente a afinidade do sujeito emissor com a matéria de que se ocupa, sem que sua emoção pessoal se sobreponha ao tema tratado ou o ofusque; e (c) a seriamente crítica ou questionadora. Naturalmente, os limites entre essas vertentes são fluidos, dependentes de apreciação individual, e, por vezes, um mesmo texto pode apresentar mistura de veios diversos.

Já no início do século, a vertente laudatória marcava as letras de Eduardo das Neves. "A conquista do ar", de 1902, celebra a invenção do avião com versos ufanistas como o que reúne, ao mesmo tempo, personificação e hipérbole:

A Europa curvou-se ante o Brasil.

Assim como a ironia e sátira, a louvação de personagens e fatos em letras de música acompanhou, a par e passo, a evolução da história, de que também dá cabal testemunho a coletânea *Quem foi que inventou o Brasil*, de Franklin Martins[380].

A corrente laudatória manifestou-se em canções diversas, entre as quais a famosa "Feitiço da Vila", de Noel Rosa, de 1934, em tributo a seu bairro, Vila Isabel, no Rio de Janeiro, identificado como local que transforma o samba "num feitiço decente" e causa na natureza

em relação a Rui Barbosa, derrotado nas eleições presidenciais do ano anterior: *"Papagaio louro/ de bico dourado, / Tu falavas tanto/ Qual a razão que vives calado?"*. Franklin Martins anota que a autoria do samba "também era reivindicada pelo baiano Hilário Jovino Ferreira" (Martins, Franklin. *Quem foi que inventou o Brasil? – A música popular conta a história da República*. Vol. I – de 1902 a 1964, p. 78.).

380 Por exemplo, a marcha "Taí, seu Getúlio foi", de Juvenal de Abreu, de 1930, que comemora a chegada de Getúlio Vargas ao poder: *"Seu Getúlio foi, taí/ Quem é que disse que não ia, não/ E por que é que não devia ir/ Quem é Getúlio é do coração"* (in Martins, Franklin, *Quem foi que inventou o Brasil? –* Vol. I, pp. 147/8). A coletânea demonstra que chegou a haver quem homenageasse em letra até a bomba atômica. A letra da marcha "Bomba atômica", de Amado Régis, Osvaldo Chaves Ribeiro (Gadé) e Geraldo Batista inclui versos como: *"A bomba atômica é bem dinâmica/ Ela causa explosão astronômica (...)/ Hiroshima é uma prova/ Da eficiência dessa nova arma/ E o Sol Nascente sabe disso muito bem/ Fazer outra guerra não convém"* (in Martins, Franklin, *Quem foi que inventou o Brasil? –* Vol. I, pp. 540/1).

efeitos de prosopopeia: "(...) o samba/ que faz dançar os galhos / do arvoredo e faz a lua/ nascer mais cedo". Essa corrente afirmou-se nos sambas-exaltação, inaugurados com a "Aquarela do Brasil", de Ary Barroso, em 1939 – na qual despontam pleonasmos intensificadores de significado ("meu Brasil brasileiro", "esse coqueiro que dá coco") – e, mais tarde, seria dominante na quase totalidade nos enredos de escolas de samba, habitualmente dedicados a enaltecer episódios históricos, personalidades ou instituições.

É Ary Barroso protagonista ainda da vertente "afetiva ou solidária" com sua canção "Terra seca", de 1943, voltada ao sofrimento da população negra[381]. Na letra, *o nego pede licença prá falá*[382] e sua manifestação se encerra com o expressivo verso em que o corpo é "carregado" pelo idoso, como se fosse um fardo destacado dele próprio, e seu esforço para mover-se é acentuado pela aliteração com consoante oclusiva (k):

Sinhô, nego veio carrega este corpo cansado.

A vertente seriamente crítica ou questionadora, que assumirá especial relevância na década de 1960, insinua-se já em 1927 com "A favela vai abaixo", de Sinhô[383], e em composições como "Pedreiro Waldemar", de Wilson Batista e Roberto Martins, de 1949[384].

Pelo menos nas obras com valor poético, em qualquer das vertentes costuma patentear-se, ainda que em graus variados, o ponto de vista do sujeito emissor, fruto de sua "apreensão emocional ou intuitiva do mundo". Naturalmente, os tipos de atitude (sentimental, divertida, crítica, etc.) do sujeito emissor identificados nas diversas vertentes podem aplicar-se tanto à realidade propriamente dita, quanto à criada no mundo da imaginação, a que também pertence a poesia.

---

381 "*O nego tá moiado de suó/ trabaia, trabaia, nego (...)/ as mãos do nego tá que é calo só/ trabaia, trabaia, nego (...)*".

382 Jairo Severiano e Zuza Homem de Mello observam que, "com o passar do tempo", a letra foi considerada conformista por "alguns", com "postura submissa" do personagem (In *A canção no tempo*, vol.1: 1901-1957, p. 219).

383 Eis versos da letra de Sinhô: "*Minha cabocla, a favela vai abaixo/ (...) Vê agora a ingratidão da humanidade/ (...) Que sem brilho vive pela cidade/ (...) Isto deve ser despeito dessa gente/ Porque o samba não se passa para ela*".

384 De "Pedreiro Waldemar": "*Se tem almoço, nem sempre tem jantar/ O Waldemar, que é mestre no ofício/ Constrói um edifício / E depois não pode entrar*".

A letra de "Geni e o zepelim", de Chico Buarque, por exemplo, é totalmente imaginária quanto à situação que descreve e, ao mesmo tempo, seriamente crítica de formas de comportamento social marcadas por cinismo, hipocrisia e ingratidão: Geni – "um poço de bondade", cujo corpo "é dos errantes/ dos cegos, dos retirantes/ de quem já não tem mais nada" – recebeu sempre o opróbrio público ("joga pedra na Geni"), mas não deixou de atender aos pedidos da população ("tão sinceros, tão sentidos") para deitar-se, contra a sua vontade, com o comandante de um zepelim, exigência que ele formulara para salvar a cidade de sua ameaça de "tudo explodir"; Geni "entregou-se a tal amante/ como quem dá-se ao carrasco", e o comandante "nem bem amanhecia/ partiu numa nuvem fria/ com seu zepelim prateado"; porém, tão logo "raiou o dia", ela voltaria a ser objeto do mesmo tipo de humilhação da "cidade em cantoria" ("joga pedra na Geni"). "Geni e o zepelim" é exemplo de texto em que a. narrativa fantasiosa serve, sobretudo, à manifestação de um ponto de vista subjetivo do eu lírico.

A poesia em letras de música popular brasileira encontrará seu apogeu em autores que estrearam na década de 1960.

Contudo, o século passado ofereceu, já desde as primeiras décadas, exemplos de investimento poético esparsos em composições de múltiplos letristas.

O próximo capítulo dedicará seções específicas a quatro letristas, anteriores àqueles lançados na década de 60, cuja obra convida a tratamento à parte: *Catulo da Paixão Cearense*, *Noel Rosa*, *Orestes Barbosa* e *Vinicius de Moraes*, que escreveram, respectivamente, textos notáveis como os de "Luar do Sertão", "O gago apaixonado", "Chão de estrelas" e "Apelo".

Vinicius de Morais ocupa um lugar especial na história da evolução da elaboração de letras de música popular brasileira: principal letrista da bossa nova, já então poeta consagrado, seus textos combinavam linguagem simples com sofisticados recursos poéticos. Projetou a literatura erudita na canção popular, influenciou e simbolizou a transição para a emergência, na década de 1960, do grupo de letristas em cujas obras primará, como na dele, a presença da poesia.

Mas vários outros letristas, além daqueles quatro, contribuíram para a poética das canções no mesmo período. Apresentam-se, a seguir, exemplos de contribuições de diferentes autores.

Entre obras da década de 1920, seleciona-se, em primeiro lugar, trecho de "À beira-mar", de 1922, composição com música de Freire

Júnior e letra do poeta sergipano Hermes Fontes (1888-1930), na qual se destacam a imagem da saudade como uma "janela" e a invenção do advérbio "longemente", capaz de unir as impressões de distância e lentidão com que "a voz do mar" vai "morrendo":

pela janela da saudade
olhas o mar ao sol-poente
e vai morrendo, longemente
em teu adeus crepuscular
a voz do mar.

Sinhô (José Barbosa da Silva, 1888-1930), comporia, no final da década[385], "Cansei", com versos em que o caminho percorrido passa, em gradação, de físico a imaterial, e deste a algo ainda mais impreciso:

(...) fui de plaga em plaga
o além do além
numa esperança vaga.

Também pertence a Sinhô a autoria de "Confissões de amor"[386], cujos melodiosos versos, no vaivém dos pronomes possessivos que qualificam olhos –

Somente por querer
A luz dos olhos teus
Só para os meus
Que sem os teus
Irá morrer –,

parecem antecipar os de Vinicius de Moraes sobre tema afim: "*Quando a luz dos olhos meus/ e a luz dos olhos teus/ resolvem se encontrar*" ("Pela luz dos olhos teus", em parceria com Toquinho).

Freire Júnior (1881-1956), parceiro de Hermes Fontes em "À beira-mar", é autor exclusivo do maxixe "Café com leite", apresentado

---

385 "Cansei" é datada de 1929.
386 "Confissões de amor" foi gravada em 1930 pelo cantor Gastão Formenti, como anota o *Dicionário Cravo Albin da Música Popular Brasileira*, verbete Gastão Formenti (http://dicionariompb.com.br/gastao-formenti/dados-artisticos> acesso em 26/10/2019).

em 1926 no teatro de revista homônimo (no Teatro São José, Rio de Janeiro). A divertida letra estrutura-se sobre a comparação entre a tradicional articulação, na República Velha, para a escolha do presidente da República – a chamada "república café com leite", pois costumavam alternar-se no poder políticos de São Paulo e Minas Gerais – e a preparação de uma receita alimentar[387]:

> *Nosso Mestre Cuca movimentou*
> *o Brasil inteiro*
> *pois cada um Estado para cá mandou*
> *o seu cozinheiro.*

Muitos são os letristas que se projetaram na década de 1930. O estudioso Ricardo Cravo Albin identifica com aquela década, entre outros nomes, os de Noel Rosa, Orestes Barbosa, Braguinha, Wilson Batista, Lamartine Babo, Ary Barroso, Lupicínio Rodrigues, Dorival Caymmi, Capiba, Roberto Martins e Assis Valente[388]. Já se mencionaram, ainda que de passagem, composições de alguns desses letristas (entre eles, Braguinha e Wilson Batista) e reservam-se comentários sobre a obra de Noel Rosa e Orestes Barbosa para seções do próximo capítulo. As citações que seguem são extraídas de letras dos demais autores, aos quais se acrescenta Almirante, igualmente identificável com a década de 30.

Em observação sobre Lamartine Babo, Cravo Albin ressalta em sua obra "um 'non-sense' insuperável, autor do surreal e do absurdo, o que talvez seja a sua contribuição estética mais importante para a cultura musical do país". Exemplifica com a marchinha "História do Brasil", que qualifica de "um verdadeiro painel surrealista e premonitoriamente tropicalista": *Quem foi que inventou o Brasil / Foi Seu Cabral / No dia 22 de abril/ Dois meses depois do carnaval*"[389].

Outro exemplo de Lamartine na mesma linha, mas talvez ainda mais radical, é a "Canção pra inglês ver", de que se reproduz um segmento[390]:

---

387 Na observação de Franklin Martins, "poucos textos políticos seriam capazes de explicar de modo tão claro e com tanto talento a engenharia das eleições presidenciais na República Velha como 'Café com leite'". In Martins, Franklin. *Quem foi que inventou o Brasil?*, Vol. I – de 1902 a 1964, p. 87.
388 Albin, Ricardo Cravo. MPB: *a história de um século*, p. 165.
389 Albin, Ricardo Cravo. MPB: *a história de um século*, p. 59.
390 Carlos Rennó qualifica a "Canção pra inglês ver" como "exemplo de absorção criativa

> ou ies mai gless salada de alface flay tox mail til
> oh istende oiu ou ié forguet not mi
> ai Jesus abacaxi uisqui of xuxu
> malacacheta independancin dei
> istrit flexi me estrepei
> delícias de inhame reclaime de andaime
> mon Paris jet'aime sorvete de creme
> ou ies mai veri gudi naiti
> dubli faiti isso parece uma canção do oeste[391].

Já em "Serra da Boa Esperança", Lamartine Babo oferece a imagem de uma rima entre olhos, que pode ser também considerada eventualmente como sinestesia:

> Nós, os poetas, erramos
> Porque rimamos, também
> Os nossos olhos nos olhos
> De alguém que não vem.

Em textos de Ary Barroso e de Lupicínio Rodrigues (1914-1974) encontram-se símiles dignos de registro. De Ary Barroso, na música "Risque":

> Creia
> Toda quimera se esfuma
> Como a beleza da espuma
> Que se desmancha na areia; e

de Lupicínio Rodrigues, em "Quem há de dizer", com parceria musical de Alcides Gonçalves:

> Repare bem que toda vez
> que ela fala
> Ilumina mais a sala
> do que a luz do refletor.

---

[391] do surrealismo". In *O voo das palavras cantadas*, p. 176.
Fonte em que se pauta a grafia: <https://cifrantiga3.blogspot.com/2006/04/cano-para-ingls-ver.html>, acesso em 27/10/2019.

Lupicínio Rodrigues, compositor gaúcho (Porto Alegre), notabilizou-se pelas letras em que sobressaem os temas do amor frustrado, da traição, da "dor de cotovelo": *"Eu não sei se o que trago no peito/ É ciúme, é despeito, amizade ou horror/ Eu só sinto é que quando a vejo/ Me dá um desejo de morte ou de dor"* (de "Nervos de aço"). Apesar de simples, os versos mostram força poética que não deixa de ter respaldo em sistema de rimas, mas parece derivar, sobretudo, do próprio significado do texto, como, no caso de "Cadeira vazia" (parceria musical de Alcides Gonçalves), a amargura que permeia o contraste entre a disposição de prestar apoio material e a recusa à retomada de vínculo espiritual ou amoroso:

> *Vou te falar de todo coração*
> *Eu não te darei carinho nem afeto,*
> *Mas pra te abrigar, podes ocupar meu teto*
> *Pra te alimentar, podes comer meu pão.*

Dorival Caymmi (1914-2008), em dois versos de canção laudatória, resume, com recurso a falso oxímoro e paralelismo anafórico, a identidade étnica e uma avaliação cultural da capital da Bahia:

> *São Salvador, Bahia de São Salvador*
> *a terra do branco mulato,*
> *a terra do preto doutor.*

O "branco mulato" é um oxímoro, mas não onde a miscigenação assegura que a classificação como "branco" possa ser essencialmente artificial em confronto com a realidade. A união de conceitos falsamente díspares do sintagma "branco mulato" transfere-se, de modo sutil, pelo paralelismo da construção sintática ("a terra do"), para o sintagma do "preto doutor" do verso seguinte: se, em outras áreas do país, a discriminação social e racial impede que a formação superior constitua traço disseminado na população negra, assim não ocorre, na louvação de Caymmi, em Salvador.

O compositor pernambucano Capiba (1904-1997) foi autor da letra e melodia da quase totalidade de suas canções. Na famosa "Maria Betânia" destaca-se o paradoxo dos versos

> *"Porém também sinto saudades*

> *Do beijo que nunca te dei*",

enquanto em letra de animado frevo se faz presente a metáfora:

> *Nós somos madeira de lei que cupim não rói.*[392]

Outra demonstração de linguagem metafórica em movimentada música está na letra de "Cai, cai", de Roberto Martins (1909-1992):

> *Cai a chuva no telhado*
> *Teu olhar caiu no meu*
> *Cai a cinza do passado*
> *Sobre um sonho que morreu*
> *(...)*
> *E muita gente cai à toa*
> *Outras caem com razão*
> *A saudade é uma garoa*
> *Caindo no coração.*[393]

Almirante (Henrique Foréis Domingues, 1908-1980) estabelece duplo sentido para a palavra "batente" na música que leva esse nome; nela, a expressão "no batente" adquire, por sua aproximação com "bater pandeiro" e "bateria", significado exatamente oposto ao de "trabalho diário, ocupação com que se ganha a vida" que consta em dicionários:

> *Queria te ver no batente*
> *Sambando com a gente*
> *No morro do Salgueiro*
> *Queria te ver sem orgulho*
> *Fazendo barulho*
> *Batendo pandeiro.*
> *Sobe lá no morro*
> *Para ver o que é orgia*
> *Ver a bateria*
> *Ver o tamborim.*[394]

---

[392] Verso final da música "Madeira que cupim não rói".
[393] Roberto Martins compôs igualmente a melodia de "Cai, cai", êxito no carnaval de 1940.
[394] Fragmento de "Batente", letra e música de Almirante.

Inscrita na vertente "divertida" de letras de música, "Tem francesa no morro", de Assis Valente (1911-1958), inclui a criação de um delicioso "aculá", assim grafado, como se fosse termo francês:

> *Donnez-moi s'il vous plaît l'honneur de danser avec moi*
> *Danse Ioiô*
> *Danse Iaiá*
> *(...)*
> *Quand la danse commence on danse ici, on danse aculá.*[395]

À década de 1940 vinculam-se os dois grandes letristas que foram parceiros do "rei do baião" Luiz Gonzaga – primeiro, o cearense Humberto Teixeira (1915-1979), responsável, com Gonzaga, pela popularização do baião em termos nacionais, e, já a partir de 1949, o pernambucano Zé Dantas, também identificado como Zédantas (José de Souza Dantas Filho, 1921-1962)[396].

Humberto Teixeira escreveu, entre outras, a letra de "Asa branca", sobre o retirante da seca do sertão, que, ao partir, disse adeus a Rosinha ("guarda contigo meu coração") e que, afastado e só, espera "a chuva cair de novo" para voltar. Dirige-se a Rosinha outra vez na última estrofe, com versos nos quais declara que voltará

> *Quando o verde dos teus olhos*

---

[395] Assis Valente nasceu em Salvador, Bahia, e mudou-se jovem para o Rio de Janeiro, onde faleceu. Conforme comenta Moacyr Andrade, "(...) o baiano Assis Valente fez todos os sambas, na forma como na essência, dentro da norma carioca – no ritmo, na estrutura e na linguagem. São quase sempre crônicas da vida do Rio, o quadro de costumes flagrado invariavelmente do ângulo mais interessante, de preferência com a acentuação do toque lúdico". In Andrade, Moacyr. *Assis Valente*, p. 6.

[396] De acordo com o *Dicionário Cravo Albin da Música Popular Brasileira*, foram gravadas mais de quatrocentas composições de Humberto Teixeira, de autoria exclusiva ou com diferentes parceiros; a parceria com Luiz Gonzaga ocorreu entre 1945 e 1950 (verbete sobre Humberto Teixeira). Conforme a mesma fonte, em 1949 Luiz Gonzaga "lançou as primeiras parcerias com Zédantas", como o baião 'Vem morena'" e o "Forró de Mané Vito" (verbete Luiz Gonzaga). O verbete sobre Zé Dantas no mesmo dicionário evidencia que foi autor de numerosas composições, majoritariamente em parceria com Luiz Gonzaga, mas também sozinho ou com outros parceiros (o *Dicionário Cravo Albin* está disponível em <http://dicionariompb.com.br/>, acesso em 01/05/2020). "Asa branca", com letra de Humberto Teixeira, data de 1947. "Vozes da seca" e "O xote das meninas", com letras de Zé Dantas, datam de 1953.

Se espalhar na plantação.[397]

Fica nesses versos implícita a comparação entre a cor dos olhos de Rosinha e a desejada cor da vegetação. E aqui se fundem as duas expectativas do eu lírico, o de reencontro com Rosinha e com o sertão livre da seca, pois já agora o verde da plantação deriva tanto da chuva quanto dos olhos dela. A referência à cor verde por quem aguarda a mudança de condições para regressar ao sertão parece sublinhar também a esperança, geralmente associada àquela cor.

Zé Dantas, na letra de "Vozes da seca", voltada para reivindicação político-social, mesmo que de modo resignado (apelo ao detentor do poder), formula um verdadeiro adágio ao criticar a limitada ajuda da parte rica do país para que o Nordeste enfrente o flagelo da seca:

Seu doutô os nordestino têm muita gratidão
Pelo auxílio dos sulista nessa seca do sertão
Mas doutô uma esmola a um homem qui é são
Ou lhe mata de vergonha ou vicia o cidadão.

Na letra de "O xote das meninas", dedicado ao momento da vida em que a menina "enjoa da boneca" e "só quer/ só pensa em namorar", Zé Dantas registra, ao final, como conclusão médica, "que o mal é da idade" e

Não tem um só remédio em toda a medicina.

A formulação do verso chama atenção pela construção que, para reforçar o significado, se afasta de opções capazes de traduzir a mesma ideia com expressões usuais. A intensificação do significado

---

[397] Em depoimento, Humberto Teixeira negou, genérica e simpaticamente, que houvesse "divisão de trabalho" entre letrista e compositor da música em sua parceria com Luiz Gonzaga: "muita gente (...) diz que eu sou o letrista das músicas do Luiz Gonzaga. Não existe nada disso, muitas delas são minhas, integralmente, letra, música, tudo, como muitas são do Luiz. A nossa parceria, eu costumo dizer que não sei onde começa o poeta e onde termina o músico, era uma parceria muito indestrutível". Contudo, no mesmo depoimento, deixa claro ter sido o autor da letra de "Asa branca": "Mas quando eu morri um pouco foi quando eu tive oportunidade de cantar a saga da asa branca, no seu voo derradeiro, fugindo à fornalha crepitante da seca". In Azevedo, Miguel Angelo de (Nirez). *Humberto Teixeira: voz e pensamento*, p. 43 e p. 74.

obtém-se por afastar-se de formas mais simples como seriam (mantido o uso coloquial de "ter" na acepção de "haver") "não tem remédio", "não tem qualquer remédio", ou mesmo – o que já constituiria uma intensificação pleonástica – "não tem remédio na medicina". O letrista optou por fórmula em que o pleonasmo é acentuado pelo contraste entre a inexistência de "um só" remédio "em toda a" medicina.

Estreante também na década de 1940, Luís Antônio (Antônio de Pádua Vieira da Costa, 1921-1996) destaca-se pela solidariedade social que se manifesta em suas músicas, apesar de sambas destinados a êxito em carnaval, entre as quais "Lata d'água" e "Zé Marmita"[398]. Jairo Severiano e Zuza Homem de Mello formulam interessante comentário sobre verso da quadra inicial de Zé Marmita:

> *Quatro horas da manhã*
> *Sai de casa o Zé Marmita*
> *Pendurado na porta do trem*
> *Zé Marmita vai e vem.*

Observam Severiano e Mello: "Num apreciável poder de síntese, o compositor Luís Antônio chega a usar no verso 'Zé Marmita vai e vem' essa expressão com duplo significado: o fato de diariamente o protagonista ir e vir do trabalho pendurado na porta do trem, e sua perigosa situação de pingente, que se balança, para lá e para cá, precariamente equilibrado do lado de fora do vagão"[399].

Em 1957, uma música de êxito foi "A Flor e o espinho", com letra de Guilherme de Brito (Rio de Janeiro, 1922-2006), que estreara na própria década de 1950, e parceria de Nelson Cavaquinho e Alcides Caminha. A letra da canção abre com dois versos nos quais a antítese sorriso/dor assume também a forma de bloqueio/passagem, mas, no caso, com a amargura de sinais trocados em relação ao que seria de esperar-se, pois quem pede passagem é a dor, e não a alegria:

> *Tire o seu sorriso do caminho*

[398] "Lata d'água", parceria de Luís Antônio e Jota Júnior, teve êxito no carnaval de 1952 e "Zé Marmita", de Luís Antônio e Brasinha, em 1953, como informam Jairo Severiano e Zuza Homem de Melo em *A canção no tempo*, Vol. 1, p. 292 e p. 299. "Lata d'água" inicia-se com a estrofe "*Lata d'água na cabeça/ Lá vai Maria, lá vai Maria / Sobe o morro e não se cansa/ Pela mão leva a criança/ Lá vai Maria*".

[399] Severiano, Jairo; e Mello, Zuza Homem de. *A canção no tempo*, Vol. 1, p. 299.

Que eu quero passar com a minha dor.

Igualmente estreante na década de 1950, o baiano Gordurinha (Waldeck Artur Macedo, 1922-1969) compôs com Nelinho "Súplica cearense". A letra trata do fenômeno de enchentes que por vezes se seguem a período de seca no Nordeste brasileiro. O eu lírico pede perdão a Deus por ter rezado "pra chuva cair sem parar", de modo a "acabar com o inferno/ que sempre queimou o meu Ceará". As três estrofes iniciam-se, em paralelismo, com a interjeição "Oh! Deus". Na terceira, o eu lírico imagina ser o responsável pelo desastre de "toda a chuva que há", por "não saber rezar", uma atitude de suprema humildade, que agrava o tom dramático da súplica. Há, na estrofe, uma rima pouco usual, mas perfeitamente possível em determinado tipo de pronúncia (perdoe/foi):

Oh! Deus, se eu não rezei direito o Senhor me perdoe
Eu acho que a culpa foi
Desse pobre que nem sabe fazer oração.[400]

Estreante, do mesmo modo, na década de 1950, como cantora e, logo adiante, como compositora, a carioca Dolores Duran (Adileia Silva da Rocha, 1930-1959) é coautora, em parceria com Ribamar, de "Pela rua", que contém a metáfora plástica do lamento que "risca a noite":

No ar parado passou um lamento
Riscou a noite e desapareceu.[401]

Juntamente com Fernando César Pereira, Dolores Duran compôs outra música em que sobressai o símile, "Arrependimento":

o seu perdão caiu que nem esmola
sobre a minha dor.

---

[400] Como informa o *Dicionário Cravo Albin da Música Popular Brasileira*, verbete "Gordurinha", a "Súplica cearense" foi gravada em 1960. Em <http://dicionariompb.com.br/gordurinha/dados-artisticos> (acesso em 29/04/2020).

[401] Esses versos são reproduzidos também por Jorge Marques em seu livro *Finas flores: mulheres letristas na canção brasileira*, p. 68.

A esse símile seguem-se os versos que o contextualizam: "*como se fosse pecado eu sonhar/ eu tentar outro amor*". A comparação do perdão com "uma esmola" é tornada especialmente contundente por se tratar de uma esmola que não foi entregue, mas "caiu", e não nas mãos ou nos ouvidos, mas "sobre a dor". A esmola, substantivo concreto que funciona como termo de união entre dois abstratos, o perdão e a dor como sofrimento amoroso, também tem seu conteúdo espiritual de solidariedade subvertido pelo sentido amargo em que é empregado no símile.

Acrescente-se que Dolores Duran é compositora (letra e música de sua autoria) de famosa canção, "A noite do meu bem", estruturada tanto em paralelismo, quanto em anáfora: ("*Hoje eu quero a rosa mais linda que houver/ e a primeira estrela que vier/ para enfeitar a noite do meu bem// Hoje eu quero a paz de criança dormindo (...)// Quero a alegria de um barco voltando/ quero a ternura de mãos se encontrando*").[402]

O paulista Adoniran Barbosa, que já na década de 1930 tivera canção de sua autoria gravada, compôs, em 1960, em parceria com Osvaldo Moles, "Tiro ao Álvaro", que se distingue pelo símile da flechada do olhar e da transformação em tábua de tiro ao alvo de quem o recebe, ambos os termos expressos com a graça de um modo de falar que se distancia da língua culta, a ponto de permitir, mais adiante na letra, até uma rima de "automóvel" com "revólver":

>   De tanto levar
>   "Frechada" do teu olhar
>   Meu peito até parece sabe o quê?
>   "Táubua" de tiro ao Álvaro
>   Não tem mais onde furar
>   (...)
>   Teu olhar mata mais que atropelamento
>   De "automóver"
>   Mata mais que bala de "revórver".

Com longa carreira de letrista e prolífica produção, que remonta à década de 1930, David Nasser escreveu, em 1958, a letra de "Atiraste

---

[402] "Pela rua" foi composta em 1957 e "A noite do meu bem", em 1959. "Arrependimento" é anterior a 1959, pois foi gravada, nesse ano, por Dircinha Batista.

uma pedra", canção em parceria com Herivelto Martins. A letra convida à transcrição integral, tanto pela articulação em paralelismos (utilizada, à mesma época, por Vinicius de Moraes em "Eu sei que vou te amar, parceria com Tom Jobim), quanto, e especialmente, pela construção metafórica:

> Atiraste uma pedra
> No peito de quem
> Só te fez tanto bem
> E quebraste um telhado
> Perdeste um abrigo
> Feriste um amigo
> Conseguiste magoar
> Quem das mágoas te livrou
> Atiraste uma pedra
> Com as mãos que esta boca
> Tantas vezes beijou
>
> Quebraste um telhado
> Que nas noites de frio
> Te servia de abrigo
> Feriste um amigo
> Que os teus erros não viu
> E o teu pranto enxugou
> Mas acima de tudo
> Atiraste uma pedra
> Turvando essa água
> Essa água que um dia
> Por estranha ironia
> Tua sede matou.

A partir de fins da década de 1950, os letristas da bossa nova, e sobretudo o principal deles, Vinicius de Moraes, um dos grandes poetas do Modernismo brasileiro, dotaram a música popular de textos que combinam a simplificação da linguagem com apurado e diversificado uso de recursos poéticos.

Nas letras de Vinicius encontram-se, por um lado, o emprego "carinhoso", aliás repetidamente, de "coisa", termo simples e prosaico (presente em "Garota de Ipanema", "Minha namorada", "Coisa mais linda"[403]), e, por outro lado, o requinte da estrofe com símiles delicados e sucessivos de "A Felicidade":

> *A felicidade é como a gota*
> *de orvalho numa pétala de flor*
> *brilha tranquila*
> *depois de leve oscila*
> *e cai como uma lágrima de amor.*

O próximo capítulo dedicará uma seção a Vinicius de Moraes, nome que, como assinalado, representa a transição para o conjunto de letristas que estreia na década de 1960 e constitui o apogeu da poética na canção popular brasileira.

Newton Mendonça (1927-1960), carioca, é o letrista, ou o mais relevante coautor das letras, de músicas primordiais da bossa nova, em parceria com Tom Jobim, entre elas as de "Desafinado" e "Samba de uma nota só", nas quais estudiosos ressaltam a exemplar articulação entre o texto e a melodia. A expressão "o amor, o sorriso e a flor", que deu título a um álbum do "papa" da bossa nova, João Gilberto, e é às vezes utilizada como simbólica, senão da bossa nova como um todo, ao menos de sua orientação dominante, pertence a uma composição de autoria de Mendonça, junto com Jobim ("Meditação"): *"o amor, o sorriso e a flor / se transformam depressa demais"*[404].

O outro letrista de destaque da bossa nova foi Ronaldo Bôscoli (carioca, 1928-1994). A sua letra da "Canção que morre no ar", em parceria com Carlos Lyra, oferece uma metáfora de extraordinária visualidade, na qual se pode enxergar o gesto da mão que produz o adeus até que este se desfaça:

---

403 Em "Garota de Ipanema", música em parceria com Tom Jobim: *"Olha que coisa mais linda/ Mais cheia de graça"*; em "Minha namorada", parceria com Carlos Lyra, *"Se quiser ser somente minha/ Exatamente essa coisinha/ Essa coisa toda minha/ Que ninguém mais pode ser"*; em "Coisa mais linda", também parceria com Carlos Lyra, o título e *"Coisa mais bonita é você/ Justinho você"*.

404 "Meditação" data de 1960. Em *A canção no tempo*, vol. 2, Jairo Severiano e Zuza Homem de Mello comentam que "Jobim e Mendonça trabalhavam juntos música e letra, com a predominância do primeiro na música e do segundo na letra" (p. 41), observação que também aplicam, especificamente, à música "Meditação" (p. 39).

morre no ar
o sempre mesmo adeus.

Em letra que tem como tema a cidade do Rio de Janeiro – canção intitulada "Rio", em parceria com Roberto Menescal –, Bôscoli faz uso de paronomásia definidora do objeto que canta:

É sol, é sal, é sul.[405]

No campo específico das letras de música, o traço fundamental do grupo de compositores revelados na década de 60 consistiu na elaboração da linguagem, quer pela inovação e modernização (procedimentos inéditos ou inabituais como colagem, frases nominais, distribuição de ideias sem explicitação de conexão lógica), quer pelo extremo refinamento e criatividade no quadro de estruturas discursivas tradicionais.

Esse grupo – que se poderia designar como "geração de 60", com liberdade de uso da expressão "geração" no sentido limitado de lançamento na mesma década – foi projetado, essencialmente, pelos festivais de música popular que marcaram a segunda metade do decênio, especialmente os transmitidos por duas emissoras de televisão[406].

Caetano Veloso e Gilberto Gil são geralmente vistos como os representantes da inovação e modernização, de que constituíram ícones as letras de "Alegria, alegria", de autoria do primeiro, e "Domingo no parque", do segundo, ambas concorrentes no III Festival da Música Popular Brasileira da TV Record (São Paulo), em setembro/outubro de 1967. Esse destaque é justo quando se leva também em conta a produção de ambos os autores desde então, ampla e sempre inventiva.

No entanto, ao se recordar a modernização de letras na década de 1960, e até no ano preciso de 1967, os nomes de Torquato Neto e

---

[405] Charles Perrone nota que "as variações vocálicas" desse verso "parecem emprestadas de um poema de Oswald de Andrade". In Perrone, Charles A. *Letras e letras da música popular brasileira*, p. 29. Perrone alude, no caso, a "Hip! Hop! Hoover!", escrito por Oswald de Andrade em 1928, com os versos iniciais "*América do Sul / América do Sol / América do Sal*". In Andrade, Oswald de. *Cadernos de poesia do aluno Oswald (Poesias reunidas)*, pp. 174-175.

[406] Os festivais de maior impacto, entre os vários promovidos no período, foram os anualmente transmitidos pela TV Record de São Paulo (Festival da Música Popular Brasileira) e pela TV Globo do Rio de Janeiro (Festival Internacional da Canção Popular).

Capinan devem ser colocados no mesmo plano de Caetano Veloso e Gilberto Gil: assim como "Alegria, alegria", considerada a "primeira música tropicalista"[407], um marco inicial de renovação, também datam de 1967 as letras de "Marginália 2" (Torquato Neto) e "Soy loco por ti, América" (Capinan), em que se revelam procedimentos igualmente renovadores[408]. Torquato e Capinan, na companhia ainda de Tom Zé, formaram com Caetano e Gil o leque de letristas responsáveis por composições feitas para o disco (LP) coletivo *Tropicália ou Panis et Circencis*, de 1968[409] – de acordo com Charles Perrone, "realização única do projeto estético contido na canção 'Tropicália'"; o "movimento artístico homônimo", anota, foi "curto, porém influente"[410].

407 Favaretto, Celso. *Tropicália, alegoria, alegria*, p. 21.
408 Nos dois casos, com parceria musical de Gilberto Gil; as datas de composição constam do livro *Gilberto Gil: todas as letras: incluindo letras comentadas pelo compositor* (org. Carlos Rennó), p. 95 e p. 99. "Soy loco por ti, América" é uma das faixas de LP de 1968 de Caetano Veloso, que contém "Tropicália". "Marginália 2" fez parte do LP do mesmo ano de Gilberto Gil, que inclui "Domingo no parque" (disco intitulado *Gilberto Gil* e também identificado como "Frevo rasgado"). Charles Perrone comenta que certas composições do LP de Caetano Veloso "antecipam a articulação da Tropicália como um movimento" e que determinadas faixas do LP de Gilberto Gil, inclusive "Marginália 2", "podem ser consideradas como primeiras manifestações do fenômeno cultural tropicalista". In Charles Perrone, *Letras e letras da MPB*, p. 70.
409 O álbum *Tropicália ou panis et circencis* foi lançado em julho de 1968. Dele não consta a música "Tropicália", de Caetano Veloso, que havia integrado o LP do compositor lançado em março daquele ano. No álbum *Tropicália ou panis et circencis*, Torquato Neto é autor das letras de "Geleia Geral" (música de Gil) e "Mamãe Coragem" (música de Caetano); Capinan, da letra de "Miserere Nobis" (música de Gil); e Tom Zé, da letra e música de "Parque industrial". No título do LP, consta a grafia "circencis"; Perrone, no entanto, utiliza a forma "circensis" (*Letras e letras da MPB*, p.73). Esta grafia é a que aparece no título da letra da música "Panis et circensis", composição em coautoria de Caetano Veloso e Gilberto Gil, da qual se tratará adiante. Em seu livro *Verdade tropical*, Caetano Veloso tece bem-humorado comentário sobre o erro de grafia na fórmula latina. Indica que, "na verdade, a forma em que a expressão se fez famosa é 'panis et circenses', esta última palavra sendo um adjetivo que, no plural, substantiva-se no significado de 'coisas do circo'" (Veloso, Caetano. *Verdade tropical*, pp. 288/289). Em realidade, a expressão consagrada é "Panem et circenses", constante, por exemplo, do *Dicionário Houaiss da Língua Portuguesa* e da seção de "Locuções latinas, gregas e estrangeiras" do *Petit Larousse Illustré* (Paris: Larousse, 2002).
410 Charles Perrone, *Letras e letras da MPB*, pp. 72-73. Celso Favaretto frisa que o "tropicalismo (...) era uma posição definidamente artística, musical" (Favaretto, Celso. *Tropicália, alegoria, alegria*, p. 30). Frederico Coelho recorda que "Tropicália", nome de obra de Hélio Oiticica [exposta no Museu de Arte Moderna do Rio de Janeiro em março de 1967], foi sugerido para título da música de Caetano Veloso pelo produtor

Em comentário sobre a letra de "Alegria, alegria", Celso Favaretto frisa a "linguagem caleidoscópica" e "o procedimento de enumeração caótica e de colagem". Também em relação a "Tropicália" realça a "enumeração caótica das imagens na letra"[411].

Efetivamente, esses procedimentos inovadores estão presentes naquelas letras de Caetano Veloso:

(...)
O sol se reparte em crimes
Espaçonaves, guerrilhas
Em Cardinales bonitas
Eu vou

Em caras de presidentes
Em grandes beijos de amor
Em dentes, pernas, bandeiras
Bomba e Brigitte Bardot (...)[412]

(...)
O monumento é de papel crepom e prata
E os olhos verdes da mulata
A cabeleira esconde atrás da verde mata
O luar do sertão
O monumento não tem porta
A entrada é uma rua antiga, estreita e torta
E no joelho uma criança sorridente, feia e morta
Estende a mão (...)[413]

Contudo – e aqui se antecipa, somente para fins de comparação, o

---

de cinema Luís Carlos Barreto (Coelho, Frederico. *Eu, brasileiro, confesso minha culpa e meu pecado: cultura marginal no Brasil nas décadas de 1960 e 1970*, p. 134). Coelho propõe "um breve exercício de reflexão", no qual "tropicalismo musical e tropicália não devem ser sobrepostos ou confundidos. (...) [B]usco não restringir um processo amplo de transformação cultural do país (que podemos balizar precariamente entre 1964 e 1974) a um de seus momentos (o tropicalismo musical de 1967-1968), mesmo que este tenha sido o ponto mais significativo e bem documentado desse processo" (op. cit., p. 117).

411 Favaretto, Celso. *Tropicália, alegoria, alegria*, p. 20, p. 21 e p. 64.
412 De "Alegria, alegria".
413 De "Tropicália".

tratamento, que será retomado mais adiante, de letras de Torquato Neto e dos demais autores citados em conexão com o tropicalismo –, também estão presentes procedimentos assemelhados aos exibidos por Caetano Veloso em letras de Torquato – "Marginália 2", do mesmo ano de "Alegria, alegria", e "Geleia geral", do mesmo ano da música "Tropicália". Aliás, "Geleia geral" funcionou como "faixa manifesto"[414] do LP coletivo *Tropicália ou panis et circencis*. Cada qual com seu estilo, Caetano Veloso e Torquato Neto cultivavam inovações parecidas, tal como o faziam, à mesma época, Gilberto Gil e Capinan. Eis versos de Torquato Neto:

> *Eu, brasileiro, confesso*
> *Minha culpa, meu degredo*
> *Pão seco de cada dia*
> *Tropical melancolia*
> *Negra solidão*
> *(...)*
> *A bomba explode lá fora*
> *E agora, o que vou temer?*
> *Oh, yes, nós temos banana*
> *Banana pra dar e vender*
> *Olelê, lalá*
> *Aqui é o fim do mundo.*[415]
>
> *(...)*
> *A alegria é a prova dos nove*
> *E a tristeza é teu porto seguro*
> *Minha terra é onde o Sol é mais limpo*
> *E a Mangueira é onde o samba é mais puro*
> *Tumbadora na selva selvagem*
> *Pindorama – país do futuro*
> *(...)*
> *Um poeta desfolha a bandeira*
> *E eu me sinto melhor colorido*
> *Pego um jato viajo arrebento*

---

414 A expressão é usada por Edwar de Alencar Castelo Branco em *Todos os dias de paupéria: Torquato Neto e a invenção da tropicália*, p. 111.

415 De "Marginália 2" (Música de Gilberto Gil). In *Gilberto Gil: todas as letras*, p. 95.

Com o roteiro do sexto sentido
Foz do morro pilão de concreto
Tropicália bananas ao vento.[416]

A elaboração da linguagem no quadro de estruturas discursivas tradicionais personifica-se, na década de 1960, sobretudo em Chico Buarque (Francisco Buarque de Hollanda). Considerada também sua produção posterior, Chico Buarque alcançaria em sua obra de letrista, pela combinação de criatividade de imagens e apuro formal, o mais alto patamar de sofisticação da linguagem poética na história da música popular brasileira. Nesse sentido, a sua obra também pode ser considerada renovadora: estabelece nas letras de música um novo padrão de linguagem "carregada de significado" – inclusive ou sobretudo por seu constante investimento metafórico –, que se converte numa referência incontornável para as gerações posteriores, uma espécie de advertência permanente contra a denotação e de parâmetro de avaliação de determinado gênero de letras, em particular das que buscam expressão poética por meio dos recursos clássicos de composição do texto.

O investimento metafórico, que é apenas uma das virtudes, ainda que crucial, das letras de Chico Buarque, já se mostrava em composição daquele mesmo festival de 1967 em que despontaram "Alegria, alegria" e "Domingo no Parque", a música "Roda-viva":

Na volta do barco é que sente
O quanto deixou de cumprir.

Também de 1967 é a metafórica "Sem fantasia":

---

[416] De "Geleia geral" (música de Gilberto Gil), in *Gilberto Gil: todas as letras*, pp. 105-106. Charles Perrone chamou atenção para as "referências literárias" incluídas na canção. Entre elas, observa que "Torquato faz referência ao 'Manifesto Antropófago' ('a alegria é a prova dos nove')" e "faz alusão à mesma fonte ('Pindorama, país do futuro...roteiro do sexto sentido')". Perrone, Charles. *Letras e letras da MPB*, p. 73. Em outras palavras, Torquato Neto estabelece o vínculo da "Tropicália" com Oswald de Andrade. A frase "a alegria é a prova dos nove" é reprodução literal do "Manifesto", onde aparece duas vezes. As referências a "Pindorama" e "roteiro do sexto sentido" são menos literais, mas não menos evidentes: no Manifesto lê-se "No matriarcado de Pindorama" e "Pelos roteiros. Acreditar nos sinais, acreditar nos instrumentos e nas estrelas". In Andrade, Oswald de. "Manifesto Antropófago". *Revista de Antropofagia*, de 1928, reedição fac-similar, pp. 3 e 7.

*Eu quero te mostrar
As marcas que ganhei
Nas lutas contra o rei
Nas discussões com Deus (...).*

No ano seguinte, Chico Buarque usaria, a propósito de uma flor plantada em conjunto pelo eu lírico e sua amada ("*Mulher, vou dizer quanto eu te amo/ Cantando a flor/ Que nós plantamos*"), versos em que primam os símiles:

*Pois no silêncio mentiroso
Tão zeloso dos enganos
Há de ser pura
Como o grito mais profano
Como a graça do perdão (...).*

À mesma e fértil "geração" de 1960 pertencem numerosos letristas de destaque. A lista é ampla, e a ênfase em certos nomes não significa que outros deixem de merecer reconhecimento e atenção. Entre os nomes de relevo encontram-se *Aldir Blanc* e *Paulo César Pinheiro*. *O próximo capítulo, dividido por letristas de destaque, inclui seções sobre esses dois compositores, juntamente com vários outros que estrearam na mesma década.*

Além da elaboração da linguagem, principal traço das letras dos compositores integrantes daquela "geração", muitos textos produzidos na década de 1960 demonstram sistemática preocupação com temas socioeconômicos e políticos: a denúncia de injustiças sociais e defesa de mudanças estruturais no país, substrato da efervescência ideológica que havia singularizado a primeira metade da década, assim como o enfrentamento da ditadura militar que, na sequência do golpe de estado de 1964, se foi tornando na segunda metade crescentemente arbitrária.

Conforme o texto, sobressaem ou mesclam-se atitudes de solidariedade com o sofrimento de classes desfavorecidas, de questionamento da situação estrutural do país ou de protesto em favor de mudanças. Essas atitudes, que também marcaram presença em décadas posteriores, transpassaram obras de diferentes artistas. E – aspecto que interessa diretamente aqui – legaram determinados versos e textos que se distinguem por seu investimento poético.

Já em 1960, o compositor Sergio Ricardo, que estreara na década de 1950 e se associara à bossa nova, acentuava, com sua música "Zelão", preocupação social e insinuava a solidariedade entre as camadas pobres da população: *"no fogo de um barracão/ só se cozinha ilusão/ (...) mas mesmo assim o Zelão/ dizia sempre a sorrir/ que um pobre ajuda outro pobre até melhorar"*.

Carlos Lyra e Francisco de Assis apresentam, dois anos depois, composição francamente crítica e questionadora, agora igualmente inspirada por rejeição a interesses externos ao país: a *Canção do subdesenvolvido*, em que as rimas em palavra proparoxítona atuam para tornar mais agudo o distanciamento irônico:

Só mandaram o que sobrou de lá:
Matéria plástica, que entusiástica,
Que coisa elástica, que coisa drástica,
Rock balada, filme de mocinho,
Ar-refrigerado e chiclete de bola (pop)
E coca-cola.[417]

As letras com conteúdo social multiplicam-se. Exemplos significativos constituíram os textos de dois compositores de origem humilde, o carioca Zé Kéti (1921-1999) e o maranhense João do Vale (1934-1966), incluídos no espetáculo *Opinião*, de fins de 1964, que apresentaram junto com Nara Leão, "figura emblemática da bossa nova e da Zona Sul carioca"[418]. Em "O favelado", de Zé Kéti, *"o morro sorri/ a todo momento/ o morro sorri/ mas chora por dentro"*. João do Vale, em parceria com J. B. de Aquino, diria em "Sina de caboclo": *"Eu sou um pobre caboclo/ Ganho a vida na enxada/ O que eu colho é dividido/ Com quem não planta nada"*. João do Vale é também autor, juntamente

---

[417] Fragmento de "Canção do subdesenvolvido". O texto completo da letra está reproduzido em Franklin Martins, *Quem foi que inventou o Brasil*, vol. I, pp. 493-494. Santuza Cambraia Naves anota que, em 1961, Carlos Lyra "participou, junto com outros artistas e intelectuais, como Oduvaldo Vianna Filho, Ferreira Gullar e Carlos Estevam, da fundação do CPC da UNE [Centro Popular de Cultura da União Nacional dos Estudantes], atuando também como diretor musical da entidade (...) Em 1963, lançou o compacto *O povo canta*, promovido pelo CPC da UNE, visando a arrecadar fundos para a construção do Teatro do Centro. Um dos lados desse disco trazia a 'Canção do subdesenvolvido', parceria com Chico de Assis, que teve muita repercussão no ambiente universitário da época". In Naves, Santuza Cambraia. *Da Bossa Nova à Tropicália*, p. 33.

[418] Santuza Cambraia Naves, *Da Bossa Nova à Tropicália*, p. 38.

com José Cândido, de "Carcará": "*Carcará/ lá no Sertão/ é um bicho que avoa que nem avião/ é um pássaro malvado/ tem o bico volteado que nem gavião/ (...) Carcará/ pega, mata e come/ Carcará/ num vai morrer de fome/ Carcará/ mais coragem do que homem*"[419].

Ainda como exemplos da constante atenção a temas sociais nas letras de música do período podem ser citadas, entre outras, três do mesmo ano de 1965: "Acender as velas", de Zé Kéti ("*O doutor chegou tarde demais/ Porque no morro não tem automóvel pra subir/ Não tem telefone pra chamar/ E não tem beleza pra se ver/ E a gente morre sem querer morrer*"); "Terra de ninguém", letra de Paulo Sergio Valle, com parceria musical de seu irmão Marcos Valle ("*Tudo é terra morta./ Onde a terra é boa/ O senhor é dono, não deixa passar/ (...) Mas um dia vai chegar/ Que o mundo vai saber/ Não se vive sem se dar./ Quem trabalha é que tem/ Direito de viver/ Pois a terra é de ninguém*"[420]); e, de Chico Buarque, "Pedro Pedreiro", destinado a esperar ao longo da vida, uma espera permanente não só pelo trem, que dá início à música com verso de marcante aliteração ("Pedro pedreiro penseiro esperando o trem"), mas também por todos os aspectos, da mais diferente ordem, que poderiam servir de complemento ao verbo cuja forma no gerúndio e repetição em anáfora redobram a continuidade da espera ("esperando", "esperando"). Afinal a espera, cujo caráter interminável se mostra consentâneo com a circularidade do texto, reduz-se, como no princípio, a aguardar o apito do trem, com "esperança" reforçada por superposição de rimas ("aflita, bendita, infinita")[421]:

---

419 A letra de "Opinião", de Zé Kéti, é uma declaração contra a possibilidade de remoção do morro, que começa pelos versos: "*Podem me prender/ Podem me bater/ Podem até deixar-me sem comer/ Que eu não mudo de opinião/ Daqui do morro/ Eu não saio, não*". Mas seus quatro versos iniciais assumiram a conotação de manifestação política. De acordo com o *Dicionário Cravo Albin da Música Popular Brasileira*, verbete sobre Zé Kéti, "este samba ["Opinião"] inspirou os nomes de um jornal, de um teatro, do grupo que encenou a peça e do segundo elepê de Nara [Leão], lançado no final de 1964" (disponível no endereço eletrônico <http://dicionariompb.com.br/ze-keti/dados-artisticos>, acesso em 25/04/2020).

420 Valle, Paulo Sergio. *Contos e letras: uma passagem pelo tempo*, p. 257.

421 Carlos Rennó, de sua parte, observa, no versos finais, as aliterações em "marcante sucessão de tês, além de dois efes: "*Da esperança aflita, bendita, infinita / Do apito de um trem*". Também assinala as aliterações do início do texto. In *O voo das palavras cantadas*, p. 108.

Esperando o sol
Esperando o trem
Esperando o aumento para o mês que vem
Esperando um filho pra esperar também,
Esperando a festa
Esperando a sorte
Esperando a morte
Esperando o norte
Esperando o dia de esperar ninguém
Esperando enfim nada mais além
Da esperança aflita, bendita, infinita
Do apito do trem (..).[422]

Data dessa época o surgimento da designação "canção de protesto" como uma categoria ou gênero de música popular. Trata-se de um raro caso – talvez o único – de gênero que se identificaria claramente pela letra, e não por aspectos musicais[423]. Determinadas letras com conteúdo social são às vezes qualificadas como "canções de protesto"[424]. No entanto, mais de um autor reserva essa designação para músicas cujo protesto se reveste também do conteúdo político de mobilização para mudança da situação do país ou, especificamente, manifestação contra o regime militar instaurado a partir de 1964[425].

---

[422] Hollanda, Chico Buarque de. *Tantas palavras*, pp. 141-143. A identificação profunda com as necessidades e agruras das camadas pobres da população representa uma das facetas básicas, tema recorrente, na obra de Chico Buarque. A "Pedro pedreiro" seguiram-se, entre muitas outras letras com temática social, "Deus lhe pague" (1971), "Construção" (1971), "Pivete" (1978) e "Brejo da cruz" (1984).

[423] José Ramos Tinhorão, na *Pequena história da música popular brasileira: segundo seus gêneros*, contempla a "canção de protesto" ao lado de gêneros musicais – modinha, lundu, maxixe, choro, marcha, samba, etc. – seja na capa, seja na estrutura do livro (p. 5, pp. 279-281). O "samba-exaltação" pode eventualmente ser considerado outro gênero que se distingue pela letra, mas não unicamente, uma vez que implica o requisito de ser "samba".

[424] Este é o entendimento, por exemplo, do *Dicionário Cravo Albin da Música Popular Brasileira*, pois, no já citado verbete sobre Zé Kéti, lê-se que sua música "Acender as velas", não só é "considerada uma de suas melhores composições", mas se inclui "entre as músicas de protesto da fase posterior a 1964; desmistificando a beleza do morro, a letra possui um impacto muito forte, criado pelo relato dramático do dia a dia da favela" (disponível no endereço eletrônico <http://dicionariompb.com.br/ze-keti/dados-artisticos>, acesso em 25/04/2020).

[425] A *Enciclopédia da música brasileira* contém verbete "canção de protesto", com a definição "gênero de canção de origem universitária, com que, a partir de 1965, os jovens

A música popular constituiu um espaço privilegiado de manifestações contra o regime militar, pelo corajoso envolvimento de vários artistas[426]. Alguns compositores conheceram a prisão, o exílio ou ambos; outros tiveram suas carreiras interrompidas ou comprometidas; todos os que transmitiam conteúdo político em suas obras enfrentaram a censura e a arbitrariedade[427].

São numerosos os exemplos de letras com mensagens políticas durante o regime militar instaurado em 1964, que, a partir de dezembro de 1968 (com o Ato Institucional nº 5, AI-5), se radicalizou como cerrada ditadura de direita. Há quem considere que, ainda antes de que se iniciasse o regime, a "Marcha da Quarta-feira de Cinzas", de Carlos Lyra e Vinicius de Moraes, de 1963, teria sido "uma espécie de protesto premonitório"[428], com seus versos "*Acabou nosso carnaval/ ninguém ouve cantar canções/ ninguém passa mais brincando feliz/ e nos corações/ saudades e cinzas foi o que restou*".

      compositores da classe média do Rio de Janeiro/RJ e São Paulo/SP aspiravam dar consciência, às grandes camadas da população, dos problemas político-econômicos do Brasil". In Marcondes, Marcos Antônio (editor). *Enciclopédia da música brasileira: popular, erudita e folclórica*, p. 144. José Ramos Tinhorão vincula a produção de "canções de protesto" à "alta classe média" e refere-se, de modo mais explícito do que a *Enciclopédia* citada, ao regime militar: "Tais canções, contemporâneas da explosão da vida universitária verificada a partir de 1965, principalmente no Rio de Janeiro e São Paulo (onde é lançada a moda dos shows nas faculdades, despertando o interesse comercial das televisões), vinham atender a um propósito de protesto particular da alta classe média contra a dureza do regime militar instalado no país". In Tinhorão, José Ramos. *Pequena história da música popular: segundo seus gêneros*, p. 279.

426 O livro de referência para o estudo do tema é *Quem foi que inventou o Brasil?*, vol. II (de 1964 a 1985), de Franklin Martins, lançado em 2015.

427 Por exemplo, Caetano Veloso e Gilberto Gil foram presos pouco após o "Ato Institucional nº 5", imposto pelo regime militar em 1968, "acusados de desrespeito ao hino e à bandeira nacional", e deixaram o país (exilaram-se em Londres); Chico Buarque exilou-se em Roma; Geraldo Vandré exilou-se em mais de um país, foi preso ao regressar, em 1973, e não voltou a compor; Taiguara "*teve 68 músicas vetadas pelos funcionários do regime militar*"; e Sirlan viu sua carreira comprometida pela censura após o êxito que obteve com "Viva Zapátria", no Festival Internacional da Canção de 1972: "*a censura passou a vetar sistematicamente todas as obras de Sirlan. (...) Somente em 1979, o cantor e compositor gravaria seu primeiro LP*". As informações e trechos citados constam de Franklin Martins, *Quem foi que inventou o Brasil?*, vol. II, pp. 102, 103, 107, 111, 123, 140, 143 e 162. Os vetos a músicas de Taiguara teriam alcançado número ainda maior – 81 –, segundo o livro de Janes Rocha *Os outubros de Taiguara: um artista contra a ditadura: música, censura e exílio*, p. 97.

428 Jairo Severiano e Zuza Homem de Mello, *A canção no tempo: 85 anos de músicas brasileiras*, vol. 2 (1958-1985), pp. 66-67.

Ao tratar-se de "canções de protesto" ou de resistência, é obrigatória a menção a três nomes na década de 1960, que, a exemplo de outros compositores, também marcaram presença nos festivais televisivos de música da época: Geraldo Vandré, Taiguara e Sergio Ricardo.

Mostra-se, porém, extenso o rol de letristas que, sem prejuízo de outras vertentes de sua arte, pontilharam seus textos de manifestações políticas contra o regime militar e a ditadura. Ainda na década de 1960, lembre-se, como um entre múltiplos exemplos, a parceria entre Paulo Sergio Valle, letrista, e Marcos Valle, autor da música, em "Viola enluarada" (1967), na qual a força da canção como uma "arma" escora-se no símile entre a imagem de uma viola e de uma espada:

> *A mão que toca um violão*
> *Se for preciso faz a guerra*
> *mata o mundo, fere a terra.*
> *A voz que canta uma canção*
> *Se for preciso canta um hino*
> *Louva a morte.*
> *Viola em noite enluarada*
> *no sertão é como espada*
> *esperança de vingança (...)*"[429].

Geraldo Vandré encarna a "canção de protesto", até pelo êxito que obteve com o gênero em festivais, antes de sentir-se constrangido a exilar-se[430]. Em 1966, sua música "Disparada", em coautoria com Theo de Barros, sagrou-se, juntamente com "A banda", de Chico Buarque, vencedora do II Festival da Música Popular Brasileira. O texto, que versa sobre a tomada de consciência político-social de um boiadeiro do sertão (*"as visões se clareando/ até que um dia acordei"*), inclui a estrofe *"Então não pude seguir/ valente lugar-tenente/ de dono de gado e gente/ porque gado a gente marca/ tange, ferra, engorda e mata/ mas com gente é diferente"*. Em setembro de 1968, ano marcado

---

429 Valle, Paulo Sergio. *Contos e letras: uma passagem pelo tempo.* p. 255.
430 Geraldo Vandré partiu para o exílio depois do AI-5, "caçado pela ditadura e temendo por sua integridade física"; "Esmagado pelo sofrimento pessoal, Vandré voltaria ao Brasil em 1973. Pararia de compor e de cantar"; ao regressar, em 1973, foi preso e passou "33 dias incomunicável"; "libertado, deu uma entrevista para lá de esquisita ao *Jornal Nacional*, da Rede Globo, como se estivesse (...) chegando do exterior naquele momento". In Franklin Martins, *Quem foi que inventou o Brasil?*, vol. II, pp. 103, 143 e 162.

pelos protestos estudantis, sua panfletária "Pra não dizer que não falei de flores" – "*Caminhando e cantando/ e seguindo a canção/ somos todos iguais/ braços dados ou não (...)// Há soldados armados/ amados ou não/ quase todos perdidos/ de armas na mão/ nos quartéis lhes ensinam/ antiga lição/ de morrer pela pátria/ e viver sem razão*" – seria aclamada pelo público do III Festival Internacional da Canção Popular, mas ficaria em segundo lugar, para insatisfação da plateia[431].

Taiguara, como anota Franklin Martins, "começou a carreira cantando músicas românticas. Mas foi sacudido pelo AI-5. A partir daí, tornou-se um dos compositores mais críticos em relação à ditadura. E um dos mais censurados também"[432]. Em 1967, um ano antes do AI-5, Taiguara havia interpretado no II Festival Internacional da Canção uma "música romântica" de sua autoria, "Eu quis viver"[433]. Já em 1969 compôs "Hoje", música na qual Martins observa camuflar-se "uma canção de protesto dentro de uma canção de amor". O mesmo pode-se dizer de "Universo no teu corpo", de 1970 ("*Eu desisto/ não existe essa manhã que eu perseguia/ um lugar que me dê trégua ou me sorria (...)// (...) eu digo/ que estou morto pra esse triste mundo antigo/ que meu porto, meu destino, meu abrigo/ são teu corpo amante amigo em minhas mãos*"). Na canção "Hoje", essa refinada forma de protesto encontra expressão igualmente sofisticada em estrofes com aliteração, rima e símile:

> Hoje
> Trago em meu corpo as marcas do meu tempo
> Meu desespero, a vida num momento
> A fossa, a fome, a flor, o fim do mundo
> (...)
> Mas hoje
> As minhas mãos enfraquecidas e vazias
> Procuram nuas pelas luas, pelas ruas
> Na solidão das noites frias por você

---

431 "Pra não dizer que não falei de flores" foi derrotada por "Sabiá", de Chico Buarque e Tom Jobim. Nesse festival, Sergio Ricardo concorreu com "Canção do amor armado" e classificou-se em nono lugar. In Zuza Homem de Mello, *A era dos festivais: uma parábola*, p. 452.

432 Franklin Martins, *Quem foi que inventou o Brasil?*, vol. II, p. 107.

433 Zuza Homem de Mello, *A era dos festivais*, p. 447. "Eu quis viver" foi composta em parceria com Cido Bianchi.

Hoje
Homens sem medo aportam no futuro
Eu tenho medo, acordo e te procuro
Meu quarto escuro é inerte como a morte (...)

Sergio Ricardo[434] destacou-se, nas décadas de 1960 e 1970, pela audácia de suas composições no confronto com a ditadura e na afirmação de convicções políticas. Conforme registrado, já tinha escrito a música "Zelão", marcada por preocupação social, em 1960. O destemor de Sergio Ricardo superava qualquer autocensura e, eventualmente, a própria censura, como ocorreu, "sabe-se lá por que razões", em 1968, com música em que homenageava Che Guevara, "Aleluia" (*"Che Guevara não morreu/ não, não morreu"*), e, em 1973, "no auge do terror de Estado", com uma canção, "Tocaia", em tributo a Carlos Lamarca, oficial do Exército que se juntara à organização guerrilheira "Vanguarda Popular Revolucionária" e fora "morto pelas forças de repressão no sertão da Bahia" em 1971[435].

Entre as suas letras, ganha relevo um texto de linguagem elaborada, em que a revolta contra a ditadura no país ("olha o vazio nas almas"; "cala a boca moço", verso repetido como um mantra) expressa-se em "decepada canção", com imagens de forte apelo visual: *"do canto da boca escorre/ metade do meu cantar"*, *"a outra se gangrenando/ na chaga do meu refrão"*, *"seu meio corpo apoiado/ na muleta da canção"*. Em versos excepcionais, misturam-se a aliteração de bilabiais ("boca", "peito", "beiço", "calabouço"), anáfora ("cala a boca", "cala o peito", "calabouço") e paronomásia ("cala o beiço", "calabouço"). Na última estrofe, registram-se surpreendentes metáforas (*"meu canto é filho de Aquiles/ também tem seu calcanhar"*; *"por isso o verso é a bílis / do que eu queria explicar"*), além de rima também surpreendente com o inabitual termo "bílis", cujas conotações são acrescidas por seu duplo significado de "secreção" e de "irritação".

Embora desnecessária para a apreciação do texto, uma informação factual agrega peso ao sentido político: "Calabouço" era o nome pelo qual se conhecia restaurante de estudantes no Rio de Janeiro,

---

434 O *Dicionário Houaiss ilustrado da música popular brasileira* registra ser Sergio Ricardo "compositor, cantor, instrumentista, cineasta e artista plástico". A entrada de seu nome no dicionário é "*Ricardo* (João Lutfi), dito *Sergio*". In Albin, Ricardo Cravo (criação e supervisão geral). *Dicionário Houaiss ilustrado da música popular brasileira*, p. 634.

435 As informações e citações são pautadas em Franklin Martins, *Quem foi que inventou o Brasil? vol. II*, pp. 77 e 136-137.

local que foi palco de manifestações contra o regime militar; veio a ser fechado após episódio de repressão que resultou no assassinato de um estudante, em 1968. Segundo Franklin Martins, "proibida em 1968, a música circulou entre os estudantes em gravações clandestinas" e "somente foi gravada comercialmente em 1973, graças a um cochilo da turma da tesoura"[436]. Pode-se incluir "Calabouço" em conjunto de letras que constituem, igualmente, poemas.

CALABOUÇO

Olho aberto ouvido atento
E a cabeça no lugar
Cala a boca moço, cala a boca moço
Do canto da boca escorre
Metade do meu cantar
Cala a boca moço, cala a boca moço
Eis o lixo do meu canto
Que é permitido escutar
Cala a boca moço. Fala!

Olha o vazio nas almas
Olha um violeiro de alma vazia

Cerradas portas do mundo
Cala a boca moço
E decepada a canção
Cala a boca moço
Metade com sete chaves
Cala a boca moço
Nas grades do meu porão
Cala a boca moço
A outra se gangrenando
Cala a boca moço
Na chaga do meu refrão
Cala a boca moço
Cala o peito, cala o beiço
Calabouço, calabouço

[436] Franklin Martins, *Quem foi que inventou o Brasil?*, vol. II, p. 83.

Olha o vazio nas almas
Olha um violeiro de alma vazia

Mulata mula mulambo
Milícia morte e mourão
Cala a boca moço, cala a boca moço
Onde amarro a meia espera
Cercada de assombração
Cala a boca moço, cala a boca moço
Seu meio corpo apoiado
Na muleta da canção
Cala a boca moço. Fala!

Olha o vazio nas almas
Olha um violeiro de alma vazia

Meia dor, meia alegria
Cala a boca moço
Nem rosa nem flor, botão
Cala a boca moço
Meio pavor, meia euforia
Cala a boca moço
Meia cama, meio caixão
Cala a boca moço
Da cana caiana eu canto
Cala a boca moço
Só o bagaço da canção
Cala a boca moço
Cala o peito, cala o beiço
Calabouço, calabouço

Olha o vazio nas almas
Olha um violeiro de alma vazia

As paredes de um inseto
Me vestem como a um cabide
Cala a boca moço, cala a boca moço
E na lama de seu corpo
Vou por onde ele decide

> *Cala a boca moço, cala a boca moço*
> *Metade se esverdeando*
> *No limbo do meu revide*
> *Cala a boca moço. Fala!*
>
> *Olha o vazio nas almas*
> *Olha um violeiro de alma vazia*
>
> *Quem canta traz um motivo*
> *Cala a boca moço*
> *Que se explica no cantar*
> *Cala a boca moço*
> *Meu canto é filho de Aquiles*
> *Cala a boca moço*
> *Também tem seu calcanhar*
> *Cala a boca moço*
> *Por isso o verso é a bílis*
> *Cala a boca moço*
> *Do que eu queria explicar*
> *Cala a boca moço*
> *Cala o peito, cala o beiço*
> *Calabouço, calabouço*
>
> *Olha o vazio nas almas*
> *Olha um brasileiro de alma vazia.*

Na década de 1970, Chico Buarque sobressaiu como voz destemida contra a ditadura. Passou a simbolizar a resistência à ditadura militar, após seu regresso do exílio em Roma, embora já em 1968 sua canção "Roda-viva" (*"a gente vai contra a corrente/ até não poder resistir"*) tivesse ganhado "nova conotação política ao subir aos palcos na peça homônima": o teatro foi invadido por integrantes do "Comando de Caça aos Comunistas (CCC), organização terrorista de extrema direita", que "destruíram cenários e espancaram atores e técnicos"[437].

Em 1970, sua música "Apesar de você", que recorria "ao expediente de esconder a intenção política atrás de outro tema", enganou

---

[437] In Franklin Martins, *Quem foi que inventou o Brasil?*, vol. II, p. 95.

a censura e vendeu "nada menos que 100 mil cópias em uma semana", até que a polícia "recolheu cópias do compacto nas lojas, mandou destruir os estoques, proibiu a execução do samba (...) e ainda puniu o censor responsável pela liberação"[438]. A canção "Apesar de você" ("*Apesar de você/ amanhã há de ser/ outro dia/ inda pago pra ver/ o jardim florescer/ qual você não queria*") converteu-se num dos "hinos da resistência". Outra foi "Pesadelo", de Paulo César Pinheiro, em parceria musical com Maurício Tapajós, de 1972: "*Você corta um verso, eu escrevo outro / você me prende vivo, eu escapo morto/ de repente... olha eu de novo*"[439].

Ademais do refinamento da linguagem e do questionamento de ordem social e política que se refletem em textos dos letristas revelados na década de 1960, o período distingue-se também por um tipo adicional de questionamento relacionado à canção – o desejo de renovação da própria música popular. Embora presente em outros compositores, este foi o questionamento que notabilizou os autores tropicalistas e sua proposta renovadora: "os objetivos do grupo incluíam a adaptação do rock anglo-americano (...), incorporar elementos da literatura brasileira na música, e efetivar uma revisão crítica da música popular moderna no Brasil que iria refletir na nação como um todo. (...) Tais composições justapõem o antigo (primitivo, nativo, selvagem, subdesenvolvido) e o novo (moderno, industrializado, desenvolvido) para ridicularizarem valores sociais e para criticarem o estatuto dos assuntos brasileiros"[440]. Trata-se

---

438 As citações são extraídas de Franklin Martins, *Quem foi que inventou o Brasil?*, vol. II, pp. 123-124.

439 In Pinheiro, Paulo César. *Histórias das minhas canções/Paulo César Pinheiro*, p. 125. Franklin Martins relata que "Pesadelo" foi liberada com rapidez por ter sido, propositadamente, colocada por Paulo César Pinheiro na pasta das músicas do cantor Agnaldo Timóteo, que não era visado pela censura, e, "na retomada do movimento estudantil, nos anos de 1976 e 1977, a canção era entoada como um hino da resistência" (*Quem foi que inventou o Brasil?*, vol. II, pp. 138-139). O relato sobre inclusão de "Pesadelo" na "pasta de letras do LP" de Agnaldo Timóteo consta também do livro de Paulo César Pinheiro, *Histórias das minhas canções*, p. 124. Em certos casos, as letras adquiriram conteúdo político não intencional. Por exemplo, Martins recorda que o samba-enredo "Heróis da liberdade", da Escola de Samba Império Serrano, no "primeiro carnaval depois do AI-5", em 1969, "embora se referisse a fatos históricos (...) foi cantado pelo povo como um hino contra a ditadura militar" (*Quem foi que inventou o Brasil?*, vol. II, pp. 103-104).

440 In Charles A. Perrone, *Letras e letras da MPB*, p. 72. Vale o registro de que diferentes obras colocam em questão a ideia do "tropicalismo" como um "movimento" de caráter mais amplo do que o estritamente musical. Edwar de Alencar Castelo Branco, em *Todos*

de tema que ultrapassa vastamente o objeto deste trabalho, centrado no investimento poético das letras; a inovação nas letras propiciada por autores tropicalistas já foi previamente assinalada e será retomada no próximo capítulo, ao se tratar da obra individual de certos letristas.

Mas parece oportuna breve digressão para recordar que a modernização proposta ensejava polêmicas posteriormente impensáveis, como a levantada em torno do uso da guitarra elétrica. A guitarra, de emprego já então popularizado no Brasil pelo roque da chamada "Jovem Guarda" (nome de programa de televisão de grande êxito, iniciado em 1965, cujos principais protagonistas eram Roberto Carlos e Erasmo Carlos), converteu-se em símbolo da importação e dependência cultural, condenado pelos defensores da "autenticidade" da música brasileira. Em julho de 1967 teve lugar "uma passeata no Rio de Janeiro contra a invasão da música estrangeira no país, um episódio que ficou conhecido como 'a passeata contra as guitarras'"[441]. Lembra Celso Favaretto que "a simples introdução da guitarra elétrica nos acompanhamentos de *Alegria, Alegria* e *Domingo no Parque* [em outubro de 1967] desencadeou a hostilidade contra Caetano e Gil, como se realmente estivesse em questão a integridade da música brasileira"[442]. Um comentário de Frederico Coelho resume da maneira mais adequada o mérito da questão: "as canções tropicalistas traziam os únicos compositores que equilibraram o uso

---

os dias de paupéria, p. 102), cita artigo no qual Marcos Napolitano e Mariana Vilaça advertem, com relação ao que se designa como Tropicália ou Movimento Tropicalista, que "pode ocultar um conjunto de opções nem sempre convergentes, sinônimo de um conjunto de atitudes e estéticas que nem sempre partiram das mesmas matrizes ou visaram os mesmos objetivos" (o artigo de Napolitano e Vilaça citado por Branco intitula-se *Tropicalismo: as relíquias do Brasil em debate*. Revista Brasileira de História. São Paulo, v. 18, no. 35, pp. 77-104, 1998). Branco recorda ter sido Torquato Neto "reticente em relação à ideia de movimento" (p. 113) e acentua que as manifestações tendentes a identificar o "movimento tropicalista" como "articulado em várias frentes da arte nacional" foram "inventadas como movimento coeso a posteriori, a partir de um esforço discursivo que igualou diferentes" (p. 101).

[441] In *Todos os dias de paupéria*, de Edwar de Alencar Castelo Branco, p. 122. Segundo Edwar Branco, participaram da passeata, realizada precisamente a 17 de julho de 1967, "Elis Regina, Edu Lobo, Geraldo Vandré e outros", entre os quais Gilberto Gil, "ainda que constrangido, segundo as versões correntes" (op. cit., loc. cit.). Três meses depois, em outubro, Gil apresentaria "Domingo no parque" ao III Festival da Música Popular Brasileira da TV Record, acompanhado de guitarras do grupo *Os Mutantes*.

[442] Favaretto, Celso. *Tropicália, alegoria, alegria*, p. 33.

das guitarras e a energia da jovem guarda com a qualidade técnica e lírica da música popular. Foram esses os responsáveis pela nova informação musical da época".[443]

Na extensa relação de destacados letristas que estrearam na década de 1960 podem-se arrolar ainda Sidney Miller, Jorge Benjor, Paulinho da Viola, Fernando Brant, Rita Lee, Gonzaguinha e Raul Seixas, alguns dos quais adquiriram projeção por textos escritos na década seguinte. Todos compuseram várias músicas, além das que são referidas a seguir.

Sidney Miller (1945-1980) é autor de "A estrada e o violeiro", que participou do III Festival da Música Popular Brasileira da TV Record (1967), e recebeu o prêmio de "melhor letra", apesar do valor excepcional de concorrentes[444]. É composta na forma de "diálogo" entre o violeiro e a estrada. Em um dos trechos, a epífora une-se à aliteração para realçar um choro que nada tem de líquido:

Sou uma estrada procurando só
Levar o povo pra cidade só
Se meu destino é ter um rumo só,
Choro e meu pranto é pau, é pedra, é pó.

Jorge Benjor, em letra de 1969, "Charles Anjo 45", desnuda ou antecipa um tipo de comportamento em morro da cidade do Rio de Janeiro que se tornará explícito anos mais tarde: o controle do poder na comunidade por um *"rei da malandragem"*, que impõe uma ordem fora da legalidade – o "45" em seu apelido não deixa dúvida quanto à força pela arma de grosso calibre – e é admirado e querido pelos moradores. Ao ser preso, *"os malandros otários/ deitaram na sopa"* e *"o morro, que era um céu/ sem o nosso Charles, um inferno virou"*; mas, quando o *"Charles voltar"* – e aqui a letra parece retratar por antecedência uma forma de manifestação que a cidade viria a ouvir mais de uma vez, seja pela volta de algum líder, seja por outro motivo – "vai ter (...) saraivadas de balas para o ar". A letra inclui um apreciável

---

443 Coelho, Frederico. *Eu, brasileiro, confesso minha culpa e meu pecado*, p. 139.
444 A informação sobre o prêmio de "melhor letra" figura em Zuza Homem de Mello, *A era dos festivais*, p. 446, em que também consta a lista de músicas "vencedoras". As quatro primeiras apresentavam letras fora de série: (1) Ponteio, letra de Capinan, música de Edu Lobo; (2) Domingo no parque, de Gilberto Gil; (3) Roda-viva, de Chico Buarque de Hollanda; e (4) Alegria, alegria, de Caetano Veloso.

eufemismo: os malandros tomaram conta do morro "só porque um dia Charles marcou bobeira"

E foi tirar, sem querer, férias numa colônia penal (...)

Paulinho da Viola, compositor de "Dança da solidão" e "Sinal fechado" – vencedora do V Festival da Música Popular Brasileira, em 1969 –, lançou, no ano seguinte, em homenagem à escola de samba Portela, cuja bandeira é azul e branca, música com letra na qual a passagem da escola na avenida é descrita com poderoso símile de movimento e arrastão:

Não posso definir aquele azul
Não era do céu
Nem era do mar
Foi um rio que passou em minha vida
E meu coração se deixou levar.

Fernando Brant (1946-2015), letrista mineiro, estreou em 1967, juntamente com seu parceiro e conterrâneo Milton Nascimento, com a música "Travessia".

Um trecho de letra de Brant de meados da década seguinte, em composição com a coautoria musical de Milton, "Saudades dos aviões da Panair (Conversando no bar)", remete a um tempo de criança despreocupada e o contrasta com o "medo" que "nasceu muito depois", em sutil referência ao clima imperante na ditadura militar da época[445]. Belos versos dessa letra reúnem anáfora (e lá vai menino), paronomásia (padre, pedra, podre), oxímoro (podre delícia) e aliteração (pecado, pavor):

E lá vai menino xingando padre e pedra

---

[445] A informação de que Brant é o letrista da música consta do artigo "Quatro décadas de 'Minas' e 'Geraes'. A dimensão política da obra de Milton Nascimento", de Emerson Ike Coan, in *Sociedade e cultura – Revista de Ciências Sociais*, vol. 18, n. 2, p. 168 (disponível na Internet: endereço eletrônico e data de acesso nas Referências bibliográficas). Em sua estreia, Brant e Milton Nascimento obtiveram, com "Travessia", o segundo lugar no II Festival Nacional da Canção, da TV Globo. Como anota o *Dicionário Cravo Albin*, Brant é considerado "o principal letrista de Milton Nascimento" (em <http://dicionariompb.com.br/fernando-brant/dados-artisticos> (acesso em 26/04/2020)

> *E lá vai menino lambendo podre delícia*
> *E lá vai menino, senhor de todo fruto*
> *Sem nenhum pecado, sem pavor,*
> *O medo em minha vida nasceu muito depois.*[446]

O paralelismo (um sabor) e a aliteração (vida/vidro) estão presentes, junto com rima, sinestesia (paladar e tato, no sabor de vidro e corte) e zeugma (concreto/abstrato, no sabor de vida e morte), em outros versos de Fernando Brant, da música "San Vicente", de 1972, em coautoria com Milton Nascimento:

> *Um sabor de vida e morte*
> *Coração americano*
> *Um sabor de vidro e corte.*

A trajetória da paulistana Rita Lee iniciou-se com participação em Festivais da Música Popular Brasileira da TV Record de 1967 (como integrante da banda "Os mutantes", que acompanhou Gilberto Gil na apresentação de "Domingo no Parque") e 1968, como compositora da parte musical da canção "2001", com letra de Tom Zé, classificada em quarto lugar[447]. A trajetória tem tido continuidade com grandes êxitos, em particular a partir do final da década de 1970, por suas canções em parceria com Roberto de Carvalho[448]. É de 1979 sua letra

---

[446] Ainda de outra perspectiva a composição alude ao ambiente de temor imposto pelo regime militar. Incluída no disco "Minas", de 1975, a letra, ao evocar saudosamente, no título e em versos, a companhia área Panair (*"descobri que as coisas mudam e/ que o mundo é pequeno/ nas asas da Panair"*), lembra a existência de uma empresa cuja licença fora cassada no início do ciclo militar, durante o governo do general Castelo Branco, em decisão que o advogado Saulo Ramos reputou politicamente motivada contra o Grupo Simonsen-Rocha Miranda, ao qual a Panair pertencia. Conforme declaração do advogado, recolhida no artigo "Quatro décadas de 'Minas' e 'Geraes'. A dimensão política da obra de Milton Nascimento", de Emerson Ike Coan, "os altos escalões (...) assassinaram a Panair (...) porque tinham ódio político do Grupo Simonsen-Rocha Miranda, que apoiou a posse de João Goulart na Presidência da República, depois da renúncia de Jânio [Quadros]. Simonsen e Rocha Miranda deram cobertura a Jango na viagem de volta da China até o Brasil. Três anos depois, Jango foi deposto" (p. 168).

[447] A compositora registra, no livro *Rita Lee: uma autobiografia*, a sua autoria da música e a autoria de Tom Zé da letra de "2001". In Lee, Rita. *Rita Lee: uma autobiografia*, p. 84.

[448] O livro *Rita Lee: uma autobiografia* (pp. 170/171) indica que a letra de "Mania de você" é de autoria da compositora, com música de Roberto de Carvalho, a exemplo de várias outras canções do álbum homônimo.

de "Mania de você", na qual se inclui a superposição de planos de ordem muito diversa, sobretudo pela inclusão da "melodia", coordenados gramaticalmente como pertencentes à mesma classe de adjunto adverbial de lugar[449]:

> A gente faz amor por telepatia
> No chão, no mar, na Lua, na melodia.

Uma letra de Rita Lee chama atenção pelo tema das personalidades com que o indivíduo pode ver-se. "Eu e mim" é texto em que a duplicidade se expressa na discordância entre pronome e verbo: "não conheço mim", "mim sou inteira", "eu chorou, chorou". O texto faz lembrar a famosa frase de Rimbaud – "Eu é um outro" ("Je est un autre"), que, para Michel Collot, "resume a íntima alteridade que atravessa o indivíduo moderno"[450]. No verso de Rita Lee, "alguém dentro de mim é mais eu do que eu mesma". Eis o texto integral[451]:

EU E MIM

No espelho não é eu, sou mim.
Não conheço mim, mas sei quem é eu, sei sim.
Eu é cara-metade, mim sou inteira.
Quando mim nasceu, eu chorou, chorou.
Eu e mim se dividem numa só certeza.
Alguém dentro de mim é mais eu do que eu mesma.
Eu amo mim
Mim me ama.

Após ter sido cofundador do "Movimento Artístico Universitário/ MAU" e ter participado em Festivais Universitários de Música em fins da década de 1960, bem como haver tomado parte no V Festival Internacional da Canção, da TV Globo, em 1970, Gonzaguinha (Luiz Gonzaga do Nascimento Júnior, 1945-1991) lançou seu primeiro LP

---

[449] O recurso utilizado por Rita Lee, mesmo não fundindo os planos "abstrato/concreto", poderia eventualmente ser considerado uma espécie de zeugma por quem tenha obsessão por classificações de figuras de estilo.

[450] Collot, Michel. "Poésie". In *Dictionnaire des genres et notions littéraires*, p. 598.

[451] "Eu e mim", de 2003, pertence ao CD *Balacobaco*, de Rita Lee.

em 1973. Nele inclui-se a música "Comportamento geral", uma crítica sociopolítica composta com base em antífrases:

> *Você deve lutar pela xepa da feira*
> *E dizer que está recompensado*
> *(...)*
> *Você deve rezar pelo bem do patrão*
> *E esquecer que está desempregado*
> *(...)*
> *Você deve aprender a baixar a cabeça*
> *E dizer sempre: muito obrigado*
> *(...).*

Cinco anos depois, Gonzaguinha escreveria "Não dá mais pra segurar (Explode coração")", com o símile de que a vida "entre/ como se fosse o sol" e a metáfora de que este esteja "desvirginando" a madrugada:

> *Eu quero mais é me abrir*
> *Que essa vida entre assim*
> *Como se fosse o sol*
> *Desvirginando a madrugada.*

Raul Seixas (baiano de Salvador, 1945-1989) teve carreira musical pouco significativa até o lançamento de seu disco *Krig-ha, bandolo!*, em 1973, do qual consta, entre outras canções de êxito, "Metamorfose ambulante", letra e música de sua autoria. A letra constitui afirmação de espírito aberto a mudanças e crítica implícita àqueles que formam opiniões "sobre tudo" e a elas se aferram, sem espaço para evolução. Seja por personificação de algo abstrato, a metamorfose, seja por zeugma com a junção à concretude de "ambulante", a expressão "metamorfose ambulante" traz em si própria a força de renovação que sua substância propõe:

> *Eu prefiro ser essa metamorfose ambulante*
> *Do que ter aquela velha opinião formada sobre tudo*
> *Eu quero dizer agora o oposto do que eu disse antes*
> *Eu prefiro ser essa metamorfose ambulante*
> *(...).*

Talvez por acoplar dois termos que invertem as funções substantiva e adjetiva, e resumir o conteúdo do texto, "maluco beleza", título de canção, é outra expressão poderosamente atrativa em letra de Raul Seixas, desta vez em coautoria com seu parceiro Cláudio Roberto[452]. A exemplo de "Metamorfose ambulante", a letra exalta a opção do eu lírico por um caminho próprio, no caso um tipo de loucura (um dos versos diz explicitamente "esse caminho que eu mesmo escolhi"), e o contrasta com a postura conservadora da sociedade circundante, representada no destinatário da mensagem ("*Enquanto você se esforça pra ser/ um sujeito normal/ (...) Eu do meu lado aprendendo a ser louco*"). O jogo de rimas serve para acentuar a antítese: "um sujeito normal/ e fazer tudo igual" rima, para sublinhar a divergência, com "um maluco total/ na loucura geral". Um aspecto interessante é que, na incoerência perfeitamente compatível com a loucura, a afirmação do eu lírico de que esteja, como diz, aprendendo a ser "um maluco total" não se casa com sua segurança, como também diz, de que se tornará um "maluco beleza", ponto a que chegará não por "loucura total", e sim por estar "*controlando a minha maluquez/ misturada com a minha lucidez*". É de se notar também o neologismo "maluquez", que se destaca, por ainda maior contraste, ao rimar com a antitética lucidez. Reproduz-se, a seguir, a primeira parte de "Maluco Beleza":

> *Enquanto você se esforça pra ser*
> *Um sujeito normal*
> *E fazer tudo igual*
> *Eu do meu lado aprendendo a ser louco*
> *Um maluco total*
> *Na loucura geral*
> *Controlando a minha maluquez*
> *Misturada com minha lucidez*
> *Vou ficar, ficar com certeza maluco beleza.*

Em ainda outros letristas que se lançaram como compositores na década de 1960 e legaram músicas divulgadas na década seguinte há exemplos de traços poéticos dignos de menção.

---

[452] A coautoria de Cláudio Roberto não só no conjunto da composição, mas, especificamente, na elaboração da letra está assinalada no livro O *Raul que me contaram: a história do maluco beleza revisitada por um programa de TV*, de Tiago Bittencourt, p. 402.

De Zé Rodrix, carioca (1947-2009), avultam, na canção *Uma casa no campo*, com parceria musical de Tavito, de 1971, a metonímia e o zeugma em dois versos seguidos:

Eu quero o silêncio das línguas cansadas
Eu quero a esperança de óculos (...).

Do sambista carioca João Nogueira (1941-2000), seleciona-se, na música "Das 200 para lá", de 1972 – que saudou a extensão a 200 milhas, determinada em decreto presidencial, do "mar territorial" brasileiro[453], medida posteriormente alterada por lei para que aquela distância signifique o limite da "zona econômica exclusiva" do Brasil, em coerência com a Convenção das Nações Unidas sobre o Direito do Mar, de 1982 –, a metonímia com a qual se designam os pescadores de países desenvolvidos:

Vá jogar a sua rede
Das duzentas para lá
Pescador dos olhos verdes
Vá pescar noutro lugar.

A letra de "Tristeza, pé no chão", de 1973, de Mamão (Armando Aguiar), compositor também da melodia, impressiona por três aspectos: tratar de modo triste de um tema, a participação em desfile de carnaval, alegre por princípio; conter linguagem figurada (por exemplo, "dei um aperto de saudade no meu tamborim"); e, especialmente, por não apresentar rimas finais em duas das três estrofes e, assim, fugir ao padrão habitual[454]. Por exemplo, a primeira estrofe da música diz

---

[453] Conforme anota a página eletrônica <http://qualdelas.com.br/das-200-para-la-2/> (acesso em 28/04/2020), a canção de João Nogueira, autor também da música, foi criticada como "adesista" em sua saudação a medida tomada pelo regime militar. Mas a mesma página ressalta ter sido João Nogueira, "que morreu em 2000, (...) figura atuante no processo de redemocratização do país, participando, a partir da década de 80, de campanhas de partidos progressistas, como o Partido Democrático Trabalhista (PDT) de Leonel Brizola".

[454] Na música popular brasileira registraram-se alguns raros exemplos de letras com versos brancos, entre elas as admiráveis "Eu e a brisa", de Johnny Alf, de 1967 (letra e música de sua autoria), e "Pressentimento", letra de Hermínio Bello de Carvalho (canção em parceria com Élton Medeiros), de 1969.

> Dei um aperto de saudade no meu tamborim
> Molhei o pano da cuíca com as minhas lágrimas
> Dei meu tempo de espera para a marcação e cantei
> A minha vida na avenida sem empolgação.

E, como último exemplo pautado em letrista estreante na década de 1960, de Renato Teixeira (oriundo de Santos/SP) recolhe-se a parte final de "Romaria", de 1977, da qual é autor exclusivo, com o feliz neologismo "desaventos" – em que se podem supor conotações diversas, como desventuras, desalento, desânimo, sofrimentos – e com a reduplicação ("epizeuxe") de "meu olhar", que bem retrata a atitude de súplica:

> Me disseram, porém,
> Que eu viesse aqui
> Pra pedir de romaria e prece
> Paz nos desaventos
> Como eu não sei rezar
> Só queria mostrar
> Meu olhar, meu olhar, meu olhar...

Entre os letristas lançados na década de 1970, merece especial atenção a obra de Belchior, cearense de Sobral (Antônio Carlos Gomes Belchior Fontenelle Fernandes, 1946-2017). Várias de suas letras traduzem a angústia existencial ou desesperança de uma geração, a exemplo do que ocorre em "Como nossos pais" –

> Minha dor é perceber que apesar
> De termos feito tudo o que fizemos
> Ainda somos os mesmos e vivemos
> Ainda somos os mesmos e vivemos
> Como nossos pais (...) –

ou em "Apenas um rapaz latino-americano":

> Não me peça que eu lhe faça uma canção como se deve
> Correta, branca, suave, muito limpa, muito leve
> Sons, palavras, são navalhas
> E eu não posso cantar como convém
> Sem querer ferir ninguém

> *Mas não se preocupe, meu amigo*
> *Com os horrores que eu lhe digo*
> *Isto é somente uma canção*
> *A vida, realmente, é diferente*
> *Quer dizer, ao vivo é muito pior!*[455]

Porém o aspecto mais relevante é que ao conteúdo existencial se soma a presença nos textos de recursos poéticos, como já se observa, na letra acima, na sinestesia de uma canção "branca" ou na metáfora de sons e palavras que são "navalhas". Comparação do mesmo gênero aparecia, como símile, em "A palo seco", de 1974:

> *Sei que assim falando pensas*
> *Que esse desespero é moda em 73*
> *Eu quero é que esse canto torto*
> *Feito faca corte a carne de vocês.*

As antíteses entre o que é quotidiano e o que é alucinação, entre o que é real e o que é delírio, permeiam uma estrofe da música "Alucinação", de 1976, que, mais uma vez, revela, poeticamente, a preocupação existencial de Belchior, sintetizada no verso "meu delírio é a experiência com coisas reais":

> *Eu não estou interessado em nenhuma teoria*
> *Nem nessas coisas do Oriente, romances astrais*
> *A minha alucinação é suportar o dia a dia*
> *E meu delírio é a experiência com coisas reais.*

Na mesma música, a descrição de "coisas reais" faz-se não só mediante a "enumeração caótica" ou "colagem", caminho aberto nas letras de música popular brasileira por autores tropicalistas, mas também com ruptura sintática pela introdução, em meio à sequência, de uma frase apelativa ("cheira, cachorro"), que dá à descrição um sentido ainda mais claro de tempo presente:

---

455 As duas canções, "Como nossos pais" e "Apenas um rapaz latino-americano", com letra e música de Belchior, integram o LP *Alucinação*, de 1976. À exceção de "Mucuripe", feita em parceria com Fagner, todas as demais músicas citadas são da exclusiva autoria de Belchior: "A palo seco", "Alucinação" e "Na hora do almoço".

> *Um preto, um pobre, um estudante*
> *Uma mulher sozinha*
> *Blue jeans e motocicletas*
> *Pessoas cinzas, normais,*
> *Garotas dentro da noite*
> *Revólver; "Cheira, cachorro"*
> *Os humilhados do parque*
> *Com os seus jornais*
> *(...)*

Já em 1971, Belchior compusera com Raimundo Fagner, também cearense, a canção "Mucuripe", da qual consta aliteração que dota o verso de especial sonoridade: *"vida, vento, vela, leva-me daqui"*. Ainda mais notável, naquele mesmo ano Belchior apresentara sua música "Na hora do almoço", em que se reuniam, de uma parte, a observação crítica de costumes e distância entre gerações (*"Pai na cabeceira: é hora do almoço"*; *"a gente se olha/ se toca e se cala/ e se desentende/ no instante em que fala"*) e, de outra, o emprego de zeugma particularmente incisivo:

> *No centro da sala,*
> *Diante da mesa,*
> *No fundo do prato*
> *Comida e tristeza.*[456]

Eduardo Dusek e Luiz Carlos Goes (1945-2014), cariocas, compuseram canções bem-humoradas, entre as quais "Folia no matagal", gravada em 1979 pela cantora Maria Alcina. Em trecho da letra, a combinação de sinestesia, metáfora e plasticidade demonstram a presença da linguagem figurada na "vertente divertida" da música popular brasileira:

> *O mar passa saborosamente*
> *A língua*
> *Na areia.*[457]

---

[456] "Na hora do almoço" venceu o IV Festival Universitário, em 1971.
[457] "Folia no matagal" viria a ser gravada por Eduardo Dusek em 1981, em seu primeiro LP, *Olhar brasileiro*. A maior parte das demais canções constantes do disco também foi

Na década de 1970 foram lançadas duas canções com versos admiráveis de compositores cujo estreia ocorrera muitos anos antes – Cartola, estreante na década de 1930, e Juca Chaves, estreante na década de 1950.

O longo percurso de Cartola (Angenor de Oliveira, carioca, 1908-1980) na música popular tem seu início assinalado pela condição de cofundador, ainda na década de 1920, da segunda escola de samba a ser criada, a "Estação Primeira de Mangueira". Porém, como consigna o *Dicionário Cravo Albin da Música Popular Brasileira*, "somente em 1974, aos 65 anos, gravou o primeiro LP inteiramente seu" e, no mesmo ano, em um programa de rádio, "apresentou dois sambas ainda inéditos: 'As rosas não falam' e 'O mundo é um moinho'"[458], ambos com letra e música de sua autoria. A canção "As rosas não falam" encerra dois versos em que à prosopopeia, pela qual as rosas "roubam o perfume", se acrescenta uma metáfora implícita na analogia entre o aroma da rosa e o aroma, que ela exala, subtraído de alguém:

> *Queixo-me às rosas*
> *Mas que bobagem*
> *As rosas não falam*
> *Simplesmente as rosas exalam*
> *O perfume que roubam de ti.*

Juca Chaves, criado em São Paulo (nascido no Rio de Janeiro), é compositor que une duas facetas bastante diversas, a satírica e a lírica, sempre com letra e música próprias. Mais conhecido pelo veio satírico, em que se concentra grande parte de sua obra, constitui, contudo, autor de canções líricas com textos poeticamente inspirados, como "A cúmplice" (*"No corpo tenha o Sol, no coração a Lua/ A pele cor de sonho, as formas de maçãs/ A fina transparência, uma elegância nua/ O mágico fascínio, o cheiro das manhãs"*) e "Pelo fio do telefone" (*"Eu que há muito, por desgosto,/ esqueci que era poeta/ Reencontrei neste seu rosto/ a razão de ser esteta"*).

---

composta em parceria de Dusek com Luiz Carlos Goes: "Chocante", "Iracema Brasil", "Olhar brasileiro", "A coitadinha" e "O pão".

[458] In *Dicionário Cravo Albin da Música Popular Brasileira*, verbete "Cartola". Disponível em <http://dicionariompb.com.br/cartola/obra> (acesso em 29/04/2020).

Com gravações em inícios da década de 1970, a sua música "Amor non sense" estrutura-se inteiramente sobre a utilização de expressões fora de seu contexto habitual; no divertido caráter "sem sentido" dessa "brincadeira com as palavras" reside a originalidade da canção, que, como o título indica, se refere a uma relação amorosa, explicitada como compromisso no refrão. As duas oitavas do texto são formadas por versos alexandrinos; cada grupo de quatro versos contém rimas alternadas. Algumas imagens obtidas pela transposição de significado das expressões mostram-se particularmente criativas, como "na linha do horizonte pendurei tua saia" e "à sombra de uma dúvida eu dormi na praia". Neste último caso, a transferência para a realidade física da expressão "sombra de dúvida" soma-se ao duplo sentido de "dormi na praia", por seu significado coloquial de "perder uma oportunidade", "ser superado pelos fatos", "bobear": na letra, poderá fazer eventual referência ao compromisso contraído ("que ideia/ a lâmpada apagou a luz"); é de notar que a "Aliança para o Progresso" constituiu iniciativa de política externa dos EUA para a América Latina cujos resultados são considerados muito insatisfatórios. Reproduzem-se, em seguida, a primeira estrofe e o refrão:

> *Na linha do horizonte pendurei tua saia*
> *E a minha mão pegou na tua contramão*
> *À sombra de uma dúvida eu dormi na praia*
> *E construí meu lar na casa do botão.*
> *Levei meu olho mágico pro oculista*
> *Do teu ponto de vista fiz ponto final*
> *No rabo do foguete eu encontrei tua pista*
> *E enchi de novidade o furo do jornal.*
> *Que ideia, que ideia*
> *A lâmpada apagou a luz*
> *Ó Leia, ó Leia,*
> *A Aliança do Progresso eu pus.*

A continuidade de letras marcadas por preocupação social na música popular brasileira reflete-se em "Aldeia modelo", de Fátima Guedes, compositora carioca lançada na década de 1970. O seu primeiro LP data de 1979 e "Aldeia modelo", letra e música de sua autoria, foi incluída no segundo, de 1980. A letra espelha o distanciamento social ou mesmo repulsa de camadas mais favorecidas ("eles") em relação às de extrato social pobre, com que se identifica o eu lírico ("nossas casas", "nossas vestimentas"). É sobretudo nas rimas, com a aproximação eufônica que se presta a salientar o afastamento substancial entre as camadas sociais representadas, que o texto adquire densidade poética: o "abrigo", intenção de uma parte, é "perigo", na aversão da outra; as vestimentas "mal cheirosas", rejeitadas por uma parte, rimam com as mulheres "corajosas", na exaltação da outra:

> *Eles viram nossas casas de barro e palha*
> *Como na intenção de abrigo*
> *Mas não se fizeram entrar*
> *Pois que havia perigo*
> *(...)*
> *Não puseram nossas vestimentas*
> *Poeiradas, mal cheirosas*
> *E acharam feias nossas mulheres*
> *Magras mas corajosas.*

O amazonense Chico da Silva estreou na década de 1970 e conheceu, de imediato, a consagração de música composta em parceria com Venâncio, "Pandeiro é meu nome", na qual, igualmente, se ressalta contraste de ordem social ("*Pandeiro/ Não é absurdo mas é o meu nome/ (...) Pandeiro não come mas pode apanhar/ (...) Você cantando, tocando e batendo na gente/ Passando por tudo tão indiferente/ Não conhece a dor do instrumental*"). Em 1981, o seu disco "Os afazeres" incluiu "Cantiga de Parintins", em parceria com Fred Góes, coautor também da letra, que exibe a sinestesia do "silêncio morno":

> *No seio da mata virgem*
> *A pureza das araras*
> *O som do silêncio morno*
> *A maloca dos caiçaras.*

Conclui-se com o compositor Djavan esta parte do trabalho, dedicada a apresentar panorama de ordem geral e apenas exemplificativa de investimento poético em letras de música popular brasileira desde suas origens, na década de 1770, até autores lançados na década de 1970.

Djavan, alagoano de Maceió, estreante em disco em 1975, tem conhecido em sua carreira expressivo êxito com canções que mostram, conforme assinala Arthur Xexéo, "um melodista original e um letrista surpreendente"⁴⁵⁹. Por vezes, a letra não parece não ter outro objetivo senão o de casar-se perfeitamente com a melodia para tornar ainda mais musical a canção, ou seja, sem preocupação com o significado, e sim com o som, como, por exemplo, é o caso de "Açaí", cujo refrão diz *"Açaí/ Guardiã/ Zum de besouro um ímã/ Branca é a tez da manhã"*⁴⁶⁰. Contudo, é autor também de várias letras que, além de significado, exibem poeticidade, como os símiles de "Oceano" (*"Lá no mar alto da paixão/ (...) Vem me fazer feliz/ Porque eu te amo/ Você deságua em mim/ E eu oceano"*) e de "Faltando um pedaço":

> *O amor é um grande laço*
> *Um passo pr'uma armadilha*
> *Um lobo correndo em círculo*
> *Pra alimentar a matilha*
> *Comparo sua chegada*
> *Com a fuga de uma ilha (...).*⁴⁶¹

O exame da presença do investimento poético em letras de música popular brasileira terá continuidade no próximo capítulo, que se dedicará à obra de letristas selecionados. Nas diferentes seções, divididas por letristas, o objetivo continuará sendo o de apresentar exemplos da presença de poeticidade em letras de música, e não o de analisar o conjunto da obra de cada autor.

Ademais da permanência das vertentes tradicionais da música popular brasileira, em especial a do lirismo "autocentrado", a de solidariedade e a de séria crítica de aspectos sociopolíticos, as letras – sobretudo dos autores lançados na década de 1960 – agregam o questionamento contínuo de uma gama de temas que seria difícil resumir: abarcam questões tão diversas quanto a língua e o fazer poético ("Uma palavra", de Chico Buarque⁴⁶², "Língua", de Caetano

---

459 Xexéo, Arthur. "Estrelas cintilam, o rock irrompe – 1977-1987". In Albin, Ricardo Cravo (org.). *MPB: a alma do Brasil*, p. 128.

460 No comentário de Arthur Xexéo, "ninguém entendia direito o que as letras de Djavan queriam dizer, mas, de alguma maneira, aquilo tudo fazia sentido e, quando acopladas à melodia, era bonito demais". "Estrelas cintilam, o rock irrompe – 1977-1987". In Albin, Ricardo Cravo (org.). *MPB: a alma do Brasil*, p. 129.

461 "Faltando um pedaço" e "Açaí" foram gravadas em 1981; "Oceano" em 1989.

462 *"Palavra dócil/ Palavra d'água pra qualquer moldura/ Que se acomoda em balde, em*

Veloso[463], "Metáfora", de Gilberto Gil[464]), os preconceitos e a libertação sexual ("A mão da limpeza" e "Pai e mãe", de Gilberto Gil[465], "Bárbara", de Chico Buarque[466], "Constelação maior", de Aldir Blanc[467]), a mitologia do canto alegre do povo brasileiro ("Canto das três raças", de Paulo César Pinheiro[468]) e mesmo as motivações de Deus ("Sobre todas as coisas", de Chico Buarque[469]).

verso, em mágoa/ Qualquer feição de se manter palavra". In Buarque, Chico. *Cancioneiro Songbook Chico Buarque Obras escolhidas.* Vol. 3 (obras escolhidas 1980-2008), p. 225.

[463] "*Flor do Lácio Sambódromo Lusamérica latim em pó / O que quer/ O que pode esta língua?*". In Veloso, Caetano. *Letra só: sobre as letras/Caetano Veloso* (sel. e org. Eucanaã Ferraz), p. 290.

[464] "*Deixe a meta do poeta, não discuta/ Deixe a sua meta fora da disputa/ Meta dentro e fora, lata absoluta/ Deixe-a simplesmente metáfora*". In Gil, Gilberto. *Gilberto Gil: todas as letras*, p. 304.

[465] "*O branco inventou que o negro/ Quando não suja na entrada/ Vai sujar na saída (...)// Na verdade a mão escrava/ Passava a vida limpando/ o que o branco sujava*" (de "A mão da limpeza"); "*Diga a ele que não/ Se aborreça comigo/ Quando me vir beijar/ Outro homem qualquer*" (de "Pai e mãe"). In Gil, Gilberto. *Gilberto Gil: todas as letras*, p. 349 e p. 198.

[466] "*Vamos ceder à tentação/ Das nossas bocas cruas/ E mergulhar no poço escuro de nós duas*". In Hollanda, Chico Buarque de. *Tantas palavras*, p. 203.

[467] "*Ele é bonito/ e a minha garota o recebe em seu leito. / Eu mesmo às vezes/ abro mão do orgulho/ e com ele me deito. // Assim é o amor que ignora/ simplórias fronteiras*". In Vianna, Luiz Fernando. *Aldir Blanc: resposta ao tempo – Vida e letras*, p. 157.

[468] "*Todo o povo desta terra/ Quando pode cantar/ Canta de dor*". In Pinheiro, Paulo César. *Histórias das minhas canções*, p. 113.

[469] "*Ou será que o Deus/ Que criou nosso desejo é tão cruel/ Mostra os vales onde jorra o leite e o mel/ E esses vales são de Deus*". In Hollanda, Chico Buarque de. *Tantas palavras*, p. 338.

5. Traços poéticos em letras de MPB – exemplos em obras de letristas selecionados

O capítulo anterior buscou apresentar um panorama geral de exemplos de investimento poético em letras da música popular brasileira desde suas origens até autores lançados na década de 1970.

Reservou-se, contudo, para o presente capítulo o tratamento de exemplos assinaláveis na obra de letristas de destaque[470], aos quais se dedicarão, a seguir, seções intituladas por seus nomes: Domingos Caldas Barbosa; Laurindo Rabelo; Catulo da Paixão Cearense; Orestes Barbosa; Noel Rosa; Vinicius de Moraes; Chico Buarque de Hollanda; Caetano Veloso; Gilberto Gil; Torquato Neto, Capinan e Tom Zé; Aldir Blanc; e Paulo César Pinheiro. Serão também objeto de consideração em separado duas letras feitas em parceria, uma entre Caetano Veloso e Gilberto Gil, e a outra, entre Gil e Chico Buarque.

Como já previamente indicado, o exame de textos nas próximas seções não objetiva analisar o conjunto da obra de cada autor, e sim dar sequência à exposição de *exemplos* da presença de poeticidade em letras de música popular brasileira.

As menções a textos de alguns desses letristas no capítulo precedente, inclusive do primeiro, Domingos Caldas Barbosa, foram motivadas apenas por considerações relativas a aspectos da evolução histórica da elaboração de letras de música e, desse modo, não substituem a investigação individualizada de obras de sua autoria para exemplificação de instâncias poéticas.

---

[470] Buscou-se, assim, poupar a redação do panorama histórico do desequilíbrio que decorreria da atenção mais extensa a tais letristas.

5.1. Domingos Caldas Barbosa

Domingos Caldas Barbosa (c.1740-1800), "o primeiro nome a entrar para a história" da música popular brasileira[471], projetou-se em Lisboa, onde iniciou, na "virada das décadas de 1760-1770, (...) sua carreira de poeta e autor de cantigas, modinhas e lundus"[472]. Já no começo da década de 1770 a sua fama se propagava entre a nobreza, a tal ponto que se promoveu, "certamente antes de 1775", como ressalta José Ramos Tinhorão, uma apresentação do compositor perante o então rei de Portugal, D. José I[473]. A maior parte de sua carreira viria a desenvolver-se "para a corte de D. Maria I"[474], que assumiu o trono em 1777. Caldas Barbosa começou "a retirar-se de cena como poeta e autor-intérprete à viola" a partir de 1795; a sua "última realização" consistiu na "organização de seus versos cantados", que "comporiam o volume *Viola de Lereno*"[475].

O livro *Viola de Lereno* foi publicado em Lisboa em 1798; em 1826 editar-se-ia o segundo volume do livro, também em Lisboa. Se as melodias originais permaneceram desconhecidas, a *Viola de Lereno* conheceu múltiplas edições e seus textos – versos de modinhas e lundus – foram, assim, incorporados à história da literatura brasileira como poemas. Há, portanto, uma identificação de origem entre letra de música e poema na canção popular brasileira[476].

Caldas Barbosa, o árcade Lereno[477], certamente não pode ser considerado um poeta da dimensão de seus contemporâneos neoclássicos,

---

471 Severiano, Jairo. *Uma história da música popular brasileira: das origens à modernidade*, p. 13.
472 Tinhorão, José Ramos. *Domingos Caldas Barbosa: o poeta da viola, da modinha e do lundu*, p. 52.
473 Tinhorão recorda que, em 1775, "d. José sofreria o derrame que o afastou do trono". Como aponta, a morte do soberano ocorreu em 1777. In *Domingos Caldas Barbosa: o poeta da viola, da modinha e do lundu*, p.56.
474 Severiano, Jairo. *Uma história da música popular brasileira*, p. 14.
475 Tinhorão, José Ramos. *Domingos Caldas Barbosa: o poeta da viola, da modinha e do lundu*, p. 146.
476 Conforme anotado em capítulo anterior, utiliza-se neste trabalho edição de 1980 de *Viola de Lereno*, que reúne os dois volumes da obra (Prefácio de Francisco de Assis Barbosa; introdução, estabelecimento do texto e notas de Suetônio Soares Valença). Na Introdução de Valença, lê-se o seguinte comentário: "*Dramaticamente não nos chegou a melodia original de qualquer dos inúmeros poemas da coletânea, cujo autor seria o próprio Caldas Barbosa, segundo supõem os estudiosos da história de nossa música popular*" (p. 28).
477 No prefácio a *Viola de Lereno*, Francisco de Assis Barbosa anota que "pertenceu o poeta à Arcádia de Roma, com o nome de Lereno Selinuntino. Foi um dos fundadores e presidente da Academia de Belas Letras de Lisboa, ou Nova Arcádia" (p. 20).

como Cláudio Manuel da Costa ou Tomás Antônio Gonzaga. Mas os textos de *Viola de Lereno* – com exemplos, nas palavras de Manuel Bandeira, de sua "poesia simples, de expressão correta e elegante" (*"Prometeu-me Amor doçuras, / Contentou-se em prometer;/ E me faz viver morrendo/ Sem acabar de morrer"*) – já foram vistos como indicadores de espírito romântico ou pré-romântico[478].

Alguns aspectos das letras/poemas de Caldas Barbosa são dignos de registro. Em primeiro lugar, a plasticidade de certos versos, como, no texto de "Não se morre de saudade", a estrofe formada pelas antíteses de "*É verdade que se vive/ Dividido em a metade;/ Mas vivendo meia vida, / Não se morre de saudade*" ou, em "Retrato da minha linda pastora", a adjetivação de "*são seus olhos matadores*".

Em segundo lugar, outros textos revelam ousadia, quer na estruturação que se encontra em "A.B.C. de Amor", composto em quadrissílabos com base no alfabeto ("*Uma menina/ quer que eu lhe dê/ lições de Amores/ Por A.B.C.// A.-É amante/Não ardilosa:/ B-É benigna/Não buliçosa*") até chegar a "*Z.-Zombadeira/Pouco zelosa// Tome, Menina/ Lição gostosa*"; quer na insinuação sensual ("*Ao rico mimoso seio/ Chamo só mimoso e rico,/ Assim decente me explico/ Sem o poder desenhar*"); quer no uso de onomatopeias ("*Sinto em mim vários efeitos/ De há bem pouco para cá/ E o meu coração no peito/ Está fazendo tá, tá, tá*"); quer na originalidade dos temas cômicos de "Leilão" e, com o nada platônico vocabulário, de "Bicho mulher"

---

[478] A citação de Manuel Bandeira é extraída de *Apresentação da poesia brasileira* e os versos, transcritos no livro, são reproduzidos do poema "Sem acabar de morrer/Cantigas" (Bandeira, Manuel. *Apresentação da poesia brasileira*, p. 43/44). Walmyr Ayala opina que "*de todos os árcades [Domingos Caldas Barbosa] é o que conseguiu melhor transmitir a ingenuidade do verso romântico, de acento popular, na linhagem puríssima da canção*" (in *Antologia dos poetas brasileiros – Fase colonial*, p.140). Francisco de Assis Barbosa sustenta que "*pela espontaneidade do estilo e simplicidade da forma, Domingos Caldas Barbosa bem merece um lugar de relevo entre os nossos pré-românticos*" (prefácio a *Viola de Lereno*, p. 13). Eis, na íntegra, o texto citado por Manuel Bandeira, "Sem acabar de morrer": "*É a minha triste vida/ Sempre penar, e sofrer;/ Vou morrendo a todo o instante/ Sem acabar de morrer. // Sabes meu bem qu'eu sofro/ Quando não te posso ver? / É morrer de saudades/ Sem acabar de morrer. // Prometeu-me Amor doçuras, / Contentou-se em prometer;/ E me faz viver morrendo/ Sem acabar de morrer. // Lisonjeiras esperanças / Vêm minha morte empecer;/ Vão-me sustentando a vida/ Sem acabar de morrer. // Em mim tome um triste exemplo / Quem amando quer viver;/ Saiba que é viver morrendo/ Sem acabar de morrer.// Quando ponho a mão no peito/ Sinto um lânguido bater;/ É o coração que expira/ Sem acabar de morrer.*" (In *Viola de Lereno*, pp. 231/232).

("*Mandou-me Amor que pusesse/ Em praça meu coração,/ Venham meninas depressa/ Que principia o leilão*"; "*Quem quiser ter seu descanso/ Quem sossego quiser ter/ Na densa mata do mundo/ Fuja do bicho mulher*"); quer na exploração do significante em "Conselhos":

> *Escutai pobres amantes*
> *Um amante experiente*
> *A mulher que diz que ama*
> *Certamente mente, mente.*

Porém o aspecto mais notável reside na perspectiva brasileira que se surpreende em suas letras de música/poemas. Não à toa, Manuel Bandeira afirmou ter sido Domingos Caldas Barbosa "o primeiro brasileiro onde encontramos uma poesia de sabor inteiramente nosso"[479]. Em dois poemas, essa perspectiva assume a forma de exaltação da "doçura" do "amor brasileiro" ou, em tom pessoal, de identificação com a "ternura brasileira". As letras/poemas "Doçura de amor" e "A ternura brasileira/Cantigas" contêm estrofes como:

> "*Cuidei que o gosto de Amor*
> *Sempre o mesmo gosto fosse,*
> *Mas um Amor Brasileiro*
> *Eu não sei por que é mais doce*";

> "*Não posso negar, não posso,*
> *Não posso por mais que queira,*
> *Que o meu coração se abrasa*
> *De ternura Brasileira.*

> *Uma alma singela, e rude*
> *Sempre foi mais verdadeira,*
> *A minha por isso é própria*
> *De ternura Brasileira*".

Ainda mais significativo do "sabor inteiramente" brasileiro da *Viola de Lereno* é o texto intitulado "Lundum de cantigas vagas"[480],

---

[479] Manuel Bandeira, *Apresentação da poesia brasileira*, p. 43.
[480] Conforme José Ramos Tinhorão, "*tal como no caso da modinha, a mais antiga notícia do*

possivelmente o primeiro poema e, por definição, a primeira letra de música do Brasil construída com vocabulário de origem africana, "podendo-se imaginar a estranheza" que os versos "causaram nos círculos lítero-musicais lisboetas de então", como assinala Suetônio Soares Valença, o responsável pelo estabelecimento do texto e pelas notas na edição consultada do livro.

Ao lado do exemplar "antológico" de lirismo de amor, "Vou morrendo devagar"[481] – texto no qual a morte "devagar" se articula com a ideia de que "Perder a vida é perder-te" e onde sobressai a imagem de ir-se "morrendo aos pedaços" –, o "Lundum de cantigas vagas" merece inclusão em seleção de letras de música que constituem, igualmente, poemas. Em nota de rodapé ao final do "Lundum", fornece-se esclarecimento de termos, com base nas explicações de Suetônio Valença.

VOU MORRENDO DEVAGAR (Cantigas)

Eu sei, cruel, que tu gostas,
Sim, gostas de me matar;
Morro, e por dar-te mais gosto,
Vou morrendo devagar:

Eu gosto morrer por ti,
Tu gostas ver-me expirar;
Como isto é morte de gosto,
Vou morrendo devagar:

Amor nos uniu em vida,
Na morte nos quer juntar;
Eu, para ver como morres,
Vou morrendo devagar:

Perder a vida é perder-te;

lundu-canção é encontrada na coletânea de versos musicados pelo mulato carioca Domingos Caldas Barbosa" [ou seja, em *Viola de Lereno*]. In *Pequena história da música popular: segundo seus gêneros*, p. 58.

481 In *Viola de Lereno*, pp. 51-53. "Vou morrendo devagar" é o primeiro texto que aparece de Domingos Caldas Barbosa na *Antologia dos poetas brasileiros – Fase colonial*, de Walmyr Ayala, pp. 140-142.

Não tenho que me apressar;
Como te perco morrendo,
Vou morrendo devagar:

O veneno do ciúme
Já principia a lavrar;
Entre pungentes suspeitas
Vou morrendo devagar:

Quando não vejo os teus olhos,
Sinto-me então expirar;
Sustentado d'esperanças,
Vou morrendo devagar:

Os Ciúmes, e as Saudades
Cruel morte me vêm dar;
Eu vou morrendo aos pedaços,
Vou morrendo devagar:

É feliz entre as desgraças,
Quem logo pode acabar;
Eu, por ser mais desgraçado,
Vou morrendo devagar:

A morte, enfim, vem prender-me
Já lhe não posso escapar;
Mas abrigado a teu Nome,
Vou morrendo devagar.

LUNDUM DAS CANTIGAS VAGAS

Xarapim, eu bem estava
Alegre nest'aleluia,
Mas para fazer-me triste
Veio Amor dar-me na cuia.

Não sabe meu Xarapim
O que amor me faz passar,
Anda por dentro de mim

De noite, e dia a ralar.

Meu Xarapim já não posso
Aturar mais tanta arenga
O meu gênio deu à casca
Metido nesta moenga.

Amor comigo é tirano
Mostra-me um modo bem cru,
Tem-me mexido as entranhas
Qu'estou todo feito angu.

Se visse o meu coração
Por força havia ter dó,
Porque o Amor o tem posto
Mais mole que quingombó.

Tem nhanhá certo nhonhó,
Não temo que me desbanque,
Porque eu sou calda de açúcar
E ele apenas mel do tanque.

Nhanhá cheia de chulices
Que tantos quindins afeta,
Queima tanto a quem a adora
Como queima a malagueta.

Xarapim tome o exemplo
Dos casos que vê em mim,
Que se amar há-de lembrar-se
Do que diz seu Xarapim.

            Estribilho
Tenha compaixão
Tenha dó de mim
Porqu'eu lho mereço
Sou seu Xarapim.[482]

---

[482] Esclarecimento da terminologia, pautado nas notas de Suetônio Valença (em *Viola de Lereno*,

5.2. Laurindo Rabelo

Poeta pertencente à segunda geração do romantismo brasileiro, Laurindo Rabelo (1826-1864) foi não só o mais importante, mas também o mais conhecido letrista de música popular do século XIX[483].

Antonio Candido qualifica-o de "poeta raso, de asas curtas, extrovertido e sincero, manifestando em versos fáceis, geralmente agradáveis, mesmo quando tristes, os sentimentos mais comuns do homem comum"[484]. Nem por isso deixa de examiná-lo, ao lado de Junqueira Freire, Bernardo Guimarães, Álvares de Azevedo e Casimiro de Abreu, como um dos poetas de destaque da segunda geração romântica, "mais voltados para o próprio coração (...) do que para a Pátria, Deus ou o Povo, como os da primeira e da terceira geração"[485].

Ainda que não encontre, na obra de Laurindo Rabelo, "nada de profundo nem muito belo", Candido identifica na transmissão com singeleza de sentimentos comuns a "autenticidade que desperta ressonância no leitor e o faz irmanar-se ao estado de alma do poeta". Acrescenta ser algumas vezes "tal a fluência do verso ou a felicidade das imagens, que o leitor se entrega, principalmente quando arrastado para a esfera da imaginação floral, com que deu corpo a alguns de seus melhores poemas"[486]. Concentra sua análise na "obsessão floral" de Laurindo Rabelo e conclui que "os grandes momentos se dão quando surge uma ambiguidade poética e a imagem, ao mesmo tempo indicativa e metafórica, é flor e sentimento: é o clico da saudade e do amor-perfeito, que se prestam ao jogo de palavras"[487].

pp. 422-423). 1a. estrofe – *xarapim*: xará; *aleluia*: alegria; *cuia*: cabeça. 3a. estrofe – *dar à casca*: morrer, perder tudo, arruinar-se; *moenga*: moenda. 5a. estrofe – *quingombó*: quiabo. 6a. estrofe – *nhanhá*: tratamento dos escravos às meninas e moças, suas senhoras; *nhonhó*: tratamento dos escravos a seus senhores; *calda de açúcar*: mel refinado; *mel do tanque*: mel de que se faz o açúcar bruto. 7a. estrofe: *chulices*: "de chulo. Está aqui no sentido carinhoso de graças, malícias"; *quindins*: dengues, meiguices, encantos. O texto de "Lundum das cantigas vagas" está publicado nas pp. 238-240 de *Viola de Lereno*.

483 Conforme José Ramos Tinhorão, "não há dúvida de que foi o primeiro poeta brasileiro a ganhar renome como compositor popular entre o público das grandes cidades brasileiras" (in *História social da música popular brasileira*, p. 155).
484 Antonio Candido, *Formação da literatura brasileira: momentos decisivos*, vol. 2, p 162.
485 Antonio Candido, *Formação da literatura brasileira*, vol. 2, p. 150.
486 Antonio Candido, *Formação da literatura brasileira*, vol. 2, p. 163.
487 Antonio Candido, *Formação da literatura brasileira*, vol. 2, p. 164.

Ao coligir as *Poesias completas de Laurindo Rabelo*, Antenor Nascentes reúne, em uma seção intitulada "Modinhas", dezessete textos (um deles, "A romã", referido como lundu), em alguns casos acompanhados de partitura musical[488]. A propósito, José Ramos Tinhorão comenta que, "embora escritos para serem musicados, os versos de Laurindo Rabelo cantados (...) resistiram tão bem como poesia" que "o professor Antenor Nascentes não hesitou em incluir na parte final um capítulo 'Modinhas'". Segundo Tinhorão, "esse juízo definitivo da crítica literária serviria para mostrar, afinal, como a 'poesia do Dr. Laurindo' soube de fato ser popular, sem deixar de ser poesia"[489]. A autoria de "todas as músicas das modinhas e lundus de Laurindo Rabelo" coube a seu amigo João Cunha[490] (o violonista João Luís de Almeida Cunha, apelidado o "Cunha dos Passarinhos").

As letras de Laurindo Rabelo coligidas por Antenor Nascentes – todas estruturadas em quadras – são, em geral, permeadas de lirismo de amor romântico e idílico: *"Dobrados os joelhos/ Os braços lhe estendia,/ Nos olhos me luzia/ Meu inocente amor./ Domina a virgem/ Doce quebranto,/ Seca-se o pranto,/ Cresce o rubor"* (de "Foi em manhã de estio"); *"Como a flor, do sol a um beijo,/ Se quiseres, podes ver/ A minh'alma, semimorta,/ Num beijo teu reviver"* (de "Beijo de amor"); *"O feliz ri-se da vida/ Por ver nela o seu jardim/ O desgraçado, na morte/ Por ver da desgraça o fim"* (de "Riso e morte").

Alguns versos sobressaem, como os compostos pela metáfora de *"Num raio de teus olhares/ Minh'alma inteira perdi (...)// A qualquer parte que os volvas,/ Minh'alma sinto voar,/ Inda que livre nas asas/ Presa só no teu olhar"* (em "De ti fiquei tão escravo"); pela hipérbole de *"O punhal n'alma me enterra/ E depois de apunhalar/ Conta as gotas, bebe o sangue/ Não tem dó do meu penar"* (de "Não tem dó do meu penar"); pelo símile de *"O amor da mulher é a nuvem/ Quando o vento*

---

[488] Laurindo Rabelo, *Poesias completas* (coligidas e anotadas por Antenor Nascentes), Rio de Janeiro: Instituto Nacional do Livro, 1963. Na edição, o sobrenome está grafado Rabêlo.
[489] Tinhorão, José Ramos. *Cultura popular: temas e questões*, p. 80.
[490] Tinhorão, José Ramos. *Cultura popular: temas e questões*, p 79. Foi apontado, no capítulo anterior, depoimento de Mello Moraes Filho, recolhido por José Ramos Tinhorão, sobre o trabalho em conjunto de Laurindo Rabelo e João Cunha, a ponto de, em determinada ocasião, Rabelo haver exclamado "Estamos casados, João", o que, no comentário de Tinhorão, constituiu "declaração definitiva da consciência – pela primeira vez expressa historicamente – de estar formada uma dupla de compositores, através do casamento deliberado da letra com a música" (*Cultura popular: temas e questões*, p. 78; *História social da música popular brasileira*, p. 151).

a impele no ar.../ O amor da mulher é volúvel,/ É tão vário qual onda no mar" (de "Ao trovador"); pelo jogo de palavras de "*E por perder-te de vista/ A minha vista perdi*" (de "O cego de amor"); ou pela melodiosa repetição, sob a forma de epanadiplose, dos versos finais da estrofe "*Do crime que fiz de amar-te/ Vem dar-me a absolvição:/ Perdão – para os meus carinhos,/ Aos meus amores – perdão!*" (de "A despedida").

No lundu "A romã", prevalece o acento sensual ou mesmo malicioso: "*Tem coroa de rainha/ roxa cor na casca tem/ quando racha, me retrata/ a boquinha do meu bem// Nos meus lábios sequiosos/ dum néctar sinto a doçura/ quando sedento lhe ponho/ a boca na rachadura*". E, como visto, em outro lundu, "As rosas do cume", a letra, de caráter também divertido, fica mais próxima da obscenidade do que da sensualidade.

Selecionam-se dois textos que podem ser incluídos entre as letras de música passíveis de leitura como poemas. O primeiro, intitulado "É aqui... bem vejo a campa", destaca-se por conter, na linha da ambiguidade apontada por Antonio Candido, o duplo sentido implícito nas acepções diferentes da palavra "saudade", como sentimento ou como planta e sua flor, que dota todas as estrofes de linguagem conotativa.

O segundo, identificado, nas *Poesias completas de Laurindo Rabelo*, pelo primeiro verso, "Eu sinto angústias", merece atenção pela leveza, decorrente da composição em quadrissílabos, da suavidade das imagens (o canto é "brisa d'alma" e "no ar se isola") e do tom coloquial, quase irônico, estabelecido em seu início ("não há remédio/ senão chorar// Eia, choremos"). Trata de tema que viria a ser exaustivamente explorado na canção popular brasileira, o próprio canto, no caso como forma de consolo para as angústias de amor[491].

É AQUI... BEM VEJO A CAMPA

É aqui... bem vejo a campa
Onde jazem meus amores
O perfume de su'alma
Inda sinto nestas flores.

[491] A partitura da música "Eu sinto angústias" foi incluída por Antenor Nascentes nas *Poesias completas de Laurindo Rabelo*.

Aqui nasceram saudades
Plantadas por minha mão,
Nasceram – devem regá-las
Pranto do meu coração.

Pranto amargo de minh'alma
Orvalhe bem estas flores...
Verta aqui saudosa mágoa
Que sinto por meus amores.

Aqui nasceram saudades, etc.

EU SINTO ANGÚSTIAS

Eu sinto angústias
Me sufocar;
Não há remédio,
Senão chorar.

Eia, choremos;
Comece o canto;
Também cantando
Se verte o pranto.

O canto às vezes
É brisa d'alma
Que o mal consola
E a dor acalma.

E cada letra
Que o canto diz
Um ai exprime
Do infeliz!

O canto é prece
Que voa a Deus,
Se um triste canta
Os males seus...

E livre o canto
no ar se isola;
O céu penetra
E Deus consola.

Depois que a ingrata
Feriu-me tanto,
Que de mim fora,
Sem este canto!...

Talvez que as chagas
Fossem mortais,
Se as não curasse
Com estes ais.

5.3. Catulo da Paixão Cearense

Catulo da Paixão Cearense (1863-1946) é, em rigor, um letrista da virada dos séculos XIX para XX, mas obteve especial projeção entre 1902, ano de estabelecimento da indústria fonográfica no Brasil, e meados da década de 1910: o levantamento dos "maiores sucessos" musicais desse período demonstra que, em muitos anos, figurava obra com letra de sua autoria[492].

Em matéria de composição, Catulo da Paixão Cearense representa, até certo ponto, o inverso de Xisto Bahia: enquanto o compositor baiano, ademais das obras de sua autoria, musicava textos já publicados de poetas, Catulo escrevia letras para músicas preexistentes. Maranhense de origem (apesar do sobrenome), chegou ao Rio em 1880 e apresentava-se em fins do século XIX como um "poeta do povo"[493], mas as suas letras caracterizam-se por ser caudalosas e, não raro, pomposas, com versos como os seguintes, de "Talento e Formosura":

---

[492] Em 1902, "Os boêmios"; em 1903, "O Fadário"; em 1905, "Terna saudade" e "Talento e formosura"; em 1906, "Três estrelinhas"; em 1907, "Choro e poesia /Ontem ao luar", "Iara/Rasga o coração" e "Clélia (Ao desfraldar da vela)"; em 1913, "Caboca di Caxangá"; em 1914, "Luar do Sertão". Esses dados constam do livro *Canção no tempo: 85 anos de músicas brasileiras, vol. 1: 1901-1957*, de Jairo Severiano e Zuza Homem de Mello, pp. 21-39.

[493] José Ramos Tinhorão, *Pequena história da música popular*, p. 43.

"Prossegue embora em flóreas sendas,
sempre ovante,
de glórias cheia e no teu sólio
triunfante,
que antes que a morte vibre em ti funéreo
golpe seu,
a natureza irá roubando o que
te deu!"[494]

Com sua "superafetação romântica" e "com uma prolixidade fora do comum"[495], elaborou letras que lhe valeram êxito e reconhecimento à época, sem que tenham resistido ao passar do tempo, salvo "Luar do Sertão" e outras poucas estrofes, como esta, de "Rasga o Coração" ("Iara"), música de Anacleto de Medeiros: *"Se tu queres ver/ a imensidão do céu e mar,/ refletindo a prismatização/ da luz solar,/ rasga o coração/ vem te debruçar/ sobre a vastidão/ do meu penar!"*[496].

No contexto da valorização e interesse por temas sertanejos no Brasil de finais do séc. XIX e inícios do séc. XX, destacaram-se não só obras como Os sertões, de Euclides da Cunha, mas também o êxito das letras de Catulo nas composições "Caboca di Caxangá", de 1913, "a canção de maior sucesso do carnaval daquele ano"[497], e "Luar do Sertão", de 1914.

A composição "Luar do sertão", com música de autoria presumida de João Pernambuco, mas refutada por Catulo, mostra-se um caso particular. O refrão e a melodia atravessaram mais de um século e são conhecidos de todas as gerações no Brasil. A longuíssima letra, ao estilo de Catulo – ainda que esteja livre do rebuscamento no vocabulário –, desafia a memorização. Por outro lado, a letra é dotada de força poética, que advém da criatividade e aparente naturalidade na transfiguração da linguagem e metáforas (os dois sentidos de "saudade(s) do luar" na primeira estrofe; a canção como a lua cheia que nasce no coração; a lua escondida na garganta do galo; a claridade da lua transposta para o sangue e para a saudade, que, em bela imagem, passa a ser "saudade branca"), assim como da melodia dos

---

494 Cearense, Catulo [grafado Catullo] da Paixão. *Modinhas*, p. 49.
495 As expressões são de José Ramos Tinhorão, *Pequena história da música popular*, p. 44.
496 Catulo da Paixão Cearense, *Modinhas*, pp. 138-139.
497 Catulo da Paixão Cearense, *Modinhas*, p. 68, nota de rodapé.

versos, em que o sistema de rimas internas ameniza, nas quadras, a extensão dos dodecassílabos alternados com versos de quinze sílabas. "Luar do sertão" justifica, plenamente, sua inclusão em uma eventual "antologia" de letras de música que são também poemas.

LUAR DO SERTÃO

Oh, que saudade do luar da minha terra
Lá na serra branquejando folhas secas pelo chão!
Este luar, cá da cidade, tão escuro,
Não tem aquela saudade do luar lá do sertão.

Não há, oh gente, oh! não,
Luar como esse do sertão!

Se a lua nasce por detrás da verde mata,
Mais parece um sol de prata, prateando a solidão!
E a gente pega na viola que ponteia,
E a canção é a lua cheia a nos nascer no coração!

Não há, oh gente, oh! não,
Luar como esse do sertão!

Quando vermelha, no sertão, desponta a lua,
Dentro d'alma, onde flutua, também rubra nasce a dor!
E a lua sobe e o sangue muda em claridade
E a nossa dor muda em saudade branca... assim... da mesma cor.

Não há, oh gente, oh! não,
Luar como esse do sertão!

Ai!... Quem me dera que eu morresse lá na serra,
Abraçado à minha terra e dormindo de uma vez!
Ser enterrado numa grota pequenina,
Onde, à tarde, a sururina chora a sua viuvez!

Não há, oh gente, oh! não,
Luar como esse do sertão!

Diz uma trova, que o sertão todo conhece,
Que se, à noite, o céu floresce, nos encanta, e nos seduz,
É porque rouba dos sertões as flores belas,
Com que faz essas estrelas lá do seu jardim de luz!

Não há, oh gente, oh! não,
Luar como esse do sertão!

Mas como é lindo ver, depois, por entre o mato,
Deslizar, calmo, o regato, transparente como um véu,
No leito azul das suas águas, murmurando,
Ir, por sua vez, roubando as estrelas lá do céu!

Não há, oh gente, oh! não,
Luar como esse do sertão!

A gente fria desta terra, sem poesia,
Não se importa com esta lua, nem faz caso do luar!
Enquanto a onça, lá na verde capoeira,
Leva uma hora inteira, vendo a lua, a meditar!

Não há, oh gente, oh! não,
Luar como esse do sertão!

Coisa mais bela neste mundo não existe
Do que ouvir um galo, triste, no sertão, se faz luar!
Parece até que a alma da lua é que descanta,
Escondida na garganta desse galo, a soluçar!

Não há, oh gente, oh! não,
Luar como esse do sertão!

Se Deus me ouvisse com amor e caridade,
Me faria esta vontade – o ideal do coração!
Era que a morte a descantar me surpreendesse,
E eu morresse numa noite de luar, no meu sertão!

Não há, oh gente, oh! não,

Luar como esse do sertão![498]

Após os êxitos de "Caboca di Caxangá" e "Luar do sertão", anota Kleiton de Sousa Moraes em artigo sobre Catulo, "a trajetória de Catullo da Paixão Cearense sofreria uma drástica mudança", pois, "de conhecido modinheiro, galgaria progressivamente um caminho que o levaria a ser considerado um poeta sertanejo"[499]. No seu "afã de ser reconhecido como poeta e não somente um bardo trovador"[500], estreou em 1918 com o livro *Meu Sertão*, lançou, no ano seguinte, *Sertão em flor*, e orgulhava-se, ao final da vida (em 1945, um ano antes de sua morte), de terem sido publicados "mais de vinte volumes" de suas obras[501]. Jairo Severiano vincula à "poesia sertaneja" de Catulo a opinião, repetida em diferentes fontes, que Mário de Andrade teria expressado no sentido de considerá-lo "o maior criador de imagens da poesia brasileira"[502].

Contudo, Catulo não é recordado como poeta, mas como letrista e, ainda mais especificamente, como o autor dos versos de *Luar do Sertão*, certamente de linguagem simples quando comparados com a vasta maioria de suas rebuscadas letras. Kleiton de Sousa Moraes

---

[498] A letra de "Luar do sertão" publicada no livro *Modinhas*, de Catulo da Paixão Cearense (seleção e notas de Guimarães Martins), pp. 57-62, acrescenta, às nove estrofes e refrão acima reproduzidos, outras três estrofes que, segundo notas de rodapé, teriam sido escritas por Catulo para ocasiões em que a música fosse cantada no Maranhão, sua terra natal (uma das estrofes adicionais), ou "em solenidades comemorativas da nossa pátria" (duas estrofes, para que uma, "à escolha do intérprete", encerrasse a música nessas oportunidades). O texto ganha em qualidade sem tais estrofes reservadas apenas para situações específicas. Eventualmente a melhor das três estrofes adicionais é uma das destinadas a encerrar a canção em solenidades pátrias: "*Pois só nas noites do sertão de lua plena,/ Quando a lua é uma açucena, é uma flor primaveril,/ É que o Poeta, descantando a noite inteira,/ Vê, na Lua Brasileira, toda a alma do Brasil*".

[499] Moraes, Kleiton de Sousa. "Catullo Cearense ou a trajetória literária de um bardo ordinário", artigo de 2013, disponível na Internet (endereço eletrônico e data de acesso nas Referências bibliográficas).

[500] Moraes, Kleiton de Sousa. "Catullo Cearense ou a trajetória literária de um bardo ordinário".

[501] Em introdução a seu livro *Modinhas*, intitulada "Palavras de Catullo" e datada de 1º de fevereiro de 1945, Catulo registrou: "Em 1912 escrevi o meu primeiro poema sertanejo, 'O Marrueiro'. Animado pela aceitação que ele teve, continuei a escrever outros e hoje já estão publicados mais de vinte volumes das minhas obras". In *Modinhas*, p. 18.

[502] A frase de Mário de Andrade está transcrita no livro *Modinhas*, de Catulo da Paixão Cearense, p. 33. Jairo Severiano indica entender que a "poesia sertaneja" de Catulo "justifica" a "opinião de Mário de Andrade". In Severiano, Jairo. *Uma história da música popular brasileira*, p. 68.

menciona o fato de Catulo ter-se tornado "objeto de reflexão dentro da renovação empreendida" pela "geração paulista de jovens escritores" que se revelou "ainda em finais dos anos 10". Nesse contexto, cita referência a Catulo no prefácio de Paulo Prado a *Pau Brasil* de Oswald de Andrade[503]. A referência parece, contudo, orientada a valorizar apenas a faceta de compositor e letrista de Catulo, pois elogia "o trovador sertanejo que a mania literária já envenenou"[504].

É de ressaltar, por outro lado, que, se o estilo de Catulo foi ultrapassado pelo tempo, parece ter correspondido a expectativas de amplos segmentos da sociedade de sua época: logrou em suas letras escrever tanto êxitos de carnaval, quanto textos apreciados por intelectuais como Sílvio Romero, Humberto de Campos e Júlia Lopes de Almeida, entre muitos outros[505].

5.4. Orestes Barbosa

Orestes Barbosa (1893-1966), caso não houvesse escrito outras letras de música, já teria assegurado posição de destaque entre os letristas brasileiros por "Chão de Estrelas", de 1937 (parceria musical de Sílvio Caldas)[506].

Essa letra inclui o verso *"Tu pisavas os astros, distraída"*, que Manuel Bandeira, com sua autoridade de grande poeta e profundo estudioso de poesia, considerava como "um dos mais belos da língua portuguesa"[507].

Carlos Rennó salienta, com razão, o "forte apelo visual", o "sentido plástico" que se destacam nas letras de Orestes Barbosa e

---

[503] Moraes, Kleiton de Sousa. "Catullo Cearense ou a trajetória literária de um bardo ordinário".

[504] Prado, Paulo. "Poesia Pau Brasil" (prefácio). In Andrade, Oswald, *Pau Brasil*, de 1925 (Edição fac-símile, de 2014), p. 7.

[505] Comentários desses intelectuais, entre outras personalidades, são recolhidos no livro *Modinhas*, de Catulo da Paixão Cearense, pp. 29, 33 e 41.

[506] Carlos Rennó afirma, nessa linha, que *"bastaria citar uma criação sua* [de Orestes Barbosa] *para lhe atestar a importância como letrista e lhe assegurar um lugar no Olimpo dos compositores clássicos do Brasil: 'Chão de Estrelas'"*, in *O voo das palavras cantadas*, p. 16. O livro contém artigos sobre as letras de Orestes Barbosa nas pp. 16-22 e comentários nas pp. 170-172.

[507] A opinião de Manuel Bandeira sobre o verso de Orestes Barbosa, amplamente difundida, está citada, por exemplo, em Nelson Antônio Dutra Rodrigues, *Os estilos literários e letras de música popular brasileira*, p. 79.

refere-se à introdução pelo letrista de "termos e temas" que corresponderam à "incorporação de signos novos, com os quais urbanizou e modernizou o lirismo da época" (cita "motor; abajur, tapete, telefone; veneziana, biombo, apartamento, elevador, arranha-céu; reclames, anúncios luminosos; clichê, manchete; *manteau, peignoir*")[508].

A plasticidade constitui, efetivamente, uma característica notável de Orestes Barbosa e, nesse sentido, podem-se invocar os exemplos de outras duas canções frequentemente recordadas – "A mulher que ficou na taça" e "Arranha-céu"[509]. Em "A mulher que ficou na taça", o texto pauta-se no aparecimento e crescimento de uma visão, que se quer "afogar" na bebida, mas, provavelmente pela própria tentativa, aumenta: "*E, bebendo, quando espio/ Uma taça que esvazio,/ Vejo uma visão qualquer. (...)// Quanto mais ponho bebida,/ Mais a taça colorida/ Aparece ao meu olhar(...)// Encho mais a minha taça/ Para afogar a visão./ Quanto mais bebida eu ponho,/ Mais cresce a mulher no sonho/ Na taça e no coração*"; em "Arranha-céu", o eu lírico espera "*(...) por ela/ Toda a noite na janela/ Vendo a cidade a luzir/ Nesses delírios nervosos/ Dos anúncios luminosos (...)*".

Mas outros versos "plásticos" de Orestes Barbosa são merecedores de igual recordação, como o que "passa a borracha" em "O nome dela eu não digo": "*Meu coração, um bandido,/ Que até a mim tem traído (...)// E agora eu vivo mentindo/ Dizendo saudade, rindo –/ Fingindo o que já não sou// Como quem crença não acha –/ Como quem passa a borracha/ Num lindo trecho que errou*".

Em "Suburbana" encontram-se os versos seguintes:

Estrelas são confidências
Estrelas são reticências
Do meu romance e do teu!

Se a metáfora das estrelas como "confidências" já é expressiva pela ideia de acordo íntimo com quem as olha, a metáfora como "reticências" adquire ainda maior expressividade pela imagem que transmite de pontos no céu, equivalentes aos pontos com que se grafam as próprias reticências.

---

[508] Carlos Rennó, *O voo das palavras cantadas*, p. 17.
[509] Ambas as músicas são também lembradas por Rennó, *O voo das palavras cantadas*, pp. 17-18.

Em "Chão de estrelas", o apelo visual constrói-se por metáforas e símiles, que, já presentes nas três primeiras sextilhas (o "palhaço... cheio dos guizos falsos da alegria", as "palmas febris dos corações", a claridade que "forra" o barracão, as roupas como "bandeiras" de um "festival"), atinge na última a sofisticação da romântica transformação da projeção da lua por buracos de um telhado de moradia humilde em "chão de estrelas", sobre o qual o eu lírico relembra a mulher que já "voou" no verso elogiado por Manuel Bandeira – "*Tu pisavas os astros, distraída*". O verso une a poderosa imagem das "estrelas" no chão à eufonia das aliterações. Esse verso e a plasticidade formada por metáforas, em texto cujo ritmo decorre da isometria de decassílabos, justificam a inclusão de "Chão de estrelas" em seleção letras passíveis de ser lidas como poemas.

CHÃO DE ESTRELAS

Minha vida era um palco iluminado.
Eu vivia vestido de dourado
– Palhaço das perdidas ilusões.
Cheio dos guizos falsos da alegria,
Andei cantando a minha fantasia
Entre as palmas febris dos corações...

Meu barracão no morro do Salgueiro
Tinha o cantar alegre de um viveiro
– Foste a sonoridade que acabou...
E, hoje, quando do Sol a claridade
Forra o meu barracão, sinto saudade
Da mulher – pomba-rola que voou...

Nossas roupas comuns dependuradas
Na corda, qual bandeiras agitadas,
Pareciam um estranho festival:
Festa dos nossos trapos coloridos,
A mostrar que nos morros mal vestidos
É sempre feriado nacional!

A porta do barraco era sem trinco.
Mas a Lua, furando o nosso zinco,

Salpicava de estrelas nosso chão...
Tu pisavas os astros, distraída,
Sem saber que a ventura desta vida
É a cabrocha, o luar e o violão...[510]

5.5. Noel Rosa

Noel Rosa foi não só letrista, mas também autor de músicas, essencialmente sambas, gênero cuja renovação, na década de 1930, se deveu, segundo especialistas, à sua arte e à de outro compositor, Ismael Silva[511]. Morreu aos 26 anos (1910-1937) e legou à música popular brasileira, como autor único ou em parcerias, mais de 250 canções[512].

Nas letras de Noel Rosa sobressaem a ironia, que permeia múltiplos textos – não só a que se aplica à crítica social, mas também a autoironia –, assim como a combinação de linguagem ao mesmo tempo simples e criativa, fruto de singular inventividade e procedimentos como o emprego de rimas sucessivas ou incomuns[513].

---

[510] A citação de versos de Orestes Barbosa, inclusive a letra completa de "Chão de estrelas", toma por base os textos publicados em seu livro *Chão de estrelas: poesias escolhidas*, de 1965. Grafou-se, contudo, com letra inicial minúscula certos termos que aparecem escritos com inicial maiúscula no livro: "cidade", na letra de "Arranha-céu" (p. 225 do livro); "saudade", em "O nome dela eu não digo" (p. 219); "alegria", "fantasia", "claridade", "feriado nacional", "cabrocha", "luar" e "violão", em "Chão de estrelas" (pp. 274/275). Também a grafia "pomba-rola", em "Chão de estrelas", altera a do livro, que não apresenta hífen. A transcrição da letra de "Chão de estrelas" figura com essas mesmas alterações de grafia na publicação de Artur da Távola, *Orestes Barbosa: 100 anos de Chão de Estrelas*, p. 55; Távola, contudo, acrescenta mudança para inicial minúscula, diferentemente do que aqui se faz, dos vocábulos "Sol" e "Lua". Artur da Távola, com razão, chama atenção para "pisar (não nos mas 'os') astros" no verso "tu pisavas os astros, distraída"; é comum ouvir-se, em interpretações da música, "pisavas nos astros".

[511] De acordo com Carlos Rennó, no artigo intitulado "Noel Rosa, o poeta do samba", escrito em coautoria com Paquito, "o samba foi seu ritmo preferido (...) Ele e Ismael Silva – seu parceiro mais constante – contribuíram significativamente para a evolução formal do gênero. O samba que passaram a fazer, no início dos anos 1930, se distinguiu do samba amaxixado dos anos 1920, representado sobretudo pela obra de Sinhô". In Rennó, Carlos. *O voo das palavras cantadas*, p. 22.

[512] As seguintes músicas de Noel Rosa, citadas adiante, foram compostas com parceiros: "Balão apagado", Marília Batista; "Pra que mentir", Vadico; "Filosofia", André Filho; "Não tem tradução", Ismael Silva e Francisco Alves; "Este meio não serve", Donga; e "Conversa de botequim", Vadico.

[513] Carlos Rennó e Paquito referem-se genericamente à "ironia" e "autoironia" de Noel,

Ainda que menos marcantes, não estão ausentes de suas letras figuras como a metáfora ("*Eu espero ver a tua descida, / No céu da minha vida/ És balão apagado*", de "Balão apagado") e a antítese: "*Pra que mentir/ (...) Se tu sabes que eu te quero/ Apesar de ser traído/ Pelo teu ódio sincero/ Ou por teu amor fingido?!*" ("Pra que mentir")[514].

A ironia conhece várias escalas, da mais explícita à mais sutil. Explicitamente, em textos como "Filosofia": "*quanto a você, da aristocracia/ que tem dinheiro, mas não compra a alegria/ há de viver eternamente/ sendo escravo dessa gente/ que cultiva a hipocrisia*". No tratamento de questões sociais, surge de modo não tão declarado em "Século do progresso": "*Um tiro a pouca distância / No espaço forte ecoou / Mas ninguém deu importância / E o samba continuou*". A autoironia também conhece matizes, desde "*Eu hoje sinto saudades/ Daqueles dez mil réis que eu te emprestei*" ("Cordiais saudações"), até chegar à formulação mais sutil do tom ironicamente indeciso em "Dama do cabaré": "*Eu não sei bem se chorei no momento em que lia/ A carta que recebi*".

A sucessão de rimas próximas umas das outras proporciona hábil suporte fônico aos textos, como em "Três apitos" – "*Nos meus olhos você lê/ Que eu sofro cruelmente/ com ciúmes do gerente impertinente/ Que dá ordens a você*" – ou como na curiosa enumeração nominal, com o verbo de conexão presente apenas no refrão anteriormente explicitado, que dá título à música ("São coisas nossas"): "*Baleiro, jornaleiro/ Motorneiro, condutor e passageiro/ Prestamista e o vigarista/ E o bonde que parece uma carroça/ Coisa nossa, coisa muito nossa*".

---

assim como a seu "rimário", que "surpreendeu várias vezes pela raridade e pelo inesperado" (artigo "Noel Rosa, o poeta do samba", in Carlos Rennó, *O voo das palavras cantadas*, p. 23 e p. 24). O artigo não apresenta exemplos, certamente pela orientação do texto de tratar, de modo amplo, de variados aspectos da obra de Noel Rosa e sua influência, inclusive parceiros e intérpretes.

514 Foram reproduzidas do encarte do Songbook *Noel*, produzido por Almir Chediak (CD 107.127, Lumiar Discos, 1991), as citações das letras de "Pra que mentir?", "Três apitos", "Não tem tradução", "Quem dá mais?", "Conversa de botequim" e "Gago apaixonado". A citação de "Filosofia" baseia-se na gravação de Chico Buarque, em *Sinal fechado* (CD 518217-2, Philips; Polygram, 1993). A letra de "Século do Progresso" encontra-se em <https://www.cifraclub.com.br/noel-rosa-musicas/seculo-do-progresso/letra/> (acesso em 08/05/2020). E transcreveram-se do endereço <https://www.vagalume.com.br/noel-rosa/> (acesso também em 08/05/2020) as citações de "Balão apagado", "Cordiais saudações", "São coisas nossas", "Picilone", "Dama do cabaré" e "Este meio não serve".

As rimas incomuns são muitas vezes interidiomáticas, aparecendo também em textos que revelam atenção a questões relacionadas à língua portuguesa: *"Tudo aquilo que o malandro pronuncia / Com voz macia/ É brasileiro, já passou de português / Amor, lá no morro, é amor pra chuchu / as rimas do samba não são 'I love you'"* ("Não tem tradução"); *"Já reparei outro dia / Que o teu nome, ó Yvone / Na nova ortografia / Já perdeu o picilone"* ("Picilone"). A mesma letra de "Não tem tradução" fornece outra rima interidiomática – *"E esse negócio de 'alô', 'alô, boy'/ 'Alô Johnny'/ Só pode ser conversa de telefone"* –, modalidade que igualmente se encontra em "Dama do cabaré" (*"Foi num cabaré da Lapa/ que eu conheci você/ fumando cigarro/ entornando champagne no seu soirée"*) e nos versos irônicos de "Este meio não serve" ("almirante/Chianti"), sobre hábitos de estudantes de colégio de elite: *"É feio / É feio / Menina de família / Andar metida em certo meio / (É muito feio) // As sobrinhas do almirante / Já saíram do Sion / Vão tomar vinho Chianti / Lá pras bandas do Leblon"*.

A inventividade de Noel Rosa leva-o ao inusitado emprego de um número de telefone em letra (*"Telefone ao menos uma vez/ Para 34-4333"*, de "Conversa de Botequim") e de expressão de leilão – *"Quem dá mais? Quem é que dá mais de um conto de réis?/ Dou-lhe uma, dou-lhe duas, dou-lhe três!"* –, na música "Quem dá mais", pontilhada de ironia e autoironia de cunho social: *"Quem arremata o lote é um judeu/ Quem garante sou eu/ Pra vendê-lo pelo dobro no museu// (...) Quanto é que vai ganhar o leiloeiro/ Que é também brasileiro/ E em três lotes vendeu o Brasil inteiro?"*.

Parece ultrapassar quaisquer limites a criatividade de Noel Rosa como letrista, traço que também exibiu, conforme os estudiosos, na renovação do samba e que lhe rende reconhecimento como "gênio"[515], sobretudo quando se considera a época em que produziu e a idade com que morreu. Como último exemplo, os versos abaixo são os primeiros de uma letra inteiramente composta no mesmo sistema. O título da letra, "Gago apaixonado", torna dispensáveis eventuais comentários, salvo o de que o procedimento desafia classificação. Poderia, eventualmente, ser considerado onomatopeia, caso se estendesse para além da "criação de palavras" seu significado, tal como definido em dicionário de termos literários: "Processo linguístico

---

[515] Por exemplo, o título de uma parte do texto de Carlos Rennó e Paquito sobre Noel Rosa é "A herança do gênio". In *O voo das palavras cantadas*, p. 26.

de criação de palavras através da imitação de elementos sonoros próprios da entidade que se quer representar"⁵¹⁶:

> *Mu...mu...mulher*
> *Em mim fi...fizeste um estrago*
> *Eu de nervoso*
> *Esto...tou fi...ficando gago*
> *Não po...posso*
> *Com a cru...crueldade*
> *Da saudade*
> *Que...que mal...maldade*
> *Vi...vivo sem afago.*

5.6. Vinicius de Moraes

Vinicius de Moraes (1913-1980) levou a literatura erudita para a canção popular e constituiu nome fundamental para conferir "à música brasileira um prestígio cultural que ela não tinha"⁵¹⁷. Já era poeta consagrado quando, em 1956, compôs com Tom Jobim "Se todos fossem iguais a você", seguida de outras músicas que se tornariam clássicos do cancioneiro no Brasil. Como anota Jairo Severiano, a partir daquele ano o poeta "passou a dedicar-se cada vez mais às atividades artísticas"⁵¹⁸ e, nesse caminho, converteu-se no principal letrista da bossa nova.

A elaboração de letras de música precede, em rigor, a publicação de seu primeiro livro de poemas, *O caminho para a distância*, de 1933: já em fins da década de 1920, compunha "em parceria com os irmãos Paulo e Haroldo Tapajós", que gravaram, em 1932, "o foxtrote 'Loura ou morena' (c/ Haroldo Tapajós)"⁵¹⁹. Mas a canção "Se todos fossem iguais a você" é que marca sua concentração em letras de música e sua projeção nessa arte.

Pelo menos em três sentidos, Vinicius de Moraes estabeleceu ponte entre os letristas anteriores à década de 1960 e os letristas que

---

516 António Moniz e Olegário Paz, *Dicionário Breve de Termos Literários*, p. 155.
517 Carlos Rennó, *O voo das palavras cantadas*, p. 187.
518 Jairo Severiano, *Uma história da música popular brasileira*, p. 337.
519 Ricardo Cravo Albin (criação e supervisão geral), *Dicionário Houaiss ilustrado da música popular brasileira*, p. 496.

se lançaram na década, componentes da "geração" que se notabiliza pela consistente fixação de linguagem poética e moderna nos textos de música popular brasileira.

Em primeiro lugar, integrou às gravações e apresentações de certas músicas de que foi letrista a declamação de poemas de sua autoria, cuja reconhecida qualidade literária constituía estímulo para os compositores e os ouvintes concederem maior atenção à poesia (por exemplo, a declamação do "Soneto da Fidelidade" em conjunto com a música "Eu sei que vou te amar").

Em segundo lugar, escreveu letras que combinavam a simplicidade da linguagem com sofisticados recursos poéticos.

E, em terceiro lugar, na prática compôs em parceria com autores de diferentes gerações – não só os mais identificados com a bossa nova (Tom Jobim, Baden Powell, Carlos Lyra), mas também um leque que incluiu desde Pixinguinha, cuja primeira gravação data de 1911, aos então jovens compositores da geração de 1960 (Chico Buarque, o músico Edu Lobo), até chegar a Toquinho, com quem formou duradoura dupla na produção e exibição de numerosas canções[520].

O segundo aspecto é o que aqui interessa. Nas letras de Vinicius de Moraes predomina amplamente o lirismo de amor e, nesse ponto, há sempre a tentação de se desviar o foco do tratamento de suas letras em si mesmas para associá-lo a sua biografia pessoal – a correspondência entre a vida e a arte[521] – ou a considerações sobre

---

[520] À guisa de exemplos, Vinicius de Moraes compôs com Tom Jobim "Garota de Ipanema", "Chega de saudade", "Eu sei que vou te amar" e "Insensatez"; com Carlos Lyra, "Marcha da quarta-feira de cinzas", "Hino da UNE", "Minha namorada" e "Sabe você?"; com Baden Powell, "Apelo", "Berimbau", "Canto de Ossanha" e "Samba da bênção"; com Pixinguinha, "Mundo melhor" e "Lamento"; com Chico Buarque, "Desalento" e "Valsinha"; com Edu Lobo, "Arrastão", "Canção do amanhecer" e "Canto triste"; com Toquinho, "Sei lá (A vida tem sempre razão)" e "Tarde em Itapuã"; com Cláudio Santoro, "O amor em lágrimas" e "Ouve o silêncio". Em alguns casos, a parceria nas músicas é tripla, como em "Gente humilde" (com Garoto e Chico Buarque) e em "Samba de Orly" (com Chico Buarque e Toquinho). Em outros, Vinicius compôs sozinho ("Valsa de Eurídice", "Pela luz dos olhos teus", "A casa" e "Serenata do adeus").

[521] A correspondência entre vida e poesia de Vinicius pode, e costuma, ser percebida no plano amoroso – a crença no amor "que seja infinito enquanto dure" e sua biografia: Jairo Severiano refere-se aos "nove casamentos, digamos, oficiais, que ele consumou", in *Uma história da música popular brasileira*, p. 338. Não à toa, a sua biografia, escrita por José Castello, intitula-se *Vinicius de Moraes: o poeta da paixão*. Carlos Rennó observa que, nos anos 70, "Vinicius (...) fixou a imagem do poeta que vivia a poesia em sua vida, não apenas em sua poesia: a do poeta na vida" e cita, como expressivos dessa

seus poemas, neste último caso uma atração de certo modo explicável pela própria conjugação que o autor fazia de suas duas vertentes de elaboração do verso. Por exemplo, a inserção de declamação do "Soneto da fidelidade" na gravação de "Eu sei que vou te amar" leva Nelson Antônio Dutra Rodrigues a ocupar-se mais do soneto do que da letra em seu interessante livro sobre *Os estilos literários e letras de música popular brasileira*[522].

Há outras áreas temáticas exploradas pelo letrista, entre as quais as religiões afro-brasileiras, objeto dos "afro-sambas" compostos com Baden Powell; o engajamento político, evidenciado na coautoria, em 1963, com Carlos Lyra, do "Hino da UNE", a União Nacional dos Estudantes, cujo Centro Popular de Cultura havia sido fundado "sob o impulso da luta pelas reformas de base", por "estudantes e intelectuais de esquerda"[523]; e mesmo a música infantil ("*Era um casa/ muito engraçada/ não tinha teto/ não tinha nada/ ninguém podia entrar nela, não/ porque na casa não tinha chão/(...) mas era feita com muito esmero/ na rua dos Bobos, número zero*", de "A casa", letra e melodia de Vinicius)[524].

Mas por vezes os outros temas são mote para a recorrência do lirismo amoroso: o "Canto de Ossanha" adverte que "*Se é canto de Ossanha, não vá/ Que muito vai se arrepender/ Pergunte pro seu Orixá/ Amor só é bom se doer*"[525]; a letra de "Sabe você?" conclui com os

correspondência, os versos "*A coisa mais divina que há no mundo/ É viver cada segundo/ Como nunca mais*", de "Tomara" (in *O voo das palavras cantadas*, p. 189).

522 Nelson Antônio Dutra Rodrigues, *Os estilos literários e letras de música popular brasileira*, pp. 43-53.

523 Franklin Martins, *Quem foi que inventou o Brasil? – A música popular conta a história da República*, vol. I, p. 492. O "Hino da UNE" está reproduzido na p. 498 do mesmo livro. Também neste ponto se identifica cruzamento de arte e vida em Vinicius de Moraes: diplomata, "continuaria servindo ao Itamaraty até que, em 1969, em razão de um processo de caça às bruxas, desencadeado pelo AI-5 [Ato Institucional n° 5, de dezembro de 1968], a ditadura o aposentou compulsoriamente". In Jairo Severiano, *Uma história da música popular brasileira*, p. 337.

524 Eis as fontes dos textos de canção a seguir referidos: (a) a reprodução de "Amor em lágrimas" e as citações das letras das músicas "Serenata do adeus", "Garota de Ipanema" e "Samba em prelúdio" pautaram-se no livro *Poesia completa e prosa* de Vinicius de Moraes, seção "Cancioneiro", pp. 377-395; (b) a letra de "Apelo" foi transcrita de sua divulgação, juntamente com a partitura, no *Cancioneiro Songbook Vinicius de Moraes Obras escolhidas*, p. 118; e (c) as citações das demais letras basearam-se nos textos recolhidos no *Livro de letras/Vinicius de Moraes: pesquisa* [Beatriz Calderari de Miranda, José Castello].

525 Na observação de Charles Perrone, "mesmo na série de 'Afro sambas', com coautoria

versos: "*Você pode ser ladrão/ Quanto quiser/ Mas não rouba o coração/ De uma mulher/ Você não tem alegria/ Nunca fez uma canção/ Por isso a minha poesia/ Ha! Ha! Você não rouba, não*".

A simplicidade da linguagem articula-se, em muitas letras, especialmente as de lirismo de amor, com o uso de recursos poéticos de diferente ordem. Vários desses recursos, de que Vinicius se valeu de modo sistemático, eram até então, senão inexistentes, raríssimos em letras de música, como a paronomásia e a epístrofe.

Eis alguns exemplos:

- em "Serenata do adeus", o símbolo ("*Cai a noite sobre o nosso amor*") e a metáfora ("*Ai, que amar é se ir morrendo pela vida afora/ É refletir na lágrima/ Um momento breve/ De uma estrela pura/ cuja luz morreu...*"). Nessa letra, encontra-se um eco de Catulo da Paixão Cearense: "*Ó, mulher, (...)/ Parte, mas antes de partir/ Rasga o meu coração*";

- as metáforas em "Canção do amanhecer" ("*E nós dois/ Na tristeza de depois/ A contemplar/ O grande céu do adeus*"), em "Labirinto" ("*Sou um manequim, eu sou eu sem mim/ Sou um manequim que a vida já despiu/ Que o vento já levou*") e em "Medo de amar": "*E compreender que o ciúme é o perfume do amor*";

- os símiles em "A Felicidade": além dos já citados[526], "*(...) a felicidade é como a pluma/ que o vento vai levando pelo ar/ voa tão leve/ mas tem a vida breve/ precisa que haja vento sem parar*";

- a expressiva alteração da sintaxe do verbo "brincar" em "*Ah, você se derreteu/ E se atirou/ Me envolveu/ Me brincou*" ("Samba da volta") e a qualificação de qualquer frase afirmativa nos versos "*A hora do sim/ É um descuido do não*" ("Sei lá/A vida tem sempre razão");

- a paronomásia – que seria fartamente empregada por letristas posteriores, como Gilberto Gil – de "*A questão é só de dar/ A questão é só de dor*" ("Pra que chorar");

- a sinestesia de "doce balanço", na primeira estrofe de "Garota de Ipanema", que tem também os méritos de se iniciar com imediato

---

do violonista Baden Powell, que são inspirados na cultura popular da Bahia, a preocupação amorosa de Vinicius se faz presente". In Perrone, Charles A. *Letras e letras da música popular brasileira*, p. 27.

[526] No capítulo anterior, já se mencionaram exemplos de símiles existentes na canção "A felicidade", com parceria musical de Tom Jobim, entre eles *"a felicidade é como a gota/ de orvalho numa pétala de flor"*.

chamamento, pelo modo do verbo, à apreciação visual da cena que se descreverá ("Olha") e pelos pentassílabos cujo ritmo parece reproduzir o balanceio do caminhar: "*Olha que coisa mais linda/ Mais cheia de graça/ É ela, a menina/ Que vem e que passa/ Num doce balanço/ Caminho do mar...*";

• a personificação de substantivos abstratos em "A Felicidade" ("*A minha felicidade está sonhando*") e em "Carta ao Tom" ("*Ipanema era só felicidade/ Era como se o amor doesse em paz*");

• as figuras de repetição, que tornam melodiosos os textos e reforçam seu conteúdo:

- em "Eu sei que vou te amar", o paralelismo – "*Eu sei que vou te amar/(...) Eu sei que vou chorar/(...) Eu sei que vou sofrer*" – e a epístrofe: "*Eu sei que vou te amar/ por toda a minha vida eu vou te amar/ E em cada despedida, eu vou te amar//(...) Eu sei que vou chorar/ A cada ausência tua, eu vou chorar*";

- as epístrofes de "Canto triste": "*Eu te amo tanto mais/ Te quero tanto mais/(...) Como um carinho teu/ Como um silêncio teu/ Lembro um sorriso teu*";

- as epanástrofes de "Samba em prelúdio" – "*Sou (...)/ Jardim sem luar/ Luar sem amor/ Amor sem se dar*" – e de "Insensatez": "*(...) Fez chorar de dor o seu amor/ Um amor tão delicado/ Ah, por que você foi fraco assim/ Assim tão desalmado/(...) Vai, meu coração, pede perdão/ Perdão apaixonado*";

- a repetição com utilização dos sentidos variáveis da mesma palavra conforme a locução: "*E podem mesmo falar mal/ Ficar de mal que não faz mal*" ("Você e eu");

• o símile mesclado à epístrofe de "Modinha": "*Ah, não seja a vida sempre assim/ Como um luar desesperado/ A derramar melancolia em mim/ Poesia em mim*";

• a epanástrofe combinada com personificação de substantivo abstrato de "Quando tu passas por mim": "*Quando tu passas por mim/ Por mim passam saudades cruéis*".

No campo das rimas, o exemplo que chama atenção e, com justo motivo, já foi salientado por Carlos Rennó e por Pedro Lyra encontra-se no refrão de "Tarde em Itapuã":

É bom
Passar uma tarde em Itapuã
Ao sol que arde em Itapuã

> Ouvindo o mar de Itapuã
> Falar de amor em Itapuã.

Rennó ressalta a rima entre "tarde" e "mar de" para assinalar que "essa espécie de rima, de duas palavras com uma (...), e que ocorre também em 'Samba da Bênção' ('cadência / vence a'), enriquecendo o rimário viniciano, foi uma novidade introduzida por ele, e que até hoje poucos entre nós praticam"[527]. Pedro Lyra argutamente observa que "o calor da praia arde de 4 modos. Isto não está enunciado, mas está sugerido, implícito no hábil jogo verbal das rimas (...), reproduzindo 4 vezes a palavra que indica o ardor"[528]. Poder-se-ia acrescentar que as rimas da estrofe desafiam classificação: as que se estabelecem entre "tarde"/"falar de" e entre "arde"/"mar de" seriam "ricas" (diferentes classes gramaticais) dentro de "preciosas" (pouco vulgares).

"O amor em lágrimas", letra que pode ser lida como poema, reúne alguns dos recursos que Vinicius explorou nos textos de suas canções, como a personificação (o mar, o vento e as árvores "que soluçam") – no caso do "mar que soluça", também uma metáfora –, e as repetições ("que soluça", "se debruçam"), inclusive os paralelismos no início de versos ("Ouve", "Ouve, amor", "E ouve, amor", "Deixa, amor"):

O AMOR EM LÁGRIMAS

> Ouve o mar que soluça
> Na solidão
> Ouve, amor, o mar que soluça
> Na mais triste solidão
> E ouve, amor, os ventos que voltam
> Dos espaços que ninguém sabe
> Sobre as ondas se debruçam
> E soluçam de paixão.
>
> E ouve, amor, no fundo da noite
> Como as árvores ao vento

---

[527] Carlos Rennó, *O voo das palavras cantadas*, p. 189.
[528] Pedro Lyra, *Poema e letra-de-música: um confronto entre duas formas de exploração poética da palavra*, pp. 126-127.

Num lamento se debruçam
Se debruçam para o chão.

Deixa, amor, que um corpo sedento
Como as árvores e o vento
No teu corpo se debruce
E soluce de paixão.[529]

Em outro texto, "Apelo", igualmente apto a integrar uma seleção de poemas em letras de música, não estão presentes variados procedimentos de transfiguração sêmica. A força poética deriva da dolência dos versos, assegurada pelo perfeito casamento entre, de um lado, a circularidade dos semas que compõem o "apelo" – partida ("não vás embora"), choro, tristeza, perdão, súplica, arrependimento, regresso e choro ("de novo cairias/ a chorar") – e, de outro, os ecos das repetições nas diferentes estrofes – entre eles, "Ah, meu amor", "Ah, minha amada", "Ah, meu amor"; "triste", "tristeza", "entristeceu", "triste"; "dor", "doa"; "se soubesses", "se tu soubesses" –, acentuados pelo mesmo sistema de rimas em todas as sextilhas:

APELO

Ah, meu amor não vás embora
Vê a vida como chora
Vê que triste esta canção
Ah, eu te peço não te ausentes

---

[529] O texto que aqui se apresenta de "O amor em lágrimas" reproduz, como indicado, o que figura, em seção sob o título "Cancioneiro", no livro *Poesia completa e prosa* de Vinicius de Moraes (p. 380). Há uma versão da letra da canção da qual não consta a última estrofe, isto é, a partir do verso *"Deixa, amor, que um corpo sedento"*; além disso, apresenta uma diferença no verso final da penúltima estrofe (em lugar de *"Se debruçam para o chão"*, aparece *"E soluçam para o chão"*). Esta versão está publicada no *Cancioneiro Songbook Vinicius de Moraes Obras escolhidas*, p.196 (separada da partitura), e, sob o título "Amor e lágrimas", no *Livro de letras/Vinicius de Moraes: pesquisa [Beatriz Calderari de Miranda, José Castello]*, p. 136. O parceiro musical de Vinicius de Moraes em "O amor em lágrimas" é Cláudio Santoro. Na parte de "Cancioneiro" do livro *Poesia completa e prosa*, a música inclui-se em subseção "Canções de câmara"; não obstante, foi música gravada pela cantora popular Elizeth Cardoso em 1967 (gravação disponível no endereço eletrônico <https://www.youtube.com/watch?v=F_JrgjXWmsQ>, acesso em 09/05/2020).

Porque a dor que agora sentes
Só se esquece no perdão

Ah, minha amada, me perdoa
Pois embora ainda te doa
A tristeza que causei
Eu te suplico não destruas
Tantas coisas que são tuas
Por um mal que já paguei

Ah, minha amada, se soubesses
Da tristeza que há nas preces
Que a chorar te faço eu
Se tu soubesses um momento
Todo o arrependimento
Como tudo entristeceu

Se tu soubesses como é triste
Eu saber que tu partiste
Sem sequer dizer adeus
Ah, meu amor, tu voltarias
E de novo cairias
A chorar nos braços meus.

5.7. Chico Buarque de Hollanda

As letras de música de Chico Buarque distinguem-se pela riqueza de recursos usados na elaboração do texto, que se revelam não só na organização da estrutura e na exploração das virtualidades de significação contidas na aproximação de palavras com sons semelhantes, mas também, e sobretudo, na utilização de figuras da área da metáfora ou de outro modo incidentes sobre o núcleo sêmico do discurso. Particularmente em função desta última característica, sua obra é dotada de linguagem poética sem paralelo na música popular brasileira.

Ainda que longe de esgotarem o universo de temas cobertos nas letras, sobressaem três vertentes temáticas, a que podem associar-se numerosas canções, entre as quais se indicam algumas à guisa de exemplos: a lírica amorosa, seja com o eu lírico masculino ("Beatriz",

"Valsa brasileira", "Olha, Maria"), seja feminino ("Com açúcar com afeto", "Olhos nos olhos", "Sem açúcar"); a social ("Deus lhe pague", "Pivete", "Brejo da Cruz"); e a política ("Acorda amor", "Apesar de você", "Milagre brasileiro").

A linguagem metafórica permeia os textos independentemente de se tratar de lírica de amor – "*Mulher, imagina o nosso espanto/ Ao ver a flor/ Que cresceu tanto/ Pois no silêncio mentiroso/ Tão zeloso dos enganos/ Há de ser pura/ Como o grito mais profano/ Como a graça do perdão*" ("Mulher, vou dizer quanto eu te amo"); "*Éramos nós/ Estreitos nós/ Enquanto tu/ És laço frouxo/ Tira as mãos de mim/ Põe as mãos em mim/ E vê se a febre dele/ Guardada em mim/ Te contagia um pouco*" ("Tira as mãos de mim", coautoria com Ruy Guerra) – ou de tratar-se de temas sociais ("*Bebeu e soluçou como se fosse máquina*", de "Construção) e políticos ("*A lei te vigia, bandido infeliz/ Com seus olhos de raio-x*", de "Hino de Duran/Hino da repressão")[530].

Entre outros temas presentes nas letras de Chico Buarque, encontram-se os extremos do caráter cômico e do questionamento filosófico de Deus: também aqui está presente a linguagem poeticamente elaborada. "Rio 42" postula a hipótese de que uma guerra seja declarada "em pleno domingo de carnaval"; neste caso, "*Verás que um filho não foge à luta*" (empréstimo irônico de frase do Hino Nacional Brasileiro) e "*Vai ter (...)/ Rajada de tamborim/ A melindrosa mandando bala/ O mestre-sala curvando a Europa/ A tropa do general da banda/ Dançando o samba em Berlim*". Além da semelhança entre os sons dos pratos do tamborim e de uma rajada de tiros, do emprego do termo "general" aplicado a contextos diferentes e da alusão, também irônica, ao ufanismo de uma letra do início do século XX (como já mencionado, em "A conquista do ar", sobre a invenção do avião, Eduardo das Neves afirmava que "A Europa curvou-se ante o Brasil"), o verso "*a melindrosa mandando bala*" joga com o duplo sentido da expressão, que, em gíria de uso corriqueiro na época (1985), significava também algo como namorar sem pudor.

A letra de "Sobre todas as coisas" contém um direto questionamento da crença na adoração de Deus, no bojo do qual se faz uso

---

[530] As citações das letras baseiam-se em Hollanda, Chico Buarque de. *Tantas palavras*. A única exceção consiste na citação da letra de "Tua cantiga", integrante do CD *Caravanas*, de Chico Buarque, de 2017 ("realização Biscoito Fino", BF-4882), e publicada no encarte do disco.

de expressiva metáfora com "carrossel": "*Não, Nosso Senhor/ Não há de ter lançado em movimento terra e céu/ Estrelas percorrendo o firmamento em carrossel/ Pra circular em torno ao Criador*". Se o questionamento é inequívoco ("*Ao Nosso Senhor/ Pergunte se Ele produziu nas trevas o esplendor/ Se tudo foi criado – o macho, a fêmea, o bicho, a flor/ Criado pra adorar o Criador*"), não o é o emprego da expressão "pelo amor de Deus", que serve ao mesmo tempo de interjeição e de argumento, presumivelmente dirigido a alguém que, em nome da divindade, abdica de outro tipo de amor: "*Pelo amor de Deus/ Não vê que isso é pecado, desprezar quem lhe quer bem/ Não vê que Deus até fica zangado vendo alguém/ Abandonado pelo amor de Deus*".

Carregadas dos significados que lhe empresta a linguagem poética, as letras de Chico Buarque primam pelo duplo sentido, seja na apreensão da totalidade do texto, seja em versos específicos, seja em apenas um verso, capaz de alterar o significado do conjunto. A letra de "Sabiá", de 1968, foi amplamente interpretada como representação do lirismo de saudades do Brasil, mas apontava para uma crítica da situação do país ("*Vou deitar à sombra/ De uma palmeira/ Que já não há*")[531]; ao contrário, a letra de "Caçada", de 1972, no período mais obscuro da ditadura militar, que Chico Buarque enfrentava com desassombro[532], seria facilmente interpretada como um desafio ao regime ("*Não conheço seu nome ou paradeiro/ Adivinho seu rastro e cheiro/ Vou armado de dentes e coragem/ Vou morder sua carne selvagem*"), embora pareça destinar-se a retratar um ato físico de amor ("*Que num mesmo impulso me expulsa e abraça/ Nossas peles grudando de suor// Hoje é o dia da graça/ Hoje é o dia da caça e do caçador*"). As letras de "O que será/À flor da pele" e "O que será/À flor da terra" aparentemente dizem respeito ao desejo sexual, mas poderiam prestar-se a outra interpretação. "Apesar de você", com evidente sentido político – "*Esse meu sofrimento/ Vou cobrar com juros, juro/ Todo esse amor reprimido/ Esse grito contido/ Este samba no escuro/ (...) Como vai*

---

[531] Pedro Lyra recorda essa dimensão da letra de "Sabiá" em *Poema e letra-de-música*, p. 52. Charles Perrone, após lembrar que o texto de "Sabiá", com parceria musical de Tom Jobim, "faz referência à tradição literária", em remodelação da "Canção do Exílio", de Gonçalves Dias, formula o comentário de que "a letra de Chico é menos uma estrita paródia literária do que uma apropriação de elementos centrais de um cenário literário já conhecido para exercitar indiretamente o protesto social". *Letras e letras da MPB*, p. 46.

[532] Em outro texto, "Baioque", também de 1972, Chico Buarque dizia "*quando eu canto/ que se cuide/ quem não for meu irmão/ o meu canto/ punhalada/ não conhece o perdão*".

se explicar/ Vendo o céu clarear/ De repente, impunemente" – driblou a censura da época militar como letra de lirismo amoroso.

Em um verso de "Apesar de você" (*"Você que inventou esse estado/ E inventou de inventar/ Toda a escuridão"*) esconde-se um duplo sentido especialmente requintado: nele o "estado" pode referir-se quer à "situação", quer ao "Estado", que, de resto, seriam sinônimos para os fins da letra. Carlos Rennó chama atenção, na letra de "Brejo da Cruz", sobre meninos e meninas miseráveis, para o verso *"Tem uns que viram Jesus"*, em que o verbo pode advir *"de 'ver', no passado, e 'se tornar', no presente"*[533]. O exemplo, também lembrado por Rennó[534], de verso que, sozinho, altera o significado da letra ou reveste-a de duplo sentido pertence ao "Samba do grande amor": nas duas primeiras estrofes, a palavra "mentira" constitui verso cujo sentido é o de dizer que era falso o "grande amor" no qual o eu lírico se havia empenhado, mas, colocada na terceira estrofe, após *"não sou mais um sonhador/ (...) e dou risada do grande amor"*, "mentira" passa a permitir também o significado que anula os anteriores, ou seja, de que seria mentira a desilusão do eu lírico com o amor.

Além dos textos plurimétricos, ou mesmo dos versos livres, provavelmente derivados da combinação com segmentos variáveis da melodia, há algumas letras que se compõem de versos isométricos, escritos com mestria, sejam as redondilhas, como as referidas no próprio texto de "Paratodos" (*"Foi Antônio Brasileiro/ Quem soprou esta toada/ Que cobri de redondilhas/ Pra seguir minha jornada/ E com a vista enevoada/ Ver o inferno e maravilhas"*), sejam os decassílabos de "Soneto" (*"Por que me descobriste no abandono?"*), sejam os alexandrinos de "Construção" (*"Amou daquela vez como se fosse a última"*).

Chico Buarque vale-se de aliterações e rimas não só como estrato fônico, mas também como forma de acentuar o significado: *"No fim da fila do fundo/ Da previdência"* (de "Vai trabalhar vagabundo") é aliteração que, somando-se ao jogo de palavras em "fundo" – termo colocado, ademais, no final do verso –, remete ao último posto quem *"Vai terminar moribundo"*; *"Despudorada, dada, à danada agrada andar seminua"* ("Flor da idade") reitera a ideia da pessoa "dada" que se retrata.

---

[533] Carlos Rennó, in *O voo das palavras cantadas*, p. 130.
[534] Carlos Rennó, in *O voo das palavras cantadas*, p. 131.

O mesmo ocorre com a rima interidiomática "herói/cowboy" que, posta no início da letra de "João e Maria" (canção em parceria com Sivuca), remete, de imediato, para a ficção infantil – assinalada também pela expressão "Agora eu era" –, com a qual se confunde a fantasia amorosa, o "faz-de-conta" da "princesa" que "sumiu no mundo", conforme adiante indicará o texto: *"Agora eu era o herói/ E o meu cavalo só falava inglês/ A noiva do cowboy/ Era você/ Além das outras três/(...) E você era a princesa/ Que eu fiz coroar/ (...) Pois você sumiu no mundo/ Sem me avisar"*[535]. De igual maneira, as rimas internas e sucessivas servem para intensificar o sentido, como em "Basta um dia": *"Pois se jura, se esconjura/ Se ama e se tortura/ Se tritura, se atura e se cura/ A dor/ na orgia/ Da luz do dia"*.

Há um tipo original de aproximação fônica, utilizado de forma sutil, que também projeta a atenção para o conteúdo do texto. Trata-se da "rima" entre palavras cujos finais não coincidem, mas cuja vizinhança eufônica permite a exploração como se fossem rimadas – com a vantagem de não o serem, ou seja, de sua atração recíproca só se tornar evidente pela criatividade do autor. Carlos Rennó observou a existência de um exemplo dessa "rima, ou pseudorrima", entre "capenga" e "ginga", na letra de "Futebol"[536]. Recentemente, Chico Buarque usou de modo admirável esse recurso ao longo de toda a composição de "Tua cantiga", música em parceria com Cristovão Bastos, ao fazer as aproximações "suspiro/ligeiro", "nome/perfume", "lenço/alcanço", "filhos/joelhos", "rainha/ manha", "talvez/feliz", "nega/cantiga": *"Basta dar um suspiro/ Que eu vou ligeiro/ Te consolar/ (...) Basta soprar meu nome/ Com teu perfume/ Pra me atrair/(...) Deixa cair um lenço/ Que eu te alcanço/ Em qualquer lugar/(...) Largo mulher e filhos/ E de joelhos/ Vou te seguir/(...) Serás rainha/ Serás cruel, talvez/ Vais fazer*

---

[535] Em "Brejo da Cruz", outra rima interidiomática presta-se ao reforço da significação do texto, até pelo fato de estar embutido no substantivo em inglês, "blues", rimado com "azuis", também o adjetivo "blue", a mesma cor azul dos meninos "alucinados", que se alimentam "de luz": *"A novidade / Que tem no Brejo da Cruz/ É a criançada/ Se alimentar de luz// Alucinados/ Meninos ficando azuis (...)/ Muito sanfoneiro/ Cego tocando blues"*. Carlos Rennó, ao tratar das rimas interidiomáticas em letras de Chico Buarque, anota que "em nenhuma outra canção, ela "é explorada de modo tão apropriado e programático como em 'A História de Lily Braun' (de 1982; com Edu Lobo)". Exemplifica com várias rimas dessa música, como "um/zoom", "cheese/feliz", "close/pose", "scotch/noite/decote". In Rennó, Carlos. *O voo das palavras cantadas*, pp. 117-118.

[536] Rennó, Carlos. *O voo das palavras cantadas*, p. 122. "Futebol" data de 1989, como registrado no livro *Tantas palavras*, p. 394.

manha/ Me aperrear/ E eu, sempre mais feliz/(...) Quando eu não estiver mais aqui/ Lembra-te, minha nega/ Desta cantiga/ Que fiz pra ti"[537].

Em alguns casos, verifica-se suave transição a rimas diferentes sobre a mesma base de rimas anteriores: "*Que é feito uma aguardente que não sacia/ Que é feito estar doente de uma folia/ Que nem dez mandamentos vão conciliar/ Nem todo os unguentos vão aliviar*" ("O que será/À flor da pele"). Em outros casos, há rimas interestróficas, como em "Meu caro amigo": na mesma posição de cada estrofe, precisamente no quarto verso antes do último, as palavras iniciais rimam entre si ("muita mutreta", "é pirueta", "muita careta", "a Marieta").

Na estruturação de letras ancoradas no paralelismo reside campo em que se mostra notável a habilidade de Chico Buarque. Nestes casos, impede-se, por rupturas, que a melopeia retire a atenção devida à substância. Em "João e Maria", há paralelismo no primeiro verso de três estrofes; contudo, na última ele é transformado, com alteração do sentido: "*Agora eu era o herói*", "*Agora eu era o rei*", "*Agora era fatal*". Em "Teresinha", os três primeiros versos das duas estrofes iniciais apresentam o paralelismo estruturador do texto: "*O primeiro me chegou/ Como quem vem do florista/ Trouxe um bicho de pelúcia*" e "*O segundo me chegou/ Como quem chega do bar/ Trouxe um litro de aguardente*". Mas, na terceira e última estrofe, muda-se o paralelismo no terceiro verso, em consonância com a modificação do conteúdo, pois já não se chega de um lugar concreto, e sim do "nada": "*O terceiro me chegou/ Como quem chega do nada/ Ele não me trouxe nada*".

Nos versos finais das três estrofes de "Flor da idade", há o refinamento de paralelismos, cada qual com suas próprias aliterações e rimas ou paronomásia: não só a proximidade de sons aproxima igualmente os significados no interior de cada verso, mas também os versos reverberam uns sobre os outros: "*Ai, a primeira festa, a primeira fresta, o primeiro amor*"; "*Ai, o primeiro copo, o primeiro corpo, o primeiro amor*"; "*Ai, a primeira dama, o primeiro drama, o primeiro amor*".

Se já são múltiplas as virtudes das letras de Chico Buarque na exploração das potencialidades expressivas do significante e na estruturação do texto, é, não obstante, nas metáforas e outras figuras do campo sêmico que sua obra adquire qualidades até o momento inigualáveis na canção popular brasileira.

---

537 Como assinalado, "Tua cantiga" faz parte do disco *Caravanas*, de Chico Buarque, CD BF-4882, de 2017, e as citações pautam-se na letra publicada em encarte ao CD.

A transfiguração operada pela linguagem constitui marca constante, abrindo-se, em diferentes instâncias, à plurissignificação, como a das "questões paralelas" e das "estranhas catedrais": em "Até o fim", "*Por conta de umas questões paralelas/ Quebraram meu bandolim*"; em "Vai passar", os filhos da "*pátria mãe tão distraída*", "*levavam pedras feito penitentes/ erguendo estranhas catedrais*". Nesta mesma música, sobre o "samba popular" que passará na avenida, há personificação ("*Cada paralelepípedo/ Da velha cidade/ Essa noite vai/ se arrepiar*") e ironia ("*Palmas pra ala dos barões famintos/ O bloco dos napoleões retintos*").

Estão presentes nas letras a hipálage ("*Nos teus olhos também posso ver/ As vitrines te vendo passar*", de "As vitrines") e as metonímias – "*(...) se na desordem do armário embutido/ Meu paletó enlaça o teu vestido/ E o meu sapato inda pisa no teu*" ("Eu te amo"); "*E cheirou minha comida/ Vasculhou minha gaveta/ Me chamava de perdida*" ("Teresinha") –, assim como a hipérbole ("*Quis chegar até o limite/ De uma paixão/ Baldear o oceano/ Com a minha mão*", de "Tanta saudade", música em coautoria com Djavan) e os paradoxos: "*Te perdoo/ Por te trair*" ("Mil perdões"); "*Ofegante, é dona do seu senhor*" ("Caçada"): "*Chame o ladrão, chame o ladrão*" ("Acorda amor"[538]); "*Com todas as palavras feitas pra humilhar/ Nos afagamos*" ("De todas as maneiras").

A criatividade de metáforas e símiles acompanha a obra de Chico Buarque desde suas primeiras letras. Constitui o fundamento de algumas composições extraordinárias, como "Morro Dois Irmãos" e "Pedaço de mim", mas figura em quase todos os seus textos. Eis alguns exemplos:

- "*A lei te procura amanhã de manhã/ Com seu faro de dobermann*" e

---

[538] Para contornar a perseguição da censura do regime militar e obter autorização para divulgação de músicas de sua autoria, Chico Buarque criou um fictício compositor, Julinho da Adelaide, que seria parceiro de "Leonel Paiva" em "Acorda amor", de 1974. No mesmo ano, viria a "compor" a música "Jorge Maravilha" e, no ano seguinte, "Milagre brasileiro". Curiosamente, o nome de Julinho da Adelaide é mantido como autor dessas composições tanto no livro *Chico Buarque, letra e música* (2v.), volume com as letras, pp. 110 e 113, quanto no livro de Chico Buarque *Tantas palavras*, pp. 215, 216 e 221. Franklin Martins, em *Quem foi que inventou o Brasil?*, vol. II, p. 168, registra uma deliciosa história sobre o "truque" da invenção do "heterônimo para driblar a censura": "Julinho da Adelaide chegou a dar uma entrevista para o dramaturgo Mario Prata, no jornal Última Hora, onde elogiava a ação dos censores, que, segundo ele, seriam homens de bem, que apenas faziam seu trabalho".

"A lei logo vai te abraçar, infrator/ Com seus braços de estivador" ("Hino de Duran/Hino da repressão", que inclui também a já citada metáfora "A lei te vigia, bandido infeliz/ Com seus olhos de raio-x")

- "Me atirei assim / De trampolim/ Fui até o fim um amador" e "Eu botava a mão/ No fogo então/ Com meu coração de fiador" ("Samba do grande amor")
- "Subia na montanha/ Não como anda um corpo/ Mas um sentimento" ("Valsa brasileira")
- "Tenho um peito de lata/ E um nó de gravata/ No coração" ("Cara a cara")
- "Mas você me navegou/ Mares tão diversos/ E eu fiquei sem versos" ("Lua cheia")
- "Vamos viver agonizando uma paixão vadia/ Maravilhosa e transbordante, feito uma hemorragia" ("Bárbara")
- "Pra zombar dos olhos meus/ No alto mar a vela acena" ("Madalena foi pro mar")
- "E quando o seu bem-querer dormir / Tome conta que ele sonhe em paz/ Como alguém que lhe apagasse a luz/ Vedasse a porta e abrisse o gás" ("Bem-querer")
- "Pois hoje só da erva daninha/ No chão que ele pisou" ("Maninha")
- "Gosto de você chegar assim/ Arrancando páginas dentro de mim" ("Lola")
- "Tinha nó de marinheiro/ Quando amarrava um amor" ("Nicanor")
- "Eu de dia sou sua flor/ Eu de noite sou seu cavalo" ("Sem açúcar")
- "Quero ficar no teu corpo feito tatuagem", "Quero pesar feito cruz nas tuas costas" e "Quero ser a cicatriz risonha e corrosiva / Marcada a frio, a ferro e fogo/ Em carne viva" ("Tatuagem").

Há várias letras de Chico Buarque que, separadamente da música, poderiam integrar livro como poemas, entre elas "Uma palavra", "Valsa brasileira", "Hino da repressão (Segundo turno)", "Tempo e artista" e "Rosa dos ventos"[539].

Escolhem-se aqui quatro outras letras que são também poemas: "Construção", "Pedaço de mim", "Morro Dois Irmãos" e "Soneto".

---

[539] Charles A. Perrone assim se expressa com relação a "Rosa dos ventos": "O texto é inquestionavelmente sólido como poema escrito, mas é enriquecido na execução musical". In *Letras e letras da* MPB, p. 48.

CONSTRUÇÃO

Amou daquela vez como se fosse a última
Beijou sua mulher como se fosse a última
E cada filho seu como se fosse o único
E atravessou a rua com seu passo tímido
Subiu a construção como se fosse máquina
Ergueu no patamar quatro paredes sólidas
Tijolo com tijolo num desenho mágico
Seus olhos embotados de cimento e lágrima
Sentou pra descansar como se fosse sábado
Comeu feijão com arroz como se fosse um príncipe
Bebeu e soluçou como se fosse um náufrago
Dançou e gargalhou como se ouvisse música
E tropeçou no céu como se fosse um bêbado
E flutuou no ar como se fosse um pássaro
E se acabou no chão feito um pacote flácido
Agonizou no meio do passeio público
Morreu na contramão atrapalhando o tráfego

Amou daquela vez como se fosse o último
Beijou sua mulher como se fosse a única
E cada filho seu como se fosse o pródigo
E atravessou a rua com seu passo bêbado
Subiu a construção como se fosse sólido
Ergueu no patamar quatro paredes mágicas
Tijolo com tijolo num desenho lógico
Seus olhos embotados de cimento e tráfego
Sentou pra descansar como se fosse um príncipe
Comeu feijão com arroz como se fosse o máximo
Bebeu e soluçou como se fosse máquina
Dançou e gargalhou como se fosse o próximo
E tropeçou no céu como se ouvisse música
E flutuou no ar como se fosse sábado
E se acabou no chão feito um pacote tímido
Agonizou no meio do passeio náufrago
Morreu na contramão atrapalhando o público

Amou daquela vez como se fosse máquina

> *Beijou sua mulher como se fosse lógico*
> *Ergueu no patamar quatro paredes flácidas*
> *Sentou pra descansar como se fosse um pássaro*
> *E flutuou no ar como se fosse um príncipe*
> *E se acabou no chão feito um pacote bêbado*
> *Morreu na contramão atrapalhando o sábado*

A letra de "Construção" constitui exemplo da excepcional capacidade e criatividade de Chico Buarque na estruturação poética de textos. É difícil não enxergar correspondência entre os blocos em que se estrutura a letra – as duas primeiras estrofes de dezessete versos e a última de sete versos, todos de igual medida métrica (versos dodecassílabos) – e o edifício que o operário constrói, com o seu sofrimento diário (*"Subiu a construção como se fosse máquina/ Ergueu no patamar quatro paredes sólidas"*), e do qual desabará para a indiferença da sociedade (*"Agonizou no meio do passeio público/ Morreu na contramão atrapalhando o tráfego"*). Como em um prédio, há simetria na repetição do início dos versos da primeira e da segunda estrofes, na mesma ordem – o primeiro verso de ambas inicia-se por "Amou daquela vez como se fosse"; o segundo, por "Beijou sua mulher como se fosse", e assim sucessivamente.

Charles Perrone traçou uma linha mestra de interpretação de "Construção"[540]:

> *"O título 'Construção' não só denota um tema social, como também anuncia o arranjo arquitetônico da letra. O referente concreto – o trabalho de construir, o prédio sendo construído – representa o texto, o qual está meticulosamente desenhado e possui dimensões e uma estrutura muito bem calculada.* [Segue-se a transcrição da letra da música]
> *São quarenta e um versos de doze sílabas, os quais terminam sempre com uma proparoxítona. Um padrão de verbos no pretérito organiza todo o texto em duas séries de quatro quadras e um sexteto (...), sendo que tanto as duas séries quanto o sexteto são seguidos de um refrão composto de uma só linha isolada*[541]. *As estrofes*

---

[540] Perrone, Charles A. *Letras e letras da MPB*, pp. 84-86.
[541] Para Perrone, portanto, o que aqui se considera uma estrofe de dezessete versos seria uma série de quatro quadras com refrão de uma linha, e o que aqui se considera uma

> das duas séries se diferenciam apenas pela mudança da última palavra de cada verso. São introduzidas quatro novas palavras na segunda série, e as palavras usadas na primeira série aparecem, na segunda, em versos diferentes. No sexteto ocorre nova substituição ao final de cada verso. (...)
> Na engenharia verbal de Chico, existe uma planejada autorreferência: alguns versos funcionam como alusão ao texto que os engloba. (...) Os versos 7 e 24 são uma imagem do próprio texto – "tijolo com tijolo num desenho mágico/lógico (...)".

A transposição entre estrofes das palavras que encerram os versos, todas proparoxítonas, aparenta a colocação de tijolos de igual tamanho. Altera o sentido de cada frase (*"subiu a construção como se fosse sólido/ ergueu no patamar quatro paredes mágicas"*, *"agonizou no meio do passeio náufrago/ morreu na contramão atrapalhando o público"*), mas reforça, até pela repercussão de uma proparoxítona sobre a outra, a significação do conjunto, isto é, a falta de sentido do tratamento desumano a que o operário está submetido e, eventualmente, de sua vida e de sua morte.

Nem todos os versos da segunda estrofe finalizam com termos constantes da primeira: como nota Perrone, "são introduzidas quatro novas palavras na segunda série". O que parece importante salientar é que a introdução de variações valoriza o texto e impede que as transposições se transformem em simples "esquema" (em lugar de "lágrima", "pássaro", "flácido" e repetição de "última", encontram-se "pródigo", "lógico", "máximo" e "próximo"). A última estrofe, mais curta que as outras, poderia ser vista como a parte superior do edifício, que o arremata com o uso do mesmo material básico da construção – os paralelismos, os símiles e as transposições entre os versos.

"Pedaço de mim" está estruturada em paralelismos, também modificados, a exemplo de outros textos do gênero, por variações nas estrofes: *"Oh, metade afastada de mim"*, *"Oh, metade exilada de*

estrofe de sete versos seria um sexteto com refrão de uma linha. Não se questiona a percepção de Charles Perrone quanto à estruturação do texto de "Construção". Porém a organização em duas estrofes de dezessete versos e uma estrofe de sete versos é a que aparece não só no livro *Tantas palavras*, p. 190, mas também nos livros *Chico Buarque, letra e música* (2v., em caixa), volume com as letras, p. 95, e *Cancioneiro Songbook Chico Buarque Obras escolhidas*, vol. 2, p. 69.

mim", "*Oh, metade arrancada de mim*", "*Oh, metade amputada de mim*", "*Oh metade adorada de mim*" e "*Leva o teu olhar*", "*Leva os teus sinais*", "*Leva o vulto teu*", "*Leva o que há de ti*", "*Lava os olhos meus*". Porém o texto merece destaque, sobretudo, pelos símiles, tão belos quanto surpreendentes, entre os quais se inclui "*leva o que há de ti/ que a saudade dói latejada/ é assim como uma fisgada/ no membro que já perdi*".

PEDAÇO DE MIM

Oh, pedaço de mim
Oh, metade afastada de mim
Leva o teu olhar
Que a saudade é o pior tormento
É pior do que o esquecimento
É pior do que se entrevar

Oh, pedaço de mim
Oh, metade exilada de mim
Leva os teus sinais
Que a saudade dói como um barco
Que aos poucos descreve um arco
E evita atracar no cais

Oh, pedaço de mim
Oh, metade arrancada de mim
Leva o vulto teu
Que a saudade é o revés de um parto
A saudade é arrumar o quarto
Do filho que já morreu

Oh, pedaço de mim
Oh, metade amputada de mim
Leva o que há de ti
Que a saudade dói latejada
É assim como uma fisgada
No membro que já perdi

Oh, pedaço de mim

Oh, metade adorada de mim
Lava os olhos meus
Que a saudade é o pior castigo
E eu não quero levar comigo
A mortalha do amor
Adeus

A polissemia dos símiles de "Morro Dois Irmãos" abre o texto a interpretações diversas e, combinada com seu ritmo (que se apoia em hendecassílabos nos três primeiros versos e eneassílabos no último de cada quadra), torna-o um dos mais belos poemas em letras de música popular brasileira[542].

Na primeira quadra, estabelece-se a antítese entre o signo da música ("os instrumentos") e o silêncio das rochas que formam o "Morro Dois Irmãos", mas já se insinua a transformação da antítese em similitude pela desconfiança do eu lírico em relação ao silêncio.

Na segunda, o símile da "rocha dilatada" como "uma concentração de tempos" joga com os dois sentidos do "tempo" – o "que foi e o que será noutra existência" e o tempo musical (a "pulsação"). Se a "pulsação" implica uma evolução temporal, por seu turno o uso do singular – "noutra existência" – tanto para o "que foi" quanto para "o que será" transmite a ideia de imobilidade, semelhante à rigidez externa da rocha, já contudo "dilatada", portanto com uma transformação que parte de dentro para fora.

Ambos os sentidos do tempo na "rocha dilatada", o propriamente temporal, abstrato e imóvel, e o musical, sensorial e evolutivo, conjugam-se outra vez nos dois primeiros versos da terceira quadra – "o ritmo do nada", com "todos os ritmos por dentro" – para chegar, nos versos finais, à identificação entre o símile da "música parada" e a metáfora da "montanha em movimento", por transferência de atributos: a música adquire a imobilidade externa da rocha (no oxímoro da "música parada" que está "sobre" a montanha, ou seja, fora dela) e a montanha, com "os ritmos por dentro", o movimento da música (também expresso em outro oxímoro, a "montanha em movimento").

---

[542] Faz-se, neste ponto, reconhecimento a Eucanaã Ferraz pela inclusão, como organizador da antologia, de "Morro Dois Irmãos" no livro *Veneno antimonotonia – Os melhores poemas e canções contra o tédio*, p. 167. Graças a essa inclusão, a letra despertou o interesse e admiração do autor do presente trabalho.

MORRO DOIS IRMÃOS

Dois Irmãos, quando vai alta a madrugada
E a teus pés vão-se encostar os instrumentos
Aprendi a respeitar tua prumada
E desconfiar do teu silêncio

Penso ouvir a pulsação atravessada
Do que foi e o que será noutra existência
É assim como se a rocha dilatada
Fosse uma concentração de tempos

É assim como se o ritmo do nada
Fosse, sim, todos os ritmos por dentro
Ou, então, como uma música parada
Sobre uma montanha em movimento

"Soneto" fornece exemplo cabal de poeticidade expressamente buscada no conjunto da letra pelo autor, que a escreve na forma fixa de um soneto clássico. Obedece em todos os versos à métrica de decassílabos – em alguns casos, decassílabos heroicos, em outros, sáficos –, assim como a sistema de rimas: nas quadras, rimas opostas no 1º e 4º versos e emparelhadas no 2º e 3º (a-b-b-a); nos tercetos, rimas alternadas ou "cruzadas" (a-b-a-b-a-b).

Ainda que não inclua pontos de interrogação na apresentação gráfica, o texto compõe-se inteiramente de frases interrogativas, nas quais é claro que o papel do destinatário das perguntas está subordinado, de modo completo, à emoção do eu lírico que as formula: não há, na linguagem, função propriamente conativa, mas somente emotiva.

Em torno de um tema lírico por excelência – a solidão após a experiência amorosa ("me arrancaste um beijo", "me incendiaste de desejo" e "me deixaste só") –, Chico Buarque constrói um texto com imagens que se destacam pela mescla de signos tradicionais ("raio de luz", "beijo", "mar", referência a "romance antigo") com o tratamento original que recebem: não é o "raio de luz" em abstrato, mas aquele com que o sujeito lírico, no caso feminino, foi iluminado; não é o "romance antigo" que importa, e sim ter-se "roubado" dele a personagem; não é um beijo qualquer, mas o beijo arrancado "com tortura"; não é o mar em si mesmo, mas o mar que o amor terá indicado "com" um "navio". A remissão a signos tradicionais serve à conformação de uma atmosfera de passado, correspondente ao tempo também passado do amor que motiva as interrogações.

Situados em tempos distintos em relação ao interregno amoroso, são de ordens diferentes o "abandono" em que se encontrava explicitamente o eu lírico no primeiro verso do poema e o abandono implícito na solidão após o último. Ao caracterizar o período em que estava "morta de medo", "morta de sono" e "morta de frio" – linguagem que "refunda" expressões comuns para atribuir-lhes, isolada e cumulativamente, sentido poético – como uma época em que "estava bem" no abandono, a voz feminina do eu lírico acentua a amargura com a qual dirige, no mais doloroso abandono da solidão posterior ("só, com que saída"), seu questionamento das razões que induziram o amante a abrir seu segredo, iluminá-la, incendiá-la de desejo e ensinar-lhe "a vida", inclusive com uso de termos que insinuam métodos escusos: tortura, mentira, roubo.

O soneto estrutura-se sintaticamente sobre uma série de paralelismos das indagações. Os paralelismos do início dos versos ("Por que", "Com que", "Quando eu estava bem") juntam-se ao sistema métrico e ao sistema de rimas para tornar o texto melodioso, enquanto os paralelismos presentes no final das estrofes e do próprio soneto ("morta de") introduzem variações (sono, medo, frio) que rompem o risco de diluição em melopeia ao chamarem atenção para o conteúdo. A variação que ocorre também no primeiro terceto – com a elipse, no 2º e 3º versos, de "por que" – tem as virtudes de impedir que a repetição se tornasse abusiva, portanto cansativa, e, ao mesmo tempo, de criar um "crescendo" em que se somam as indagações de cinco versos dos dois tercetos para conduzirem ao verso final.

SONETO

Por que me descobriste no abandono
Com que tortura me arrancaste um beijo
Por que me incendiaste de desejo
Quando eu estava bem, morta de sono

Com que mentira abriste meu segredo
De que romance antigo me roubaste

Com que raio de luz me iluminaste
Quando eu estava bem, morta de medo

Por que não me deixaste adormecida
E me indicaste o mar, com que navio
E me deixaste só, com que saída

Por que desceste ao meu porão sombrio
Com que direito me ensinaste a vida
Quando eu estava bem, morta de frio

5.8. Caetano Veloso

A letra de "Alegria, alegria" costuma ser destacada como o marco de renovação dos textos de música popular brasileira[543]. Em lugar da sequência lógica do discurso, a letra estrutura-se de forma que a apreensão de seu(s) significado(s) deve resultar da mescla ou justaposição de imagens e conceitos distribuídos entre versos e estrofes sem encadeamento explícito. Alternam-se os planos externo (*"O sol nas bancas de revista / Me enche de alegria e preguiça"*) e interno (*"Ela nem sabe até pensei / Em cantar na televisão"*). O já sutil encadeamento que se poderia entrever nas estrofes iniciais pela imagem do sol, que daria alguma organicidade ("No sol de quase dezembro", "O sol se reparte em crimes", "O sol nas bancas de revista"), é rompido a partir da estrofe que se inicia por "Ela pensa em casamento". Introduzem-se estrofes formadas por frases nominais (*"Por entre fotos e nomes/ Sem livros e sem fuzil/ Sem fome sem telefone/ No coração do Brasil"*) ou apenas tenuemente vinculadas ao verbo do último verso de estrofes anteriores ("eu vou")[544].

Em "Alegria, alegria" colocam-se lado a lado, sem adjetivação, como retratos da múltipla realidade – na contemporânea observação de Augusto de Campos (artigo de 1967), *"o imprevisto da realidade*

---

543   Charles A. Perrone assinala que *"a letra de 'Alegria, alegria' era completamente estranha e inovadora para a* MPB*"*. In *Letras e letras da* MPB, p. 63.
544   As referências às letras de Caetano Veloso apoiam-se sobretudo no livro *Letra só: sobre as letras/Caetano Veloso* (sel. e org. Eucanaã Ferraz) e, complementarmente, no livro *Gilberto Gil: todas as letras: incluindo letras comentadas pelo compositor* (org. Carlos Rennó, ed. rev. e ampl.), ambos publicados em São Paulo, pela Companhia das Letras, em 2003.

urbana, múltipla e fragmentária, captada, isomorficamente, através de uma linguagem nova, também fragmentária"[545] –, signos de ordem diversa: crimes, espaçonaves, guerrilhas, caras de presidentes, bomba, Brigitte Bardot, coca-cola. O comentário de Charles Perrone resume adequadamente a inovação de "Alegria, alegria": *"o texto de Caetano é uma diversificada montagem de imagens: palavras e conceitos que geralmente não aparecem juntos são agrupados, resultando em associações diversas"*[546].

Essa forma de composição não linear de letras, por "montagem de imagens", já designada como "justaposição", "fragmentação", "enumeração caótica", "linguagem caleidoscópica" e "colagem"[547], aproxima-se da técnica "cinematográfica", igualmente inovadora, de outro texto de Caetano Veloso, "Paisagem útil" (sobre o Aterro do Flamengo, no Rio), construído, na anotação de Charles Perrone, "através dos 'olhos da câmera' de um personagem que transita no centro de uma moderna cidade"[548]. Na letra, a descrição faz-se por cenas cortadas em rupturas da sintaxe: *"Luzes de uma nova aurora / Que mantém a grama nova / E o dia sempre nascendo// Quem vai ao cinema / Quem vai ao teatro/ (...) Quem pensa na vida / Quem olha a avenida/ Quem espera voltar / Os automóveis parecem voar / Os automóveis parecem voar / Mas já se acende e flutua/ No alto do céu uma lua"*. A lua que se acende, de resto, é a de um anúncio da companhia petrolífera Esso, em versos que sugerem a fusão tropicalista de industrialização e subdesenvolvimento: *"Uma lua oval da Esso/ Comove e ilumina o beijo/ Dos pobres tristes felizes/ Corações amantes do nosso Brasil"*.

O tipo de composição "fragmentária" ou sua modalidade "cinematográfica", também praticado por outros autores à mesma época (Capinan, Torquato Neto) e utilizado por Caetano Veloso em diferentes

---

545 Augusto de Campos, "A explosão de *Alegria, alegria*", artigo datado de 1967, incluído no livro *Balanço da bossa e outras bossas*, p. 153.
546 Charles A. Perrone, *Letras e letras da MPB*, p. 63.
547 Como visto, Augusto de Campos empregou a expressão "linguagem fragmentária", e Charles Perrone "montagem de imagens". As designações "fragmentação", "justaposição" e "enumeração caótica" foram usadas por Affonso Romano de Sant'Anna ("O múltiplo Caetano", artigo datado de 1973, in Sant'Anna, Affonso Romano de. *Música popular e moderna poesia brasileira*, p. 107). E, conforme já assinalado no capítulo anterior, Celso Favaretto utilizou "enumeração caótica", "colagem" e "linguagem caleidoscópica" (in Favaretto, Celso. *Tropicália, alegoria, alegria*, p. 20, p. 21 e p. 64).
548 Charles A. Perrone, op. cit., p. 65.

letras – "Superbacana", "Os argonautas", "Tropicália" –, abriria um caminho influente sobre letristas relevantes de gerações seguintes (por exemplo, Belchior, em "Alucinação"). É um caminho que pode, com maior facilidade do que em textos de feitura tradicional, conduzir a letra ao hermetismo e fazê-la depender de chaves de interpretação "autorizadas". A letra de "Tropicália" fornece um bom exemplo, na medida em que, a par da superposição de referências a aspectos da cultura brasileira, contém versos dificilmente compreensíveis (*"Senhoras e senhores ele põe os olhos grandes / Sobre mim"*, *"O monumento é bem moderno / Não disse nada do modelo do meu terno"*)[549].

Augusto de Campos – que, em 1967, após a apresentação de "Alegria, alegria", aproximou-se de Caetano Veloso, dando início a vínculo entre os compositores do "Tropicalismo" e "os poetas e críticos concretos"[550] –, qualificou a letra de "Tropicália", em artigo de 1968, "de "algo *non sense*" para fornecer sua chave de interpretação: "*O texto algo non sense de Tropicália (...) tem uma extraordinária pertinência com o ambiente nacional. É um monumento pop ('de papel crepon e prata') ao pensamento bruto brasileiro. O Brasil Pau-Brasil, como o sonhou Oswald* [de Andrade]"[551].

A modernização de Caetano Veloso na composição das letras opera-se também por símiles e metáforas inusitadas: *"Meu canto esconde-se como um bando de ianomâmis na floresta / (De curdos nas montanhas)"* ("Fora da ordem"); *"Durante toda a viagem / Que realizas no nada / Através do qual carregas / O nome da tua carne"* ("Terra"); *"Arrastando o meu olhar como um ímã"* ("O Leãozinho"); *"E o corpo não agia / Como se o coração tivesse antes que optar / Entre o inseto e o inseticida"* ("Eclipse oculto"); *"O céu vai longe e suspenso / Em mastros firmes e lentos / Frio palmeiral de cimento"* ("Paisagem útil");

---

[549] Uma interpretação fértil da música "Tropicália" é fornecida por Celso Favaretto no artigo "Tropicália: a bossa, a fossa, a roça" de seu livro *Tropicália, alegoria, alegria*, pp. 63-78.

[550] Charles A. Perrone relata que *"a apresentação de 'Alegria, alegria' no festival* [III Festival da Música Popular Brasileira da TV Record (São Paulo)] *inspirou Augusto de Campos a procurar Caetano Veloso para discutir os caminhos da música e da poesia no Brasil. No final de 1967, o jovem compositor baiano iniciou uma duradoura amizade com os poetas concretos (...) Essa ligação com os poetas e críticos concretos aconteceu, também, com Gilberto Gil, Capinan e o poeta-letrista Torquato Neto"*. In *Letras e letras da MPB*, p. 64.

[551] Augusto de Campos, "Viva a Bahia-ia-ia!", artigo datado de 1968, in *Balanço da bossa e outras bossas*, p. 163. No artigo, Campos também classifica "Tropicália" como *"nossa primeira música Pau-Brasil, homenagem inconsciente a Oswald de Andrade, de quem Caetano ainda não tinha conhecimento quando a escreveu"* (pp.162-163).

"*Compositor de destinos/ Tambor de todos os ritmos/ Tempo Tempo Tempo Tempo/ Entro num acordo contigo// Por seres tão inventivo/ E pareceres contínuo/ Tempo Tempo Tempo Tempo/ És um dos deuses mais lindos*" ("Oração ao Tempo")[552]. Ainda no campo dos "núcleos sêmicos do discurso", a hipálage marca presença: *Leitos perfeitos / Seus peitos direitos me olham assim* ("Rapte-me, camaleoa").

Neste último texto, aparece a surpreendente rima de "rapte-me/ adapte-me/ capte-me" com "*it's up to me*", assim como são surpreendentes a rima interna à palavra no verso "*um iê-iê-iê romântico/ um anticomputador sentimental*" ("Não identificado") e a rima entre "Krishna" e "Vixe Ma", com uso da forma popular de "Virgem": "*Pena de pavão de Krishna / Maravilha vixe Maria mãe de Deus*" ("Trilhos urbanos")[553]. Se já há a repercussão de um significado sobre o outro em rima como "romântico" e "anticomputador", ela surge com ainda maior poder expressivo entre "secreta" e "etc.", que realça, ao final do texto, o mistério de opções contidas em "etcetera": "*Estou sozinho, estou triste etc./ Quem virá com a nova brisa que penetra/ (...) Quem, pessoa secreta/ Vem, te chamo/ Vem, etc.*" ("Etc.").

A compatibilidade entre forma e conteúdo não se dá apenas entre as rimas que valorizam o significado por meio do significante: ocorre ainda entre o significado e a sintaxe do texto. Neste âmbito, dois exemplos são notáveis. O primeiro, de "Haiti" (com estribilho "o Haiti é aqui/ o Haiti não é aqui"), reside na enumeração que, sem repetir um só verso, repete seguidamente o conceito para produzir, no próprio texto, a ideia de uma miscigenação na qual permanece indiferenciado o mau tratamento dos pobres:

Pra ver do alto a fila de soldados, quase todos pretos
Dando porrada na nuca de malandros pretos
De ladrões mulatos
E outros quase brancos
Tratados como pretos

[552] A apreciação da dimensão desta letra/poema não pode deixar de levar em conta que *Tempo* é um orixá em algumas "nações" do Candomblé, religião de origem africana. Como observa Carlos Rennó, "Oração ao Tempo" forma-se inteiramente "com rimas com a terminação i-o, quase todas toantes". In Rennó, Carlos. *O voo das palavras cantadas*, p. 57.

[553] Carlos Rennó menciona as rimas com "it's up to me", de "Rapte-me, camaleoa", e a rima "Krishna/Vixe Ma", de "Trilhos Urbanos". In *O voo das palavras cantadas*, p. 57.

Só pra mostrar aos outros quase pretos
(E são quase todos pretos)
E aos quase brancos, pobres como pretos
Como é que pretos, pobres e mulatos
E quase brancos quase pretos de tão pobres são tratados

O segundo encontra-se em passagem de "O quereres", texto cuja primeira parte se estrutura com base em antíteses metafóricas para expressar o contraste de vontades entre o eu lírico e o destinatário, inclusive, numa autoalusão, o contraste entre os versos decassílabos (heroicos) de que a letra está inteiramente composta, salvo no refrão, e os versos livres ("*Onde queres revólver, sou coqueiro/ E onde queres dinheiro, sou paixão/ (...) Onde queres o livre, decassílabo/ E onde buscas o anjo, sou mulher*"). Na sintaxe dos versos que aludem à "cilada" armada pelo amor – "*Mas a vida é real e de viés / E vê só que cilada o amor me armou / Eu te quero (e não queres) como sou / Não te quero (e não queres) como és*" –, as frases intercaladas armam a própria "cilada", em particular a segunda – "*e não queres*" –, que pode significar tanto a reiteração de "não queres como sou", essência das antíteses, quanto a afirmação "não queres que eu não te queira como és".

Os recursos poéticos liberam-se de ditames da lógica quer por paradoxos ("*Meu amor, tudo em volta está deserto, tudo certo/ Tudo certo como dois e dois são cinco*", em "Como dois e dois"), quer por oxímoros ("*Ah! bruta flor do querer*", em "O quereres").

Tal como no caso de Chico Buarque, várias letras de Caetano Veloso podem ser lidas como poemas, isoladas de suas músicas – "O ciúme", "Oração ao tempo", "Uns", "A terceira margem do rio", "Janelas abertas nº 2" e "Panis et circensis"⁵⁵⁴. Selecionam-se e transcrevem-se, a seguir, as duas últimas como exemplificação de poemas em letras de música. A elas agrega-se uma letra escrita em conjunto com Gilberto Gil, "Batmakumba", que equivale a um poema concretista.

"Janelas abertas nº 2" é texto polissêmico, tão aberto quanto seu título a diferentes interpretações. Mas em qualquer delas seria difícil deixar de apontar a identificação entre a angústia interior do eu lírico e sua representação física no apartamento: o objeto concreto equivale ao "labirinto de labirintos" interno, para o qual não

---

554 No livro *Gilberto Gil: todas as letras* (p. 104), figura a indicação de que, na parceria de "Panis et Circensis", Caetano Veloso foi o autor da letra e Gilberto Gil, da música.

se vislumbra porta de saída. Os caminhos possíveis, expressos nas três primeiras estrofes, são todos interiores: "abrir as portas que dão pra dentro", "procurar por dentro a casa", "cruzar uma por uma as sete portas, as sete moradas", "em cada quarto rever a mobília". Do ponto de vista da estrutura do texto, o paralelismo dos primeiros versos dessas estrofes ("Sim, eu poderia") reforça o contraste com o dístico da última, em que os caminhos contemplados nas "portas que dão para dentro" são substituídos pela abertura de "janelas/ para que entrem todos os insetos".

Adota-se aqui a interpretação de que o "labirinto" constitui a encruzilhada do eu lírico com relação à sua vida familiar e amorosa, de que se sente distanciado: poderia "*percorrer correndo corredores em silêncio*", em cada quarto "matar um membro da família", "na sala receber o beijo frio". À angustiada aliteração de "percorrer correndo corredores" soma-se, em seguida, outra aliteração, feita por um fonema forte, bilabial, que sublinha a rigidez do objeto físico, o edifício, no qual a angústia se concretiza – "perder as paredes aparentes". A excepcional metáfora associada ao "beijo frio" parece particularmente indicativa da insatisfação amorosa: o beijo viria de uma "deusa morta", definida expressivamente pela conjugação de três termos incompatíveis, "Deus morto fêmea".

Ainda que plausível, essa interpretação não esgota as possibilidades abertas pelo texto: a opção de "penetrar o labirinto" – e, por esse caminho, "rever a mobília", "receber o beijo frio" e em cada quarto "matar um membro da família" – significaria, metaforicamente, a aceitação da situação, pela convivência com o "Deus morto fêmea" e todos os familiares, também sem vida, "até que a plenitude e a morte coincidissem um dia"? Talvez. Então se poderia supor que a preferência por "abrir as janelas para que entrem todos os insetos" seria negar parcialmente o caminho de acomodação, pelo descerramento, ao menos, de espaço para algum tipo de luz e de vida exterior ao labirinto, mesmo sob a forma inferior de insetos, já que dele não se logra sair por portas que dariam para fora? Ou, ao contrário, seria uma acomodação ainda maior, de quem não enfrenta seu labirinto interior e prefere que os insetos se juntem à podridão? Ou seria, ainda, a rejeição do labirinto, mantendo-se o eu lírico fora dele, sem sequer abrir as portas que "dão para dentro", mas imaginando a abertura de janelas para que os insetos convivam, em seu lugar, com quem lá se acha e já não representa para ele nada de vivo? Ou ainda outras interpretações, que partam ou não da premissa de que o labirinto diz respeito à situação das relações afetivas do eu lírico?

Respaldada exclusivamente no texto, a premissa interpretativa poderia ser corroborada por leitura intertextual com "Janelas Abertas", letra de Vinicius de Moraes: "*Sim, eu poderia fugir, meu amor/ (...) Sim, eu poderia morrer de dor/ Eu poderia morrer e me serenizar/ Ah, eu poderia ficar sempre assim/ Como uma casa sombria*". Porém, no caso da letra de Vinicius, a apresentação do tema e a "solução" dos últimos versos – "*Mas quero as janelas abrir/ Para que o sol possa vir iluminar o nosso amor*" – não dão margem à multiplicidade de interpretações possíveis no texto de Caetano Veloso.

JANELAS ABERTAS Nº 2

Sim, eu poderia abrir as portas que dão pra dentro
Percorrer, correndo, corredores em silêncio
Perder as paredes aparentes do edifício
Penetrar no labirinto
O labirinto de labirintos
Dentro do apartamento

Sim, eu poderia procurar por dentro a casa
Cruzar uma por uma as sete portas, as sete moradas
Na sala receber o beijo frio em minha boca
Beijo de uma deusa morta
Deus morto fêmea, língua gelada
Língua gelada como nada

Sim, eu poderia em cada quarto rever a mobília
Em cada um matar um membro da família
Até que a plenitude e a morte coincidissem um dia
O que aconteceria de qualquer jeito

Mas eu prefiro abrir as janelas
Pra que entrem todos os insetos

"Panis et Circensis" constitui texto metafórico de denúncia da indiferença das pessoas acomodadas em suas vidas inexpressivas. Representadas pelas "pessoas na sala de jantar", permanecem "ocupadas em nascer e morrer" mesmo em face de "canções iluminadas de Sol" ou de circunstâncias excepcionais, por mais hiperbólicas que sejam ("soltei os tigres e os leões nos quintais"; o assassinato "às cinco horas na avenida central" com um punhal de "puro aço luminoso").

Na antítese entre a variedade da vida e a indiferença das pessoas acomodadas, o caráter sombrio da "sala de jantar" é realçado pelo contraste com as imagens pautadas na luz – a canção "iluminada de Sol", o "aço luminoso" do punhal, as "folhas de sonho no jardim do solar", a busca das folhas "pelo Sol". As pessoas "ocupadas em nascer e morrer" não se equiparam sequer ao mundo vegetal: "*As folhas sabem procurar pelo Sol/ E as raízes procurar, procurar / Mas as pessoas na sala de jantar/ Essas pessoas da sala de jantar*"). A reiteração do verbo "procurar", é significativa, não só por parecer reproduzir o movimento das raízes e sua perseverança em busca da vida, mas também por situar-se imediatamente antes da repetição, adversativa, da expressão "as pessoas da sala de jantar", cuja "vida" nada busca, resumindo-se aos extremos de nascer e morrer.

PANIS ET CIRCENSIS

Eu quis cantar
Minha canção iluminada de Sol
Soltei os panos sobre os mastros no ar
Soltei os tigres e os leões nos quintais
Mas as pessoas na sala de jantar
São ocupadas em nascer e em morrer

Mandei fazer
De puro aço luminoso um punhal
Para matar o meu amor e matei
Às cinco horas na avenida central
Mas as pessoas na sala de jantar
São ocupadas em nascer e em morrer

Mandei plantar
Folhas de sonho no jardim do solar
As folhas sabem procurar pelo Sol
E as raízes procurar, procurar

Mas as pessoas na sala de jantar
Essas pessoas da sala de jantar
São as pessoas da sala de jantar
Mas as pessoas na sala de jantar
São ocupadas em nascer e em morrer

5.9. Gilberto Gil

A letra de "Domingo no parque", composição apresentada em festival de música de 1967, é considerada uma das referências básicas na renovação dos textos da canção popular brasileira, juntamente com "Alegria, alegria", de Caetano Veloso, lançada no mesmo festival[555]. Em "Domingo no parque" identificam-se "técnicas literárias e cinematográficas – close-ups, fusões, montagem –"[556], particularmente evidentes na segunda metade da letra, que descreve um crime passional em roda-gigante.

Nessa parte final, a repetição da estrutura das estrofes, as inversões de palavras ("O sorvete e a rosa – ô, José/ A rosa e o sorvete, ô José"), os verbos no gerúndio ("dançando", "girando"), as alternâncias dos nomes (José, Juliana, João) e o eco entre "girando" e "roda-gigante" espelham o movimento não só do aparelho do parque de diversões, mas também do aturdimento do amigo traído ("Oi, dançando no peito – ô, José", "Oi, girando na mente – ô, José"). Com a súbita introdução de uma curta frase – "olha a faca" –, o texto reflete, ainda, o movimento presumivelmente ágil de quem pratica os assassinatos sem dar tempo à defesa. A introdução e reiteração imediatamente anteriores de menção apenas à cor do sorvete e da rosa ("é vermelho", "é vermelha") são suficientes para insinuar o crime: "Oi, *na roda-gigante – oi, girando/ O amigo João – oi, João// O sorvete é morango – é vermelho/ Oi, girando, e a rosa – é vermelha/ Oi, girando, girando – é vermelha/ Oi, girando, girando – olha a faca!//*

---

555 III Festival da Música Popular Brasileira, da TV Record.
556 Observação atribuída a Décio Pignatari, por meio de Augusto de Campos, in Charles Perrone, *Letras e letras da MPB*, p. 64. No artigo "Explosão de Alegria, Alegria", de Augusto de Campos, datado de 1967, também se encontra menção à observação de Pignatari: "como me observou Décio Pignatari, (...) a letra de Gil lembra as montagens eisenstenianas, com seus closes e suas 'fusões'". In Augusto de Campos, *Balanço da bossa e outras bossas*, p. 153.

*Olha o sangue na mão – ê José/ Juliana no chão – ê José/ Outro corpo caído – ê José/ Seu amigo João – ê José"*⁵⁵⁷.

No ano anterior, Gilberto Gil já compusera um texto que poderia também ser visto como renovador nas letras de música popular brasileira, "Lunik 9", sobre conquistas espaciais (*"Lá se foi o homem/ Conquistar os mundos/ Lá se foi/ Lá se foi buscando/ A esperança que aqui já se foi"*). Composto em versos livres, contém estrofe formada, salvo o último verso, exclusivamente de frases nominais: *"Momento histórico/ Simples resultado/ Do desenvolvimento da ciência viva/ Afirmação do homem/ Normal, gradativa/ Sobre o universo natural/ Sei lá que mais"*. Um dos versos da letra reproduz, em anacoluto da frase anterior, a contagem para lançamento das naves – *"Um fato só já existe/ Que ninguém pode negar/ 7, 6, 5, 4, 3, 2, 1, já!"* –, enquanto outros misturam o saudosismo com o irônico apreço pela modernidade, atitudes expressas com tons díspares na linguagem: o texto inicia-se com um chamamento na segunda pessoal do plural, cujo emprego remete a tempos obsoletos (*"Poetas, seresteiros, namorados, correi/ É chegada a hora de escrever e cantar/ Talvez as derradeiras noites de luar"*), mas, próximo ao final, exprime em linguagem inteiramente coloquial a aceitação da ideia de conquista da Lua: *"A Lua foi alcançada afinal/ Muito bem/ Confesso que estou contente também"*.

A vasta gama de temas explorados nas letras de Gilberto Gil, em muitos casos voltadas para traços da cultura do Brasil, em especial as religiões afro-brasileiras, inclui algumas vertentes que chamam atenção pela singularidade.

A primeira consiste no tratamento de questões ligadas a avanços científicos e tecnológicos, como ocorre, além de "Lunik 9", em "Futurível" (*"Você foi chamado, vai ser transmutado em energia"*), "Queremos saber" (*"Queremos saber/ O que vão fazer/ Com as novas invenções"*), "Vitrines" (*"Um astronauta risonho"*), "Cérebro eletrônico" e "Quanta".

A segunda revela o destemor – que Gil já exibia durante o regime militar, com "Ensaio geral", de 1966 (*"O Rancho do Novo Dia/ O Cordão da Liberdade/ O bloco da Mocidade/ Vão sair no carnaval"*) – em criticar abertamente instituições poderosas nas letras de "O jornal"⁵⁵⁸,

---

557 As citações de letras baseiam-se no livro *Gilberto Gil: todas as letras: incluindo letras comentadas pelo compositor* (org. de Carlos Rennó).

558 *"Não importa a má notícia/ Mas vale a boa versão/ Na nota um toque de astúcia/ E faça-se a opinião/ De outra feita, quando seja/ Desejo editorial/ Faça-se sujo o que é limpo/ Troque-se*

ou seja, meio de comunicação supostamente essencial para a projeção de um artista, e "Guerra Santa" (sobre episódio de pastor evangélico que chutou a imagem de Nossa Senhora Aparecida na televisão[559]).

A terceira demonstra vínculo a temas internacionais, de que são exemplos "Oração pela libertação da África do Sul" (*"Se o rei Zulu já não pode andar nu/ Salve a batina do bispo Tutu"*) e "O fim da história", particularmente interessante por dizer respeito a uma tese de cunho acadêmico[560].

E a quarta reside na forma sem rodeios com que denuncia o preconceito racial ("A mão da limpeza"[561]) e afirma a liberdade de opção sexual ("Pai e mãe"[562]).

Um dos aspectos salientes nas letras de Gilberto Gil radica na valorização do significante, seja pela exploração do extrato fônico – com uso frequente de paronomásias, aliterações e rimas –, seja pela criação de neologismos ou dissolução e fusão criativa de palavras. Os exemplos aparecem com frequência em numerosos textos:

- *"Só eu posso pensar se Deus existe/ Só eu/ Só eu posso chorar quando estou triste/ Só eu/ Eu cá com meus botões de carne e osso/ Hum, hum/ Eu falo e ouço/ Hum, hum/ Eu penso e posso"* ("Cérebro eletrônico")

---

o bem pelo mal" ("O jornal"). A letra de "Violentidão" também contém crítica a meios de comunicação: *"A coisificação das consciências/ Que os mass-media fazem todo o tempo/ (...) nem parece ser tão violenta"*

[559] *"Ele diz que tem como abrir o portão do céu/ Ele promete a salvação/ Ele chuta a imagem da santa, fica louco, pinel/ Mas não rasga dinheiro, não".*

[560] Como resume o próprio Gilberto Gil, o *"scholar* nipo-americano Francis Fukuyama defendeu a tese neoliberalista de que, com o final do comunismo – que, segundo ele, teria desaparecido –, a História teria também acabado. (...) Para lançar minha contestação frontal a isso, eu fiz a advocacia do 'eterno retorno'" (in *Gilberto Gil: todas as letras*, org. de Carlos Rennó, p. 408). Eis trechos da letra: *"Não creio que o tempo/ Venha comprovar/ Nem negar que a História/ Possa se acabar// Basta ver que um povo/ Derruba um czar/ Derruba de novo/ Quem pôs no lugar// É como se o livro dos tempos pudesse/ Ser lido trás pra frente, frente pra trás (...)// Tantos cangaceiros/ Como Lampião/ Por mais que se matem/ Sempre voltarão// E assim por diante/ Nunca vai parar/ Inferno de Dante/ Céu de Jeová".*

[561] *"O branco inventou que o negro/ Quando não suja na entrada/ Vai sujar na saída, ê/ Imagina só (...) // Na verdade a mão escrava/ Passava a vida limpando/ O que o branco sujava, ê (...)// Mesmo depois de abolida a escravidão/ Negra é a mão/ De quem faz a limpeza/ Lavando a roupa encardida, esfregando o chão/ Negra é a mão/ É a mão da pureza/ (...) Eta branco sujão".*

[562] *"Como é, minha mãe? Como vão seus temores? / Meu pai, como vai? / Diga a ele que não/ Se aborreça comigo/ Quando me vir beijar/ Outro homem qualquer/ Diga a ele que eu/ Quando beijo um amigo/ Estou certo de ser/ Alguém como ele é/ Alguém com sua força/ Pra me proteger/ Alguém com seu carinho/ Pra me confortar/ Alguém com olhos/ E coração bem abertos/ Pra me compreender".*

- "Sei que a arte é irmã da ciência/ Ambas filhas de um deus fugaz/ Que faz num momento e no mesmo momento desfaz/ Esse vago deus por trás do mundo/ Por detrás do detrás// Cântico dos cânticos/ Quântico dos quânticos" ("Quanta")
- "O analfomegabetismo/ Somatopsicopneumático// Que também significa/ Que eu não sei de nada sobre a morte/ Que também significa/ Tanto faz no sul como no norte/ Que também significa/ Deus é quem decide a minha sorte" ("Alfômega")
- "Procure conhecer melhor/ Sobre a Santíssima Trindade/ Procure conhecer melhor/ Becos da tristíssima cidade" ("Minimistério")
- "O sonho acabou hoje, quando o céu/ Foi de-manhando, dessolvindo, vindo, vindo/ Dissolvendo a noite na boca do dia" ("O sonho acabou")
- "Quem poderá fazer/ Aquele amor morrer!/ Nossa caminhadura/ Dura caminhada/ Pela estrada escura// (...) Nossa caminha dura/ Cama de tatame/(..) Se o amor é como um grão!/ Morrenasce, trigo/ Vivemorre, pão" ("Drão")
- "O segurança me pediu o crachá/ Eu disse: "Nada de crachá, meu chapa/ Eu sou um escrachado, um extra achado/ Num galpão abandonado, nada de crachá" ("Extra 2/O rock do segurança")
- "Tu, pessoa nefasta/ Tens a aura da besta/ Essa alma bissexta, essa cara de cão// (...) Pede/ Que te façam propícia/ Que retirem a cobiça, a preguiça, a malícia/ A polícia de cima de ti" ("Pessoa nefasta").
- "A grã-finagem limpa seus brasões/ Protege com seus sacos de aninhagem/ Velha linhagem de quatrocentões" ("A luta contra a lata ou a falência do café").

Mas também em outros âmbitos de elaboração da linguagem encontram-se exemplos marcantes nas letras de Gilberto Gil, como o enganador *enjambement* em "Lar Hospitalar" ("*Eu, que experimento o quanto a fantasia é bom/ Alimento para a paz*"), a paródia de "Ave, baía" ("*Ave, baía/ Cheia de garças/ O amor é convosco/ Bendita sois entre as mães d'água*") e, sobretudo, os símiles e metáforas. Estes permeiam vários textos, como "A abóbada da vida" ("*É a abóbada/ Lá no alto da cabeça/ De onde a alma brilha pendulada/ Como um cristal num pingente/ É a mente*"), "Lamento sertanejo" ("*Sou como rês desgarrada/ Nessa multidão boiada/ Caminhando a esmo*"), "O amor daqui de casa" ("*O amor daqui de casa/ Tem um sentimento forte/ Que nem gemido na telha/ Quando sopra o vento norte*") ou "Se eu quiser falar com Deus" ("*Se eu quiser falar com Deus/(...) Tenho que folgar os nós/ Dos sapatos, da gravata/ Dos desejos, dos receios*").

As metáforas e símiles adquirem, contudo, especial valor quando atuam como a base de estruturação do conjunto da letra, de que são exemplos "A linha e o linho" (*"É a sua vida que eu quero bordar na minha/ Como se eu fosse o pano e você fosse a linha/ E a agulha do real nas mãos da fantasia/ Fosse bordando, ponto a ponto, nosso dia a dia// E fosse aparecendo aos poucos nosso amor"*), "Copo vazio" (*"É sempre bom lembrar/ Que um copo vazio/ Está cheio de ar/ (...) Que o ar no copo ocupa o lugar do vinho/ Que o vinho busca ocupar o lugar da dor/ Que a dor ocupa a metade da verdade/ A verdadeira natureza interior/ Uma metade cheia, uma metade vazia/ Uma metade tristeza, uma metade alegria/ A magia da verdade inteira, todo poderoso amor"*) e "Vitrines" (*"Sonhos guardados perdidos/ Em claros cofres de vidro"*).

Nesses textos, avulta a plasticidade das imagens, que sobressai na primeira parte de "Vitrines". Na letra, composta quase totalmente de frases nominais, a perspectiva transita de quem vê o astronauta – *"Um astronauta risonho/ Como um boneco falante/ Numa pequena vitrine/(...) A escotilha da cabine"* – para o que o astronauta vê (*"A Terra bola azulada/ Numa vitrine gigante"*). Estabelecidas as duas perspectivas, chega-se à "plataforma de vitrines", em estrofe na qual figuram a paronomásia ("De éter de eternidade") e a fusão de palavras ("Éter-cosmo-nave-nauta"): *"O cosmonauta, a vitrine/ No cosmos de tudo e nada/ De éter e eternidade/ De qualquer forma vitrine/ Tudo que seja ou que esteja/ Dentro e fora da cabine/ Éter-cosmo-nave-nauta/ Acoplados no infinito/ Uma vitrine gigante/ Plataforma de vitrines"*.

Entre outras letras de Gilberto Gil que poderiam constar de uma coleção de poemas – como "Lunik 9", "A luta contra a lata ou a falência do café" e "Cidade do Salvador", esta última com influência da poesia concretista[563] –, selecionam-se "O veado" e "Metáfora".

---

[563] Carlos Rennó utiliza a expressão "algumas reverberações concretistas" ao tratar de "Cidade do Salvador". In *O voo das palavras cantadas*, p. 73. A letra contém, por exemplo, os seguintes versos:
Mar
O mar
O mar
O maremoto
   remoto
   remoto
   motivo
Teria Deus
Pra nos salvar (...)

"O veado" distingue-se pela temática e pela elaboração de seu extrato fônico. Os dois aspectos já se misturam no próprio título, mediante o uso da grafia com seu significado de uma espécie de animal, em lugar da grafia "viado", termo que, homófono do título na pronúncia brasileira, é chulo e pejorativo para designar o homem homossexual. O tratamento poético do tema mostra-se triplamente digno de atenção, na medida em que não só toma por objeto um assunto incomum, mas também o faz de uma perspectiva estritamente estética e na qual, ademais, o eu lírico desafia quaisquer preconceitos ao explorar as próprias semelhanças que poderiam estar na base da associação entre os dois termos e da atribuição depreciativa de um deles ao homossexual ("Greta Garbo", "Garbo, a palavra mais justa/ (...) Para explicar um veado/ Quando corre"; "Garbo esplendor de uma dama"; "Animália/ Anamélia").

No estrato fônico, são notáveis, sobretudo, as paronomásias, que desempenham duas funções para a estrutura do texto. Em primeiro lugar, juntam-se às rimas para reforçar a ênfase no movimento, principal traço com que se descreve "como é lindo" o veado/viado: sobre os verbos no gerúndio ("escapulindo", "pulando", "evoluindo") repercutem as palavras com final em "ante" e "ente" ("instante", "evaporante", "gente"); à rima do "pulo certo" ("porte esperto") acrescenta-se a paronomásia de "Quanto tato / (..) Ando tanto" no desejo do eu lírico de "chegar perto" de seu "encanto".

Em segundo lugar, é basicamente sobre paronomásias, em conjunção com aliterações, que se forma o próprio significado humano do texto. Além dos exemplos de "veado/viado" embutido no título, "animália/anamélia", "quanto tato/ ando tanto", o sentido é construído, em essência, em torno das paronomásias/aliterações com "eva", que se sucedem até conduzirem a "Eva": faz parte da beleza do "veado" (em que "eva" já se insere por transposição de letras) ser "evasivo", "evanescente", "evaporante". Mas, mais do que isso, passa a ser, em seguida, "Eva pirante". Ao final do texto, em alusão ao mito bíblico, o veado/viado tem "extraída das costas" uma de suas "costelas à mostra". Chega-se assim aos versos em que "ser veado" já não se compara apenas com o *garbo / vertiqualidade/ animália*, mas, sobretudo, identifica-se com a costela associada à criação da mulher: *"Tê-la Eva bem exposta / Tê-la Eva bem à vista"*.

A composição em versos curtos – entre trissílabos e redondilhas maiores – e, neles, a sequência incessante de rimas, paronomásias, alterações, com a reverberação de umas sobre as outras, fazem com que a agilidade da estrutura do texto reflita o próprio movimento do tema que retrata.

O VEADO

O veado
Como é lindo
Escapulindo pulando
Evoluindo
Correndo evasivo
Ei-lo do outro lado
Quase parado um instante
Evanescente
Quase que olhando pra gente
Evaporante
Eva pirante

O veado
Greta Garbo
Garbo, a palavra mais justa
Que me gusta
Que me ocorre
Para explicar um veado
Quando corre
Garbo esplendor de uma dama
Das camélias
Garbo vertiqualidade
Animália
Anamélia

Ó, veado
Quanto tato
Preciso pra chegar perto
Ando tanto
Querendo o teu pulo certo
Teu encanto
Teu porte esperto, delgado
Ser veado

Ser veado
Ter as costelas à mostra
E uma delas
Tê-la extraída das costas
Tê-la Eva bem exposta
Tê-la Eva bem à vista

Texto autorreflexivo sobre o caráter poético da metáfora, a letra de "Metáfora" estabelece, ela própria, uma metáfora do que é um poema, comparado a uma "lata absoluta", em que "tudonada cabe". Demonstra, poeticamente, a capacidade da metáfora de conferir conotações às palavras além de seus significados denotativos, assim como do poeta de expressar-se por novos significantes ("tudonada"). Comprovando o que diz o Professor Domício Proença Filho a respeito do discurso literário – ele *"cria significantes e funda significados"*, é *"a própria obra que traz em si suas próprias regras"*[564] –, a metáfora da letra desafia as regras da lógica: a meta do poeta não é necessariamente um alvo, pode ser o inatingível; na "lata" do poeta pode caber o incabível, até mesmo a meta que estaria "dentro e fora" dela, o que aponta também para conteúdo que escape à própria intenção do poeta. A "metáfora" estaria, assim, não só *além*, mas igualmente *fora* da "meta", fora da disputa que queira exigir do poeta a determinação do "conteúdo em sua lata".

METÁFORA

Uma lata existe para conter algo
Mas quando o poeta diz: "Lata"
Pode estar querendo dizer o incontível

Uma meta existe para ser um alvo
Mas quando o poeta diz: "Meta"
Pode estar querendo dizer o inatingível

Por isso, não se meta a exigir do poeta
Que determine o conteúdo em sua lata

[564] Proença Filho, Domício. *A linguagem literária*, p. 44 e p. 47.

Na lata do poeta tudonada cabe
Pois ao poeta cabe fazer
Com que na lata venha caber
O incabível

Deixe a meta do poeta, não discuta
Deixe a sua meta fora da disputa
Meta dentro e fora, lata absoluta
Deixe-a simplesmente metáfora

5.10. Torquato Neto, Capinan e Tom Zé

À mesma época em que Caetano Veloso e Gilberto Gil compunham "Alegria, alegria", "Tropicália" e "Domingo no parque", os autores Torquato Neto e Capinan escreviam letras também inovadoras no modo de composição de textos da canção popular brasileira[565].

Torquato Neto (1944-1972) insinuava, em 1967, o procedimento de fragmentação ou colagem em "Marginália 2", que se evidenciaria, no ano seguinte, em "Geleia geral".

Em "Marginália 2", já se observa a distribuição esparsa de imagens entre as estrofes, com conexão apenas implícita:

Eu, brasileiro, confesso
Minha culpa, meu pecado
Meu sonho desesperado
Meu bem guardado segredo
Minha aflição
(...)
Minha terra tem palmeiras
Onde sopra o vento forte
Da fome do medo e muito
Principalmente da morte
Olelê, lalá
(...)".

---

[565] As letras de "Marginália 2" e "Geleia geral" (Torquato Neto), assim como de "Soy loco por ti, América" (Capinan), são reproduzidas, com a indicação dos respectivos anos de composição, no livro *Gilberto Gil: todas as letras*. Gil é autor das músicas das três composições.

Na estrofe que se inicia por "Minha terra tem palmeiras", uma inovação adicional é cativante: Torquato Neto valoriza o advérbio "principalmente" ao modificá-lo, de forma surpreendente, por outro advérbio ("muito"); a inovação destaca-se, ademais, pelo "enjambement" que une os advérbios distribuídos em dois versos. O letrista faz alusão ao poema romântico "Canção do exílio", de Gonçalves Dias (*"Minha terra tem palmeiras/ Onde canta o sabiá"*), para alterar de modo radical seu significado.

A composição por "enumeração caótica" ou fragmentária e colagem revela-se, ainda mais nitidamente, como modo renovador de estruturação de letras de música, em "Geleia Geral":

> *Um poeta desfolha a bandeira*
> *E a manhã tropical se inicia*
> *Resplandente, cadente, fagueira*
> *Num calor girassol com alegria*
> *Na geleia geral brasileira*
> *Que o Jornal do Brasil anuncia*
> *(...)*
> *Santo barroco baiano*
> *Superpoder de paisano*
> *Formiplac e céu de anil*
> *Três destaques da Portela*
> *Carne-seca na panela*
> *Alguém que chora por mim*
> *Um carnaval de verdade*
> *Hospitaleira amizade*
> *Brutalidade jardim.*

Chama igualmente a atenção, em "Geleia geral", o uso adjetivado de "girassol" ("calor girassol", com o reforço da ideia pela presença de "sol" na flor) e de "jardim" ("brutalidade jardim", cujo sentido se acentua pela fusão de termos semanticamente antitéticos).

Capinan – letrista de "Ponteio", com música de Edu Lobo, que venceu em 1967 o mesmo festival no qual concorreram "Alegria, alegria" e "Domingo no parque" (assim como "Roda-viva", de Chico Buarque)[566] – escreveu naquele ano outra letra memorável, "Soy loco

566 "Domingo no parque" foi classificada no festival em segundo lugar, "Roda-viva" em por ti, América".

"Ponteio" já revelava uma linguagem moderna, como a descrição de situação em concisa frase nominal, formada com aliterações ("violência, viola, violeiro"), e a indefinição de "meio" no verso *"Era um dia, era claro, quase meio"*. De acordo com o eu lírico, *"Era um canto calado, sem ponteio"*, mas *"Correndo no meio do mundo/ Não deixo a viola de lado/ Vou ver o tempo mudado/ E um novo lugar pra cantar"*. Então "quase meio" pode ser, entre outras hipóteses, o meio do dia, o meio do canto, o meio do caminho do violeiro ou o meio de sua esperada mudança de tempos.

Se a letra de "Ponteio" continha linguagem moderna, a letra de "Soy loco por ti, América" mostrava-se francamente renovadora.

Além de mesclar português e espanhol – inclusive com alusões a Cuba e a Che Guevara (*"Yo voy traer una mujer playera/ Que su nombre sea Marti"* e *"El nombre del hombre muerto/ Antes que a definitiva noite se espalhe em Latinoamérica/ El nombre del hombre es pueblo"*) –, o texto de "Soy loco por ti, América" singularizou-se, sobretudo, por instaurar sistema de justaposição de aspectos emblemáticos da América Latina apresentados fragmentariamente, sem linearidade, e pela mistura de frases verbais e nominais: *"Sorriso de quase nuvem/ Os rios, canções, o medo/ O corpo cheio de estrelas/ O corpo cheio de estrelas/ Como se chama a amante/ Desse país sem nome, esse tango, esse rancho, esse povo, dizei-me, arde/ O fogo de conhecê-la"*).

Duas estrofes de "Soy loco por ti, América", sequenciais na letra, merecem particular realce. Na primeira, sobressai a presença de paronomásia (bruços/braços), conjugada com aliterações e rimas, e, na segunda, a descrição da beleza de uma mulher sem uso de adjetivos, e sim mediante a combinação de substantivos com conotações díspares ("camponesa", "manequim"), a que se soma uma interjeição ("ai de mim"):

Estou aqui de passagem
Sei que adiante um dia vou morrer

terceiro e "Alegria, alegria" em quarto, como registra o livro *A era dos festivais: uma parábola*, de Zuza Homem de Mello, p. 446. No mesmo festival (III Festival da Música Popular Brasileira, da TV Record, de setembro/outubro de 1967), houve atribuição do prêmio de "Melhor letra", que, curiosamente, não coincidiu com nenhuma das músicas vencedoras: foi escolhida "A estrada e o violeiro", de Sidney Miller, também excelente letrista da geração de 1960.

> *De susto, de bala ou vício*
> *De susto, de bala ou vício*
> *Num precipício de luzes*
> *Entre saudades, soluços, eu vou morrer de bruços nos braços,*
> *   [nos olhos*
> *Nos braços de uma mulher*
> *Nos braços de uma mulher*
>
> *Mas apaixonado ainda*
> *Dentro dos braços da camponesa, guerrilheira, manequim,*
> *   [ai de mim*
> *Nos braços de quem me queira.*

Tal como Capinan e Torquato Neto, outro letrista, Tom Zé, aparece, em 1968, vinculado ao renovador movimento do Tropicalismo e a seu único produto concreto, o disco *Tropicália ou Panis et Circencis*, ao lado de Caetano Veloso e Gilberto Gil[567].

À época, suas letras eram menos inovadoras pela estrutura do que pelas imagens inusuais, com a utilização de símbolos da contemporaneidade. Nesse sentido, o exemplo encontra-se na letra de «2001», composição com música de Rita Lee, apresentada no IV Festival da Música Popular Brasileira, de novembro/dezembro de 1968 (TV Record de São Paulo): «*Astronauta libertado/ minha vida me ultrapassa/ em qualquer rota que eu faça/ dei um grito no escuro/ sou parceiro do futuro/ na reluzente galáxia// (...) Meu sangue é de gasolina, correndo não tenho mágoa/ meu peito é de sal de fruta, fervendo no copo d'água*". Esse festival foi vencido pelo próprio Tom Zé com a composição "São São Paulo, meu amor", cuja letra segue molde tradicional, mas inclui passagens expressivas, como o oxímoro em "*São oito milhões de habitantes/ aglomerada solidão*"[568].

---

567 Como já anotado, Charles Perrone referiu-se ao elepê como "realização única do projeto estético contido na canção 'Tropicália'". In *Letras e letras da MPB*, p. 73.
568 In Zuza Homem de Mello, *A era dos festivais*, p. 454. Ao vencer em 1968, com "São São Paulo, meu amor", de sua exclusiva autoria, o IV Festival da Música Popular Brasileira da TV Record, Tom Zé superou composição em coautoria de Caetano Veloso e Gilberto Gil, "Divino maravilhoso", classificada em terceiro lugar. Repetiu, assim, o que Capinan fizera no festival anterior, quando "Ponteio" superou "Alegria, alegria" e "Domingo no parque" na preferência do júri. No entanto, "Divino maravilhoso" tornou-se – como "Alegria, alegria", "Domingo no parque" e "Ponteio" – uma referência na música popular

Já em disco lançado em 1970, intitulado "Tom Zé", várias letras mostram-se estruturalmente audaciosas ("Jimmy Renda-se", "Lá vem a onda"). Porém em outras é que se contêm versos particularmente apreciáveis, por sua carga literária até então incomum em letras de música, como a sinestesia, com rima preciosa e autorreferente, de "Distância":

*o gosto de sorrir
só rimava
no som dos teus olhos
(...)*

Esse mesmo disco inclui uma letra de Tom Zé, "O riso e a faca", que pode integrar coleção de poemas[569]. Notabiliza-se pela linguagem metafórica, da qual resulta uma complexa e ambígua visão de si próprio pelo eu lírico, ao mesmo tempo reunião de contradições ("a raiva e a vacina") e afirmação de inconformidade ou rebeldia ("a faca e o corte/ em um só beijo vermelho"; "só adormeço/ no furacão"). A linguagem metafórica combina-se com a musicalidade que decorre de anáforas e paralelismos na construção do texto; de repetição na primeira quadra, semelhante à anadiplose, do mesmo termo no fim de um verso e na parte inicial do seguinte ("dente/ quero ser o dente"; "faca/ quero ser a faca"); de rimas finais alternadas nas duas primeiras estrofes ("vermelho", "conselho", "espelho"); de paronomásia na segunda ("conselho" e "consolo"); e, na última, de rima soante final ("viração", "furacão") e toante interna ("berço", "adormeço").

O RISO E A FACA

*Quero ser o riso e o dente
quero ser o dente e a faca
quero ser a faca e o corte
em um só beijo vermelho*

Eu sou a raiva e a vacina

brasileira, o que não ocorreu com "São São Paulo, meu amor".
569 Transcreve-se a letra de "O riso e a faca" tal como publicada em Zé, Tom. *Tropicalista lenta luta – Tom Zé*, p. 202.

procura de pecado e conselho
espaço entre a dor e o consolo
a briga entre a luz e o espelho

Fiz meu berço na viração
eu só descanso na tempestade
só adormeço no furacão

5.11. Aldir Blanc

Aldir Blanc (1946-2020), letrista de numerosas canções de êxito ("Amigo é pra essas coisas", "O bêbado e a equilibrista", "Corsário", "Bala com bala", "De frente pro crime", "Linha de passe", "Dois pra lá, dois pra cá"), desenvolve arte profundamente impregnada de dados da realidade circundante e, ao mesmo tempo, de criatividade e sofisticação que os transcendem[570].

A identificação com a cultura do Brasil e com o Rio de Janeiro constitui traço fundamental: "*Samba é sangue em gota/ na pedra dura:/ não pensando em ficar, perdura*" ("Gotas de samba"); "*(...) Iansã trouxe as almas e os vendavais/ adagas e ventos, trovões e punhais./ Oxum-Maré largou suas cobras no chão. (...)*" ("Tiro de misericórdia"); ("*Minha cidade é meu berço/ onde morro e me recrio./ Sou folha, chuva, aí cresço:/ riacho dentro do Rio*" ("O rei das ruas").

Em sua maioria, as letras retratam, de uma perspectiva intimamente vinculada à vida e ao sofrimento do povo, a realidade brasileira e, sobretudo, carioca, com tom muitas vezes crítico e irônico: "*Se cai não perde a fé/ É do candomblé*" ("Molambo-farrapo de gente

---

[570] As letras de música de Aldir Blanc estão publicadas no livro de Luiz Fernando Vianna intitulado *Aldir Blanc: resposta ao tempo – Vida e letras*, de 2013. Com relação ao início da trajetória de Aldir Blanc como letrista, o livro refere-se às "parcerias com Sílvio [da Silva Jr.] que participaram dos festivais que pululavam na virada dos anos 1960 para 1970. 'A noite, a maré e o amor' esteve, em 1968, na final da fase nacional do 3º Festival Internacional da Canção (...) No ano seguinte, 'Serra acima' participou do FIC, e 'Além de mim', depois rebatizada de 'Nada sei de eterno', foi vice-campeã no 2º Festival Universitário da Música Brasileira" (p. 38). Anota que "o primeiro sucesso do letrista" foi "Amigo é pra essas coisas", parceria com Sílvio da Silva Jr., composta em 1968 e concorrente no Festival Universitário em 1970 (p. 40). Aldir Blanc fez obras em parceria com muitos compositores: sobretudo João Bosco, mas também, entre outros, Cristovão Bastos, Moacyr Luz, Edu Lobo, Raphael Rabello, Guinga e Gilson Peranzzetta.

também ama"); "*Pela pista fatal da Avenida Brasil/ Ela volta e tem direito/ A um metro de passagem./ Com um filho na barriga/ De que lado da avenida/ Ficará a vida dela:/ Luz lilás, arrependida,/ ou sumida na favela?*" ("Fatalidade/balconista teve morte instantânea"); "*E foi então que o pobre enriqueceu./ Valeu. Todas as lendas são assim:/ pra relembrar o que não aconteceu*" ("Lendas brasileiras"); "*e quanto mais apertava o cinto/ mais magro ficava com as calças caindo (...)/ – Ri melhor/ quem ri impune*" ("Profissionalismo é isso aí"); "*a Lei é pau em quem não tem nada,/ mas pra quem solta a grana/ a Lei é a mãe--joana,/ dando banana com marmelada*" ("Muambeiro").

A linguagem coloquial, em algumas instâncias com emprego até de termos chulos[571], é fartamente utilizada no tratamento dos temas da vida e da cultura brasileiras, que se estende a fatos específicos, com referenciais na realidade: "*A bomba estourou na nossa mão!/ Mas que fria,/ quem diria que ela iria/ estourar?!?*" ("Eu acho é pouco"); "*Todos têm uma chance de brilhar:/ até torturador vira adido militar*" ("Prega sobre pedra/Primeiro tema de Bonifácio, o patriota"). O coloquialismo também é instrumento para a sarcástica atenção a questões do quotidiano e a convenções sociais: "*Faço votos de feliz casamento/(...) Reconheço que era chato/ ser a outra eternamente/ com encontros marcados/ por coisas do tipo 'eu subo na frente'*" ("Dois bombons e uma rosa"); "*Cumprimento alguém/ a quem quero bem./ Finge que não vê./ É tão comum/ mas, pode crer,/ podia acontecer com você*" ("E aí?").

Há, porém, por assim dizer, "outro" Aldir Blanc, cuja linguagem elaborada se faz presente tanto na temática de cenas da vida brasileira e da vivência quotidiana, verdadeiras ou imaginadas, quanto, com maior clareza, em textos de ordem diferente.

São exemplos do primeiro caso as rimas e a paronomásia (ere/ora/uro) de estrofe de "Delegacia da mulher" e a modificação adverbial de "morrer" em "Enseada": "*O teu silêncio assassino/ me fere, transfere/ o vulto escuro que anda fora/ pra dentro do meu muro/ e não há pardais na aurora*"; "*mas a memória lhe traz/ uma tarde em Paquetá/ e Celeste descobre no espelho novos traços:/(...) Não sou imortal, vejam meu pranto./

---

[571] Exemplos de coloquialismo: "*Quanto a mim, ninguém nem perguntou se é possível aguentar/ mas guentei*" ("Conta do chá"); "*eu devia ter partido a tua cara*" ("Êxtase"). Exemplo de linguagem chula: "*Fefê não é criança:/ o pé tá na cozinha/ e o cu na França!*" ("Samba do crioulo doido-2").

Nenhuma atraiçoada morreu tanto". Em "De frente pro crime", a ironia do aproveitamento da morte – "*Tá lá o corpo estendido no chão*", "*o bar mais perto depressa lotou*", "*um homem subiu na mesa do bar/ e fez discurso pra vereador*", "*veio camelô vender anel*" – refina-se nos versos finais, em que o fechamento da janela é significativa imagem da indiferença: "*Sem pressa foi cada um pro seu lado/ Pensando numa mulher ou num time./ Olhei pro corpo no chão e fechei/ minha janela de frente pro crime*".

Na exploração de temas de outra ordem, como o lirismo amoroso de "Restos de um naufrágio" e "Remanso", o coloquialismo dá lugar à elaboração da linguagem, com textos estruturados inteiramente sobre metáforas: "*Sussurante é teu amor,/ um escafandrista,/ tateando em mim/ dramas a perder de vista,/ o dom de acariciar/ profundamente feito o mar,/ remexendo o que naufragou/ lentamente na solidão*" ("Restos de um naufrágio"); "*Teus olhos, remanso/ repouso, descanso,/ distância e mormaço,/ dois astros no espaço./ (...) Rebentam no peito represas de luz./ Inundam o nordeste/ mil Foz de Iguaçus*" ("Remanso").

Ressalta-se, em "Ausência, par constante", a delicada concretização do que é abstrato ("*Hoje,/ a tua ausência me abraçou/ de leve, como antigamente*"); em "Fundamental", o paradoxo de "*nossa ressureição/ morreu em cada um*"; em "Indiana Blanc na trilha das safiras", a imagem insinuada da equivalência entre as safiras e a busca da verdade ("*Tanta lama cobre a trilha das safiras:/ em torno da verdade cravejei mentiras*"); e, em "Neblina e flâmulas", inclui-se metáfora formada com substantivo que é qualificado por outro: "*Cada encontro/ os teus olhos barcos pedem aos meus um cais.// (...) Fim do encontro:/ os teus olhos barcos gritam adeus no mar dos meus*".

Talvez dois aspectos da obra de Aldir Blanc simbolizem o casamento entre a preocupação com a elaboração da linguagem e a impregnação por dados da realidade circundante. O primeiro são os símiles e imagens nos quais um dos termos se distingue pela trivialidade ou concretude urbana: "*O amor/ é um disparate. / Na mala do mascate/ Macacos tocam tambor*" ("Falso brilhante"); "*Caía/ a tarde feito um viaduto*" ("O bêbado e a equilibrista"); "*Ninguém soube, e se um desconfiasse/ não veria tanta mocidade/ debaixo das ruínas dessa face/ – soterradas galerias da cidade*" ("Esse rosto de hoje"[572]).

---

[572] "Nota do autor" do livro que reúne as letras de Aldir Blanc assinala que "o título é, propositalmente, um verso de Cecília Meireles". In Luiz Fernando Vianna, *Aldir Blanc: resposta ao tempo*, p. 177.

O segundo reside na conjunção entre a forma eminentemente lírica de sonetos e, em certos casos, seus temas e vocabulário vulgares. Blanc escreveu algumas letras como sonetos, entre os quais "Soneto em blues", "Soneto de Bárbara Morta", "Voo cego", "Soneto de Zulmira" e "Bandalhismo". Os dois últimos tratam de questões de crua vivência, exemplificada em quadra do "Soneto de Zulmira": "*Depois fiquei mais experiente. / Vocês entendem: peguei o macete.../ Amantes, eu os tive. Perguntavam:/ 'foi bom pra você?' Bom, o cacete!*". Já em "Bandalhismo", a metáfora se estabelece com botequim (no texto, a grafia "butiquins", assim como "purrinha", acentua o aspecto popular ou comum que se une à forma elaborada do soneto): "*Meu coração tem butiquins imundos,/ Antros de roda, vinte e um, purrinha,/ Onde trêmulas mãos de vagabundo/ Batucam samba-enredo na caixinha*".

Várias letras de música de Aldir Blanc podem ser lidas como poemas: "Remanso", "Restos de um naufrágio", "Indiana Blanc na trilha das safiras", "Falso brilhante", "Voo cego" (primeira quadra: "*Quando o fogo do meu corpo foi virando/ a bruma consentida entre os casais/ pombas neuróticas se ergueram em bando/ partindo feito velas do meu cais*"), "Cravo e ferradura" e "Galos de briga".

A letra de "Cravo e ferradura" é, entre esses textos, a que versa sobre tema "brasileiro", o "som da minha terra": "*(...) Ah, era um som que me orgulhava,/ som de ralé e gentalha,/ era o som dos prisioneiros,/ som dos exus catimbeiros,/ ai, era o som da canalha (...)/ Esse é o som da minha terra:/ (...) de rios violentando/ as margens do meu limite./ Samba, samba, samba,/ pulsas em tudo que existe,/ vazas se meu sangue escorre,/ nasces de tudo o que morre*".

Seleciona-se aqui para transcrição integral a letra, que pode ser lida como poema, de "Galos de briga"[573], notável por transmitir, na combinação da estrutura, imagens e base fônica, a atitude de determinação que constitui seu objeto. O texto compõe-se totalmente de frases nominais, coerentes com a fixação de um estado, e não de uma ação. A anáfora de "cristas", em quatro dos cinco primeiros versos – no primeiro e no quinto, com a aliteração em "crispadas" e "crismadas" –, estabelece, desde o princípio, que se trata de um posicionamento para a luta, em lugar da luta em si ("galos de briga", não "briga de galos"). As imagens conotam a disposição interna prévia à atuação – fogo de espadas, a luz suicida, o vinho maduro, a capa e

---

[573] Em "Galos de briga", a parceria musical é de João Bosco.

bandarilha da tourada, as gengivas – e, todas ligadas à cor vermelha (incêndio, fogo, vinho, rubro, gengivas), indicam o sangue "futuro". Por serem os únicos que não formam qualquer rima, os versos que contêm os substantivos portadores de sentimentos aproximam-se e saltam no texto: o que nega a vergonha ("não o rubrancor da vergonha") e o que afirma o ódio ("rubro gengivas de ódio"). Eventualmente, se poderia ainda entrever na repetição do fonema "rr", em dez dos doze últimos versos, o som de quem remói a raiva.

> GALOS DE BRIGA
>
> *Cristas de incêndio crispadas,*
> *cristas de fogo de espadas,*
> *cristas de luz suicida,*
> *lúcidas de sangue futuro.*
> *Cristas crismadas em rubro:*
> *não rubro rosa assustada,*
> *de rosa estufa, canteiro,*
> *mas rubro vinho maduro,*
> *rubro capa, bandarilha,*
> *rosa atirada ao toureiro.*
> *Não o rubrancor da vergonha,*
> *mas os rubros de ataduras,*
> *o rubro das brigas duras*
> *dos galos de fogo puro,*
> *rubro gengivas de ódio*
> *antes das manchas do muro.*

5.12. Paulo César Pinheiro

Paulo César Pinheiro é letrista fecundo[574] e coautor de composições que se tornaram clássicos do cancioneiro popular brasileiro, como "Última forma", "Canto das três raças", "Refém da solidão", "Eu, hein,

---

[574] Segundo informação de Marcele Cristina Nogueira Esteves, na tese intitulada *Paulo César Pinheiro: a poética das identidades*, de 2008, o compositor já havia então produzido "mais de 1.500 letras, das quais 900 foram gravadas". A tese trata de livros de poemas de Paulo César Pinheiro. Disponível na Internet (endereço eletrônico e data de acesso nas Referências bibliográficas).

Rosa!", "Vou deitar e rolar (Quaquaraquaquá)", "Cai dentro", "Viagem" e "Lapinha". Escreveu o texto de "Viagem" aos 16 anos de idade e, com a canção "Lapinha", em parceria com o músico Baden Powell, sagrou-se vencedor, aos 19 anos, da I Bienal do Samba, em 1968[575].

Em suas letras de música é recorrente, tal como na obra de Aldir Blanc, o apego ao Rio de Janeiro (*"Ninguém vai-se embora do Morro do Adeus/ Prazer se acabou lá no Morro dos Prazeres/ E a vida é um inferno na Cidade de Deus"*, em "Nomes de favela"), às bases africana e indígena da cultura brasileira («*Filho-Brasil pede a bênção/ de Mãe-África*", em "Mãe-África", "*A nação xingu retumbou/ mostrando que ainda é o índio o dono da terra*", em "Xingu") e ao samba, cuja qualidade faz depender da vivência pessoal e, em linha com Vinicius de Moraes, de certa tristeza: "*O que falta pra quem faz um samba/ É a tristeza que vem de outro tempo./ Quem não sabe a ciência do samba/ Vai fazer o que pede o momento./ O segredo da força do samba/ É a vivência do seu fundamento./ O que faz ser eterno um bom samba/ é a beleza que tem seu lamento*" ("O lamento do samba"). Na letra de "Canto das três raças", em lugar de apregoar-se a alegria resultante da miscigenação do povo brasileiro, fundem-se o "lamento do samba" e a vinculação do autor às raízes da cultura do país: "*Todo o povo dessa terra/ Quando pode cantar/ Canta de dor*".

Avultam também nos textos de músicas de Paulo César Pinheiro os laços com a riqueza cultural do Nordeste ("*Sou o coração do folclore nordestino*", de "Leão do Norte"), a identificação com a Bahia ("*Cor da Bahia/ é a paixão da minha vida*", de "Flor da Bahia") e, especialmente, a ligação a tudo o que diga respeito ao mar, tema de muitas canções ("Lenda praieira", "Cavaleiro das marés") e base de várias imagens presentes em suas múltiplas letras dedicadas ao lirismo de amor.

O traço poético mais significativo em letras de música de Paulo César Pinheiro consiste no uso de linguagem simbólica e metafórica. É esse o caso do emprego dos símbolos "tabu", "tarô" e "vudu" em estrofe de "Maracatu cigano":

---

[575] In Ricardo Cravo Albin (criação e supervisão geral), *Dicionário Houaiss Ilustrado da música popular brasileira*, p. 589. A música de "Viagem" foi composta por João de Aquino. Como registrado em *A era dos festivais*, de Zuza Homem de Mello (p. 449), Chico Buarque classificou-se em segundo lugar na I Bienal do Samba, com a música "Bom Tempo".

Puxando o cordão,
A mulher vem abrindo o cortejo,
Fetiche e desejo,
Sedução, devoção, tabu;
Descalça no chão
A cigana dançando é festejo,
Seu doce molejo
é mistério, é tarô, vudu.[576]

As metáforas e os símiles enriquecem os textos com sua constante presença, de que podem servir de exemplos os seguintes versos:

• "(...) Que mistérios que são/ Os brilhos do olhar/ São faróis de ilusão/ Pra quem quer amar/ Verde, negro, azulão/ São cores do mar/ De onde uma embarcação/ Jamais sairá/(...) Noites de assombração/ Nas ondas do mar" ("Arrebentação")

• "Mal se acende a luz/ Nasce o grão das ilusões/ Nas mãos do sonhador// (...) E a noite reduz/ A carvão as ilusões/ Que o dia alimentou/(...) E faz da vida/ A lenha escassa/ E faz do tempo/ Apenas fumaça/ Faz da paixão/ Cinzas sombrias/ Depois inventa o dia por solução" ("Mãos vazias")

• "Parece que agora vai ter um fim/ O amor foi rajada de vento/ Que veio trazer novo alento/ Levando esse meu sofrimento/ De mim" ("Meu sofrimento")

• "(...) Mas vi o mar no olhar de uma mulher/ Puxando como a força da maré" ("Nove luas")

• "(...) Não receie por causas deixadas/ Não se iluda com o seu pesadelo/ Porque a vida no fim das estradas/ Começa as meadas de um novo novelo" ("Novo novelo")

• "Eu amei/ Fui ao céu/ Mas ceguei/ Ao descortinar o véu/ Pois era um olhar de cristal/ Prisma de luzes sem fim/ Que nunca olhou por igual/

---

[576] O conhecimento da letra de "Maracatu cigano", assim como de "Volta morena", mencionada adiante, foi obtido do violonista e compositor João Lyra, parceiro de Paulo César Pinheiro nas duas músicas. As demais letras citadas pautam-se em livro de Paulo César Pinheiro, *Histórias das minhas canções* (São Paulo: Leya, 2010); no livro de Conceição Campos, *A letra brasileira de Paulo César Pinheiro: uma jornada musical* (por exemplo, as letras de "Minha missão", p. 153, e "Toada mineira", p. 174); em CDs nas quais foram gravadas (por exemplo, a letra de "O lamento do samba", em CD homônimo de Paulo César Pinheiro, realização de Acari Records e Biscoito Fino, 2003, QL001) e, complementarmente, em pesquisas por Internet.

Para mim" ("O cristal e o marfim")
- "*Quem/ Da solidão fez seu bem/ Vai terminar seu refém/ E a vida para também/ Não vai nem vem/ Vira uma certa paz/ Que não faz nem desfaz/(...) E essa vida é uma atriz/ Que corta o bem na raiz/ E faz do mal cicatriz*" ("Refém da solidão")
- "*Ô, tristeza me desculpe/ Estou de malas prontas/ Hoje a poesia/ Veio ao meu encontro/ Já raiou o dia/ Vamos viajar/ Vamos indo de carona/ Na garupa leve/ Do vento macio/ Que vem caminhando/ Desde muito tempo/ Lá do fim do mar*" ("Viagem")[577]
- "*(...) O artesão nos caminhos/ colhendo raios de lua/ fazia cordas de prata/ que, se esticadas, vibravam/ o corpo da mulher nua*" ("Violão")
- "*(...) Por isso chora em paz/ que a lágrima que cai/ é a ponte entre mais nada/ e outra vida mais*" ("A ponte")
- "*(...) Ah! O amor muda tanto/ Parece que o encanto/ O cotidiano desfaz/ Feito um verso jogado num canto/ De um velho piano/ Que não toca mais*" ("Velho piano")
- "*(...) A cidade construída/ Misturando suor/ Quanta história então/ De sangue e paixão/ Sobre o chão de Salvador// Na Bahia/ Grão de amor que é forte medra/ E eu sou flor da Bahia/ Semeada em chão de pedra*" ("Flor da Bahia").

Por vezes, o símile é estruturador do texto, como em "Portela na Avenida", letra na qual, a partir da curiosa analogia entre as cores da escola de samba e do manto de Nossa Senhora Aparecida ("*Parece a maravilha de aquarela que surgiu/ O manto azul da padroeira do Brasil*"), todas as demais passagens aludem à comparação: "*E o povo na rua cantando,/ É feito uma reza, um ritual/ É a procissão do samba (...)*"; "*Tua águia altaneira* [símbolo da Portela] *é o Espírito Santo/ No templo do samba*"; "*As pastoras e os pastores/ Vêm chegando da cidade e da favela/(...) Como fiéis na santa missa da capela*"; "*Salve o manto azul e branco da Portela/ Desfilando triunfal sobre o altar do Carnaval*".

Em outros casos, a metáfora junta-se à metonímia: em "Volta Morena", a situação de despedida da mulher amada numa estação de trem dá margem a versos como "*e cada trilho me cortava o coração// (...) e a fumaça foi levando o meu amor*"; no último, a fumaça constitui não só metonímia do trem, mas também bela metáfora visual do

---

[577] No livro de Paulo César Pinheiro *Histórias das minhas canções*, p. 12, figura o verso "Desde muito tempo"; já no livro de Conceição Campos, *A letra brasileira de Paulo César Pinheiro: uma jornada musical*, p. 23, consta a forma "Desde muito longe".

gradativo desaparecimento da mulher na bruma que a envolve e que se dissolverá como a sua presença. Há ainda casos em que a metáfora combina-se com aliterações e rimas internas, como em "Cargueiro": "*Lua amarela, veleiro, flutua no ar/ Pano de vela de estrelas, lanternas do mar/ Lança do bico da proa um cordão de luar/ E amarra a minha canoa que eu quero embarcar// (...) Sou mais marinheiro/ do céu que do mar*".

Observa-se, assim, que, embora as metáforas e símiles sobressaiam, outros recursos contribuem para dotar de valor poético diferentes letras de Paulo César Pinheiro. Entre eles, em "Na volta que o mundo dá", o paradoxo dos versos finais de quem, após conhecer o mundo ("*Varei cordilheira, geleira e deserto/ O mundo pra mim ficou perto/ E a Terra parou de rodar*"), sente a necessidade de regressar à sua origem ("*Agora aprendi por que o mundo dá volta/ Quanto mais a gente se solta/ Mais fica no mesmo lugar*"); as antíteses de "Evangelho" ("*Se mais deuses há, mais são profanos/ Estes pobres de nós seres humanos*"//(...) *De dentro do bem é que o mal trama/ Da felicidade cresce o drama/ Dessas tristes de nós vidas humanas*"); e o quiasmo de "Minha missão": "(...) *Eu vivo pra cantar/ e canto pra viver// Quando eu canto, a morte me percorre/ E eu solto um canto da garganta/ Que a cigarra quando canta morre/ E a madeira quando morre canta*".

Em duas letras de música, Paulo César Pinheiro não só alude a obras de grandes escritores brasileiros – Sagarana, de João Guimarães Rosa, e "José", de Carlos Drummond de Andrade" –, mas também compõe os textos com linguagem calcada naqueles autores: "*A ver, no em-sido/ Pelos campos-claros: estórias/ Se deu-passado esse caso/ Vivência é memórias//(...) Diz-que existia outro Gerais/ Quem o qual,/ Dono seu,/ Esse era erroso,/ No a-ponto-de ser feliz demais...*" ("Sagarana"); "*E agora, Drummond?/ Que será de José/ Que ficou sem tostão/ Que perdeu sua fé/(...) Sua raiva murchou/ Não tem gana mais, não/ A esperança acabou/ E agora, Drummond?* ("E agora, Drummond?")[578].

Sem prejuízo da ênfase de P.C. Pinheiro em vínculos com outras regiões do país, inspira-se em Minas Gerais uma de suas letras que – a exemplo de "Viagem", "Pesadelo", "Minha missão" – podem ser lidas como poemas: "Toada mineira" (parceria musical de Sérgio Santos). A letra constrói-se integralmente com base na identificação e comparação entre aspectos da arte do eu lírico e características

---

[578] As letras figuram no livro *Histórias das minhas canções*, de Paulo César Pinheiro, pp. 32-34 ("Sagarana") e 215-216 ("E agora, Drummond?").

mineiras (melodia/rio; harmonias/montanhas; voz/sinos; ritmo/
dolência sertaneja; som da viola/crina de cavalo em galope; verso/
riacho, bicho, pedra, flor, campinas). A identificação é de tal ordem
que, afinal, pertence a Minas, tanto quanto ao eu lírico, a autoria de
seus versos. O ritmo da letra à leitura não deve surpreender: Paulo
César Pinheiro é também poeta, com seis livros publicados, o primeiro em 1976 e o último em 2018[579]:

TOADA MINEIRA

A minha melodia
Vem do rio que me banha
E eu tiro as harmonias
Do contorno das montanhas.

A minha voz é o bronze
Vem do sino das igrejas
Meu ritmo é a dolência
Da toada sertaneja.

E é pelo som das cordas
Da viola que eu falo
É crina solta ao vento
No galope do cavalo.

Meu verso tem riacho
Bicho, pedra, flor, campinas,
Não faço letra, eu leio
Os versos meus no chão de Minas.

5.13. Caetano Veloso/Gilberto Gil

O texto de "Batmakumba", letra escrita em parceria por Caetano
Veloso e Gilberto Gil[580], apresenta, graficamente, a imagem das asas

---

[579] *Canto brasileiro*, de 1976; *Viola morena*, de 1984; *Atabaques, violas e bambus*, de 2000; *Clave de sal*, de 2003; *Sonetos sentimentais para violão e orquestra*, de 2014; e *Poemúsica*, de 2018.
[580] Em *Gilberto Gil: todas as letras: incluindo letras comentadas pelo compositor* (org. de Carlos

de um morcego. Em artigo datado de "1969/70", Augusto de Campos, ele próprio um dos principais poetas do Concretismo brasileiro, afirmava que "*a modernidade dos textos de Caetano e de Gil tem feito com que muitos os aproximem dos poetas concretos*" e comentava que "*talvez, a [letra] que mais se aproxime de um poema concreto, como estrutura, seja Batmacumba*". Segundo Campos, "*em vez de 'macumba para turistas' dos nacionaloides que Oswald* [de Andrade] *condenava, parece que os baianos resolveram criar uma 'batmacumba para futuristas'*"[581].

Charles Perrone tece agudos comentários sobre a "efetividade estética desta canção-futurista", baseada "em combinações e associações não usuais". Vale a pena transcrever suas observações sobre a letra:

> "*Bem no centro do texto, está 'bá', que significa 'pai de santo'. A palavra 'obá', no final da primeira e da última linha, significa 'rei' ou um dos ministros de Xangô. (...) Logo depois [da palavra 'bat'] aparece o fictício super-herói 'Batman', opondo a indústria internacional de cultura de massa ao elemento nativo, ou seja, o ritual. (...) No termo 'ié-ié' está presente o elemento da cultura popular internacional, assim como no acompanhamento musical*".[582]

Conclui Perrone que "*afinal o efeito que se dá não é de oposição ou eliminação, mas antes de sincretismo cultural, que é uma das principais preocupações dos integrantes da Tropicália*"[583].

Rennó), consta a seguinte observação de Gil sobre a coautoria de "Batmakumba": "Eu não sei o que é de quem ali. Para mim, a coisa foi feita mesmo a quatro mãos, quatro ouvidos, música e palavras ao mesmo tempo" (p. 107). O texto que se apresenta de "Batmakumba" é pautado no que aparece em *Gilberto Gil: todas as letras*, p. 106.

[581] Augusto de Campos, "Música Popular de Vanguarda", in Campos, *Balanço da bossa e outras bossas*, pp. 286-287. No artigo de Campos, a letra é reproduzida com a grafia "c" em "batmacumba" e seus derivados (p. 288). Houve posterior mudança, pelos compositores, no uso do "c" para o "k" na letra e em seu título.

[582] Charles Perrone, *Letras e letras da MPB*, pp. 76-77.

[583] Charles Perrone, *Letras e letras da MPB*, p. 77. Perrone nota que "o formato visual do texto" equivale não só às asas de um morcego, mas também a "um 'k', o fonema (/k/) que divide o texto em quartetos verticais". Também em seu livro, a letra e o título eram ainda grafados com "c". A posterior mudança para "k" na grafia de "batmakumba" e seus derivados, assim como de "i" para "y" no derivado "batmakumbayêyê", é registrada no livro *Gilberto Gil: todas as letras*, em "comentário" de Gil que, entre outros esclarecimentos, assinala: "eu tenho a impressão de que chegamos a grafar a palavra

BATMAKUMBA

Batmakumbayêyê batmakumbaoba
Batmakumbayêyê batmakumbao
Batmakumbayêyê batmakumba
Batmakumbayêyê batmakum
Batmakumbayêyê batman
Batmakumbayêyê bat
Batmakumbayêyê ba
Batmakumbayêyê
Batmakumbayê
Batmakumba
Batmakum
Batman
Bat
Ba
Bat
Batman
Batmakum
Batmakumba
Batmakumbayê
Batmakumbayêyê
Batmakumbayêyê ba
Batmakumbayêyê bat
Batmakumbayêyê batman
Batmakumbayêyê batmakum
Batmakumbayêyê batmakumbao
Batmakumbayêyê batmakumbaoba

5.14. Chico Buarque/Gilberto Gil

Uma letra escrita "a quatro mãos" por Chico Buarque e Gilberto Gil

> com *k* porque vimos que o poema formava um *k*. O *k* passava a ideia de consumo, de coisa moderna, internacional, pop". No mesmo "comentário", há a anotação de que "também o *y* passa a substituir o anteriormente grafado *i*, para melhor expressão tipográfica da alusão ao gênero de música estrangeira em moda na época". In *Gilberto Gil: todas as letras: incluindo letras comentadas pelo compositor*, p. 107.

durante a ditadura, em 1973, "Cálice", é digna de constar de qualquer antologia de poemas.

A linguagem densa da letra permite interpretações diversas dos símbolos que emprega, mas, no conjunto, o texto transmite o espírito da época sob o regime militar – a repressão (*"tanta mentira, tanta força bruta"*); a revolta (*"como beber dessa bebida amarga"*, *"mesmo calada a boca, resta o peito"*); o temor (*"a qualquer momento/ ver emergir o monstro da lagoa"*); a sensação de vazio e inutilidade no que existe (*"melhor seria ser filho da outra/ outra realidade menos morta"*, *"de muito gorda a porca já não anda"*, *"de muito usada a faca já não corta"*); a impossibilidade de diálogo para transformação da realidade (*"como é difícil, pai, abrir a porta"*, *"de que adianta ter boa vontade"*). A imposição do silêncio, tão silencioso que sequer "se escuta", percorre a letra: *"mesmo calada a boca, resta o peito/ silêncio na cidade não se escuta"*; *"como é difícil acordar calado"*; *"quero lançar um grito desumano/ que é uma maneira de ser escutado"*; *"essa palavra presa na garganta"*.

O texto parece indicar que sobraria apenas como resposta ou contrapartida ao quadro de alienação e irracionalidade da "realidade morta" (*"esse pileque homérico no mundo"*) o caminho de igual alienação e ilogicidade (*"mesmo calado o peito, resta a cuca/ dos bêbados do centro da cidade"*, *"quero morrer do meu próprio veneno"*, *"quero cheirar fumaça de óleo diesel/ me embriagar até que alguém me esqueça"*).

Estruturada em refrão – *"Pai, afasta de mim esse cálice/ (...) de vinho tinto de sangue"* – e em quatro oitavas, todas formadas por decassílabos, a letra apresenta ritmo marcado na leitura, que se acentua na última estrofe, em "crescendo", pelo desespero que o significado dos versos transmite, reforçado pela anáfora ("Quero"). Contém, além de significativa paronomásia (*"como é difícil acordar calado/ se na calada da noite eu me dano"*), uma rima invulgar (*"minha cabeça perder teu juízo/ quero cheirar fumaça de óleo diesel"*) e outra que, por falta de classificação, se poderia dizer "implícita": *"silêncio na cidade não se escuta/ de que me vale ser filho da santa/ melhor seria ser filho da outra"*.

É, para dizer pouco, uma curiosidade, haja vista a coerência estrutural e formal da letra, a informação de Gilberto Gil de que ele próprio escreveu, ademais do refrão, duas das quatro oitavas, Chico Buarque escreveu as outras duas e, posteriormente, ambos decidiram a ordem: «e a ordem ficou esta: a primeira, minha, a segunda dele; a terceira, minha, e a última, dele». Gil também comenta que Chico

Buarque teria atentado, de imediato, para a ambiguidade que a palavra «cálice», no refrão, adquiriria ao associar-se com «cale-se»[584].

Encerra-se com "Cálice", de Gilberto Gil e Chico Buarque, a exemplificação de traços poéticos em letristas selecionados e, nesse contexto, a reprodução de poemas em letras de música popular brasileira[585]:

CÁLICE

Pai, afasta de mim esse cálice
Pai, afasta de mim esse cálice
Pai, afasta de mim esse cálice
De vinho tinto de sangue

Como beber dessa bebida amarga
Tragar a dor, engolir a labuta
Mesmo calada a boca, resta o peito
Silêncio na cidade não se escuta
De que me vale ser filho da santa
Melhor seria ser filho da outra
Outra realidade menos morta
Tanta mentira, tanta força bruta

Como é difícil acordar calado
Se na calada da noite eu me dano
Quero lançar um grito desumano
Que é uma maneira de ser escutado
Esse silêncio todo me atordoa
Atordoado eu permaneço atento
Na arquibancada pra a qualquer momento
Ver emergir o monstro da lagoa

De muito gorda a porca já não anda
De muito usada a faca já não corta

---

[584] In *Gilberto Gil: todas as letras: incluindo letras comentadas pelo compositor*, p. 161.

[585] Reproduz-se o texto da letra/poema tal como aparece em *Cancioneiro Songbook Chico Buarque Obras escolhidas*, vol. 2 (Obras escolhidas 1964-1979), p. 55, e no livro de Chico Buarque *Tantas palavras*, pp. 211/212.

Como é difícil, pai, abrir a porta
Essa palavra presa na garganta
Esse pileque homérico no mundo
De que adianta ter boa vontade
Mesmo calado o peito, resta a cuca
Dos bêbados do centro da cidade

Talvez o mundo não seja pequeno
Nem seja a vida um fato consumado
Quero inventar o meu próprio pecado
Quero morrer do meu próprio veneno
Quero perder de vez tua cabeça
Minha cabeça perder teu juízo
Quero cheirar fumaça de óleo diesel
Me embriagar até que alguém me esqueça

6. Conclusões

6.1. Existência de numerosas instâncias de poesia em letras de música popular brasileira

Este estudo propôs-se a demonstrar, com base no exame de obras em sua individualidade, que poesia e poemas se encontram em letras de música popular brasileira desde os seus primórdios, na década de 1770, até a produção de autores lançados na década de 1970, ou seja, ao longo dos mais de duzentos anos cobertos no período.

Para tanto, além de delimitar o significado de "letra de música popular", apresentou *uma* noção de poesia, que orientou a pesquisa de sua ocorrência em letras de música, e apontou, com a mesma finalidade, o critério utilizado para a qualificação de texto como poema.

Conforme se acentuou nas partes iniciais do trabalho, a poesia constitui uma arte resistente a definições objetivas, um terreno em que impera a relatividade, e, naturalmente, a adoção de *uma* ideia de poesia não implica qualquer ambição de que ela equivalha à elucidação *do* conceito, sempre esquivo e aberto a distintas percepções e a abordagens de perspectivas muitas vezes divergentes.

Na ausência de definição consensual de poesia, postula-se, neste trabalho, uma noção de poesia que radica, em primeiro lugar, em sua concepção como arte de expressão verbal. Em segundo, na avaliação de que, se inexistem características ao mesmo tempo exclusivas e distintivas da poesia, há, contudo, traços que configuram sinais ou indícios da presença do fenômeno poético. E, por fim, assenta-se no entendimento de que a poesia se identifica pela *conjugação* de determinados traços, conforme parâmetro que põe em realce alguns dentre os demais.

Resumidamente, são os seguintes os *traços* assinalados como *indicadores* da presença da poesia: (1) a sonoridade, em geral associada ao verso, distinta da ditada pela exposição linear do pensamento ou, menos frequentemente, o fato de que a apresentação visual integra, como componente essencial, a obra; (2) o privilégio à linguagem figurada e conotativa; (3) a "revelação do conteúdo de uma subjetividade" ou a representação de "um ponto de vista subjetivo", indicador que, embora não se aplique à poesia de forma genérica, é fortemente sugestivo da ocorrência de conteúdo poético em função da "especialização crescente da poesia, que se limita cada vez mais aos gêneros líricos"; (4) a criação de "universos imaginários"; e (5) a função de deleitar, de despertar prazer estético, mesmo que, eventualmente, o texto sirva de instrumento a outros valores. O quarto e quinto sinais são partilhados pela poesia não só com obras literárias, mas também artísticas, de modo lato. Convém lembrar aqui a ressalva de que, no quadro da relatividade inerente a todas as tentativas de exploração do fenômeno poético, se mostra incontornável a margem para juízo pessoal na apreciação dos traços listados.

O *parâmetro* fundamental para a identificação da poesia, conforme a perspectiva que se defende neste trabalho, consiste na conjunção dos dois primeiros traços – a ocorrência da sonoridade diferenciada da explanação racional e linear do pensamento (ou, menos amiúde, a apresentação visual) simultaneamente à presença da linguagem figurada e conotativa.

Esse parâmetro norteou a investigação da ocorrência da poesia nas letras de música popular brasileira. A identificação da poesia parte, em primeiro lugar, da pesquisa dos traços indicadores que se combinam para formá-la e que, portanto, se encontram em sua base.

Uma vez que, nas letras de música, compostas por versos, é em geral aparente, de imediato, a sonoridade diversa da exposição linear do raciocínio, a pesquisa realçou, em particular, a linguagem figurada e conotativa na obra de vasta quantidade de autores no largo período histórico abrangido pelo estudo.

Supõe-se que, senão na totalidade, na ampla maioria dos numerosos casos de trechos de letras especificados no levantamento constante dos capítulos centrais do trabalho – intitulados "*Traços poéticos em letras de* MPB *– Panorama histórico*" (capítulo 4) e "*Traços poéticos em letras de* MPB *– Exemplos em obras de letristas selecionados*" (capítulo 5) –, registrou-se a mescla de linguagem figurada e conotativa com a sonoridade diversa da que se observa no uso linear e utilitário da língua. Em outras palavras, acredita-se que praticamente todos os exemplos de passagens de letras de música oferecidos em tais capítulos corresponderam já a exemplos de *poesia*, na medida em que combinam aqueles traços e, em consequência, formam a poesia nos termos da noção abraçada neste estudo.

Não obstante, para buscar tornar explícita a conclusão de comprovação da existência da poesia em letras de música popular brasileira, recolhem-se, a seguir, entre os exemplos exibidos ao longo do trabalho, múltiplos segmentos de letras nos quais se conjugam a presença inequívoca da sonoridade distinta da exposição linear do pensamento com casos significativos de uso da linguagem figurada. Essa "coleção" de trechos de letras tenciona, assim, afastar eventuais dúvidas quanto à confirmação de manifestações da *poesia* na música popular brasileira pela ocorrência, clara e simultânea, dos traços cuja conjugação constitui o principal parâmetro adotado no estudo para a identificação da existência de poeticidade nos textos, independentemente de que estes possam ou não ser qualificados como poemas.

Optou-se por limitar a *cem* o número de exemplos abaixo coligidos, de modo a não se estender demasiadamente o tratamento do tema. Os trechos a seguir destacados são reunidos, em consequência, apenas a título de *amostragem*.

Posteriormente, será examinada a confirmação da presença de poemas em letras de música popular brasileira. Recorda-se, desde logo, o entendimento, já exposto, de que a poesia se materializa prioritariamente, mas não exclusivamente, no poema, categoria que deve atender a determinadas características, mais adiante recapituladas.

Os diferentes exemplos de poesia em letras de música popular brasileira são relacionados abaixo por tipos de linguagem figurada que exibem, com o objetivo de salientar-se a multiplicidade de recursos poéticos que se registram no cancioneiro do Brasil, e não por qualquer pendor à valorização de classificações retóricas. Como se observará, em muitos casos junta-se, aos indicadores poéticos da linguagem figurada e da sonoridade especial, também a "revelação do conteúdo de uma subjetividade" ou a representação de "um ponto de vista subjetivo", indício que, apesar de não aplicar-se à poesia como um todo, é vigorosamente sugestivo da poesia lírica, gênero em que se concentrou de maneira crescente a poesia.

Eis exemplos de *poesia* na música popular brasileira, distribuídos por tipos de linguagem figurada:

- **Metáfora**

    Não, Nosso Senhor
    Não há de ter lançado em movimento terra e céu
    Estrelas percorrendo o firmamento em carrossel
    Pra circular em torno ao Criador

(Chico Buarque, "Sobre todas as coisas")

Sou um manequim, eu sou eu sem mim
Sou um manequim que a vida já despiu
Que o vento já levou
(Vinicius de Moraes, "Labirinto")

Não receie por causas deixadas
Não se iluda com o seu pesadelo
Porque a vida no fim das estradas
Começa as meadas de um novo novelo
(Paulo César Pinheiro, "Novo novelo")

Compositor de destinos
Tambor de todos os ritmos
Tempo Tempo Tempo Tempo
Entro num acordo contigo
(...)
Por seres tão inventivo
E pareceres contínuo
Tempo Tempo Tempo Tempo
És um dos deuses mais lindos
(Caetano Veloso, "Oração ao Tempo")

Atiraste uma pedra
No peito de quem
Só te fez tanto bem
E quebraste um telhado
Perdeste um abrigo
Feriste um amigo
(David Nasser, "Atiraste uma pedra")

Estrelas são confidências
Estrelas são reticências
Do meu romance e do teu!
(Orestes Barbosa, "Suburbana")

Num raio de teus olhares
Minh'alma inteira perdi

(...)
A qualquer parte que os volvas,
Minh'alma sinto voar,
Inda que livre nas asas
Presa só no teu olhar
(Laurindo Rabelo, "De ti fiquei tão escravo")[586]

Longe dele eu tremo de amor
Na presença dele me calo
Eu de dia sou sua flor
Eu de noite sou seu cavalo
(Chico Buarque, "Sem açúcar")

No ar parado passou um lamento
Riscou a noite e desapareceu
(Dolores Duran, "Pela rua")

Cai a cinza do passado
Sobre um sonho que morreu
(...)
A saudade é uma garoa
Caindo no coração
(Roberto Martins, "Cai, cai")

Sussurante é teu amor,
um escafandrista,
tateando em mim
dramas a perder de vista,
o dom de acariciar
profundamente feito o mar,
remexendo o que naufragou
lentamente na solidão
(Aldir Blanc, "Restos de um naufrágio")[587]

Se vives nas sombras, frequentas porões
Se tramas assaltos ou revoluções

---

[586] Como se nota, o texto inclui também a antítese livre/presa.
[587] À metáfora do início do trecho soma-se o símile do final ("feito o mar").

A lei te procura amanhã de manhã
Com seu faro de dobermann
(Chico Buarque, "Hino de Duran")

morre no ar
o sempre mesmo adeus
(Ronaldo Bôscoli, "Canção que morre no ar")

Por isso chora em paz
que a lágrima que cai
é a ponte entre mais nada
e outra vida mais
(Paulo César Pinheiro, "A ponte")

Cada encontro
os teus olhos barcos pedem aos meus um cais.
(...)
Fim do encontro:
os teus olhos barcos gritam adeus no mar dos meus.
(Aldir Blanc, "Neblina e flâmulas")[588]

Quando o verde dos teus olhos
Se espalhar na plantação
Eu te asseguro, não chore não, viu
Que eu voltarei, viu
Meu coração
(Humberto Teixeira, "Asa branca")

O mar passa saborosamente
A língua
Na areia
(Eduardo Dusek e Luiz Carlos Goes, "Folia no matagal")[589]

---

[588] Além da metáfora, chamam a atenção a qualificação de um substantivo por outro ("olhos barcos") e a sinestesia dos olhos que "gritam".

[589] A imagem plástica do movimento do mar funde-se com o "sabor" para agregar a sinestesia à metáfora.

- **Símile**

    A felicidade é como a gota
    de orvalho numa pétala de flor
    brilha tranquila
    depois de leve oscila
    e cai como uma lágrima de amor
    (Vinicius de Moraes, "A felicidade")

    Não sei comer sem torresmo
    Eu quase não falo
    Eu quase não sei de nada
    Sou como rês desgarrada
    Nessa multidão boiada
    Caminhando a esmo
    (Gilberto Gil, "Lamento sertanejo")

    Repare bem que toda vez
    que ela fala
    Ilumina mais a sala
    do que a luz do refletor.
    (Lupicínio Rodrigues, "Quem há de dizer")

    Vamos viver agonizando uma paixão vadia
    Maravilhosa e transbordante, feito uma hemorragia
    (Chico Buarque, "Bárbara")

    Meu canto esconde-se como um bando de ianomâmis na floresta
    (De curdos nas montanhas)
    (Caetano Veloso, "Fora da ordem")

    Creia
    Toda quimera se esfuma
    Como a beleza da espuma
    Que se desmancha na areia
    (Ary Barroso, "Risque")

    De tanto levar
    "Frechada" do teu olhar

Meu peito até parece sabe o quê?
"Táubua" de tiro ao Álvaro
Não tem mais onde furar
(Adoniran Barbosa, "Tiro ao Álvaro")

É a sua vida que eu quero bordar na minha
Como se eu fosse o pano e você fosse a linha
E a agulha do real nas mãos da fantasia
Fosse bordando, ponto a ponto, nosso dia a dia
(Gilberto Gil, "A linha e o linho")

Viola em noite enluarada
no sertão é como espada
esperança de vingança
(Paulo Sergio Valle, "Viola enluarada")

o seu perdão caiu que nem esmola
sobre a minha dor
(Dolores Duran e Fernando César Pereira, "Arrependimento")

Quando o fogo do meu corpo foi virando
a bruma consentida entre os casais
pombas neuróticas se ergueram em bando
partindo feito velas do meu cais
(Aldir Blanc, "Voo cego")

Subia na montanha
Não como anda um corpo
Mas um sentimento
(Chico Buarque, "Valsa brasileira")

Eu quero mais é me abrir
Que essa vida entre assim
Como se fosse o sol
Desvirginando a madrugada.
(Gonzaguinha, "Não dá mais pra segurar (Explode coração)")

• **Metonímia**

Fiquei até sumir o último vagão
(...)
E cada trilho me cortava o coração
Ai, ai que dor
O trem fungava num soluço gemedor
Ai, ai que dor
E a fumaça foi levando o meu amor
(Paulo César Pinheiro, "Volta morena")[590]

Me contou suas viagens
E as vantagens que ele tinha
Me mostrou o seu relógio
Me chamava de rainha
(Chico Buarque, "Teresinha")

- **Hipálage**

Leitos perfeitos
Seus peitos direitos me olham assim
(Caetano Veloso, "Rapte-me, camaleoa")

Já te vejo brincando, gostando de ser
Tua sombra a se multiplicar
Nos teus olhos também posso ver
As vitrines te vendo passar
(Chico Buarque, "As vitrines")

- **Quiasmo**

Eu vivo pra cantar
e canto pra viver

Quando eu canto, a morte me percorre
E eu solto um canto da garganta

---

[590] A fumaça, metonímia do trem, é também bela metáfora da dissolução da presença da pessoa amada.

Que a cigarra quando canta morre
E a madeira quando morre canta
(Paulo César Pinheiro, "Minha missão")

- **Oxímoro**

Qual bela rosa
que a foice corta
a minha amada
existe morta.
(Atribuível a Gabriel Fernandes da Trindade, "Já não existe a minha amante")[591]

São oito milhões de habitantes
de todo canto e nação
(...)
e amando com todo ódio
se odeiam com todo amor
são oito milhões de habitantes
aglomerada solidão
(Tom Zé, "São São Paulo, meu amor")

- **Apóstrofe**

Só encontro no deserto
Bafejo consolador;
Fechai-vos, jardins do mundo,
Já não vive a minha flor
(Laurindo Rabelo, "Já não vive a minha flor")

- **Antítese**

---

[591] Como exposto no capítulo que tratou das composições do século XIX, há dados que autorizam supor-se ter sido Gabriel Fernandes da Trindade autor não só das melodias, mas também das letras de suas obras.

Onde queres revólver, sou coqueiro
E onde queres dinheiro, sou paixão
Onde queres descanso, sou desejo
E onde sou só desejo, queres não
E onde não queres nada, nada falta
E onde voas bem alta, eu sou o chão
E onde pisas o chão, minha alma salta
E ganha liberdade na amplidão
(Caetano Veloso, "O quereres")

Tire o seu sorriso do caminho
Que eu quero passar com a minha dor
(Guilherme de Brito, "A flor e o espinho")

Eu não estou interessado em nenhuma teoria
Nem nessas coisas do Oriente, romances astrais
A minha alucinação é suportar o dia a dia
E meu delírio é a experiência com coisas reais
(Belchior, "Alucinação")

É verdade que se vive
Dividido em a metade;
Mas vivendo meia vida,
Não se morre de saudade
(Domingos Caldas Barbosa, "Não se morre de saudade")

Ai! meu Deus, que negros dias,
Passei ao sol das orgias,
Ao lado dos lupanares!
(Mello Moraes Filho, "O filho pródigo")

Enquanto você se esforça pra ser
Um sujeito normal
E fazer tudo igual
Eu do meu lado aprendendo a ser louco
Um maluco total
Na loucura geral
Controlando a minha maluquez
Misturada com minha lucidez

(Raul Seixas e Cláudio Roberto, "Maluco beleza")[592]

Se mais deuses há, mais são profanos
Estes pobres de nós seres humanos
(...)
De dentro do bem é que o mal trama
Da felicidade cresce o drama
Dessas tristes de nós vidas humanas
(Paulo César Pinheiro, "Evangelho")

- **Ironia**

Em vão te procurei,
Notícias tuas não encontrei,
Eu hoje sinto saudades
Daqueles dez mil réis que eu te emprestei
(Noel Rosa, "Cordiais saudações")

O carnaval, o carnaval
(Vai passar)
Palmas pra ala dos barões famintos
O bloco dos napoleões retintos
E os pigmeus do bulevar
(Chico Buarque, "Vai passar")

- **Paradoxo**

Porém também sinto saudades
Do beijo que nunca te dei
(Capiba, "Maria Betânia")

Meu amor, tudo em volta está deserto, tudo certo
Tudo certo como dois e dois são cinco
(Caetano Veloso, "Como dois e dois")

---

592 Evidencia-se o papel das rimas e do neologismo "maluquez" no reforço das antíteses.

tive a confirmação
do quanto errei
quando eu tentei
a nova afirmação:
nossa ressurreição
morreu em cada um
(Aldir Blanc, "Fundamental")

Te perdoo
Por contares minhas horas
Nas minhas demoras por aí
Te perdoo
Te perdoo porque choras
Quando eu choro de rir
Te perdoo
Por te trair
(Chico Buarque, "Mil perdões")

- **Antífrase**

Você deve lutar pela xepa da feira
E dizer que está recompensado
(...)
Você deve rezar pelo bem do patrão
E esquecer que está desempregado
(Gonzaguinha, "Comportamento geral")

Bravo à especulação
São progressos da nação
(M.A. Porto-Alegre, "Lá no Largo da Sé Velha")

- **Sinestesia**

Nós, os poetas, erramos
Porque rimamos, também
Os nossos olhos nos olhos
De alguém que não vem

(Lamartine Babo, "Serra da Boa Esperança")

No seio da mata virgem
A pureza das araras
O som do silêncio morno
A maloca dos caiçaras
(Chico da Silva e Fred Góes, "Cantiga de Parintins")

Meu coração
vivia isento
do fogo lento
do cego amor
(Atribuível a Gabriel Fernandes da Trindade, "Meu coração vivia isento")

o gosto de sorrir
só rimava
no som dos teus olhos
(Tom Zé, "Distância")[593]

- **Prosopopeia ou personificação**

  Queixo-me às rosas
  Mas que bobagem
  As rosas não falam
  Simplesmente as rosas exalam
  O perfume que roubam de ti
  (Cartola, "As rosas não falam")[594]

- **Anáfora**

  E lá vai menino xingando padre e pedra

---

[593] É de se destacar no texto a rima preciosa e autorreferente ("sorrir/ só rimava").
[594] Cumulativamente com a personificação de rosas que "roubam o perfume", há uma metáfora implícita na analogia entre o perfume das rosas e o aroma, subtraído de alguém, que elas exalam.

E lá vai menino lambendo podre delícia
E lá vai menino, senhor de todo fruto
Sem nenhum pecado, sem pavor,
O medo em minha vida nasceu muito depois
(Fernando Brant, "Saudades dos aviões da Panair (Conversando no bar)")[595]

- **Paralelismo**

Hoje
Homens sem medo aportam no futuro
Eu tenho medo, acordo e te procuro
Meu quarto escuro é inerte como a morte

Hoje
Homens de aço esperam da ciência
Eu desespero e abraço a tua ausência
Que é o que me resta vivo em minha sorte
(Taiguara, "Hoje")

Eu sei que vou te amar
Por toda a minha vida eu vou te amar
(...)
Eu sei que vou chorar
A cada ausência tua, eu vou chorar
(...)
Eu sei que vou sofrer
A eterna desventura de viver
À espera de viver ao lado teu
(Vinicius de Moraes, "Eu sei que vou te amar")[596]

Agora eu era o herói
E meu cavalo só falava inglês

---

[595] O trecho reúne também paronomásia (padre, pedra, podre), oxímoro (podre delícia) e aliteração (pecado, pavor).
[596] Na estruturação do texto, a repetição por paralelismo ("Eu sei que") é complementada pela repetição "por epífora" ou "epístrofe" ("vou te amar"; "vou chorar").

(...)
Agora eu era o rei
Era o bedel e era também juiz
(...)
Agora era fatal
Que o faz-de-conta terminasse assim
(Chico Buarque, "João e Maria")

- **Reiteração**[597]

Sou uma estrada procurando só
Levar o povo pra cidade só
Se meu destino é ter um rumo só,
Choro e meu pranto é pau, é pedra, é pó
(Sidney Miller, "A estrada e o violeiro")[598]

Do crime que fiz de amar-te
Vem dar-me a absolvição:
Perdão – para os meus carinhos,
Aos meus amores – perdão!
(Laurindo Rabelo, "A despedida")[599]

Sou chama sem luz
Jardim sem luar

[597] Entre as várias figuras de construção por reiteração ou repetição, encontram-se, ademais da anáfora e do paralelismo, outras de amplo uso e sonoridade poética, como a epífora ou epístrofe ("repetição da mesma palavra ou expressão no final de dois ou mais versos ou de duas ou mais frases seguidas"), a epanadiplose ("repetição da mesma palavra no início e no fim de um verso ou frase" ou "repetição de uma palavra no início de um segmento métrico (verso) ou sintático e no fim do seguinte") e a epanástrofe ou anadiplose (que ocorre "quando a palavra final de um sintagma, frase ou verso se repete no início do sintagma, frase ou verso seguinte com a intenção clara de reforçar o seu significado"). As definições desses três tipos de figuras de repetição são transcritas de Antônio Moniz e Olegário Paz, *Dicionário breve de termos literários*, p. 94, salvo a segunda definição de "epanadiplose", extraída do *Dicionário de termos literários* de Massaud Moisés, p. 179.

[598] Nesse segmento de letra de Sidney Miller, acrescentam-se à repetição "por epífora" – aliás, com sentidos diferentes da palavra "só" – a rima ("só/pó") e a aliteração (pranto, pau, pedra, pó).

[599] Nos versos de Laurindo Rabelo revela-se melodiosa repetição "por epanadiplose".

Luar sem amor
Amor sem se dar
(Vinicius de Moraes, "Samba em prelúdio")[600]

- **Inversão sintática**

Os que já tive
Doces momentos
São hoje a causa
Dos meus tormentos
(Cândido Inácio da Silva, "Quando as glórias que gozei")[601]

Despudorada, dada, à danada agrada andar seminua
(Chico Buarque, "Flor da idade")[602]

Quem sabe se és constante
S'inda é meu teu pensamento...
Minh'alma toda devora
Da saudade agro tormento
(Francisco Leite Bittencourt Sampaio, "Quem sabe?!...")

- **Enumeração**

Baleiro, jornaleiro
Motorneiro, condutor e passageiro
Prestamista e o vigarista
E o bonde que parece uma carroça

---

[600] Exemplifica-se nos versos de Vinicius de Moraes a repetição por "epanástrofe" ou "anadiplose".

[601] Entre os tipos de inversão assinalados por António Moniz e Olegário Paz em seu *Dicionário breve de termos literários* – anástrofe, hipérbato e sínquise (p. 120) –, a que se observa no texto de Cândido Inácio da Silva pareceria corresponder ao hipérbato, como "tipo de inversão média" (p. 107).

[602] A inversão a que recorre Chico Buarque poderia situar-se entre o hipérbato, "tipo de inversão média", e a sínquise, "tipo de inversão que torna difícil a compreensão do discurso" (António Moniz e Olegário Paz, *Dicionário breve de termos literários*, p. 203). Não se pode deixar de ressaltar a extraordinária sonoridade do texto, para a qual concorrem a aliteração e a rima.

Coisa nossa, coisa muito nossa
(Noel Rosa, "São coisas nossas")[603]

O monumento é de papel crepom e prata
E os olhos verdes da mulata
A cabeleira esconde atrás da verde mata
O luar do sertão
O monumento não tem porta
A entrada é uma rua antiga, estreita e torta
E no joelho uma criança sorridente, feia e morta
Estende a mão
(Caetano Veloso, "Tropicália")[604]

Santo barroco baiano
Superpoder de paisano
Formiplac e céu de anil
Três destaques da Portela
Carne-seca na panela
Alguém que chora por mim
Um carnaval de verdade
Hospitaleira amizade
Brutalidade jardim.
(Torquato Neto, "Geleia geral")[605]

Pra ver do alto a fila de soldados, quase todos pretos
Dando porrada na nuca de malandros pretos
De ladrões mulatos
E outros quase brancos
Tratados como pretos
Só pra mostrar aos outros quase pretos

[603] Noel Rosa vale-se de enumeração basicamente nominal, de início assindética e, em seguida, polissindética.

[604] Celso Favaretto empregou a expressão "enumeração caótica das imagens" em análise da letra de "Tropicália" (artigo "Tropicália: a bossa, a fossa, a roça". In Favaretto, Celso. *Tropicália, alegoria, alegria*, p. 64). A "enumeração caótica" fora também mencionada por Affonso Romano de Sant'Anna, em artigo de 1973, em conexão com letras de Caetano Veloso (artigo "O múltiplo Caetano". In Sant'Anna, Affonso Romano de. *Música popular e moderna poesia brasileira*, p. 107).

[605] A designação de "enumeração caótica" é, igualmente, aplicável ao texto de Torquato Neto, "Geleia geral", do mesmo ano (1968) de "Tropicália", de Caetano Veloso.

(E são quase todos pretos)
E aos quase brancos, pobres como pretos
Como é que pretos, pobres e mulatos
E quase brancos quase pretos de tão pobres são tratados
(Caetano Veloso, "Haiti")[606]

- **Zeugma**[607]

Eu quero o silêncio das línguas cansadas
Eu quero a esperança de óculos
(Zé Rodrix, "Uma casa no campo")

No centro da sala,
Diante da mesa,
No fundo do prato
Comida e tristeza,
A gente se olha
Se toca e se cala
E se desentende
No instante em que fala
(Belchior, "Na hora do almoço")

- **Anacoluto**

Um fato só já existe
Que ninguém pode negar
7, 6, 5, 4, 3, 2, 1, já!
(Gilberto Gil, "Lunik 9")[608]

---

[606] Existe perfeita compatibilidade entre a sintaxe e o significado da letra nessa admirável enumeração, que, sem repetir um só verso, reitera seguidamente o conceito para produzir, no próprio texto, a ideia de uma miscigenação na qual permanece indiferenciado o mau tratamento aos pobres.

[607] Entende-se o zeugma como a figura de estilo pela qual se coordenam termos que "apresentam disparidade semântica (abstrato/concreto)". Esse sentido é acentuado no verbete sobre o zeugma, a cargo de Véronique Klauber, no *Dictionnaire des genres et notions littéraires*, p. 941.

[608] A introdução da contagem regressiva de lançamento de aeronaves altera a construção anterior da frase.

- **Alteração de função ou concordância gramatical**

Entre saudades, soluços, eu vou morrer de bruços nos braços, nos olhos
Nos braços de uma mulher
Nos braços de uma mulher

Mas apaixonado ainda
Dentro dos braços da camponesa, guerrilheira, manequim, ai de mim
Nos braços de quem me queira
(Capinan, "Soy loco por ti, América")[609]

Quando mim nasceu, eu chorou, chorou.
Eu e mim se dividem numa só certeza.
Alguém dentro de mim é mais eu do que eu mesma.
(Rita Lee, "Eu e mim")[610]

- **Aliteração**

Vai terminar moribundo
Com um pouco de paciência
No fim da fila do fundo
Da previdência
(Chico Buarque, "Vai trabalhar, vagabundo")

Sinhô, nego veio carrega este corpo cansado
(Ary Barroso, "Terra seca")[611]

[609] Na descrição da beleza da mulher, os substantivos (camponesa, guerrilheira, manequim) e uma interjeição (ai de mim) adquirem o valor de adjetivos. A combinação de substantivos com conotações díspares (camponesa, manequim) torna ainda mais nítida a sua função de qualificação. No primeiro verso sobressaem também a aliteração com o fonema /s/, a rima e a paronomásia de "soluços, eu vou morrer de bruços, nos braços".

[610] Patenteia-se, no texto de Rita Lee, a subversão da concordância verbal para sublinhar a alteridade do eu lírico.

[611] Como anotado em capítulo precedente, a aliteração com consoante oclusiva (k) acentua o esforço de quem, pela idade, precisa, para mover-se, "carregar" o corpo como um fardo destacado de si próprio.

- **Onomatopeia**

    Mu...mu...mulher
    Em mim fi...fizeste um estrago
    Eu de nervoso
    Esto...tou fi...ficando gago
    Não po...posso
    Com a cru...crueldade
    Da saudade
    Que...que mal...maldade
    Vi...vivo sem afago.
    (Noel Rosa, "Gago apaixonado")

- **Eco**

    Escutai pobres amantes
    Um amante experiente
    A mulher que diz que ama
    Certamente mente, mente.
    (Domingos Caldas Barbosa, "Conselhos")

- **Rimas**

    É bom
    Passar uma tarde em Itapuã
    Ao sol que arde em Itapuã
    Ouvindo o mar de Itapuã
    Falar de amor em Itapuã
    (Vinicius de Moraes, "Tarde em Itapuã")

    Pena de pavão de Krishna
    Maravilha vixe Maria mãe de Deus
    (Caetano Veloso, "Trilhos urbanos")

    Meu canto é filho de Aquiles
    Cala a boca moço
    Também tem seu calcanhar

Cala a boca moço
Por isso o verso é a bílis
Cala a boca moço
Do que eu queria explicar
(Sergio Ricardo, "Calabouço")

Estou sozinho, estou triste, etc.
Quem virá com a nova brisa que penetra
(...)
Quem, pessoa secreta
Vem, te chamo,
Vem etc.
(Caetano Veloso, "Etc.")

Sei que a arte é irmã da ciência
Ambas filhas de um deus fugaz
Que faz num momento e no mesmo momento desfaz
Esse vago deus por trás do mundo
Por detrás do detrás

Cântico dos cânticos
Quântico dos quânticos
(Gilberto Gil, "Quanta")

- **Paronomásia**

Pra que chorar
Se existe amor
A questão é só de dar
A questão é só de dor
(Vinicius de Moraes, "Pra que chorar")

Quase parado um instante
Evanescente
Quase que olhando pra gente
Evaporante
Eva pirante
(Gilberto Gil, "O veado")

- **Mistura de sons em português e língua estrangeira**

    ou ies mai gless salada de alface flay tox mail til
    oh istende oiu ou ié forguet not mi
    ai Jesus abacaxi uisqui of xuxu
    malacacheta independancin dei
    istrit flexi me estrepei
    delícias de inhame reclaime de andaime
    mon Paris jet'aime sorvete de creme
    ou ies mai veri gudi naiti
    dubli faiti isso parece uma canção do oeste.
    (Lamartine Babo, "Canção pra inglês ver")

- **Enjambement (Encavalgamento)**

    Beijo a mão que me condena
    A ser sempre desgraçado
    (Dr. José Maurício Nunes Garcia Junior, "Beijo a mão que me condena")

    Graças aos céus de vadios
    as ruas limpas estão
    (Atribuível a Gabriel Fernandes da Trindade, "Graças aos céus de vadios")

    Eu, que empunho armas feitas de poesia e som
    Eu, que testemunho dramas da canção fugaz
    Eu, que experimento o quanto a fantasia é bom
    Alimento para a paz
    (Gilberto Gil, "Lar hospitalar")

    Minha terra tem palmeiras
    Onde sopra o vento forte
    Da fome do medo e muito
    Principalmente da morte
    (Torquato Neto, "Marginália 2")

- **Padrões métricos**

- Quadrissílabos

    O canto às vezes
    É brisa d'alma
    Que o mal consola
    E a dor acalma.

    E cada letra
    Que o canto diz
    Um ai exprime
    Do infeliz!
    (Laurindo Rabelo, "Eu sinto angústias")

- Setissílabos ou redondilha maior

    Verdes campos, fonte fria,
    Fundo vale, altos rochedos
    De quem amantes segredos
    Lereno aflito confia
    (Domingos Caldas Barbosa, "Retrato da minha linda pastora")[612]

- Decassílabos

    Como é difícil acordar calado
    Se na calada da noite eu me dano
    Quero lançar um grito desumano
    Que é uma maneira de ser escutado
    Este silêncio todo me atordoa
    Atordoado eu permaneço atento
    Na arquibancada pra a qualquer momento
    Ver emergir o monstro da lagoa
    (Chico Buarque e Gilberto Gil, "Cálice")

- Dodecassílabos ou alexandrinos

[612] As antíteses parecem destinadas a realçar a aflição do eu lírico.

Na linha do horizonte pendurei tua saia
E a minha mão pegou na tua contramão
À sombra de uma dúvida eu dormi na praia
E construí meu lar na casa do botão.
Levei meu olho mágico pro oculista
Do teu ponto de vista fiz ponto final
No rabo do foguete eu encontrei tua pista
E enchi de novidade o furo do jornal.
(Juca Chaves, "Amor non sense")

- **Neologismos e dissolução ou fusão criativa de palavras**

Quem poderá fazer
Aquele amor morrer!
Nossa caminhadura
Dura caminhada
Pela estrada escura
(...)
Nossa caminha dura
Cama de tatame
Pela vida afora
(..)
Quem poderá fazer
Aquele amor morrer
Se o amor é como um grão!
Morrenasce, trigo
Vivemorre, pão
(Gilberto Gil, Drão)

Me disseram, porém,
Que eu viesse aqui
Pra pedir de romaria e prece
Paz nos desaventos
Como eu não sei rezar
Só queria mostrar
Meu olhar, meu olhar, meu olhar...
(Renato Teixeira, "Romaria")

> *O sonho acabou hoje, quando o céu*
> *Foi de-manhando, dessolvindo, vindo, vindo*
> *Dissolvendo a noite na boca do dia*
> *(Gilberto Gil, "O sonho acabou")*

6.2. Existência de poemas em letras de música popular brasileira

Considera-se, neste estudo, que o poema é a composição verbal na qual a poesia se materializa prioritariamente, embora não exclusivamente.

O poema, como mensagem verbal em que se concretiza, por excelência, a poesia, consiste em obra constituída, basicamente, pela *supremacia* da presença no texto, ao mesmo tempo, da linguagem figurada e da sonoridade diversa da explanação racional e linear do pensamento (mais raramente, do componente de apresentação visual).

É apropriado, neste ponto, para enquadramento da orientação seguida no estudo sobre critérios para a delimitação de poema – que instruíram a posterior identificação de poemas em letras de música – recordar certas questões de que se tratou em conexão com o tema.

Uma questão de relevo reside na indagação se, para autorizar a designação de poema, é preciso que os indicadores da existência de poesia estejam presentes ao longo de todo o texto, ou se basta a combinação dos indicadores de tal maneira que dote a obra de *índole poética em seu conjunto*, mas dispense a exigência de que sinais poéticos a atravessem em sua inteireza – especificamente, dispense exigência de linguagem figurada e conotativa e de sonoridade poética do início ao fim.

Subscreve-se o ponto de vista de que as passagens "denotativas" e a sonoridade "comum" se justificam plenamente quando, longe de preponderarem no texto, preparam ou compõem o ambiente para a emergência dos pontos altos em matéria de intensidade poética, igualmente avaliados pela ocorrência e combinação dos mesmos traços indicadores.

A sonoridade "especial" da poesia convida à breve retomada de considerações afetas ao assunto. Em lugar da cadência ditada pela exposição linear do pensamento, de acordo com as regras da lógica e da sintaxe, a poesia instaura uma sonoridade que advém de outros fatores, isolados ou conjugados, como a "a ruptura na continuidade do discurso", o ritmo – esteja ou não ligado quer à isonomia métrica, quer à disposição formal em versos –, a rima, as repetições, os paralelismos, "as alternâncias e recorrências"[613].

Nesse âmbito, um aspecto especialmente exposto a percepções discrepantes – e, portanto, à discricionariedade do leitor ou crítico na apreciação dos casos particulares – diz respeito ao ritmo, dimensão da sonoridade que é essencial à conformação do poema. Massaud Moisés observa que "numerosas noções de ritmo têm sido aventadas, mas todas tendem a falhar por imprecisão ou parcialidade"[614]. Ele próprio oferece definição passível de ser adotada com proveito, que pode ser condensada, sem prejuízo ao conteúdo, em sua parte inicial: "sucessão de unidades melódico-semânticas, movendo-se na linha do tempo"[615]. Além de cobrir ritmos associados a versos com métrica padronizada e a versos livres, a definição tem a vantagem de deixar implícito que a "melodia" responsável pelo ritmo é indissociável da significação do texto ("unidades melódico-semânticas")[616].

Ainda assim, caberia discutir se a definição seria legitimamente aplicável a textos muito curtos – por exemplo, de somente um ou dois versos – ou se deveria reservar-se a poemas com número maior de versos e mais extensa "sucessão de unidades melódico-semânticas". Chame-se ou não de "ritmo", parece inegável a sonoridade poética existente em textos curtíssimos, como o "Poema do beco", um dístico, de Manuel Bandeira.

O fato é que a percepção individual, mais do que definições abstratas, prevalece na avaliação da presença de sonoridade advinda do "ritmo" poético de textos[617].

---

613 As expressões citadas encontram-se em Collot, Michel. "Poésie". In *Dictionnaire des genres et notions littéraires*, p. 592.
614 Moisés, Massaud. *Dicionário de termos literários*, p. 446.
615 Moisés, Massaud. *Dicionário de termos literários*, p. 448. Eis a formulação completa da definição de Moisés: "na verdade, o ritmo poético se constituiria da sucessão de unidades melódico-semânticas, movendo-se na linha do tempo, numa continuidade que gera a expectativa na sensibilidade e na inteligência" (op. cit., loc. cit.)
616 Como exemplo da importância do significado para a conformação do ritmo, registrou-se, em capítulo prévio, a comparação entre os ritmos diferentes de "*Ó guerreiros da Taba sagrada*" (de "O canto do Piaga", de Gonçalves Dias) e "*Eu não tinha esse rosto de hoje*" (de "Retrato", de Cecília Meireles), apesar de serem versos com a mesma medida métrica e as mesmas sílabas fortes.
617 Como apontado na parte deste estudo dedicada a expor *"uma* noção de poesia" (capítulo 3), que instruiu o exame de poesia e poemas em letras de música, "a sonoridade poética,

As considerações relativas ao critério para a caracterização de poema orientaram a identificação, a que se procedeu no trabalho, de vários casos em que letras de música, não obstante sua natureza de parte integrante da canção, podem ser qualificadas também como obras poéticas em si mesmas. Há exemplos que diluem a diferença primordial entre o poema e a letra. Conforme resumiu Antonio Cicero, "um poema é um objeto autotélico, isto é, ele tem o fim em si próprio", enquanto "uma letra de música, por outro lado, é heterotélica, isto é, ela não tem o seu fim em si própria"; a letra "é uma parte" da canção[618]. Em outra observação recolhida no estudo, Francisco Bosco comenta que "uma letra de música pode ser, ao mesmo tempo, também um poema por uma espécie paradoxal de solidão suplementar, quando a letra, sem nunca deixar de ser-para-a-música, é igualmente para-si. Trata-se de um excesso, de um a-mais (...)"[619].

A principal questão consiste em saber, para usar expressões empregadas por esses mesmos autores, se, isoladamente da música, a letra "põe-se de pé" ou "segura-se" na página. Segundo Bosco, "a letra pode requerer para si, em alguns casos, a condição, a um tempo, de letra – isto é, de parte integrante da canção – e de poema, algo que brilha por si, põe-se de pé sozinho, independente do resto"[620]; e, de acordo com Antonio Cicero, "dizer que o poema tem uma estrutura autônoma é dizer que ele deve 'se segurar' sozinho na página; ora, há poemas que não se seguram e nada impede que haja letras que se segurem"[621].

Ao longo deste estudo, observou-se uma diretriz extremamente cautelosa ou restritiva ao se apontarem letras de música que podem

---

diversa da cadência ditada pela exposição linear do pensamento, é perceptível com facilidade em trechos pouco extensos, como versos, estrofes ou sequências de reduzido número de versos. Já a percepção da sonoridade poética em poemas, se não forem muito curtos, depende de reconhecer-se, ao longo do texto, um *encadeamento* pelo qual a 'sucessão das unidades melódico-semânticas' forme, no todo, um conjunto sonoro e significativo integrado; em outras palavras, depende da percepção da sonoridade advinda do encadeamento rítmico entre as partes que o compõem". Essa percepção de encadeamento rítmico poderá, em diferentes casos, variar em função de apreensão subjetiva.

[618] Cicero, Antonio. "Sobre as letras de canções". In Cicero, Antonio. *A poesia e a crítica: ensaios*, p. 88 e p. 90.

[619] Francisco Bosco, "Por uma ontologia da canção: poema e letra". Disponível na Internet (endereço eletrônico e data de acesso nas Referências bibliográficas).

[620] Bosco, Francisco. "Letra de música é poesia?". In Bueno, André (org.). *Literatura e sociedade: narrativa, poesia, cinema, teatro e canção popular*, p. 62.

[621] Cicero, Antonio. "Sobre as letras de canções". In Cicero, Antonio. *A poesia e a crítica: ensaios*, p. 92.

ser lidas e qualificadas como poemas – de resto, como poemas de inegável valor. Assinalaram-se apenas exemplos em que a supremacia, no conjunto do texto, da simultaneidade de linguagem figurada e sonoridade rítmica parece inquestionável.

Recordam-se os exemplos de poemas em letras de música transcritos e comentados, bem como os assinalados, no estudo:

- "Vou morrendo devagar" e "Lundum das cantigas vagas", de Domingos Caldas Barbosa. Do mesmo autor, destacaram-se também, entre outros, os poemas em letras "Retrato da minha linda pastora"; "Choro a minha desventura"; e "Sem acabar de morrer".
- "Já não vive a minha flor", "É aqui, bem vejo a campa" e "Eu sinto angústias", de Laurindo Rabelo.
- "Luar do sertão", de Catulo da Paixão Cearense
- "Chão de estrelas", de Orestes Barbosa.
- "O amor em lágrimas" e "Apelo", de Vinicius de Moraes.
- "Calabouço", de Sergio Ricardo.
- "Construção", "Pedaço de mim", "Morro Dois Irmãos" e "Soneto", de Chico Buarque de Hollanda. Apontaram-se, igualmente, como poemas em letras de Chico Buarque, "Uma palavra", "Valsa brasileira", "Hino da repressão (Segundo turno)", "Tempo e artista" e "Rosa dos ventos".
- "Janelas abertas n° 2" e "Panis et circensis", de Caetano Veloso. Indicaram-se, do mesmo modo, como poemas, as letras de Caetano Veloso "O ciúme", "Oração ao tempo", "Uns" e "A terceira margem do rio".
- "O veado" e "Metáfora", de Gilberto Gil. Assinalaram-se, ainda, como outros poemas de Gilberto Gil em letras de música, "Lunik 9", "A luta contra a lata ou a falência do café" e "Cidade do Salvador", esta última com influência da poesia concretista.
- "O riso e a faca", de Tom Zé.
- "Galos de briga", de Aldir Blanc. Registrou-se que Blanc assina também vários outros poemas em letras de música, como "Remanso", "Restos de um naufrágio", "Indiana Blanc na trilha das safiras", "Falso brilhante", "Voo cego" e "Cravo e ferradura".
- "Toada mineira", de Paulo César Pinheiro. Anota-se que Paulo César Pinheiro, um dos mais importantes e férteis letristas brasileiros, é, igualmente, autor de várias outras letras equivalentes a poemas, como "Viagem", "Pesadelo", "Minha Missão".
- "Batmakumba", letra em parceria de Caetano Veloso e Gilberto Gil.
- "Cálice", letra em parceria de Chico Buarque e Gilberto Gil.

Com critério extremamente restritivo na seleção dos textos, arrola-se, assim, um conjunto de poemas em letras de música popular brasileira que alcança facilmente a *meia centena* mediante o acréscimo à lista de outras três letras reproduzidas no estudo e merecedoras da qualificação. Trata-se de letras do século XIX, que foram transcritas e parcialmente comentadas: "Quem sabe?!...", de Francisco Leite Bittencourt Sampaio, "O filho pródigo", de Mello Moraes Filho, e "A casa branca da serra", de Guimarães Passos.

Não se tem a pretensão de supor que, mesmo com observância da diretriz restritiva adotada, se hajam identificado todos os poemas presentes nas letras de música dos compositores analisados, até porque o estudo não ambicionou fazê-lo, e sim apenas fornecer *exemplos* da ocorrência de poemas nas letras.

De qualquer modo, admite-se que se pode ter pecado por um rigor excessivo na preocupação em escolher letras que, além de sua linguagem figurada e conotativa, fossem também textos cujo ritmo, em leitura, não deixasse margem a dúvida quanto à classificação como poemas. A preocupação derivou da consciência de que toda letra, em conjunção com a música, dispõe de um ritmo que lhe é exterior. Ao isolar-se a letra de uma canção conhecida, para leitura apenas como forma de expressão verbal, é preciso que haja uma inequívoca força rítmica advinda do texto para que o leitor não sinta falta da música. Existe, naturalmente, por assim dizer, uma exigência adicional de ritmo próprio em texto que é apartado da canção, por comparação com o texto que se apresenta como poema. A atenção a essa circunstância talvez tenha acarretado uma inconveniente rigidez e levado a não se salientarem certos textos como poemas simplesmente por não terem sido originalmente lidos em tal condição, e sim ouvidos como letras de música.

Certamente uma diretriz menos restritiva conduziria à identificação de número muito maior de poemas na música popular brasileira.

O caráter de poemas do conjunto de letras indicadas parece, em princípio, autoevidente. Uma percepção diversa poderia ocorrer em relação a algum texto, mas presume-se ser improvável que atingisse número significativo. Custa imaginar que não se possa reconhecer como poemas, por exemplo, um texto com a multissignificação de "Janelas abertas nº 2", de Caetano Veloso, o lirismo e a perfeição formal de "Soneto", de Chico Buarque, o isomorfismo e a criatividade na exploração do significante de "O veado", de Gilberto Gil, a densidade da linguagem metafórica no conciso "Galos de briga", de Aldir Blanc, bem como a vastíssima maioria, senão a totalidade, das demais letras selecionadas como obras poéticas pertencentes ao cancioneiro do Brasil, as quais "se põem de pé", "se seguram", sozinhas na página.

Uma vez que se supõe ter sido plenamente atestada neste estudo a ocorrência, em letras de música popular brasileira, de significativo número de poemas de valor[622], é oportuno apresentar e discutir o conteúdo de proposição oposta, expressa no livro *Poema e letra-de-música: um confronto entre duas formas de exploração poética da palavra*, do professor Pedro Lyra. O livro demanda especial deferência por constituir obra respeitável não só em função de sua autoria, mas também de sua extensão e profundidade: nela reflete-se praticamente a totalidade das críticas em geral dirigidas à equivalência entre poema e letra de música[623].

A proposição é exposta no primeiro capítulo de *Poema e letra-de-música* em termos inequívocos: "*São muitas as diferenças entre essas duas formas de exploração poética da palavra – e isso basta para desautorizar o tratamento da letra-de-música como poema*"[624]. Em princípio, a proposição estaria fundamentada em diferenças, cuja explanação é objeto do segundo capítulo do livro, verificáveis em catorze campos. No entanto, no terceiro capítulo, dedicado à "contraprova dos campos estéticos", o próprio autor registra, com honestidade intelectual, serem "impertinentes" ou "inoperantes" algumas das diferenças apontadas quando se trata da leitura "*como poema*" de "*um texto* – um escrito não em frases como parágrafos, mas em linhas como versos – sem considerar sua destinação: se para a Música, se para a Literatura"[625]. Observa, com toda razão, que "aqui está a questão central"[626].

---

622 Recorde-se que o estudo se ocupou também da demonstração da presença, na música popular brasileira, de abundantes instâncias de poesia, independentemente de estarem ou não inseridas em letras qualificáveis como poemas, tema de que tratou o item anterior (6.1).

623 Exemplo de um bom artigo, essencialmente voltado para conclusão semelhante à de Pedro Lyra, encontra-se em "Por que letra de música não é poesia", de Luís Dolhnikoff.

624 Pedro Lyra, *Poema e letra-de-música: um confronto entre duas formas de exploração poética da palavra*, p. 26.

625 Pedro Lyra, op. cit., p. 137. Os grifos em itálico são do próprio autor. As qualificações de "impertinente", "inoperante" e outras equivalentes encontram-se nas pp. 139, 140 e 144.

626 *Ibidem*, p. 137.

Ocorre que muitas diferenças apontadas nos catorze campos – efetivamente, sua vasta maioria – são improcedentes para avaliação de um texto específico de letra de música como poema, pois dizem respeito a distinções que ou se pautam na explicitação da natureza das duas formas de expressão verbal (por exemplo, a diferença *"quanto à percepção. O poema é um texto autônomo: consuma-se com a simples leitura; a letra-de-música é dependente de outra arte: só se consuma através do canto"*[627]); ou só se observariam no cotejo entre grandes conjuntos de textos de poemas e letras de música (por exemplo, *"quanto à substância. O poema prioriza a face cognitiva da arte; a letra-de-música, a face sensorial"*[628]); ou tratam de questões inteiramente externas à apreciação do valor poético de uma letra em particular, além de configurarem, em certos casos, generalizações discutíveis (por exemplo, *"quanto ao consumo. O consumo típico do poema é privado, solitário, intelectual; o da letra-de-música é público, social, erótico"*[629]).

O próprio Pedro Lyra exclui, por inoperantes ou impertinentes, as diferenças quanto à percepção, à substância e ao consumo. Encarrega-se de eliminar também a utilidade de outras três diferenças para a leitura de *um texto* como poema: *"quanto à recepção. A recepção do poema é prazerosa, mas também trabalhosa; a da letra-de-música, apenas prazerosa"*; *"quanto à temática. A temática do poema é ilimitada; a da letra-de-música, restrita ao erotismo e à socialidade do universo do consumo"*; e *"quanto à atitude: o poema realça o questionamento do ser; a letra-de-música, a vivência do instante"*[630]. Em relação às duas últimas diferenças, reconhece que pode haver exceções nas letras de música, que se anulariam somente "na amplitude dos conjuntos".

Com apoio em seus próprios comentários sobre a impertinência, para a análise de um texto em particular, do estabelecimento de distinção alicerçada em grandes conjuntos, o autor deveria ter, igualmente, descartado a relevância da diferenciação *"quanto ao nível. O poeta se empenha em conferir ao texto o mais alto grau de complexidade e expressividade; o letrista, de simplicidade e comunicabilidade"*. Comenta, justificadamente, ser "claro que muitos poetas (...)

---

[627] *Ibidem*, p. 59.
[628] *Ibidem*, p. 46.
[629] *Ibidem*, p. 125.
[630] *Ibidem*, pp. 42, 69, 120 e 139-141.

privilegiam a simplicidade/comunicabilidade, mas é uma minoria programática; nas letras-de-música, é dominante"[631].

Duas diferenças adicionais também se revelam inúteis para a avaliação de textos específicos. A primeira, *"quanto ao destinatário. O poema se destina a um público universal; a letra-de-música, a um público de certo tempo-espaço, de uma certa faixa etária"*, item no qual se encontram assertivas como *"a música popular é produzida para ser consumida na hora, por um público de massa, basicamente jovem, para responder aos investimentos de procedência industrial"*[632]. A segunda, *"quanto à perspectiva. O poema exige a eternidade; a letra-de-música se satisfaz com o 'sucesso' no lançamento"*, postulação complementada por assertivas sobre questões alheias ao mérito de cada obra particular, como a perenidade (*"Sim, a poesia é escrita para o presente, mas sonha com a posteridade e só se decide no futuro: atravessa as gerações. A letra-de-música é escrita para o presente, mas prescinde da posteridade e quase nunca chega ao futuro: tende a esgotar-se na sua geração"*), as presunções descabidas sobre as motivações dos letristas (*"Não ambiciona a transcendência: basta-lhe ser o letrista/cantor da moda. Não há poeta da moda"*) e a generalização que pode ser válida como regra (*"a arte de massa é incompatível com o questionamento do eterno"*), mas é desafiada, pelo menos, no exemplo da letra de "Sobre todas as coisas", de Chico Buarque.

Sobram, em consequência, cinco diferenças. Uma delas, de ordem ampla, seria, automaticamente, invalidada na mesma medida em que se identifiquem letras de música passíveis de, por "excesso", se "sustentar", apenas na condição de expressão verbal, como poemas: *"quanto à autonomia. O poema se sustenta por sua própria linguagem; a letra-de-música, pela partitura"*[633].

Das catorze diferenças apontadas, restariam, portanto, apenas quatro que poderiam ser "operacionais" ou "pertinentes" para a apreciação de uma letra de música como poema. Em sua apresentação dessas distinções, Pedro Lyra tende, em parte, a sobrepô-las:

1) *"quanto à estrutura. Toda obra de arte é um conjunto significante/ significado: no poema, palavra/ideologia; na música popular,*

---

[631] Ibidem, pp. 104 e 143.
[632] Ibidem, p. 115.
[633] Ibidem, p. 97.

melodia/letra". No desenvolvimento do item, o autor defende o discutível ponto de vista de que, na música popular, a letra ocuparia apenas o lugar de "significado", sem participar do "significante", o qual seria atributo da melodia[634]. Mais adiante, esclarece seu critério de diferenciação "quanto à estrutura": *"se o texto* [escrito sem considerar sua destinação: se para a Música, se para a Literatura] *não apresentar em nível satisfatório os recursos expressionais de que o poeta comumente se utiliza, sobretudo a funcionalidade do ritmo, a polissemia das metáforas e a organicidade do metro (não necessariamente da métrica), para potencialização da substância e, ocasionalmente a rima (quase obrigatória na letra mas ausente na maioria dos poemas modernos), ele se denunciará como não literário"*[635];

2) *"quanto à criação. O poema nasce acoplado a um ritmo, essencialmente verbal; a letra-de-música tanto pode ser criada antes como depois da melodia"*. Para fins de identificação como poema, *"esse texto será encarado a partir do seu próprio ritmo verbal. Se não estiver perceptível uma preocupação/motivação rítmica centrada na linguagem, ele não se caracterizará como poema. (...) sem ritmo motivado, não se afirmará como poema"*[636];

3) *"quanto à enunciação. O poema rompe frequentemente a correlação som/sentido; a letra-de-música, jamais"*. O esclarecimento posterior assinala que *"o descompasso som/sentido comum ao poema se revelará mais nítido ainda na leitura do texto em voz alta: para além das inversões sintáticas, um menos simples enjambement, com quebra de linearidade para o início do verso seguinte, indicará que não se trata de uma letra-de-música. Antes da enunciação, a diferença já se poderá manifestar na própria estrutura frasal – numa organização sintática um pouco mais complexa das linhas encaradas como versos"*[637]; e, por fim,

4) *"quanto à expressão. A linguagem do poema é opaca, criativa e figurada; a da letra-de-música é transparente, redundante e denotativa"*. Neste item insere-se o já citado comentário de que "uma marca decisiva" residiria na metáfora, "soberana

---

[634] *Ibidem*, pp. 28-29.
[635] *Ibidem*, p. 137. A virgulação do trecho citado corresponde, estritamente, ao original.
[636] *Ibidem*, pp. 35 e 138.
[637] *Ibidem*, pp. 38 e 138.

no poema e rara nas letras-de-música"⁶³⁸. Na elucidação do critério de diferença "quanto à expressão", acrescenta-se que *"a linguagem será encarada e exigida em sua funcionalidade poetizante: a familiaridade, a denotatividade e a redundância comuns nas letras-de-música terão que estar muito bem poeticamente trabalhadas para compensar, através de outros agentes, como o ritmo e o metro, a ausência da opacidade, da inventiva e da figuração, típicas do poema".*

Considera-se que os exemplos fornecidos neste trabalho atendem abundantemente as exigências de "funcionalidade do ritmo", "polissemia das metáforas", "organicidade do metro", "rima", "figuração" e "inventiva" fixadas no livro de Pedro Lyra como "típicas do poema".

Em todos os textos assinalados como poemas e reproduzidos no trabalho estão presentes a "funcionalidade do ritmo", a "preocupação/motivação rítmica centrada na linguagem", bem como a "organicidade do metro".

Essas características ocorrem seja nos textos de versos livres, como "O veado", de Gilberto Gil (a sequência incessante de rimas, paronomásias, aliterações, com a reverberação de umas sobre as outras, faz com que a agilidade da estrutura de versos curtos do texto – entre trissílabos e redondilhas maiores – reflita, em isomorfismo, o próprio movimento do tema que retrata), "Metáfora", também de Gil (o ritmo é instaurado pela sucessão de rimas, paronomásias e recorrências), "Janelas abertas nº 2", de Caetano Veloso (o ritmo advém não só do paralelismo no início das três estrofes iniciais – "Sim, eu poderia" –, mas também das imagens de insatisfação que elas apresentam cumulativamente), "Pedaço de mim", de Chico Buarque (ritmo resultante da estruturação do texto em paralelismos e da sucessão de símiles que se superpõem) e "O riso e a faca", de Tom Zé (a musicalidade decorre de anáforas, paralelismo, paronomásia e rimas finais); seja nas composições com padrão heterométrico, a exemplo de "Luar do sertão", de Catulo da Paixão Cearense (dodecassílabos alternados com versos de quinze sílabas nas quadras), "Apelo", de Vinicius de Moraes (um verso octossílabo a cada dois setissílabos), "Calabouço", de Sergio Ricardo (setissílabos, entremeados por decassílabo – "olha um violeiro de alma vazia" – e redondilha menor em "cala a boca

638 *Ibidem*, pp. 50 e 140.

moço" ou hendecassílabo em sua repetição "cala a boca, moço, cala a boca moço"), "Morro Dois Irmãos", de Chico Buarque (hendecassílabos nos três primeiros versos e eneassílabo no último de cada quadra), "Toada mineira", de Paulo César Pinheiro (alternância de setissílabos e hexassílabos), "Panis et circensis", de Caetano Veloso (verso inicial quadrissílabo e os demais hendecassílabos); seja, naturalmente, nos textos isométricos.

A funcionalidade do ritmo formalmente associado à isometria verifica-se em boa parte dos poemas em letras de música: dodecassílabos de "Construção", de Chico Buarque (em que a simetria dos versos encontra correspondência no prédio que o operário constrói, e a transposição entre estrofes das palavras que encerram os versos, todas proparoxítonas, aparenta a colocação de tijolos de igual tamanho); decassílabos em "Soneto", de Chico Buarque, "Chão de estrelas", de Orestes Barbosa, e, salvo o refrão, "Cálice", de Chico Buarque e Gilberto Gil; redondilha maior, de "Vou morrendo devagar", de Domingos Caldas Barbosa, "Quem sabe?!...", de Francisco Leite Bittencourt Sampaio, "O filho pródigo", de Mello Moraes Filho, "A casa branca da serra", de Guimarães Passos, e de "Galos de briga", de Aldir Blanc; e quadrissílabos de "Eu sinto angústias", de Laurindo Rabelo.

O ritmo que os textos exibem à leitura, separada da música, se associa sempre a uma ou mais das características requeridas por Lyra. Incluem-se, invariavelmente, nas letras destacadas, "a polissemia das metáforas" ou outras manifestações da linguagem "opaca, criativa e figurada" do poema.

A "polissemia das metáforas", os demais tropos e outras formas de linguagem figurada são marcas que permeiam os textos, como as metáforas e símiles de forte apelo visual de "Chão de estrelas", de Orestes Barbosa (a claridade que "forra" o barracão, as roupas como "bandeiras" de um "festival", a transformação da projeção da lua por buracos de um telhado de moradia humilde em "chão de estrelas"); os símiles, tão belos quanto surpreendentes, de "Pedaço de mim", de Chico Buarque ("*Leva o vulto teu/ Que a saudade é o revés de um parto/ A saudade é arrumar o quarto/ Do filho que já morreu*"); as imagens que sobressaem em "Soneto", também de Chico Buarque, pela mescla de signos tradicionais com o tratamento original que recebem (não é o "romance antigo" que importa, e sim ter-se "roubado" dele a personagem; não é um beijo qualquer, mas o beijo arrancado "com tortura"); em "Construção", do mesmo autor, os símiles sucessivos

(*"Subiu a construção como se fosse máquina"*; *"Bebeu e soluçou como se fosse um náufrago"*); em "O amor em lágrimas", de Vinicius de Moraes, a linguagem figurada na personificação (*"Ouve o mar que soluça/ na solidão"*); em "Toada mineira", de P.C. Pinheiro, os símiles que vinculam a música e sua composição a traços de Minas (o som das cordas da viola é *"crina solta ao vento/ no galope do cavalo"*); em "O riso e a faca", de Tom Zé, a linguagem metafórica que reúne contradições (*"Eu sou a raiva e a vacina/ procura de pecado e conselho/ espaço entre a dor e o consolo/ a briga entre a luz e o espelho"*); em "Vou morrendo devagar", de Domingos Caldas Barbosa, a linguagem figurada (*"vou morrendo aos pedaços"*); em "Já não vive a minha flor", de Laurindo Rabelo, a metáfora do "ramo seco", a personificação de jardins e as antíteses (entre o ramo seco e a flor, entre o deserto e os jardins do mundo); em "Luar do sertão", de Catulo da Paixão Cearense, a proliferação de símiles e metáforas (entre outras, a canção como a lua cheia que nasce no coração; a lua escondida na garganta do galo); em "Galos de briga", de Aldir Blanc, as imagens que metaforicamente conotam a disposição interna prévia à atuação – fogo de espadas, a luz suicida, o vinho maduro, a capa e bandarilha da tourada, as gengivas – e, todas ligadas à cor vermelha (incêndio, fogo, vinho, rubro, gengivas), indicam o sangue "futuro"; e, para finalizar, no texto autorreflexivo intitulado "Metáfora", de Gilberto Gil, a metáfora do que é um poema, comparado a uma "lata absoluta", em que "tudonada cabe".

Encontram-se, igualmente, em diferentes textos apontados neste trabalho como poemas, os outros requisitos indicados por Pedro Lyra, como (i) a *inventividade* de "Construção", de Chico Buarque, e "O veado", de Gilberto Gil, em ambos os casos como textos isomórficos de seus significados; ou (ii) a *figuração* de "Panis et circensis" (*"Soltei os tigres e os leões nos quintais"*) e "Janelas abertas nº 2" (*"Beijo de uma deusa morta/ Deus morto fêmea, língua gelada"*), de Caetano Veloso, de "Morro Dois Irmãos" (transformação de antítese em similitude e transferência de atributos, nos oxímoros da "música parada" e da "montanha movimento"), de Chico Buarque, e de "Batmakumba", letra em parceria de Caetano Veloso e Gilberto Gil, na qual há não só figuração de sincretismo cultural ("Obá", "Batman"), mas também a figuração gráfica, composta pelo texto, das asas de um morcego; ou, ainda, (iii) a *rima* valorizada na função de recurso, além de fônico, significativo, a exemplo das rimas incomuns de "Calabouço", de Sergio

Ricardo – "*Meu canto é filho de Aquiles/ (...) Por isso o verso é a bílis*" –, e de Cálice, de Chico Buarque e Gilberto Gil: "*Minha cabeça perder teu juízo/ Quero cheirar fumaça de óleo diesel*". Nesta última letra/poema, fica sugerida uma rima que, por não se dispor de classificação, se poderia dizer "implícita": "*Silêncio na cidade não se escuta/ De que me vale ser filho da santa/ Melhor seria ser filho da outra*".

A respeito do ritmo, cabe um comentário. Segundo Pedro Lyra, é "*inútil procurá-lo na letra: ficou na partitura*"[639]. Na realidade, em letras de música que configuram também poemas, o que acontece é uma mudança no ritmo: o que "ficou na partitura" é substituído por outro, decorrente apenas do texto verbal. Basta, para comprová-lo, a experiência de ler, isoladamente da música, o texto de "Soneto", de Chico Buarque, e ouvi-lo na canção: há dois ritmos diferentes, ambos admiráveis. Aqui se aventura também uma observação: em alguns casos, o ritmo da letra lida como poema supera o que lhe é fornecido pela música. Em dois exemplos, esse superação parece clara: "O veado", de Gilberto Gil, e "Morro Dois Irmãos", de Chico Buarque. Percepção semelhante pode ter-se mesmo em uma canção com bela e marcante melodia: em "Cálice", de Chico e Gil, a repetição da mesma melodia nas estrofes não acompanha o "crescendo" do final do poema e necessita, eventualmente, de arranjo musical para acentuá-lo.

A presença de "inversões sintáticas", "organização sintática um pouco mais complexa" e "*enjambements*" é certamente mais corriqueira em poemas do que em letras de música, mas careceria de sentido a pretensão de erigi-la em critério para diferenciar um poema de uma letra.

De qualquer forma, as inversões e "organização sintática um pouco mais complexa" não são incomuns na música popular brasileira em suas formulações amenas – "*e hoje, quando do Sol a claridade/ forra o meu barracão, sinto saudade*" ("Chão de estrelas", Orestes Barbosa); "*se mais deuses há, mais são profanos/ estes pobres de nós, seres humanos*" ("Evangelho", Paulo César Pinheiro); "*onde queres família, sou maluco*" ("O quereres", Caetano Veloso) – e, por vezes, assumem até mesmo a forma de hipérbatos ou sínquises: "*Do povo oprimido nas filas, nas vilas, favelas / Da força da grana que ergue e destrói coisas belas / Da feia fumaça que sobe, apagando as estrelas / Eu vejo surgir teus poetas de campos e espaços*" ("Sampa", Caetano

---

[639] Ibidem, p. 133.

Veloso); "*despudorada, dada, à danada agrada andar seminua*" ("Flor da idade", Chico Buarque).

Além disso, recordem-se, no âmbito da "organização sintática" mais complexa, os procedimentos de estruturação de textos por "enumeração caótica" ou "colagem" inaugurados por autores do Tropicalismo musical, que podem ser exemplificados com versos de "Geleia geral", de Torquato Neto: "*Um poeta desfolha a bandeira/ E eu me sinto melhor colorido/ Pego um jato viajo arrebento/ Com o roteiro do sexto sentido/ Foz do morro pilão de concreto/ Tropicália bananas ao vento*".

Os *enjambements* tampouco estão ausentes do cancioneiro popular, como nos exemplos abaixo, entre os quais se retomam os casos particularmente expressivos dos versos de Torquato Neto e, sobretudo, Gilberto Gil, já citados na seção precedente deste estudo:
- "*O vento espalha / E as migalhas caem todas sobre / Copacabana me engana*" (Caetano Veloso, "Superbacana")
- "*nossas roupas comuns dependuradas/ na corda, qual bandeiras agitadas*" (Orestes Barbosa, "Chão de estrelas")
- "*Não vê que Deus até fica zangado/ vendo alguém/ abandonado pelo amor de Deus?*" (Chico Buarque, "Sobre todas as coisas")
- "*Minha terra tem palmeiras/ onde sopra o vento forte/ da fome do medo e muito/ principalmente da morte*" (Torquato Neto, "Marginália 2")
- "*Eu, que experimento o quanto a fantasia é bom/ alimento para a paz*" (Gilberto Gil, "Lar Hospitalar").

Em suma, as catorze diferenças que, em afirmação genérica de Pedro Lyra, bastariam "para desautorizar o tratamento da letra-de--música como poema" ou não subsistem como critério para avaliação de textos analisados em sua especificidade ou não resistem ao exame, que se buscou neste trabalho, da presença de poemas em letras do cancioneiro popular brasileiro. Merece também reparo a assertiva, igualmente peremptória, de que a metáfora, "marca decisiva", "soberana no poema", é "rara nas letras-de-música". A asserção vê-se frontalmente desmentida pelas dezenas de exemplos de metáforas que se encontram na canção popular brasileira. Se a ocorrência de metáforas e símiles fosse o único critério para distinguir poema e letra de música, praticamente todas as letras de Chico Buarque poderiam ser consideradas poemas.

Em verdade, no livro de Pedro Lyra surgem ocasionalmente comentários que, se não contradizem, matizam suas afirmações terminantes: "*em debate (...) declarei que considero como dotados de grande talento poético a alguns letristas – o que faz de nossa moderna música popular uma das mais altas do mundo de hoje (...) Certo, eles [os franceses] jamais produziram um [letrista] da dimensão de Chico Buarque (...) Sustentei também que umas poucas de nossas letras são esteticamente superiores a uns muitos de nossos 'poemas' de hoje (...) É só em casos como estes [a focalização do humano, por sobre o histórico ou o regional, muito além de ideologias] que a letra-de-música pode ascender ao nível de poema – e desde que formalmente bem elaborada, sem dependência vital da partitura"*[640]. Não se chega a compreender como esses comentários se casam com suas declarações definitivas a respeito das diferenças suficientes para "desautorizar o tratamento da letra-de-música como poema" e com relação à suposta escassez de metáforas nas letras de música popular brasileira.

6.3. Observações finais

Este estudo almejou, como explicitado na parte referente a seu "objetivo", demonstrar, mediante exame textual de obras, a existência de poesia e poemas em letras de música popular brasileira no arco temporal de mais de duzentos anos compreendido entre seus primórdios, na década de 1770, e as criações de autores lançados na década de 1970. Não teve por finalidade escrever a história das letras de música popular brasileira, e sim atestar a presença de poesia e poemas por meio de exemplos.

Na falta de definição consensual, adotou *uma* noção de poesia, destinada a balizar o tema e orientar a pesquisa, sem a mínima pretensão de que nela se encontrasse *o* significado, sempre elusivo, do conceito. Fixou também o sentido que se confere no trabalho à expressão "letra de música" e os critérios empregados para caracterização de "poema".

Entende-se que o estudo cumpriu seu objetivo ao fornecer farta exemplificação, pautada em vasto leque de autores, de instâncias de manifestação da poesia e de múltiplos casos de textos que podem ser lidos como poemas em letras de música popular brasileira, acompanhados de comentários voltados a destacar os respectivos méritos.

[640] Pedro Lyra, *Poema e letra-de-música*, pp. 18-20 e 94.

Julga-se, ao mesmo tempo, conveniente relembrar e salientar, outra vez, ao concluir-se o trabalho, a advertência, assinalada em seu início, de que a relatividade predomina no campo da investigação do fenômeno poético. Há, com certeza, margem para juízo estritamente pessoal a propósito dos traços arrolados como indícios da ocorrência da poesia. E, ainda mais importante, conforme já ressalvado, perfilha-se uma perspectiva com a plena consciência de que a poesia ou qualidade poética admite muitas outras percepções, pontos de vista ou conceituações, cuja preferência eventualmente conduziria a pesquisa a resultados diferentes dos que se evidenciam neste estudo.

Não obstante, alimenta-se a expectativa de que a multiplicidade de exemplos oferecidos de poesia e poemas, de acordo com o enquadramento teórico adotado, possa prestar contribuição efetiva para o encaminhamento da "já antiga" discussão, no Brasil, sobre a propriedade de equiparação entre letra de música e poema ou poesia. Em particular, espera-se que sirva para reforçar o entendimento de que a análise individual das letras em seu mérito próprio – e não assertivas genéricas e abstratas, como as fundadas na natureza distinta do poema, autotélico, e da letra, heterotélica – é o único caminho hábil para responder adequadamente às indagações se "a letra de música é poesia" e se "a letra de música pode ser tratada como poema".

Agradecimentos

Agradeço às professoras e aos professores que partilharam comigo seus vastos conhecimentos em aulas de Estudos de Literatura do Curso de Doutoramento em Estudos Portugueses da Faculdade de Ciências Sociais e Humanas da Universidade Nova de Lisboa (FCSH-UNL).

Agradeço também aos professores e professoras que integraram os júris de avaliação quer do projeto de tese, em novembro de 2015, com o respectivo registro do tema, quer da própria tese, em maio de 2021.

Devo um agradecimento especial a quatro professores.

Ao Professor Abel Barros Baptista, Coordenador do Doutoramento em Estudos Portugueses, pela contínua disposição ao diálogo, em conversas sempre esclarecedoras para direcionamento dos estudos e enriquecedoras em sugestões de leituras, e pelo incentivo permanente a que levasse adiante o curso, não obstante meus compromissos profissionais em horário comercial e, não raro, em horas extraordinárias.

Ao Professor Fernando Cabral Martins, Orientador da tese, tanto pelo atencioso aconselhamento em todas as etapas de elaboração do texto, com a autoridade de sua excepcional cultura literária, quanto pelas lições de respeito às opiniões do orientando – em interação marcada invariavelmente por recomendações, jamais imposição de pontos de vista, para aperfeiçoamento do trabalho –, bem como de humildade para se evitarem afirmações categóricas em muitos temas de teoria da literatura.

Ao Professor Manuel Pedro Ferreira, cuja participação nos júris do projeto de tese e da tese ofereceu aportes fundamentais, fruto de seu preparo ao mesmo tempo musical e literário, para o ajuste do escopo da dissertação, mediante ampliação da pesquisa histórica, e para a avaliação do texto. Entre outros pontos, sou grato ao Professor Manuel Pedro por haver lembrado, durante a defesa, que o tema da tese já havia sido fixado em 2015, portanto antes de que Bob Dylan e Chico Buarque de Hollanda recebessem, respectivamente, o Prêmio Nobel de Literatura, em 2016, e o Prêmio Camões, em 2019, e pelo estimulante comentário de que, assim, a investigação da tese, "de algum modo, estava no espírito do tempo".

Ao Professor Nélson Soler Saintive, exemplo e modelo.

Agradeço, ainda, ao Núcleo de Doutoramentos da FCSH-UNL e

a seu Coordenador, Doutor Frederico Figueiredo, pela boa vontade e rapidez no processamento de pedidos.

Muito obrigado a meus irmãos Cida e Sérgio pela compra de livros difíceis de encontrar e seu envio do Rio para Lisboa. Por fim, agradeço a meu irmão Geraldo Luiz pela preparação para a defesa por videoconferência e a meu amigo e parceiro Marcelo Miranda pela ajuda na formatação do texto da tese de acordo com o padrão editorial exigido; de ambos recebi, igualmente, conselhos substantivos de grande valia, derivados, no caso do primeiro, da longa experiência de professor e, no caso do segundo, da experiência de compositor e profundo conhecedor de música popular brasileira.

Referências bibliográficas

1.1. Bibliografia citada no trabalho

Abreu, Casimiro de. *Obras de Casimiro de Abreu* (Apuração e revisão do texto, escorço biográfico, notas e índices por Sousa da Silveira). 2ª ed., melhorada. Rio de Janeiro: Ministério da Educação e Cultura, 1955.

Albin, Ricardo Cravo (criação e supervisão geral). *Dicionário Houaiss ilustrado da música popular brasileira*. Rio de Janeiro: Paracatu, 2006.

Albin, Ricardo Cravo (org. e pref.). MPB: *a alma do Brasil*. Rio de Janeiro: ICCA, 2009.

Albin, Ricardo Cravo. MPB: *a história de um século*. 1ª ed. rev. e ampl. Rio de Janeiro: FUNARTE: 2011 (ano conforme ficha catalográfica, p. 528; por indicação de "copyright", na p. 4, o ano seria 2012).

Almeida, Teodoro de. *O feliz independente do mundo e da fortuna ou Arte de viver contente em quaisquer trabalhos da vida*. Pelo P. Theodoro d'Almeida. 2ª ed., corrigida e acrescentada com notas e estampas. 3 vol. Lisboa: Régia Oficina Tipográfica, 1786 (1ª ed., 1779). Disponível na Biblioteca Nacional Digital da BNP-Biblioteca Nacional de Portugal, endereço <http://purl.pt/6786> (acesso em 16/04/2020).

Alves, Castro. *Obra completa – Volume único* (Org., estudo crít., fixação do texto, cronologia e notas liminares por Eugênio Gomes). 2ª ed. Rio de Janeiro: Cia. José Aguilar Editora, 1966.

Alvito, Marcos. *Histórias do samba*. São Paulo: Matrix, 2013.

Amália, Narcisa. *Nebulosas*. 2ª ed. Rio de Janeiro: Gradiva Editorial; Fundação Biblioteca Nacional, 2017.

Amaral, Euclides. *Alguns aspectos da* MPB. 2ª ed., Rio de Janeiro: Esteio Editora, 2010.

Amaral, Euclides. *A letra & a poesia na música popular brasileira: semelhanças e diferenças*. Rio de Janeiro: E. Amaral da Silva, 2019.

Andrade, Mário de. *Modinhas imperiais*. Belo Horizonte: Editora Itatiaia Limitada, 1980 ("conforme edição de 1930").

Andrade, Moacyr. *Assis Valente*. Rio de Janeiro: MEDIAfashion, 2010 (Coleção Folha Raízes da Música Popular Brasileira, v. 22).

Andrade, Oswald de. *Cadernos de poesia do aluno Oswald (Poesias reunidas)*. São Paulo: Círculo do Livro [s.d.].

Andrade, Oswald de. "Manifesto Antropófago". *Revista de Antropofagia*. Ano I, No. 1, Maio, 1928. Reedição fac-similar. São Paulo: CLY, 1976.

Andrade, Paulo. *Torquato Neto: uma poética de estilhaços*. São Paulo: Annablume/ Fapesp, 2002.

Aristóteles. *Poética* (Trad., pref., introd., coment. e apênd. de Eudoro de Sousa). Porto Alegre: Editora Globo, 1966.

Ascher, Nelson. "Letra de música é ou não é, enfim, poesia?", in *Folha de S. Paulo*, 05/10/2002. Disponível no seguinte endereço eletrônico (acesso em 06/04/2020): <http://www1.folha.uol.com.br/fsp/ilustrad/fq0510200211.htm>.

Ayala, Walmir. *Antologia dos poetas brasileiros – Fase Colonial*. Rio de Janeiro: Edições de Ouro, 1967.

Azevedo, Álvares de. *Obras completas de Álvares de Azevedo*, 2 tomos. 8ª ed. (Org. e anot. por Homero Pires). São Paulo: Companhia Editora Nacional, 1942.

Azevedo, Miguel Angelo de (Nirez). *Humberto Teixeira: voz e pensamento*. Fortaleza: Banco do Nordeste do Brasil, 2006.

Baldry, H.C. *Le théâtre tragique des grecs* (traduit de l'anglais par Jean-Pierre Darmon). Paris: François Maspero, 1975.

Bandeira, Manuel (org. e pref.). *Antologia dos poetas brasileiros da fase parnasiana*. Rio de Janeiro: Ministério da Educação e Saúde, 1938.

Bandeira, Manuel. *Apresentação da poesia brasileira*. Rio de Janeiro: Edições de Ouro, 1967.

Bandeira, Manuel. *Estrela da vida inteira*. 6ª ed. Rio de Janeiro: Livraria José Olympio Editora, 1976.

Barbosa, Domingos Caldas. *Viola de Lereno* (Prefácio de Francisco de Assis Barbosa; introdução, estabelecimento do texto e notas de Suetônio Soares Valença). Rio de Janeiro: Civilização Brasileira; Brasília: Instituto Nacional do Livro, 1980.

Barbosa, Orestes. *Chão de estrelas: poesias escolhidas*. Rio de Janeiro: J. Ozon Editor, 1965.

Baudelaire, Charles. *Oeuvres complètes de Baudelaire* (Texte établi e annoté par Y.-G. le Dantec). Bruges: Librairie Gallimard, 1954.

Bechara, Evanildo. *Moderna gramática portuguesa*. 37ª ed., rev., ampl. e atual. conforme o novo Acordo Ortográfico. Rio de Janeiro: Nova Fronteira, 2009.

Beckson, Karl; e Ganz, Arthur. *Literary terms: a dictionary*. 7ª impr. Nova York: Farrar, Straus and Giroux, 1982.

Bião, Armindo (Jorge de Carvalho). *Etnocenologia e a cena baiana:*

textos reunidos. Salvador: P&A Gráfica e Editora, 2009. Disponível no seguinte endereço eletrônico (acesso em 19/04/2020): <http://www.teatro.ufba.br/gipe/arquivos_pdf/ETNOCENOLOGIA1.pdf>.

Bittencourt, Tiago. *O Raul que me contaram: a história do maluco beleza revisitada por um programa de TV*. São Paulo: Martin Claret, 2017.

Bittencourt-Sampaio, Sérgio. "Carlos Gomes e Bittencourt Sampaio. Encontro, amizade e colaboração". In Bittencourt-Sampaio, Sérgio. *Música em questão*. Rio de Janeiro: Mauad X, 2014, pp. 79-106.

Bosco, Francisco. "Letra de música é poesia?". In Bueno, André (org.). *Literatura e sociedade: narrativa, poesia, cinema, teatro e canção popular*. Rio de Janeiro: 7Letras, 2006, pp. 56-65.

Bosco, Francisco. "Por uma ontologia da canção: poema e letra". In *Revista Cult*, 14/03/2010. Disponível no seguinte endereço eletrônico: <https://revistacult.uol.com.br/home/por-uma-ontologia-da-cancao-poema-e-letra/> (acesso em 07/04/2020).

Branco, Edwar de Alencar Castelo. *Todos os dias de paupéria: Torquato Neto e a invenção da tropicália*. São Paulo: Annablume, 2005.

Brewster, Scott. *Lyric*. Londres e Nova York: Routledge, 2009.

Buarque, Chico; e Pontes, Paulo. *Gota d'água*. 9ª ed. Rio de Janeiro: Civilização Brasileira, 1979.

Buarque, Chico. *Cancioneiro Songbook Chico Buarque Obras escolhidas*. Vol. 2 (obras escolhidas 1964-1979); vol. 3 (obras escolhidas 1980-2008). Rio de Janeiro: Instituto Antonio Carlos Jobim: 2008.
[Ver também Hollanda, Chico Buarque de]

Calcanhotto, Adriana. *Pra que serve uma canção como essa?* (Org. e pref. de Eucanaã Ferraz). Rio de Janeiro: Bazar do Tempo, 2016.

Camões, Luís de. *Líricas* (Sel., pref. e notas de Rodrigues Lapa). 7ª ed. Lisboa: Livraria Sá da Costa Editora, 1978.

Camões, Luís de. *Os Lusíadas* (Ed. org. por António José Saraiva). Porto: Figueirinhas; Rio de Janeiro: Padrão – Livraria Editora, 1978.

Campos, Augusto de. *Mais provençais*. Ed. rev. e ampl. São Paulo: Companhia das Letras, 1987.

Campos, Augusto de. "e. e. cummings, sempre jovem". In Cummings, E. E. *Poem(a)s* (Trad. de Augusto de Campos). Rio de Janeiro: Francisco Alves, 1999, pp. 13-19.

Campos, Augusto de. "Luxo". In Moriconi, Italo (org.). *Os cem melhores poemas do século*. Rio de Janeiro: Objetiva, 2001, p. 261.

Campos, Augusto de. *Balanço da bossa e outras bossas*. 5ª ed., 1ª reimpr. São Paulo: Editora Perspectiva, 2003.

Campos, Conceição. *A letra brasileira de Paulo César Pinheiro: uma jornada musical*. Rio de Janeiro: Casa da Palavra, 2009.

Candido, Antonio; e Castello, José Aderaldo. *Presença da literatura brasileira. I – Das origens ao Romantismo*. 6ª ed. São Paulo: Difusão Europeia do Livro, 1974.

Candido, Antonio. *Formação da literatura brasileira: momentos decisivos*. Vol. 2. 5ª ed. Belo Horizonte: Ed. Itatiaia; São Paulo: Ed. da Universidade de São Paulo, 1975.

Candido, Antonio. *Iniciación a la literatura brasileña (Resumen para principiantes)*. México: Universidad Nacional Autónoma de México, 2005.

Caneppele, Ismael. *A vida louca da MPB*. São Paulo: Leya, 2016.

Cantigas de trovadores – De amigo, de amor, de maldizer. [S.l.]: A Bela e o Monstro, Edições, 2015. [Ver Lopes, Graça Videira; e Ferreira, Manuel Pedro.]

Cantora brasileira – Nova coleção de hinos, canções e lundus. Rio de Janeiro: B.L. Garnier, 1878. Disponível no seguinte endereço eletrônico (acesso em 17/04/2020): <https://archive.org/stream/novacollecodemooounkngoog/novacollecodemooounkngoog_djvu.txt>.

Carvalho, Gilberto de. *Chico Buarque: análise poético-musical*. 2ª ed. Rio de Janeiro: Codecri, 1982.

Castagna, Paulo (coord.). *Gabriel Fernandes da Trindade – Obra completa* (Pesq. mus., ed. e coment. de Marcelo Campos Hazan, Paulo Castagna e Anderson Rocha). Belo Horizonte: Secretaria de Estado de Cultura de Minas Gerais, 2011 (Patrimônio arquivístico-musical mineiro, vol. 6).

Castagna, Paulo. "A modinha e o lundu nos séculos XVIII e XIX". *Apostila do curso História da música brasileira, Instituto de Artes da UNESP*. Disponível em (acesso em 17/04/2020) <https://escriturasvirreinales.files.wordpress.com/2014/04/lundum-y-modinha.pdf>.

Castello, José. *Vinicius de Moraes: o poeta da paixão – Uma biografia*. 2ª ed., 8ª reimpr. São Paulo: Companhia das Letras, 2009.

Castro, Ruy. *Chega de saudade: a história e as histórias da bossa nova*. 2ª ed. São Paulo: Companhia das Letras, 1990.

Cearense, Catulo [grafado Catullo] da Paixão. *Modinhas* (sel., org., rev., pref. e anot. de Guimarães Martins). Rio de Janeiro: Livraria Império, 1943.

Cesar, Ana Cristina. *Poética*. 1ª ed. São Paulo: Companhia das Letras, 2013 (6ª reimpr., 2019).

Cicero, Antonio. "Sobre as letras de canções". In Cicero, Antonio. *A poesia e a crítica: ensaios*. 1ª ed. São Paulo: Companhia das Letras, 2017, pp. 84-94.

Coan, Emerson Ike. "Quatro décadas de 'Minas' e 'Geraes'. A dimensão política da obra de Milton Nascimento". In *Sociedade e cultura – Revista de Ciências Sociais*, vol. 18, n. 2, julho-dezembro 2015, pp. 163-176. Goiânia, Universidade Federal de Goiás. Disponível em <https://www.redalyc.org/pdf/703/70346854013.pdf> (acesso em 26/04/2020).

Coelho, Frederico. *Eu, brasileiro, confesso minha culpa e meu pecado: cultura marginal no Brasil nas décadas de 1960 e 1970*. Rio de Janeiro: Civilização Brasileira, 2010.

Cohn, Sergio (org.). *Encontros/Gilberto Gil*. Rio de Janeiro: Beco do Azougue, 2007.

Coleção de modinhas brasileiras: com acompanhamento de piano / de vários autores. Rio de Janeiro: Imprensa de Música de P. Laforge, possivelmente 1842. Disponível na "Biblioteca Digital Hispánica" da "Biblioteca Nacional de España" (lê-se uma dedicatória datada de 1842 no exemplar da BDH, que consigna, na ficha do livro, aquele ano, seguido de ponto de interrogação), no seguinte endereço eletrônico: <http://bdh.bne.es/bnesearch/Search.do?>, código identificador "bdh0000138877" (acesso em 16/04/2020).

Collot, Michel. "Poésie". In *Dictionnaire des genres et notions littéraires*. 2ème éd., augm. Paris: Encyclopaedia Universalis/ Albin Michel, 2001, pp. 590-599.

Concretismo. Lima: Centro de Estudios Brasileños, 1978.

Coutinho, Afrânio. "A literatura no Brasil", in jornal *Correio da Manhã*, Anexo, 05/01/1972, apud Charles A. Perrone, *Letras e letras da música popular brasileira*, p. 39, e apud Anazildo Vasconcelos da Silva, *A poética de Chico Buarque: a expressão subjetiva como fundamento da significação*, p. IX.

Coutinho, Afrânio. *Notas de teoria literária*. 2ª ed. Rio de Janeiro: Civilização Brasileira, 1978.

Cyntrão, Sylvia; e Chaves, Xico. *Da pauliceia à centopeia desvairada: as vanguardas e a MPB*. Rio de Janeiro: Elo, 1999.

Cyntrão, Sylvia (org.). *Chico Buarque, sinal aberto!* Rio de Janeiro: 7 Letras, 2015.

Daghlian, Carlos (org.). *Poesia e música*. São Paulo: Editora Perspectiva, 1985.

Dantas, José Maria de Souza. *Manual de literatura – Volume II*. Rio de Janeiro: Editora Novo Tempo/Curso Hélio Alonso, 1970.

Dantas, José Maria de Souza. MPB – o canto e a canção. Rio de Janeiro: Ao Livro Técnico, 1988.

De Surmont, Jean Nicolas. *Vers une théorie des objets-chansons*. Lyon: ENS Éditions, 2010.

Dias, Gonçalves [Antônio Gonçalves]. *Poesia completa e prosa escolhida*. Rio de Janeiro: Editora José Aguilar, 1959.

Dias, Gonçalves [Antônio Gonçalves]. *Correspondência ativa de Antônio Gonçalves Dias. Anais da Biblioteca Nacional*. Vol. 84, 1964. Divisão de Publicações e Divulgação, 1971, p. 123. Disponível no seguinte endereço eletrônico (acesso em 17/04/2020): <http://memoria.bn.br/pdf/402630/per402630_1964_00084.pdf>.

[*Dicionário Houaiss da língua portuguesa*. Ver Houaiss, Antônio]

Dicionário ilustrado da língua portuguesa. Porto: Porto Editora, 2015.

Dicionário integral da língua portuguesa. 1ª ed. Lisboa: Texto Editores, 2009.

Dictionnaire des genres et notions littéraires. 2ème éd., augm. Paris: Encyclopaedia Universalis/ Albin Michel, 2001.

Diniz, André. *Almanaque do choro: a história do chorinho, o que ouvir, o que ler, onde curtir*. Rio de Janeiro: Zahar, 2003.

Diniz, André; e Cunha, Diogo. *A República cantada: do choro ao funk, a história do Brasil através da música*. Rio de Janeiro: Zahar, 2014.

Dolhnikoff, Luís. "Por que letra de música não é poesia". Cronópios, 28/09/2007. No endereço <http://www.cronopios.com.br/content.php?artigo=8892&portal=cronopios>, disponível em dezembro de 2015. Referência ao artigo encontra-se em <http://formasfixas.blogspot.com/2014/12/o-kit-basico-de-sobrevivencia-do.html>.

Dubois, J. e outros ("Groupe μ; Centre d'études poétiques, Université de Liège"). *Retórica geral* (Trad. de Carlos Felipe Moisés e outros; coord. e rev. geral da tradução por Massaud Moisés). São Paulo: Cultrix/Ed. da Universidade de São Paulo, 1974.

[*Enciclopédia da música brasileira: popular, erudita e folclórica*. Ver Marcondes, Marcos Antônio (editor)]

Esteves, Marcele Cristina Nogueira. *Paulo César Pinheiro: a poética das identidades* (tese). Universidade Federal de São João Del-Rei, 2008. Disponível no seguinte endereço eletrônico: <http://livros01.livrosgratis.com.br/cp086565.pdf> (acesso em 17/04/2020).

Favaretto, Celso. *Tropicália, alegoria, alegria*. 4ª ed. Cotia, SP: Ateliê Editorial, 2007.

Ferraz, Eucanaã (org.). *Veneno antimonotonia – Os melhores poemas e canções contra o tédio*. Rio de Janeiro: Objetiva, 2005.

Ferreira, Aurélio Buarque de Holanda. *Novo dicionário da língua portuguesa*. 1ª ed., 9ª impr. Rio de Janeiro: Editora Nova Fronteira, 1975.

Ferreira, Manuel Pedro. "Quem diz cantares...". In *Cantigas de trovadores – De amigo, de amor, de maldizer*. [S.l.]: A Bela e o Monstro, Edições, 2015, pp.19-25.

Ferreira, Manuel Pedro. "Martin Codax: a história que a música conta". In *Medievalista Online*, 24/2018, Número 24. Open Edition Journals. Disponível no seguinte endereço eletrônico: <http://journals.openedition.org/medievalista/1700> (acesso em 21/05/2020).

Figueiredo, Carlos Alberto. "*Garcia, José Maurício Nunes*", verbete sobre o Padre José Maurício Nunes Garcia. In *Dicionário Biográfico Caravelas* ("Dicionário Biográfico do Núcleo Caravelas do CESEM/ NOVA FCSH"). Disponível em <https://dicionario-biografico.caravelas.fcsh.unl.pt/dicion-rio/G> (acesso em 17/04/2020).

Franchetti, Paulo. "O riso romântico – Notas sobre o cômico na poesia de Bernardo Guimarães e seus contemporâneos". In *Remate de Males*, Campinas, 7, pp. 7-17, 1987. Disponível no seguinte endereço eletrônico (acesso em 19/06/2020): <https://periodicos.sbu.unicamp.br/ojs/index.php/remate/article/view/8636319/4028>.

Garcia, Othon M. *Comunicação em prosa moderna: aprenda a escrever, aprendendo a pensar*. 7ª ed. rev., atual. Rio de Janeiro, Editora da Fundação Getúlio Vargas: 1978.

Gil, Gilberto. *Gilberto Gil: todas as letras: incluindo letras comentadas pelo compositor* (org. Carlos Rennó). Ed. rev. e ampl. São Paulo: Companhia das Letras, 2003.

Goldstein, Norma. *Versos, sons, ritmos*. 5ª ed. São Paulo: Editora Ática, 1989.

Gonçalves, Alexandre Augusto Teixeira. *Moreira da Silva: o último dos malandros*. 2ª ed. Rio de Janeiro: Sonora Editora, 2013.

Gonçalves, Camila Koshiba. *Música em 78 rotações: discos a todos os preços na São Paulo dos anos 30*. São Paulo: Alameda, 2013.

Gonçalves de Magalhães, Domingos José. *Suspiros poéticos e saudades* (Pref. de Fábio Lucas). 5ª ed. Brasília: Editora Universidade de Brasília/INL-Instituto Nacional do Livro, 1986.

[Gonçalves Dias. Ver Dias, Gonçalves (Antônio Gonçalves)]

Gonzaga, Tomás António. *Marília de Dirceu e mais poesias* (Pref. e notas do prof. M. Rodrigues Lapa). 3ª ed. Lisboa: Livraria Sá da

Costa Editora, 1961.

Gonzaga, Tomás Antônio. *Marília de Dirceu* (Texto estabelecido e anotado por Sergio Pachá). Rio de Janeiro, Academia Brasileira de Letras, 2001.

Guaral, Guilherme. *O Estado Novo da Portela*. Jundiaí: Paco Editorial, 2012.

Guimarães, Bernardo. "A origem do mênstruo". Disponível em (acesso em 19/06/2020) <https://www.literaturabrasileira.ufsc.br/documentos/?action=download&id=37051Ç>.

Hollanda, Chico Buarque de. *Chico Buarque, letra e música*. 2v., em caixa. São Paulo: Companhia das Letras, 1989.

Hollanda, Chico Buarque de. *Tantas palavras* ("Todas as letras e reportagem biográfica de Humberto Werneck"). São Paulo: Companhia das Letras, 2006. 4ª reimpr., 2017.

Homem, Wagner; e Oliveira, Luiz Roberto. *Histórias de canções: Tom Jobim*. São Paulo: Leya, 2012.

Horácio Flaco, Quinto. *Arte poética* (Tradução e comentários de Cândido Lusitano; edição de Renan Santos). 1ª ed. Porto Alegre, RS: Concreta, 2017.

Houaiss, Antônio; e Villar, Mauro de Salles. *Dicionário Houaiss da língua portuguesa*. Rio de Janeiro: Objetiva, 2009.

Huguenin, José. "Letra de música é poesia?", 05/12/2017. Disponível no endereço (acesso em 01/04/2020) <https://medium.com/@jose.huguenin/letra-de-m%C3%BAsica-%C3%A9-poesia-7e5d42197a55>.

Jakobson, Roman, "Linguística e poética». In Jakobson, Roman. *Linguística e comunicação*. 22ª ed. São Paulo: Cultrix, 2010, pp. 150-207.

Jouet, Jacques. "Vers libre". In *Dictionnaire des genres et notions littéraires*. 2ème éd., augm. Paris: Encyclopaedia Universalis/ Albin Michel, 2001, pp. 936-937.

Kayser, Wolfgang. *Análise e interpretação da obra literária (Introdução à ciência da literatura)*. 6ª ed. portuguesa, rev. por Paulo Quintela. Coimbra: Arménio Amado, Editor: 1976.

Klauber, Véronique. "Zeugme". In *Dictionnaire des genres et notions littéraires*. 2ème éd., augm. Paris: Encyclopaedia Universalis/ Albin Michel, 2001, p. 941.

Kühl, Paulo M. "A música e suas histórias na obra de Araújo Porto-Alegre". In Porto-Alegre, Manuel de Araújo. *Araújo Porto-Alegre: Singular & Plural*. Julia Kovensky; Leticia Squeff (org.). São Paulo: IMS/Instituto Moreira Salles, 2014, pp. 163-175.

Lee, Rita. *Rita Lee: uma autobiografia.* São Paulo: Globo, 2016.

Leitão, Luiz Ricardo. *Gramática crítica – o culto e o coloquial no português brasileiro.* 5ª ed., Rio de Janeiro: Ferreira, 2016.

Leme, Mônica Neves. *Que "tchan" é esse?: indústria e produção musical no Brasil dos anos 90.* São Paulo: Annablume, 2003.

Lira do trovador – Coleção de modinhas, recitativos, lundus, canções, etc. 1º e 2º vols. 3ª ed. Rio de Janeiro: Livraria de J. G. de Azevedo Editor, 1896. Disponível no endereço eletrônico <https://www2.senado.leg.br/bdsf/handle/id/242763> (acesso em 19/04/2020).

Lira Neto. *Uma história do samba: volume I (As origens).* São Paulo: Companhia das Letras, 2017.

Lopes, Graça Videira. "Poesia galego-portuguesa, o grande oceano por achar". In *Cantigas de trovadores – De amigo, de amor, de maldizer.* [S.l.]: A Bela e o Monstro, Edições, 2015, pp. 9-17.

Lopes, Nei; e Simas, Luiz Antonio. *Dicionário da história social do samba.* 6ª ed. Rio de Janeiro: Civilização Brasileira, 2020 (primeira edição, 2015).

Lyra, Pedro (org). *Sincretismo: a poesia da geração 60: introdução e antologia.* Rio de Janeiro: Topbooks, 1995.

Lyra, Pedro. *Poema e letra-de-música: um confronto entre duas formas de exploração poética da palavra.* Curitiba: Editora CRV, 2010.

[Magalhães, Domingos José Gonçalves de. Ver Gonçalves de Magalhães, Domingos José]

Mallarmé, Stéphane. *Mallarmé* (Poesias de Mallarmé, com texto em francês, traduções e estudos críticos por Augusto de Campos, Décio Pignatari e Haroldo de Campos). São Paulo: Perspectiva, 1974.

Marcondes, Marcos Antônio (editor). *Enciclopédia da música brasileira: popular, erudita e folclórica.* 2ª ed. São Paulo: Art Editora/Publifolha, 1998.

Marques, Jorge. *Finas flores: mulheres letristas na canção brasileira.* Rio de Janeiro: Oficina Raquel, 2015.

Martins, Franklin. *Quem foi que inventou o Brasil? – A música popular conta a história da República.* Vol. I (de 1902 a 1964), vol. II (de 1964 a 1985) e vol. III (1985 a 2002). Rio de Janeiro: Nova Fronteira, 2015.

Matos, Cláudia Neiva de; Medeiros, Fernanda Teixeira de; e Travassos, Elizabeth (org.). *Ao encontro da palavra cantada – poesia, música e voz.* Rio de Janeiro: 7 Letras, 2001.

Matos, Cláudia Neiva de; Medeiros, Fernanda Teixeira de; e Travassos, Elizabeth (org.). *Palavra cantada: ensaios sobre poesia, música e voz.*

Rio de Janeiro: 7 Letras, 2008.

Matos, Cláudia Neiva de; Medeiros, Fernanda Teixeira de; e Oliveira, Leonardo Davino de (org.). *Palavra cantada: estudos transdisciplinares*. Rio de Janeiro: EdUERJ, 2014.

Matos, Maria Vitalina Leal de; e Borges, Vera da Cunha. *Introdução aos estudos literários*. Coimbra: Almedina, 2017.

Mattos, Cleofe Person de. *José Maurício Nunes Garcia: biografia*. Rio de Janeiro: Fundação Biblioteca Nacional, Dep. Nacional do Livro, 1997. Disponível no endereço eletrônico <http://objdigital.bn.br/objdigital2/acervo_digital/div_obrasgerais/drg927722/drg927722.pdf> (acesso em 16/04/2020).

Maulpoix, Jean-Michel. "Lyrisme". In *Dictionnaire des genres et notions littéraires*. 2ème éd., augm. Paris: Encyclopaedia Universalis/ Albin Michel, 2001, pp. 460-464.

Medeiros, Fernanda Teixeira de. "'Pipoca moderna': uma lição – estudando canções e devolvendo a voz ao poema". In Cláudia Neiva de Matos et al. (org.), *Ao encontro da palavra cantada – poesia, música e voz*. Rio de Janeiro: 7 Letras, 2001, pp. 128-140.

Medeiros, Jotabê. *Belchior Apenas um rapaz latino-americano*. São Paulo: Todavia, 2017.

Meireles, Cecília. *Romanceiro da Inconfidência*. 3ª ed. Rio de Janeiro: Editora Civilização Brasileira, 1977.

Meireles, Cecília. *Obra poética*. Rio de Janeiro: Editora Nova Aguilar S.A., 1983.

Mello, Marcelo de. *O enredo do meu samba – A história de quinze sambas-enredo imortais*. Rio de Janeiro: Record, 2015.

Mello, Zuza Homem de. *A era dos festivais: uma parábola*. São Paulo: Editora 34, 2003.

Mello, Zuza Homem de. *Música com Z: artigos, reportagens e entrevistas*. São Paulo: Editora 34, 2014.

Mello, Zuza Homem de. *Copacabana: a trajetória do samba-canção (1929-1958)*. São Paulo: Editora 34/Edições Sesc São Paulo, 2017.

Melo Neto, João Cabral de. *Morte e vida severina e outros poemas em voz alta*. 20ª ed. Rio de Janeiro: J. Olympio, 1984.

Melo Neto, João Cabral de. *Auto do frade: poema para vozes*. Rio de Janeiro: J. Olympio, 1984.

Mendes, Júlia de Brito. *Canções populares do Brasil – Coleção escolhida das mais conhecidas e inspiradas modinhas brasileiras, acompanhadas das respectivas músicas*. Rio de Janeiro: Editor J.Ribeiro dos

Santos, 1911. Disponível no seguinte endereço eletrônico: <http://archive.org/stream/canoespopulareoobrituoft/canoespopulareoobrituoft_djvu.txt> (acesso em 05/06/2020).

Merquior, José Guilherme. *A astúcia da mímese: ensaios sobre lírica*. 2ª ed. Rio de Janeiro: Topbooks, 1997.

Moisés, Massaud. *Dicionário de termos literários*. 2ª ed., rev. São Paulo: Editora Cultrix, 1978.

Moisés, Massaud. *A análise literária*. 19ª ed. São Paulo: Cultrix, 2014.

Moniz, António; e Paz, Olegário. *Dicionário Breve de Termos Literários*. 2ª ed. Lisboa: Editorial Presença, 2004.

Moraes, Kleiton de Sousa. "Catullo Cearense ou a trajetória literária de um bardo ordinário". XXVII Simpósio Nacional de História, Natal/RN, 22 a 26 de julho de 2013. Disponível no seguinte endereço eletrônico (acesso em 19/06/2020): <http://www.snh2013.anpuh.org/resources/anais/27/1371332449_ARQUIVO_Catullosertanejo-artigo_1_.pdf>.

Moraes, Vinicius de. *Poesia completa e prosa*. 2ª ed., reimpr. Rio de Janeiro: Editora Nova Aguilar, 1986 ("Edição organizada por Afrânio Coutinho com assistência do autor").

Moraes, Vinicius de. *Cancioneiro Songbook Vinicius de Moraes Obras escolhidas*. Rio de Janeiro: Instituto Antonio Carlos Jobim, 2007.

Moraes, Vinicius de. *Livro de letras/Vinicius de Moraes: pesquisa [Beatriz Calderari de Miranda, José Castello]*. São Paulo: Companhia das Letras, 2015.

Moraes Filho, Mello [Alexandre José de Mello]. *Serenatas e saraus, Vol. III – Hinos, modinhas diversas*. Rio de Janeiro/Paris: H. Garnier, Livreiro-Editor, 1902. Disponível, graças ao projeto "Brasiliana USP", por meio da "Brasiliana Digital", no endereço eletrônico <https://digital.bbm.usp.br/bitstream/bbm/4247/1/011953-3_COMPLETO.pdf> (acesso em 18/04/2020).

Moraes Filho, Mello [Alexandre José de Mello]. *Cantos do Equador – Sertões e florestas, noturnos e fantasias, poemas da escravidão*. Rio de Janeiro: Tipografia de Leuzinger e Filhos, 1881. Disponível em <https://www2.senado.leg.br/bdsf/handle/id/179484> (acesso em 19/06/2020).

Motta, Nelson. *101 canções que tocaram o Brasil*. Rio de Janeiro: Estação Brasil, 2016.

Moura, Roberto M. *MPB- Caminhos da arte brasileira mais reconhecida no mundo*. São Paulo: Irmãos Vitale, 1998.

Naves, Santuza Cambraia. *Da Bossa Nova à Tropicália*. Rio de Janeiro: Jorge Zahar Ed., 2001.

Naves, Santuza Cambraia et al., "Levantamento e comentário crítico de estudos acadêmicos sobre música popular no Brasil" [s/d]. Disponível no seguinte endereço eletrônico (acesso em 11/04/2020): <https://document.onl/documents/levantamento-e-comentrio-crtico-de-estudos-acadmicos-e-de-crtica-musical.html?page=38>.

Nunes, Irene Freire; e Martins, Fernando Cabral. *Os trovadores provençais*. Lisboa: Sistema Solar CRL (Documenta), 2014.

Oliveira, Solange Ribeiro de. *Literatura e música – Modulações pós-coloniais*. São Paulo: Editora Perspectiva, 2002.

Paes, Tavinho. "Letra de música é poesia?". Disponível no endereço eletrônico <http://www.radiocaos.com.br/website/?p=896> (acesso em 17/06/2020).

Perrone, Charles A. *Letras e letras da música popular brasileira* (trad. de José Luiz Paulo Machado). Rio de Janeiro: Elo, 1988.

Pinheiro, Paulo César. *Canto brasileiro: poemas e canções*. Rio de Janeiro: Cia. Brasileira de Artes Gráficas, 1977.

Pinheiro, Paulo César. *Histórias das minhas canções/Paulo César Pinheiro*. São Paulo: Leya, 2010.

Pöhlmann, Egert; e West, Martin L. (orgs.). *Documents of Ancient Greek Music – The extant melodies and fragments edited and transcribed with commentary*. Nova York: Oxford University Press, 2001.

Prado, Paulo. "Poesia Pau Brasil" (prefácio). In Andrade, Oswald de. *Pau Brasil*. Paris: Au Sans Pareil, 1925, pp. 5-13 (Edição fac-símile. [S.l.]: A Bela e o Monstro, Edições Digitalização Redinteg/Impressão Printer Portuguesa, 2014).

Proença Filho, Domício. *A linguagem literária*. 8ª ed. São Paulo: Ática, 2007.

Rabelo [grafado Rabêlo], Laurindo. *Poesias completas* (coligidas e anotadas por Antenor Nascentes). Rio de Janeiro: Instituto Nacional do Livro, 1963.

Ragusa, Giuliana (org. e trad.). *Lira grega: antologia de poesia arcaica*. São Paulo: Hedra, 2013.

Rangel, Lúcio. *Sambistas e chorões*. São Paulo: IMS, 2014.

Raulino, Elaine Nascimento. *Ferreira Gullar numa perspectiva foucaultiana: uma leitura de* Em alguma parte alguma. São Luís, Universidade Federal do Maranhão, Dissertação de Mestrado, 2012. Disponível no seguinte endereço eletrônico: <https://tedebc.ufma.br/

jspui/bitstream/tede/32/1/ELIANE.pdf> (acesso em 17/06/2020).

Recanto das letras. "Mas, afinal, letra de música é poesia? Poesia é letra de música?", 04/11/2019 (data de reedição de artigo enviado por Erânio em 03/06/2018). Disponível em <https://www.recantodasletras.com.br/artigos-de-literatura/6354791> (acesso em 29/03/2020).

Reis, Carlos (Antônio Alves dos). *Técnicas de análise textual – Introdução à leitura crítica do texto literário*. Coimbra: Livraria Almedina, 1976.

Reis, Carlos. *O conhecimento da literatura – Introdução aos estudos literários*. 2ª ed., 5ª reimpr. Coimbra: Almedina, 2015.

Rennó, Carlos. *O voo das palavras cantadas*. São Paulo: Dash Editora, 2014.

Rennó, Carlos. *Canções*. São Paulo: Perspectiva, 2018.

Rocha, Janes, *Os outubros de Taiguara: um artista contra a ditadura: música, censura e exílio*. São Paulo: Kuarup, 2014.

Rodrigues, Nelson Antônio Dutra. *Os estilos literários e letras de música popular brasileira*. São Paulo: Arte & Ciência, 2003.

Romilly, Jacqueline de. *La tragédie grecque*. 2e éd. Paris: Presses Universitaires de France, 1975.

Samuel, Rogel (org.). *Manual de teoria literária*. Petrópolis: Vozes, 1984.

Santaella, Lúcia. *Convergências: poesia concreta e tropicalismo*. São Paulo: Nobel, 1986.

Sant'Anna, Affonso Romano de. *Música popular e moderna poesia brasileira*. 2ª ed., rev. e ampl. Petrópolis: Vozes, 1980.

Sant'Anna, Romildo. "Sampa, uma parada". In Daghlian, Carlos (org.). *Poesia e música*. São Paulo: Editora Perspectiva, 1985, pp. 77-98.

Severiano, Jairo; e Mello, Zuza Homem de. *A canção no tempo: 85 anos de músicas brasileiras. Vol. 1: 1901-1957*. São Paulo: Editora 34, 1997. *Vol. 2: 1958-1985*. São Paulo: Editora 34, 1998.

Severiano, Jairo. *Uma história da música popular brasileira: das origens à modernidade*. São Paulo: Editora 34, 2008.

Silva, Anazildo Vasconcelos da. *A poética de Chico Buarque: a expressão subjetiva como fundamento da significação*. Rio de Janeiro: Sophos, 1974.

Silva, Cândido Inácio da. "Quando as glórias que gozei". Disponível na Biblioteca Nacional Digital da Fundação Biblioteca Nacional do Brasil (endereço eletrônico <http://bndigital.bn.gov.br/acervodigital>, código de identificação *mas233138*, acesso em 19/06/2020).

Silva, Cândido Inácio da. Verbete de MPB CIFRANTIGA. Disponível no endereço eletrônico <https://cifrantiga2.blogspot.com/2013_01_09_archive.html> (acesso em 19/06/2020).

Silva, Vítor Manuel de Aguiar e. *Teoria da literatura*. 3ª ed, rev. e aument. Coimbra: Livraria Almedina, 1979.

Silva Junior, Jonas Alves da. *Doces modinhas para Iaiá, buliçosos lundus para Ioiô: poesia romântica e música popular no Brasil do século XIX*. São Paulo: Linear B; Faculdade de Filosofia, Letras e Ciências Humanas, 2008 (Coleção Dissertações e Teses do Programa de Pós-Graduação em Literatura Brasileira da Faculdade de Filosofia, Letras e Ciências Humanas – USP).

Souto, Bernardo. "Poesia X Letra de música". In *Jornal Opção*, 22 de março de 2017. Disponível em <https://www.jornalopcao.com.br/opcao-cultural/poesia-x-letra-de-musica-90066/> (acesso em 01/04/2020).

Souza, Claudeir Aparecido de. *Música e poesia nas canções de malandragem de Chico Buarque de Hollanda* (tese). Universidade Estadual de Maringá, 2007. Disponível em <https://fdocuments.net/document/a-tradicao-poetica-da-cancao-popular-de-chico-.html?page=1> (acesso em 06/04/2020).

Souza, Tárik de (org. e pref.). *O som do Pasquim*. Rio de Janeiro: Desiderata, 2009.

Tatit, Luiz. *Semiótica da canção*. 3ª ed. São Paulo: Editora Escuta, 2007.

Tatit, Luiz. *O cancionista*. 2ª ed., 1ª reimpr. São Paulo: Editora da Universidade de São Paulo, 2012.

Tatit, Luiz; e Lopes, Ivã Carlos. *Elos de melodia e letra: análise semiótica de seis canções*. Cotia, SP: Ateliê Editorial, 2008.

Távola, Artur da. *Orestes Barbosa: 100 anos de Chão de Estrelas*. Brasília: Câmara dos Deputados/Centro de Documentação e Informação/Coordenação de Publicações, 1993.

Tinhorão, José Ramos. *Domingos Caldas Barbosa: o poeta da viola, da modinha e do lundu*. São Paulo: Ed. 34, 2004.

Tinhorão, José Ramos. *Cultura popular: temas e questões*. 2ª ed., rev. e ampl. São Paulo: Editora 34, 2006.

Tinhorão, José Ramos. *História social da música popular brasileira*. 2ª ed. São Paulo: Editora 34, 2010.

Tinhorão, José Ramos. *Música popular: um tema em debate*. 4ª ed. São Paulo: Editora 34, 2012.

Tinhorão, José Ramos. *Pequena história da música popular: segundo seus gêneros*. 7ª ed. São Paulo: Editora 34, 2013.

Tolentino, Bruno. "Quero o país de volta". Entrevista à revista *Veja*, em 20/03/1996. In *Jornal de poesia*, 26/12/2007. Disponível no seguinte endereço eletrônico (acesso em 01/04/2020): <http://www.jornaldepoesia.jor.br/btolentino01e.html>.

Torres, Alfredo Werney Lima. *A relação entre música e palavra: uma análise das canções de Chico Buarque e Tom Jobim*. Teresina: Universidade Estadual do Piauí, 2013. Disponível no seguinte endereço eletrônico (acesso em 13/04/2020): <https://sistemas2.uespi.br/handle/tede/57>.

Trovador – Coleção de modinhas, recitativos, árias, lundus, etc., Vol. II, Nova edição correta. Rio de Janeiro: Livraria Popular de A. A. da Cruz Coutinho Editor, 1876. Disponível no seguinte endereço eletrônico (acesso em 19/06/2020): <https://www.literaturabrasileira.ufsc.br/documentos/?action=download&id=117126>.

Trovador – Coleção de modinhas, recitativos, árias, lundus, etc., Vol. III, Nova edição correta. Rio de Janeiro: Livraria Popular de A. A. da Cruz Coutinho Editor, 1876. Disponível no seguinte endereço eletrônico (acesso em 19/06/2020): <https://www.literaturabrasileira.ufsc.br/documentos/?action=download&id=117127>.

Trovador – Coleção de modinhas, recitativos, árias, lundus, etc., Vol. IV, Nova edição correta. Rio de Janeiro: Livraria Popular de A. A. da Cruz Coutinho Editor, 1876. Disponível no seguinte endereço eletrônico (acesso em 16/04/2020): <https://babel.hathitrust.org/cgi/pt?id=wu.89105878607;view=1up;seq=169>.

Valle, Paulo Sergio. *Contos e letras: uma passagem pelo tempo*. Rio de Janeiro: Litteris, 2018.

Vasconcelos, Ary. *Panorama da música popular brasileira*. Vol. I e Vol. II. São Paulo: Livraria Martins Editora, 1964.

Vasconcelos, Ary. *Panorama da música popular brasileira na* Belle Époque. Rio de Janeiro: Liv. Sant'Anna, 1977.

Veloso, Caetano. *Letra só: sobre as letras/Caetano Veloso* (sel. e org. Eucanaã Ferraz). São Paulo: Companhia das Letras, 2003.

Veloso, Caetano. *Verdade tropical*. 3ª ed. São Paulo, Companhia das Letras, 2017 ("Edição comemorativa de 20 anos" do livro, "publicado originalmente pela Companhia das Letras em 1997").

Vianna, Luiz Fernando. *Aldir Blanc: resposta ao tempo – Vida e letras*. Rio de Janeiro: Casa da palavra, 2013.

Vilara (de Mattos), Paulo (César). *Palavras musicais: letras, processo de criação, visão de mundo de 4 compositores brasileiros*. Belo Horizonte: [s/ed.], 2006.

Villas-Boas, Eduardo Diniz. "Os beijos de frade" (música de Henrique Alves de Mesquita – Lundu). Disponível na Biblioteca Nacional Digital da Fundação Biblioteca Nacional do Brasil (endereço eletrônico <http://bndigital.bn.gov.br/acervodigital>, código de identificação *mas178341 (acesso em 19/06/2020)*.

Wellek, René; e Warren, Austin. *Teoria da literatura*. 3ª ed. Sintra: Publicações Europa-América, 1976.

Wisnik, José Miguel. *Sem receita – ensaios e canções*. São Paulo: Publifolha, 2004.

Wisnik, José Miguel. "Episódio completo – Letra de música é poesia?" Super Libris, SESC TV, 10/10/2019. Postagem com 29m27s de duração. Disponível no endereço eletrônico <https://www.youtube.com/watch?v=WoLJWGe37i4> (acesso em 18/06/2020, quando se contabilizavam "4.809 visualizações").

Xexéo, Arthur. "Estrelas cintilam, o rock irrompe – 1977-1987". In Albin, Ricardo Cravo (org.). MPB: *a alma do Brasil*. Rio de Janeiro: ICCA, 2009, pp. 119-143.

Zé, Tom. *Tropicalista lenta luta – Tom Zé*. São Paulo: Publifolha, 2003.

1.2. Fontes referenciais de consulta eletrônica

Beatriz Kauffmann's Web Site: <http://www.beakauffmann.com/>.
Biblioteca Nacional Digital da Fundação Biblioteca Nacional do Brasil: <http://bndigital.bn.gov.br/acervodigital>.
Dicionário Cravo Albin da música popular brasileira: <http://www.dicionariompb.com.br/>.
MPB CIFRANTIGA: <https://cifrantiga.blogspot.com>.

Índice de nomes

A

Abreu, Casimiro de   p. 110, 112, 113, 188
Abreu, Juvenal de   p. 132
Adelaide, Julinho da [nome fictício de compositor de músicas de Chico Buarque]   p. 216
Albin, Ricardo Cravo [e Dicionário Cravo Albin da música popular brasileira]   p. 29, 33, 35, 36, 112, 121, 131, 135, 136, 140, 143, 154, 155, 159, 166, 175, 178, 203, 251
Alcina, Maria   p. 174
Alencar, José de   p. 110
Alf, Johnny   p. 171
Alighieri, Dante   p. 27, 55
Almeida, Júlia Lopes de   p. 197
Almeida, Onildo   p. 129
Almeida, Teodoro de   p. 103
Almirante [Henrique Foréis Domingues]   p. 136, 139
Alvarenga, Silva [Manuel Inácio da Silva Alvarenga]   p. 50
Alves, Castro   p. 112, 113
Alves, Francisco   p. 200
Alvito, Marcos   p. 33, 38
Amado, Jorge   p. 129
Amália, Narcisa   p. 131
Amaral, Euclides   p. 33, 35, 44-46
Amat, José   p. 113
Anacreonte   p. 58
Andrade, Mário de   p. 101, 105, 108, 109, 111, 112, 196
Andrade, Moacyr   p. 140
Andrade, Oswald de   p. 147, 151, 197, 227, 256
Andrade, Paulo   p. 31
André Filho [Antônio André de Sá Filho]   p. 200
Antônio, Luís [Antônio de Pádua Vieira da Costa]   p. 129, 142
Aquino, J. B. de   p. 153
Aquino, João de (Aquino Monteiro)   p. 251
Aristóteles   p. 50, 79, 80
Arvellos, Januário da Silva   p. 118
Arvellos Filho, Januário da Silva   p. 118, 120
Ascher, Nelson   p. 15
Assis, Francisco de [dito Chico de Assis]   p. 153
Assis, Machado de   p. 110
Ayala, Walmir   p. 97, 183, 185
Azevedo, Aluísio   p. 126
Azevedo, Álvares de   p. 112, 113, 122, 188
Azevedo, Artur   p. 126, 127
Azevedo, Miguel Angelo de [Nirez]   p. 37, 128, 141

B

Babo, Lamartine   p. 131, 136-137, 273/274, 283
Bahia, Xisto   p. 118, 127, 131, 192
Baldry, H.C.   p. 58
Bandeira, Manuel   p. 15, 17, 55, 56, 66, 87, 113, 120, 183, 184, 197, 199, 287
Baptista, Abel Barros   p. 303
Barbosa, Adoniran   p. 144, 267/268
Barbosa, Domingos Caldas   p. 9, 11, 23, 60, 95-101, 102, 181, 182-187, 271, 281, 284, 289, 296, 297
Barbosa, Francisco de Assis   p. 96, 182, 183
Barbosa, Orestes   p. 11, 20, 36, 43, 130, 134, 136, 181, 197-200, 264, 289, 296, 298, 299
Barbosa, Rui   p. 132
Barreto, Luís Carlos   p. 149
Barros, Theo de   p. 157
Barroso, Ary   p. 15, 20, 38, 133, 136, 137, 267, 280
Bastos, Cristovão   p. 214, 246
Batista, Dircinha   p. 144
Batista, Geraldo   p. 132
Batista, Marília   p. 200
Batista, Wilson   p. 129, 133, 136
Baudelaire, Charles   p. 67
Bechara, Evanildo   p. 70
Beckson, Karl   p. 65
Belchior [Antônio Carlos Gomes Belchior Fontenelle Fernandes]   p. 34, 36, 172-174, 227, 271, 279
Benjor, Jorge   p. 15, 17, 165/166

Bethânia, Maria   p. 29
Bião, Armindo   p. 121
Bittencourt, Tiago   p. 34, 36, 170
Bittencourt-Sampaio, Sérgio   p. 117
Blanc, Aldir   p. 11, 33, 42, 152, 179, 181, 246-250, 251, 265, 266, 268, 273, 289, 291, 296, 297
Bocage [Manuel Maria Barbosa du Bocage]   p. 64
Boccaccio, Giovanni   p. 78
Borba, Francisco   p. 74
Borges, Vera da Cunha   p. 52, 88, 91
Bosco, Francisco   p. 30, 31, 41, 46/47, 288
Bosco, João   p. 246, 249
Bôscoli, Ronaldo   p. 146-147, 266
Braguinha [Carlos Alberto Ferreira Braga, pseudônimo João de Barro]   p. 15, 129, 131, 136
Branco, Edwar de Alencar Castelo   p. 150, 164
Brandão, Arnaldo   p. 15
Brant, Fernando   p. 16, 165, 166-167, 274/275
Brasinha [Gustavo Thomás Filho]   p. 142
Brewster, Scott   p. 58, 80
Brito, Francisco de Paula   p. 106, 110, 124, 125
Brito, Guilherme de   p. 16, 142/143, 271
Brizola, Leonel   p. 171
Buarque, Chico [ou Hollanda, Chico Buarque de]   p. 9, 11, 13, 14, 15, 16, 17, 22, 29, 34, 41, 42, 44, 45, 134, 151, 152, 154/155, 156, 157, 158, 162/163, 165, 178, 179, 181, 201, 204, 210-225, 229, 242, 251, 257-260, 263/264, 265, 266, 267, 268, 269, 272, 273, 275/276, 277, 280, 284, 289, 290, 293, 295, 296, 297, 298, 299, 300, 303
Bueno, André   p. 31, 41, 288
Bugalho, Sérgio   p. 44

C

Calcanhotto, Adriana   p. 34, 42
Caldas, Sílvio   p. 30, 197
Caldas, Sousa [Antônio Pereira de Sousa Caldas]   p. 50
Caminha, Alcides   p. 16, 142/143
Camões, Luís de   p. 27, 28, 64, 85

Campos, Álvaro de   p. 52, 88
Campos, Augusto de   p. 9, 13, 16, 22, 31, 32, 37, 38, 39, 40, 59, 68, 86, 87, 225, 226, 227, 233, 256
Campos, Conceição   p. 37, 252, 253
Campos, Humberto de   p. 197
Candeia [Antônio Candeia Filho]   p. 129
Candido, Antonio   p. 50, 52, 82, 102, 109, 111, 112, 188, 190
Cândido, José   p. 154
Caneppele, Ismael   p. 34
Capiba [Lourenço Fonseca Barbosa]   p. 136, 138-139, 272
Capinan [José Carlos Capinan]   p. 11, 148, 150, 165, 181, 226, 227, 241, 242-244, 280
Cardoso, Elizeth   p. 209
Carlos, Erasmo   p. 164
Carlos, Roberto   p. 164
Cartola [Angenor de Oliveira]   p. 16, 175, 274
Carvalho, Francisco   p. 127
Carvalho, Gilberto de   p. 16, 20
Carvalho, Hermínio Bello de   p. 171
Carvalho, Roberto de   p. 167
Castagna, Paulo   p. 106, 107, 108, 109, 124
Castello, José   p. 34, 43, 204, 205, 209
Castello, José Aderaldo   p. 50, 52, 82
Castelo Branco, Humberto de Alencar   p. 167
Castro, Ruy   p. 38
Cavaquinho, Nélson   p. 16, 142/143
Caymmi, Dorival   p. 129, 130, 136, 138
Cearense, Catulo da Paixão   p. 11, 43, 115, 128, 130, 134, 181, 192-197, 206, 289, 295, 297
Cervantes, Miguel de   p. 78
Cesar, Ana Cristina   p. 66
César, Sílvio   p. 16
Chaves, Gilvan   p. 130
Chaves, Juca   p. 175-176, 285
Chaves, Xico   p. 38
Chediak, Almir   p. 201
Cicero, Antonio   p. 10, 18, 19, 21, 22, 25, 31, 41, 46, 288
Coan, Emerson Ike   p. 166, 167
Codax, Martin   p. 60
Coelho, Frederico   p. 33, 35, 148/149, 164, 165

Coelho Machado, Rafael   p. 114
Cohn, Sergio   p. 37
Collot, Michel   p. 49, 51, 61, 65, 66, 68, 69, 72, 73, 74, 77, 78, 84, 92, 168, 287
Correia, Raimundo   p. 87
Costa, Cláudio Manuel da   p. 183
Costa, J. Pereira da   p. 105
Coutinho, Afrânio   p. 9, 13, 16, 22, 43, 50, 53, 91, 94
Cummings, E.E.   p. 68
Cunha, Diogo   p. 34, 41
Cunha, Euclides da   p. 193
Cunha, João Luís de Almeida   p. 113, 114, 123, 189
Cyntrão, Sílvia   p. 34, 38

D

Daghlian, Carlos   p. 41
Dantas, José Maria de Souza   p. 17, 22, 41
Dantas, Zé [José de Souza Dantas Filho, também identificado como Zédantas]   p. 140, 141-142
De Surmont, Jean Nicolas   p. 27-28
Dias, Gonçalves   *ver* Gonçalves Dias, Antônio
Dinis, D.   p. 60
Diniz, André   p. 33/34, 38, 41
Djavan   p. 177-178, 216
Dolhnikoff, Luís   p. 16, 291
Donga [Ernesto Joaquim Maria dos Santos]   p. 129, 200
Drummond de Andrade, Carlos   p. 30, 254
Dubois, J.   p. 52, 53, 60, 61, 62, 69, 70, 72, 75, 89
Duran, Dolores [Adileia Silva da Rocha]   p. 20, 143-144, 265, 268
Dusek, Eduardo   p. 174, 175, 266
Dylan, Bob   p. 303

E

Estevam, Carlos   p. 153
Esteves, Marcele Cristina Nogueira   p. 250
Eurípedes   p. 58

F

Fagner, Raimundo   p. 173, 174

Favaretto, Celso   p. 38, 148, 149, 164, 226, 227, 278
Ferraz, Eucanaã   p. 34, 42, 179, 222, 225
Ferreira, Aurélio Buarque de Holanda   p. 67
Ferreira, Hilário Jovino   p. 132
Ferreira, Manuel Pedro   p. 59, 60, 303
Figner, Frederico   p. 128
Figueiredo, Carlos Alberto   p. 104
Figueiredo, Frederico   p. 304
Filho, André   *ver* André Filho
Fonseca, Sebastião   p. 30
Fontes, Hermes   p. 135
Formenti, Gastão   p. 135
França Junior   p. 113
Franchetti, Paulo   p. 122
Freire, Junqueira   *ver* Junqueira Freire
Freire Júnior, Francisco José   p. 126, 134, 135
Fukuyama, Francis   p. 235

G

Gama, Luís   p. 122
Ganz, Arthur   p. 65
Garcia, José Maurício Nunes   p. 36, 103, 104, 106
Garcia, Othon M.   p. 71
Garcia Junior, José Maurício Nunes   p. 104, 106, 283
Garoto [Aníbal Augusto Sardinha]   p. 204
Gil, Gilberto   p. 11, 36, 37, 40, 42, 68, 147, 148, 150, 151, 156, 164, 165, 167, 179, 181, 206, 225, 227, 229, 233-241, 244, 255-260, 267, 268, 279, 282, 283, 284, 285, 286, 289, 290, 295, 296, 297, 298, 299
Góes, Fred   p. 177, 274
Goes, Luiz Carlos   p. 174, 175, 266
Goldstein, Norma   p. 17, 22
Gomes, Carlos   p. 116, 117
Gomes, Eugênio   p. 113
Gonçalves, Alcides   p. 137, 138
Gonçalves, Alexandre Augusto Teixeira   p. 33
Gonçalves, Camila Koshiba   p. 33, 38, 127
Gonçalves de Magalhães, Domingos José   p. 102, 103, 110, 114
Gonçalves Dias, Antônio   p. 64, 102, 110, 112, 113, 212, 242, 287

Gonzaga, Luiz   p. 129, 140, 141
Gonzaga, Tomás Antônio   p. 102, 103, 111, 112, 183
Gonzaguinha [Luiz Gonzaga do Nascimento Júnior]   p. 165, 168-169, 268, 273
Gordurinha [Waldeck Artur Macedo]   p. 143
Goulart, João [Jango]   p. 167
Goyano, J.J.   p. 124
Guaral, Guilherme   p. 33
Guedes, Fátima   p. 176/177
Guerra, Ruy   p. 211
Guevara, Che (Ernesto)   p. 159, 243
Guimarães, Bernardo   p. 86, 122, 123, 188
Guimarães Rosa, João   p. 254
Guinga [Carlos Althier de Souza Lemos Escobar]   p. 246
Gullar, Ferreira   p. 15, 17-18, 22, 37, 153

H

Hazan, Marcelo Campos   p. 106
Hollanda, Chico Buarque de   *ver* Buarque, Chico
Homem, Wagner   p. 33
Horácio Flaco, Quinto   p. 53, 90
Houaiss, Antônio   p. 49, 113
Huguenin, José   p. 21

J

Jakobson, Roman   p. 61, 62, 84
Jobim, Tom [Antônio Carlos Brasileiro de Almeida Jobim]   p. 15, 33, 43, 44, 145, 146, 158, 203, 204, 206, 212
José I, D.   p. 182
Jota Júnior [Joaquim Antonio Candeias Júnior]   p. 129, 142
Jouet, Jacques   p. 65, 67
Junqueira Freire (Luís José)   p. 188

K

Kayser, Wolfgang   p. 71, 80
Kéti, Zé   p. 129, 153, 154, 155
Klauber, Véronique   p. 279
Kristeva, Julia   p. 65
Kühl, Paulo M.   p. 105, 123

L

Laforge, Pierre   p. 104
Lago, Emílio do   p. 113
Lago, Mário   p. 41
Lamarca, Carlos   p. 159
Lapa, M. Rodrigues   p. 112
Leão, Nara   p. 153, 154
Lee, Rita   p. 34, 36, 165, 167-168, 244, 280
Leitão, Luiz Ricardo   p. 71
Leme, Mônica Neves   p. 38, 101
Lewis, C. Day   p. 71
Lira, Mariza   p. 110
Lira Neto   p. 34, 38
Lobo, Edu   p. 164, 165, 204, 214, 242, 246
Lobo, Elias   p. 117
Lopes, Graça Videira   p. 59
Lopes, Ivã Carlos   p. 36
Lopes, Nei   p. 34, 38
Lucas, Maria Elizabeth   p. 44
Luiz, Fernando   p. 130
Lusitano, Cândido   p. 90
Luz, Moacyr   p. 246
Lyra, Carlos   p. 146, 153, 156, 204, 205
Lyra, João   p. 252
Lyra, Pedro   p. 13, 14, 19-21, 22, 31, 33, 41, 207/208, 212, 291-300

M

Macedo, Joaquim Manuel de   p. 104, 110
Machado, Antonio   p. 82, 87
Magalhães, Joaquim Antônio   p. 106
Mallarmé, Stéphane   p. 68, 87
Mamão [Armando Aguiar]   p. 171
Marcondes, Marcos Antônio   p. 36, 126, 156
Maria I, D.   p. 95, 182
Maricá, Marquês de [Mariano José Pereira da Fonseca]   p. 104
Marques, Jorge   p. 34, 38, 143
Martins, Fernando Cabral   p. 4, 58, 59, 303
Martins, Franklin   p. 34, 35, 41, 126/127, 128, 131, 132, 136, 153, 156, 157, 158, 159, 160, 162, 163, 205, 216
Martins, Guimarães   p. 43, 196
Martins, Herivelto   p. 145
Martins, Roberto   p. 133, 136, 139, 265
Mathias, Germano   p. 36
Matos, Cláudia Neiva de   p. 39, 40, 44
Matos, Maria Vitalina Leal de   p. 52, 88, 91

Mattos, Cleofe Person de   p. 36, 103, 104
Maulpoix, Jean-Michel   p. 77
Medaglia [Júlio Medaglia Filho]   p. 37
Medeiros, Anacleto de   p. 130, 193
Medeiros, Élton   p. 171
Medeiros, Fernanda Teixeira de   p. 39, 40
Medeiros, Jotabê   p. 34, 36
Meireles, Cecília   p. 30, 64, 86, 248, 287
Mello, Marcelo de   p. 34, 38
Mello, Zuza Homem de   p. 16, 33, 34, 35, 36, 37, 38, 128, 130, 133, 142, 146, 156, 158, 165, 192, 243, 244, 251
Mello Moraes Filho   ver Moraes Filho, Mello [Alexandre José de Mello]
Melo Neto, João Cabral de   p. 30, 55, 85
Mendes, Júlia de Brito   p. 112, 118, 120, 121
Mendonça, Newton   p. 146
Menescal, Roberto   p. 147
Merquior, José Guilherme   p. 61, 78, 79-80, 84/85, 93
Mesquita, Henrique Alves de   p. 125
Miller, Sidney   p. 165, 243, 276
Miranda, Beatriz Calderari de   p. 34, 43, 205, 209
Miranda, Francisco de Sá de   p. 54
Moisés, Massaud   p. 27, 28, 49, 54, 56, 57, 62, 63, 64, 67, 69, 71, 73, 74, 75-76, 79, 92, 93, 94, 276, 287
Moles, Osvaldo   p. 144
Molière [Jean-Baptiste Poquelin]   p. 78
Moniz, António   p. 54, 62, 63, 69, 70, 71, 203, 276, 277
Moraes, Kleiton de Sousa   p. 128, 196, 197
Moraes, Vinicius de   p. 11, 20, 34, 43, 134, 135, 145/146, 156, 181, 203-210, 231, 251, 264, 267, 275, 276/277, 281, 282, 289, 295, 297
Moraes Filho, Mello [Alexandre José de Mello]   p. 110, 114, 118-119, 122, 123, 127, 131, 189, 271, 290, 296
Moriconi, Italo   p. 86
Motta, Nelson   p. 34
Moura, Roberto M.   p. 35
Murry, Middleton   p. 72

N

Napolitano, Marcos   p. 164
Nascentes, Antenor   p. 111, 113, 114, 115, 116, 189, 190
Nascimento, Milton   p. 166, 167
Nássara, Antônio   p. 129
Nasser, David   p. 144-145, 264
Naves, Santuza Cambraia   p. 32, 37, 44, 153
Nelinho   p. 143
Neto, Torquato   ver Torquato Neto
Neves, Eduardo das   p. 128, 132, 211
Nogueira, João   p. 171
Nunes, Irene Freire   p. 58, 59
Nunes, José   p. 131

O

Oiticica, Hélio   p. 148
Oliveira, J. C. de   p. 112
Oliveira, Leonardo Davino de   p. 40
Oliveira, Luiz Roberto   p. 33
Oliveira, Solange Ribeiro de   p. 41

P

Pachá, Sergio   p. 112
Paes, Tavinho   p. 15, 16
Pagaw, R.   p. 125
Paiva, Leonel [nome fictício de compositor de música de Chico Buarque]   p. 216
Paquito [Antônio José Moura Ferreira]   p. 200, 202
Paquito [Francisco da Silva Fárrea Júnior]   p. 129
Passos, Guimarães   p. 112, 120-121, 290, 296
Paz, Olegário   p. 54, 62, 63, 69, 70, 71, 203, 276, 277
Peçanha, A.C.Q.   p. 119-120
Peranzzetta, Gilson   p. 246
Pereira, Fernando César   p. 143, 268
Pernambuco, João   p. 128, 193
Perrone, Charles A.   p. 13, 14, 32, 37, 38, 39, 46, 147, 148, 151, 163, 205, 206, 212, 217, 219, 220, 225, 226, 227, 233, 244, 256
Pessoa, Fernando   p. 81
Pestana, Miguel Emídio   p. 112, 120, 121
Petrarca, Francesco   p. 27
Picolino da Portela [Claudemiro José Rodrigues]   p. 129
Pignatari, Décio   p. 86, 233
Píndaro   p. 58
Pinheiro, Paulo César   p. 11, 17, 33, 36, 42,

43, 152, 163, 179, 181, 250-255, 264, 266, 269, 270, 272, 289, 296, 298
Pires, Homero   p. 113
Pixinguinha [Alfredo da Rocha Vianna]   p. 204
Pöhlmann, Egert   p. 58
Pontes, Paulo   p. 29
Porto-Alegre, Manuel de Araújo   p. 105/106, 123, 273
Powell, Baden   p. 17, 204, 205, 206, 251
Prado, Adélia   p. 15, 17
Prado, Paulo   p. 197
Prata, Mario   p. 216
Proença Filho, Domício   p. 240

Q
Quadros, Jânio   p. 167
Queirós, Eça de   p. 53, 88
Quental, Antero de   p. 64

R
Rabello, Raphael   p. 246
Rabelo, Laurindo   p. 11, 110, 111, 112, 113, 114, 115-116, 118, 121/122, 123, 181, 188-192, 264/265, 270, 276, 284, 289, 296, 297
Ragusa, Giuliana   p. 58
Ramalho, Zé   p. 16
Ramos, Saulo   p. 167
Rangel, Lúcio   p. 34, 38
Raulino, Elaine Nascimento   p. 17, 18
Read, Herbert   p. 71
Regina, Elis   p. 164
Régis, Amado   p. 132
Reis, Carlos   p. 24, 52, 54, 65, 68, 77, 78, 79, 82/83, 84
Rennó, Carlos   p. 33, 34, 35, 41, 42, 68, 136, 148, 154, 197, 198, 200, 201, 202, 203, 204, 207/208, 213, 214, 225, 228, 234, 235, 237, 255/256
Reverdy, Paul   p. 71, 72
Ribamar [José Ribamar Pereira da Silva]   p. 143
Ribeiro, Alberto   p. 129
Ribeiro, Osvaldo Chaves [Gadé]   p. 132
Ricardo, Sergio [João Lutfi]   p. 153, 157, 158, 159-162, 281/282, 289, 295/296, 297/298

Rimbaud, Arthur   p. 168
Roberto, Cláudio   p. 170, 271/272
Rocha, Janes   p. 34, 36, 156
Rodrigues, Lupicínio   p. 136, 137-138, 267
Rodrigues, Nelson Antônio Dutra   p. 38, 41, 197, 205
Rodrix, Zé   p. 171, 279
Romero, Sílvio   p. 197
Romilly, Jacqueline de   p. 58, 80
Rosa, João Guimarães   *ver* Guimarães Rosa, João
Rosa, Noel   p. 11, 15, 17, 30, 129, 130, 132, 134, 136, 181, 200-203, 272, 277/278, 281
Rui, Afonso   p. 121

S
Sá, Franco de   p. 122
Safo   p. 58
Saintive, Nélson Soler   p. 303
Sampaio, Francisco Leite Bittencourt   p. 116-118, 277, 290, 296
Sampaio, Moreira   p. 127
Samuel, Rogel   p. 84
Santaella, Lúcia   p. 38
Sant'Anna, Affonso Romano de   p. 32, 37, 38, 226, 278
Sant'Anna, Romildo   p. 41
Santoro, Cláudio   p. 204, 209
Santos, Sérgio   p. 254
Seabra, Bruno   p. 122
Seixas, Raul   p. 34, 36, 165, 169-170, 271/272
Selinuntino, Lereno [Domingos Caldas Barbosa]   p. 182
Severiano, Jairo   p. 16, 35, 36, 95, 97, 105, 106, 112, 121, 127, 128, 130, 133, 142, 146, 156, 182, 192, 196, 203, 204, 205
Sharrer, Harvey   p. 60
Silva, Anazildo Vasconcelos da   p. 13, 14, 16, 22, 40, 41
Silva, Cândido Inácio da   p. 104-105, 106, 123, 277
Silva, Chico da   p. 177, 274
Silva, Estanislau   p. 129
Silva, Francisco Manuel da   p. 125
Silva, Herom Vargas   p. 44
Silva, Ismael   p. 20
Silva, José Bonifácio de Andrada e   p. 122
Silva, Moreira da   p. 33

Silva, Vítor Manuel de Aguiar e   p. 52, 53, 68, 78, 80-82, 87, 88, 89
Silva Junior, Jonas Alves da   p. 37, 111, 112, 123
Silva Júnior, Sílvio da   p. 246
Silveira, Sousa da   p. 113
Simas, Luiz Antonio   p. 34, 38
Sinhô [José Barbosa da Silva]   p. 129, 131, 133, 135, 200
Sirlan [Sirlan Antônio de Jesus]   p. 156
Sivuca [Severino Dias de Oliveira]   p. 214
Sousa, Eudoro de   p. 50, 80
Souto, Bernardo   p. 21
Souza, Claudeir Aparecido de   p. 13
Souza, Tárik de   p. 37

T

Taiguara   p. 34, 36, 156, 157, 158-159, 275
Tapajós, Haroldo   p. 203
Tapajós, Maurício   p. 163
Tapajós, Paulo   p. 203
Tatit, Luiz   p. 33, 36, 39
Tavito [Luís Otávio de Melo Carvalho]   p. 171
Távola, Artur da   p. 36, 200
Teixeira, Humberto   p. 37, 129, 140-141, 266
Teixeira, Renato   p. 172, 285
Timóteo, Agnaldo   p. 163
Tinhorão, José Ramos   p. 21, 33, 35, 95, 110, 111, 112, 114, 118, 121, 122, 123, 125, 131, 155, 156, 182, 184, 188, 189, 192, 193
Tolentino, Bruno   p. 15, 17, 19, 21, 22
Tom Zé   p. 11, 42, 148, 167, 181, 241, 244-246, 270, 274, 289, 295, 297
Toquinho [Antonio Pecci Filho]   p. 135, 204
Torquato Neto [Torquato Pereira de Araújo Neto]   p. 11, 31, 147, 148, 150, 151, 164, 181, 226, 227, 241-242, 244, 278, 283, 299
Torres, Alfredo Werney Lima   p. 44
Travassos, Elizabeth   p. 39
Trindade, Gabriel Fernandes da   p. 106-108, 124, 270, 274, 283

V

Vadico [Osvaldo Cogliano]   p. 17, 129, 200
Vale, João do   p. 153, 154
Valença, Irmãos [João e Raul Valença]   p. 131
Valença, Suetônio Soares   p. 96, 182, 185, 187
Valente, Assis   p. 129, 140
Valle, Marcos   p. 154, 157
Valle, Paulo Sergio   p. 35, 42, 154, 157, 268
Vandré, Geraldo   p. 156, 157-158, 164
Vargas, Getúlio   p. 132
Vasconcelos, Ary   p. 36, 37
Vasconcelos, Carolina Michaëlis de   p. 54
Veloso, Caetano   p. 9, 11, 13, 15, 16, 17, 22, 34, 35, 37, 38, 40, 41, 42, 68, 147, 148, 149, 150, 156, 164, 165, 178/179, 181, 225-233, 241, 244, 255-257, 264, 267, 269, 271, 272, 278, 279, 281, 282, 289, 290, 295, 296, 297, 298, 299
Venâncio   p. 177
Vianna, Luiz Fernando   p. 33, 42, 179, 246, 248
Vianna Filho, Oduvaldo   p. 153
Vidigal, Manoel J.   p. 105
Vilaça, Mariana   p. 164
Vilara (de Mattos), Paulo (César)   p. 15, 16, 37
Vilarinho, Artur   p. 129
Villar, Mauro de Salles   p. 49
Villas-Boas, Eduardo Diniz   p. 125-126
Vindel, Pedro   p. 60
Viola, Paulinho da   p. 165, 166

W

Waldir 59 [Waldir de Souza]   p. 129
Waltz, René   p. 63
Warren, Austin   p. 53, 62, 63, 64, 65, 69, 71, 72, 74, 77, 88/89, 90
Wellek, René   p. 53, 62, 63, 64, 65, 69, 71, 72, 74, 77, 88/89, 90
West, Martin L.   p. 58
Wisnik, José Miguel   p. 9, 14, 21, 38

X

Xexéo, Arthur   p. 178

Z

Zé, Tom   *ver* Tom Zé